한국교회사
강의록

한국교회사
강의록

박선경 지음

KSI 한국학술정보㈜

머리말

　필자의 『한국교회사 강의록』은 신학교에서 처음 한국교회사(韓
國敎會史)라는 과목을 접하는 신학생들을 위해 저술되었다. 우리
나라의 신학계도 이제는 높은 수준에 올라 있어 한국교회사 분야
만 하더라도 훌륭한 학자들의 저서들이 제법 출판되어 있다. 그럼
에도 용기를 내어 『한국교회사 강의록』을 집필하게 된 것은 두 가
지 이유 때문이다. 첫째는 한국교회를 사랑하기 때문이다. 필자는
누구에게라도 한국교회를 사랑하는 하나님의 이야기를 들려주고
싶은 간절함이 있다. 누구와도 나사렛 예수 이야기와 한국교회를
사랑하는 그분의 이야기를 나누고 싶다. 그리고 하나님과 교회를
사랑했던 분들의 이야기도 들려주고 싶다.

　둘째는 한국교회사라는 과목을 처음으로 대하는 신학생들에게 개
략적으로 한국교회사의 전반을 소개하고 싶어서 이 강의록을 집필
하게 되었다. 훌륭한 학자들의 저서들이 있지만 너무 대작(大作)이
어서 처음 한국교회사를 대하는 신학생들이 읽기에는 부담이 된다.
특히 한국의 신학교 형편상 그 방대한 한국교회사를 한 학기에 다
다루어야 하는데 시간이 부족하여 이 강의록을 내놓게 되었다.

필자의 『한국교회사 강의록』이 한국교회사에 관심이 있는 신학생들과 처음으로 한국교회사를 공부하려는 성도들에게 안내서 역할을 할 수 있으면 좋겠다. 이 책은 전문적인 학술서가 아닌 개론서이다. 또한 이 책은 필자의 독창적인 저술이 아니라 기존 학자들의 연구 결과를 많이 담고 있다. 부족하기 짝이 없지만 이 강의록을 한국교회사에 대한 관심이 있는 사람들에게 기꺼이 드리고 싶다. 한국교회사는 한국교회를 사랑하는 하나님의 이야기다. 동시에 하나님과 교회를 사랑했던 신앙인들의 이야기다. 필자는 한국교회사를 공부하면서 교회는 지역과 함께할 때 존재 의미가 있다는 확신을 갖게 되었다. 필자와 함께 한국교회사를 공부하는 학생들에게, 그리고 한국교회를 사랑하는 모든 사람들에게 부족한 책을 기꺼이 드린다.

2009년 봄
小白山이 바라보이는
白山書齋에서 朴善敬

목차

한국교회사, 어떤 시각으로 볼 것인가?

1. 들어가는 말

한국교회사는 한국에 설립된 교회의 역사를 살펴보는 학문이다. 어떤 학문이든 그 학문을 공부하려고 하면 먼저 그 학문의 역사를 살펴보아야 한다. 논문을 작성하는 사람이라고 한다면 반드시 그 분야의 선행연구를 살펴보아야 하는 것과 같은 이치이다. 한국교회사를 공부하려면 반드시 세 가지를 공부해야 한다. 첫째는 한국의 역사이다. 특히 기독교가 이 땅에 전래된 근현대사를 공부해야 한다. 역사는 허공에서 이루어지는 것이 아니라 삶의 현장에서 이루어지는 것이기 때문이다. 따라서 한국교회사를 공부하려면 한국사, 그중에서도 근현대사를 공부해야 한다. 둘째는 교회를 알아야 한다. 교회에 대해서는 조직신학 시간에 공부했다는 것을 전제하려고 한다. 교회에 대한 정의까지 공부할 여유가 없기 때문이다. 셋째는 역사관이다. 앞으로 살펴보겠지만 바른 역사관을 정립하는 일은 얼마나 중요한지 모른다. 어떤 성도들은 하나님을 두려운 분으로 여기고 있다. 하나님을 공의의 하나님, 심판의 하나님으로만 여기는 것이다. 물론 하나님의 속성에는 공의가 있지만 성경을 전체적으로 보면 하나님은 사랑의 하나님이다. 인간에 대해서도 마찬가지다. 인간은 부족하고, 연약한 존재이다. 모든 사람들은 다 죄인이다. "의인은 없나니 하나도 없으며"(로마서 3장 10절)라는 말씀처럼 모든 사람은 다 죄인이다. 그러나 하나님께서는 연약하고, 죄인인 인간을 구원하시려고 독생자를 십자가에 내어 주실 만큼 사랑하신다. 그러므로 우리는 사람을 대할 때 사랑의 눈으로 바라보아야 한다. 바른 시각을 갖고 하나님과 인간을 바라보는 것은 매우 중요한 일이다. 마찬가지로 바른 역사관을 갖는 일은 얼마나 중요한지 모른다. 역사를 주관하시는 분은 하나님이다. 그러므로 우리도 세상을 사랑하시는 하나님의 시각으로 역사를 바라보아야 한다. 인간의 눈으로 보면 세상에는 모순도 많고, 때로는 절망처럼 느껴지기도 하지만 그래도 사랑의 눈으로 바라보는 것이 중요하다. 그러면 이제 교회에 대해 좀 더 살펴보기로 하자. 개략적으로 말하면 니케아 – 콘스탄티노플 신조가 교회에 대한 정의를 제대로 보여 주고 있다. 여기에 보면 교회에 대해 이렇게 정의하고 있다.

"하나인, 거룩하고, 보편적이고, 사도로부터 이어 오는 교회를 믿나이다."

지금까지 교회에 대한 많은 정의가 있었지만 니케아 – 콘스탄티노플 신조보다 더 좋은 정의는 없다고 여겨진다. 여기에 보면 교회는 하나이다. 비록 다양한 교파가 존재하지만 모든 교회는 예수 그리스도를 머리로 하는 한 몸 공동체이다. 그러므로 교회의 하나 됨을 방해한다거나, 포기하면 그것은 이미 교회가 아니다. 요사이 많은 교회가 갈등하고 있는데 교회는 그 어떠한 경우에도 하나가 되어야 한다는 사실을 기억한다면 그리할 수 없다. 교회가 하나 됨을 유지하기 원한다면 무엇보다도 성령님의 인도 하심에 예민해야 한다. 예수 그리스도께서 교회의 머리가 된다는 사실을 인정한다면 절대로 교회를 나눌 수 없다. 둘째로 교회는 거룩하다고 하였다. 우리는 모두 부족하고, 불완전하지만 거룩한 영이신 성령님께서 함께하시기 때문에 교회는 거룩하다. 거룩한 영이신 성령님께서 함께하는 사람은 거룩한 존재이다. 비록 사람들의 눈으로 보면 하잘것없어 보일지 모르지만 거룩한 영이신 성령님께서 함께하시는 공간은 성전(聖殿)이다. 셋째로 교회는 보편적이다. 가톨릭교회(Catholic Church)라는 말 자체가 보편적 교회라는 말이다. 로마 가톨릭교회만 보편적인 교회가 아니라 지구상에 존재하는 모든 교회가 다 보편적 교회이다. 보편적인 교회를 만들어 가기 위해서는 자신들 교회만의 독특성도 있어야 하지만 서로 통하는 공통분모가 있음을 인정해야 한다. 이러한 교회를 만들어 가기 위해서도 우리는 다양한 교파의 교회에 관심을 기울여야 한다. 우리와 조금 다르다고 비난한다거나, 조롱하는 자세를 가져서는 안 된다. 넷째로 교회는 사도적이어야 한다. 다시 말해서 사도들의 가르침에 충실해야 한다는 말이다. 결국 교회가 사도적이어야 한다는 말은 성경의 가르침, 그중에서도 복음서의 가르침에 충실해야 한다는 말이다. 개신교는

정교회나 천주교회와는 달리 전통보다는 성경을 강조하는 경향이
강하다. 그러나 정교회와 천주교회는 자신들의 신앙을 유지하는 두
개의 기둥으로 성경과 전통을 말한다. 성경을 경전으로 결정한 것
도 교회의 회의이기 때문에 저들은 교회의 전통을 아주 소중하게
여긴다. 최근에 교황 베네딕토 16세(Benedictus XVI)가 교회의 일
치를 훼손하는 교리를 발표하여 개신교와 정교회, 성공회 등 교회
의 일치를 위해 노력하던 교회들의 마음을 아프게 하고 있다.[1]

---

[1] 2007년 6월 29일 교황 베네딕토 16세가 발표한 내용은 다음과 같다. 조금 길기는 하
지만 천주교의 교회관을 알기 위해 그대로 소개한다.

신앙교리성

교회에 대한 교리의 일부 측면에 관한 몇 가지 물음들에 대한 답변

서론

제2차 바티칸 공의회가 교회에 관한 교의 헌장 「인류의 빛」(*Lumen gentium*)과 일
치 운동에 관한 교령 「일치의 재건」(*Unitatis redintegratio*), 동방 가톨릭교회들에 관한
교령 「동방 교회들」(*Orientalium Ecclesiarum*)을 통하여 가톨릭 교회론에 대한 이해를
더욱 심화하였음은 누구나 주지하는 바이다. 또한 이와 관련하여 바오로 6세의 회칙 「
주님의 교회」(*Ecclesiam suam*, 1964)와 요한 바오로 2세의 회칙 「하나 되게 하소서」
(*Ut unum sint*, 1995)를 통하여 교황들도 통찰과 실천의 올바른 방향을 제시하였다.

이에 따라 교회론의 다양한 측면들을 더욱 명확하게 설명하려는 신학자들의 노력
덕분에 이 분야에서 수많은 글들이 쏟아져 나왔다. 실제로 이 주제는 가장 풍성한 열
매를 맺고 있는 것이 분명하지만, 때로는 정확한 정의를 내리고 잘못을 바로잡아 설명
해야 할 필요도 있었다. 신앙교리성이(교회에 관한 현대의 오류를 반박하는 가톨릭 교
리) 선언 「교회의 신비」(*Mysterium Ecclesiae*, 1973)(친교로서 이해되는 교회의 일부
측면에 관하여), 가톨릭교회 주교들에게 보내는 서한 「친교의 개념」(*Communionis
notio*, 1992)(예수 그리스도와 교회의 유일성과 구원의 보편성에 관한), 선언 「주님이
신 예수님」(*Dominus Iesus*, 2000)을 발표한 것도 이러한 목적에서였다.

이 주제의 광범위함과 관련된 여러 주제의 새로움은 지속적인 신학적 성찰을 요구
한다. 이 분야에서 새로 발표되는 수많은 글 가운데 일부는 오류가 있는 해석에 물들
어 있어서 혼란과 의혹을 낳고 있다. 신앙교리성은 이러한 여러 해석들에 관심을 기울
여 왔으며, 교회에 관한 가톨릭 교리의 보편성을 고려하여 교회론과 관련하여 신학 논
쟁에서 오해받을 소지가 있는 교도권의 몇몇 표현들의 진정한 의미를 밝힘으로써 이
러한 물음들에 응답하고자 한다.

첫 번째 물음

제2차 바티칸 공의회는 교회에 관한 이전 교리를 바꾸었는가?

답변

제2차 바티칸 공의회는 교회에 관한 가톨릭 교리를 바꾸지 않았고 그러한 의도도 없었으며, 오히려 이를 발전, 심화시키고 더욱 완전하게 설명하였다.

이는 요한 23세가 공의회를 시작하며 한 연설에서 분명히 밝힌 것이다.[1] 바오로 6세는 이를 확인하였고,[1] 교회 헌장「인류의 빛」(*Lumen gentium*)을 반포하며 이를 자세히 설명하였다. "이러한 반포가 전통 교리에서 실제로 아무것도 바꾸지 않는다는 것이 가장 적합한 설명입니다. 그리스도께서 바라셨던 것을 우리도 바랍니다. 과거의 것이 지금도 여전합니다. 교회가 수세기 동안 가르쳐 온 것을 우리도 가르칩니다. 한마디로, 추정되던 것이 이제 분명해졌고, 불확실하던 것이 이제 명쾌해졌으며, 숙고하고 토론하고 때로 논쟁하던 것이 이제 하나의 분명한 교의 정식으로 종합되었습니다."[1] 공의회에서 주교들은 이러한 뜻을 여러 번 표명했고 또한 실현했다.[1]

두 번째 물음

그리스도의 교회가 가톨릭교회 안에 존재한다는 것을 어떻게 이해해야 하는가?

답변

그리스도께서는 단 하나의 교회를 '이 땅 위에 세우시고' 그것을 '가시적 집단인 동시에 영적인 공동체'[1]로 제정하셨기에, 이 교회는 처음부터 수세기 동안 언제나 존재해 왔고 앞으로도 존재할 것이며 그 안에서만 그리스도께서 몸소 제정하신 모든 요소를 찾아볼 수 있다.[1] "이것이 바로 그리스도의 유일한 교회이며, 우리는 신경에서 하나이고 거룩하고 보편되며 사도로부터 이어 오는 교회라고 고백한다. …… 이 교회는 이 세상에 설립되고 조직된 사회로서 베드로의 후계자와 그와 친교를 이루는 주교들이 다스리고 있는 가톨릭교회 안에 존재한다."[1]

'교회 헌장' 8항에 나오는 '존재한다'는 말은, 이 변함없는 역사적 지속성과 가톨릭교회 안에 그리스도께서 세워 놓으신 모든 요소의 항구함을 의미한다.[1] 지상에서 그리스도의 교회는 가톨릭교회 안에서 구체적으로 발견된다.

가톨릭 교리에 따라, 가톨릭교회와 아직 온전한 친교를 이루지 않은 교회들과 교회 공동체들 안에도 성화와 진리의 요소들이 있는 만큼, 그리스도의 교회는 그들 안에도 '현존하고 활동한다(adesse et operari)'고 올바르게 말할 수 있다.[1] 그러나 '존재한다(subsistit)'는 표현은 가톨릭교회에만 쓸 수 있다. 이 표현은 우리가 신경에서 고백하는 ('하나인' 교회를 믿나이다) 일치를 가리키며, 이 '하나인' 교회는 가톨릭교회 안에 존재하기 때문이다.[1]

세 번째 물음

단순히 '이다(est)'라는 표현 대신 '안에 존재한다(subsistit in)'라는 표현을 쓴 이유는 무엇인가?

답변

이 표현은 그리스도의 교회와 가톨릭교회의 온전한 동일성을 가리키기 때문에 교회에 대한 교리를 바꾸지 않는다. 오히려 이 표현은, 교회 조직 밖에서도 '성화와 진리의 많은 요소들'이 발견되지만 이 요소들은 '그리스도의 교회의 고유한 선물로서 보편적 일치를 재촉하고 있다'[1]는 사실에서 비롯되며, 이를 더욱 분명하게 드러내는 것이다. "그러므로 이 갈라진 교회들과 공동체들이 비록 결함은 있겠지만 구원의 신비 안에서 결코 무의미하거나 무가치한 것은 아니다. 그리스도의 성령께서 그 교회들과 공동체들을 구원의 수단으로 사용하시기를 거절하지 않으시고, 그 수단의 힘이 가톨릭교회에 맡겨진 충만한 은총과 진리 자체에서 나오기 때문이다."[1]

네 번째 물음

제2차 바티칸 공의회가 가톨릭교회와 온전한 친교에서 갈라져 나간 동방 교회들을 가리키면서 '교회들(Ecclesiae)'이라는 용어를 쓴 이유는 무엇인가?

답변

공의회는 이 용어의 전통적인 사용을 따르고자 하였다. "그 교회들은 비록 갈라져 있지만 참된 성사들을 보존하고 있다. 특히 사도 계승의 힘으로 사제직과 성찬례를 지니고 있어 아직도 우리와는 밀접하게 결합되어 있다."[1] 따라서, 그들은 "개별 교회들(Ecclesiae particulares) 또는 지역 교회들(Ecclesiae locales)"[1]이라는 이름으로 불릴 수 있으며, 개별 가톨릭교회의 자매 교회들(Ecclesiae sorores)로 불린다.[1]

"각 교회에서 거행되는 주님의 성찬례를 통하여 하느님의 교회가 세워지고 자라난다."[1] 그러나 로마 주교인 베드로의 후계자를 가시적인 수장으로 삼는 가톨릭교회와 이루는 친교는 개별 교회에게 외적인 보완이 아니라 내적인 구성 원리의 하나이며, 이들 존경할 만한 그리스도교 공동체들은 개별 교회라는 조건에서는 결함을 지니고 있다.[1]

다른 한편, 그리스도인들의 분열 때문에, 베드로의 후계자와 그와 친교를 이루는 주교들이 다스리는 교회 고유의 온전한 보편성은 역사 안에서 아직 완전하게 실현되지 않았다.[1]

다섯 번째 물음

공의회 문헌과 공의회 이후 교도권 문서들이 16세기 종교개혁에서 생겨난 그리스도교 공동체들에게 '교회(Ecclesia)'라는 명칭을 쓰지 않는 이유는 무엇인가?

답변

가톨릭 교리에 따르면, 이 공동체들은 성품성사에서 사도 계승을 보존하고 있지 않으므로 교회를 이루는 본질적인 요소가 결여되어 있다. 이러한 교회 공동체들은 특히 직무 사제직이 없는 까닭에 성찬 신비의 참되고 완전한 실체를 보존하고 있지 않으므로,[1] 가톨릭 교리에 따라 고유한 의미에서 '교회들'이라고 불릴 수 없다.[1]

베네딕토 16세 교황 성하께서는 아래에 서명한 신앙교리성 장관 추기경에게 허락된 알현에서, 신앙교리성 정례회의에서 채택한 이 답변을 확인하고 승인하셨으며 그 발표를 명령하셨다.

로마 신앙교리성 사무처에서
2007년 6월 29일
성 베드로와 성 바오로 사도 대축일에

신앙교리성 장관 윌리엄 레바다 추기경
차관 안젤로 아마토 대주교

전통에 충실한 것이 잘못된 것이라고 말할 수 없다. 예를 들어 개신교가 인정하고 있는 성경 66권은 교회의 회의를 거쳐 결정됐다. 처음부터 하나님께서 66권을 성경으로 주신 것이 아니라 교회의 회의를 거쳐 결정되었다. 그러므로 전통에 충실한 것이 잘못된 것은 아니다. 그러나 우리는 언제나 그 전통이 성경에 충실한 것인지를 물어야 한다. 왜냐하면 교회가 어떤 결정을 내릴 때 당시의 상황이 있기 때문이다. 예를 들어 정교회는 일곱 번에 걸친 공의회의 결정만 인정하고 있다. 이에 반해 로마 가톨릭에서는 그 이후에도 교황이 소집한 공의회의 결정도 받아들이고 있다. 그런데 정교회가 절대적으로 포기할 수 없다고 하는 일곱 번의 공의회를 소집한 사람들은 교회의 지도자가 아니라 당시 로마의 황제를 비롯한 정치가들이었다. 로마의 황제가 기독교를 인정한 이후 한동안 교회는 로마 황제의 눈치를 볼 수밖에 없었다. 따라서 공의회의 결정이 소중한 전통인 것만은 분명하지만 그 결정을 성경의 가르침처럼 절대시할 수는 없다. 아무리 오래된 전통이라고 해도 성경의 가르침에 충실한 것이 아니라면 우리는 그것을 포기해야 한다. 정교회나 천주교회가 전통에 충실하려는 것은 귀한 자세이나 전통을 성경보다 귀하게 여기는 듯한 경향은 바람직하지 않다.[2]

전통만 고집할 때 범할 수 있는 오류를 하나만 살펴보자. 정교

---

2) 한스 큉, 『교회』(서울: 한들출판사, 2007), ⅹⅹⅹⅰ~ⅹⅹⅹⅴ. 한스 큉은 제2차 바티칸 공의회에서 폐회 전날에 1054년에 있었던 동방정교회에 대한 파문을 취소하는 결정을 내림으로써 10세기 동안 계속되었던 갈등에 종지부를 찍었다고 하였다. 뿐만 아니라 칼 라너의 '익명의 기독교인' 개념을 적용하여 비가톨릭교회를 "부족하기는 하지만 구원의 신비에 있어서 의미를 갖고 있는 교회"로 인정하면서, 협력과 대화를 권면하고 있다고 하였다. 이처럼 성경보다 전통에 충실하다 보면 시대에 따라 진리에 대한 잣대가 달라질 수 있기 때문에 전통을 절대화해서는 안 된다.

회에서는 8월 15일을 '성모 안식 축일'로 지키고 있다. 그러나 천주교에서는 같은 날을 '성모 승천 축일'로 지키고 있다. 성경에는 마리아가 어느 날에 죽었다는 기록이 없다. 뿐만 아니라 성모 마리아가 죽지 않고 승천했다는 기록도 없다. 그런데 정교회와 천주교회에서는 이러한 전통을 만든 것이다. 정교회에서는 마리아가 겟세마네에 있는 무덤에 장사 되었다고 전해지는 이야기를 근거로, 그 자리에 성모 마리아 안식 성당을 건축했다. 이러한 사실을 근거로 '성모 안식 축일'을 정하여 지키고 있다. 그런데 천주교회에서는 성모 마리아의 지위를 격상시키려는 노력을 계속하는 가운데 1950년 11월 1일 교황 비오 12세(Pius XII)가 "성모 마리아가 육신을 지닌 채 하늘로 승천하셨다(Assumption, 夢召昇天)"라는 교리를 선포했다. 타 교파를 비난해서가 아니라 마리아와 관련된 교리가 보여 주는 것처럼 교회가 어떤 교리를 결정할 때는 신중을 기해야 한다. 그리고 반드시 성경의 가르침에 근거해야 한다. 아무리 좋은 의도로 시작된 교리화 작업이라고 해도 성경에 근거한 것이 아니라면 또 바뀔 수 있고, 변절될 수 있기 때문이다.

성화공경(聖畵恭敬)만 해도 그렇다. 787년 니케아 공의회에서 성화공경에 대한 교리가 결정되었다. "그리스도와 성인의 성화는 공경 되어야 한다. 경배가 아닌 공경은 성화를 통해 주님과 성인들에게 전해진다."라는 내용이 결정되었다. 성화작업이 처음에는 아직 성경이 보급되지 않았고, 성도들에게 신앙교육 차원에서 만들어진 것이지만 세월이 흐르면서 성화에 입맞추어 공경을 표하기도 하고, 성경에도 없는 축일을 만들어 교회력이 축일로 변해 버리기도 했다. 그러므로 우리는 전통을 중시하면서도 언제나 성경과 대화하며 정당한 것인가를 물어야 한다. 여기에서 우리가 알아야 할 것은 교회사와 그리스도교사는 다르다는 점이다. 교회사는 근본적으로 예수 그리스도에 의해 설립된 교회의, 시간과 공간에서의 역사를 다루고 있다. 이에 반해 그리스도교사는 구원의 메시지 선포 역사만 다루는 것이 아니라 사회와 문화 안에 그 정신을 보급하려고 한 노력과 활동 등을 다 포함하고 있기에 교회사보다는 훨씬 포괄적이다.

2. 한국교회사 연구 방법

교회사는 신학이다. 교회사의 연구 대상이 교회이기 때문이다. 그러므로 敎會史家들은 조직신학자들의 도움을 필요로 한다. 또한 교회사는 역사학이다. 역사학을 공부하려면 세 단계를 거쳐야 한다. 사료들을 수집하고 분류하고, 정리하는 작업의 단계를 거쳐야 한다. 史料學(Quellenkunde)이 이러한 작업을 진행한다. 아쉽게도 한국교회사를 연구하는 학자들에게는 이러한 노력이 아직은 미천하다고 하겠다. 예를 들어 한국장로교회의 역사를 공부하고 싶어도 한국장로교회와 관련된 사료를 우리는 쉽게 만날 수 없다. 그러한 사료의 수집과 분류, 정리하는 작업이 부족했기 때문이다. 이제라도 우리는 이러한 분야를 공부하는 사람을 키워야 한다. 사료를 수집하고 분류하고, 정리했다면 이제 그것을 종합하여 역사 인식의 단계에 도달하는 과정을 거쳐야 한다. 그래야만 어떤 역사에 대한 객관적인 평가가 가능하다.

교회사를 서술하려면 제대로 해석된 사료를 바탕으로 해야 한다. 개교회에서 발행한 역사서나 지역교회사를 보면 특정한 인물이나 교회를 중심으로 기술되는 등 객관적인 서술이 미흡하다는 사실을 알 수 있다. 예를 들어 한경직과 관련된 저서들을 보면 칭찬일변도이다.[3] 한국교회사에서 그가 차지하는 위치 때문에 그의 약점이나 실수에 대해서는 거의 침묵하고 있다. 이러한 서술은 결코 바람직하다고 할 수 없다. 그러면 이제 교회의 역사를 어떤 시각으로 볼 것인가에 대해 말해 보자.

3. 한국교회사를 바라보는 몇 가지 사관

3.1. 선교사관

한국기독교 역사에서 제일 먼저 한국교회사를 정리한 사람은 백낙준(白樂濬)이다. 그는 1927년 예일대학교에 제출한 논문 「The History of Protestant Mission in Korea, 1832~1910」에서 선교사관

---

3) 숭실대학교 교정의 한경직 목사 동상에는 이런 글귀가 있다. "하나님의 선포자(God's Messenger), 한국 기독교인의 사표(Korean Christian's Mentor), 숭실의 재건자(Soongsil's Rebuilder)." 한경직 목사는 한국교회가 배출한 훌륭한 인물임에는 분명하지만 그에게도 부족한 면이 있었다. 자신이 고백한 것처럼 신사참배를 했으며, 6·25가 발발하자 교회를 뒤로 하고 피난을 가기도 했다. 그때 영락교회당을 지켰던 김응락 장로와 일부 청년들이 있었다. 6·25 발발 당시 한경직 목사의 행적에 대해서는 다음의 책을 참고하라. 강원용, 『빈들에서 Ⅰ』(서울: 도서출판 열린문화, 1993), 291~297. 같은 내용이지만 수정하고, 보충하여 한길사에서 『역사의 언덕에서』라는 제목으로 다섯 권의 책이 출판되었다.

의 시각으로 한국교회의 초기 역사를 기술했다.

> "基督教史는 그 본질에서 宣教史다. 또한 반드시 宣教史가 되어야 한다.
> 교회는 基督教史上의 한 중간적 존재이다. 우리 주님이 죽으심으로부터
> 다시 오실 때까지만 존재하게 되어 있다(고전11:26). 이 중간적 存在體인
> 교회의 철두철미한 사명은 복음 선포이다. 基督教史는 自初至今에 宣教
> 史로 일관되어 왔다. 이러한 입장에서 볼 때 우리 韓國改新教史도 宣教
> 史가 되어야 한다. 宣教史를 外人 선교사에 의한 피선교의 과정으로 해
> 석하여서만은 아니 된다. …… 전도는 교회의 지상명령이다."[4]

백낙준의 사관은 선교사관이라고 할 수 있다. 우리는 여기에서
선교사관은 구속사관이라고도 할 수 있다. 왜냐하면 복음이 확장되
는 역사에 주된 관심을 기울여 다루고 있기 때문이다. 구속사(救贖
史)라고 해서 신앙인이라고 한다면 성경을 구속사적인 시각에서
읽어야 한다. 이러한 시각에서 보면 선교사관은 정당하다. 선교사
관은 전도를 교회의 중요한 사명으로 각인시켜 주는 장점이 있다.
교회는 예루살렘의 마가 다락방에서 시작되어 지금까지 존속되기
에 教會史는 宣教史가 되어야 한다는 말은 타당성이 있다. 그러나
선교사관에는 민경배의 주장처럼 심각한 문제점이 있다.

> "그러나 이 宣教史는 저자 자신이 시인하고 있는 바와 마찬가지로 순전
> 히 기독교 선교의 확장 역사이며, 따라서 관심의 테두리나 사료의 대부분
> 이 선교사를 파송한 나라의 교회와 인사들에게 수집되었다고 하는 일방
> 성을 가진다. 한국교회 쪽의 고백과 증언이 전혀 고려되고 있지 못한 것
> 이다."[5]

---

4) 白樂濬, 『韓國改新教史』, 서울: 延世大學校出版部, 1973, vi.

5) 閔庚培, 『韓國基督教會史』, 서울: 대한기독교출판사, 1982, 20.

민경배의 지적처럼 백낙준의 선교사관이 선교사들의 일방적인 자료에 의존한다는 한계가 있다. 선교사들이 아무리 이 땅을 이해했다고 해도 그것은 피상적일 수밖에 없기 때문이다. 역사 서술은 반드시 객관적인 자료를 바탕으로 기술되어야 하는데 선교사관에 따른 교회사 기술은 선교사들의 입장만 반영하고 있는 일방적인 기술이므로 제한성을 가질 수밖에 없다. 이 땅에서 예수 그리스도를 구주로 고백한 사람들이 왜 그리스도를 구주로 영접했으며, 그들이 이해한 그리스도는 어떤 분이었는지 여기에 대한 기술이 부족하기 때문이다. 그럼에도 불구하고 백낙준의 교회사는 당시로서는 불가능에 가깝다고 할 정도로 방대한 자료를 수집하여 분석한 공헌을 간과해서는 안 된다.

3.2. 민족교회사관

백낙준의 선교사관을 답습하던 한국교회사에 이를 뛰어넘어야 한다는 노력은 민경배에 의해 시작되었다. 민경배는 오랫동안 연세대학교에서 후학들을 가르치다가 이제는 은퇴하였는데 그는 한국교회의 고백과 증언을 바탕으로 한국교회사가 서술되어야 한다는 입장을 견지하고 있다.

> "교회사를 한국교회를 주체로 해서 취급하는, 한국교회사의 서술방법이 따로 확립되어야 한다고 믿는다. 이런 사관에서 비로소 한국교회의 체험과 삶의 기복이 혈맥처럼 파동 쳐 올 것이며 우리들 자신의 생과 신앙의 교섭관계가 역력히 뭉클하게 호소할 수 있을 것이다. 우리는 이러한 방면에 아직 이렇다 할 학적 노작이 없음을 한으로 여긴다."6)

민경배는 교회사를 서술하면서 '내연(內燃)'과 '외연(外延)'이라는 틀을 한국교회에 제시했다. 여기에서 말하는 '내연'은 신앙의 응답을 말하는 것이다. 예수 그리스도를 구주로 고백하는 성도들에게는 어떤 신앙의 응답이 있기 마련이다. 이러한 신앙의 체험이 외적으로 나타나는 것이 '외연'이다. 1919년 당시 많은 기독교인들이 고난을 무릅쓰고 3·1운동에 동참한 것은 하나님을 사랑하는 성도라면(내연) 나라를 위해 구체적으로 행동해야 한다는(외연) 당위성 때문이다. 민경배의 이러한 시각은 한국교회사 서술이 단순한 제도의 변천사 내지는 사건의 나열로 여기지 않는 장점이 있다.

그러나 민경배의 이러한 시각은 너무 엘리트 계층만을 염두에 두었다는 비판을 받고 있다. 민족의식을 소유하지 않거나 자신의 신앙체험을 신학화할 수 없는 사람들은 민족주의사관을 주창할 수 없다는 것이다. 이러한 비판은 어느 정도 정당한 것이어서 1970년대 이후 독재정권하에서 백성들이 억압당할 당시 이들의 입장을 대변할 수 없었다. 그러나 여기에도 약점이 있다. 아무리 우리의 자료라고 해도 그것이 얼마나 객관성을 유지하고 있느냐에 대한 평가가 선행되어야 하는데 여기에 대한 좀 더 분명한 입장이 결여되어 있다.

3.3. 민중교회사관

민경배의 민족교회사관을 비난하면서 주재용은 민중교회사관을

---

6) 위의 책, 20∼21.

주창했다. 그의 주장이 민경배의 사관처럼 오래 지속되지는 않았지만 敎會史家들로 하여금 민중들의 목소리에도 귀를 기울여야 한다는 가르침을 주었다.[7] 그러나 민중교회사관은 심각한 문제점을 내포하고 있다. 민중의 소리에 귀를 기울여야 한다는 주장은 일리가 있으나 민중을 역사의 주인공으로 삼는 것은 문제가 있다. 역사를 주관하시는 분은 오직 하나님이지 민중이 될 수 없다. 무엇보다도 민중들은 스스로의 삶을 정리할 수 없다. 이러한 점은 민경배의 민족교회사관이나 민중교회사관 모두가 지니는 약점이다. 이들의 주장대로 역사를 나름대로 규명하고 정리할 수 있는 능력은 지식층들만이 가능한 일이기 때문이다.

史家들은 의도적인 것은 아니었다고 해도 너무 엘리트 중심으로 교회사를 서술했다. 개교회사를 보더라도 목회자 위주로 교회사를 서술했지, 묵묵히 자신들에게 주어진 책임을 감당하며 교회를 지킨 성도들에 대해서는 소홀하게 취급했다. 이러한 시각에서 보면 민중교회사관은 敎會史家들로 하여금 일반 성도들이나 일반 백성들에게도 관심을 기울여야 한다는 경종을 울려 주었다. 그러나 민중교회사관은 완성된 이론도 아닐뿐더러 아직도 온전한 체계를 갖추지 못한 民衆神學을 바탕에 둔 이론이기에 한계가 있다. 민중들의 목소리에 귀 기울인다는 것은 귀한 일이지만 그들이 역사의 주체가 된다는 것은 기독교 신앙에 위배되는 것이기 때문이다. 역사를 주관하시는 이는 오직 하나님이시다. 그러므로 민중들이 역사의 주체라는 시각은 그리 정당한 것이 아니다.

---

7) 한국기독교장로회 역사편찬위원회, 『한국기독교100년사』, 서울: 한국기독교장로회출판사, 1992, 18～19.

3.4. 실증교회사관

한국기독교사연구회가 중심되어 주창한 사관이 실증교회사관이다. 이들은 지금까지의 한국교회사 연구와는 다른 모습을 보여 주고 있다. 무엇보다도 개인적인 연구를 뛰어넘어 공동 작업을 하고 있다. 그리고 주관적인 연구가 아니라 실증적이고 과학적인 자료취급을 추구하고 있다.

> "어떤 사관을 설정하는 일보다 우선 한국기독교사의 사실에 대한 과학적이고 객관적인 분석, 정리 작업이 필요하다."[8]

실증교회사관은 기존의 그 어떤 사관보다 진일보한 것이 사실이다. 이전의 한국교회사 서술은 주관적이었다는 비판을 피할 수 없다. 통사(通史)만 보더라도 일관되게 장로교와 감리교 중심이다. 우리나라에는 다양한 교파에 속한 교회들이 존재하고 있음에도 그들에 대해서는 거의 서술하지 않고 있다. 그리고 자신이 속한 교파에 대한 객관적인 평가를 제대로 내리지 못하고 있다. 예를 들어 신사참배를 행했음에도 여기에 대해 객관적인 평가를 내리지 못하고 있다. 그만큼 자신이 속한 교파를 의식하기 때문이다. 결국 지금까지의 한국교회사 서술은 주관적이었다고 할 수밖에 없다. 이렇게 된 중요한 이유 중의 하나는 자료를 객관적으로 살펴보지 않았기 때문이다. 그러므로 실증교회사관은 이전의 사관보다 진일보

---

8) 한국기독교사연구회, 『교회사 서술 방법의 새로운 시각』, 韓國基督敎史硏究 24호, 1989, 4~18. 여기에 보면 한국기독교사 연구회에서 주최했던 제62회 세미나 자료가 제시되어 있는데 이전의 사관들에 대해 평가하면서 새로운 사관의 필요성을 제기하고 있다.

했다는 평가를 받고 있다. 그러나 실증교회사관을 주창하는 이들에게도 약점이 있다. 하나만 지적한다면 역사적 사실이 있었음에도 사료가 없으면 서술하지 못한다는 점이다. 그리고 이들도 너무 서울과 유명한 인물 중심의 교회사를 서술하고 있다. 민중교회사관을 주장했던 이들의 말처럼 민중들에게는 거의 관심을 기울이지 못했다. 역사 속에 객관적으로 존재했던 인물이나 사건이었음에도 여기에 대한 자료가 정리되어 있지 않다면 기술되지 못한다는 약점을 피할 수 없다는 것이다. 결국 객관적인 사료에 따른 교회사를 기술하겠다고 하였지만 아직 자료에 대한 수집과 비평 그리고 종합의 단계에 이르지 못하고 기존의 역사서술 단계를 벗어나지 못하고 있다. 교회사를 서술하려면 자료에 대한 수집과 비평 그리고 종합하는 단계를 반드시 거쳐야 한다.

3.5. 새로운 사관의 필요성

지금까지 한국교회사를 서술한 몇 가지 시각을 살펴보았다. 학자들의 이러한 노력으로 우리는 한국교회사를 나름대로 판단하며 바라볼 수 있게 되었다. 그러나 좀 더 나은 한국교회사 연구를 위해 몇 가지 제언을 하려고 한다.

첫 번째로 지역교회사에 대한 연구를 병행해야 한다. 지금까지의 한국교회사 서술은 어떤 사관이든 모두가 기형적이었다. 왜냐하면 기초가 정리되지 않은 상태에서 이루어진 작업들이기 때문이다. 집을 건축하기 위해서는 먼저 기초공사를 해야 한다. 한국교회사에서의 기초공사는 지역교회사다. 지역교회사에 대한 정리가 선행되어야만 한국교회사를 제대로 서술할 수 있다. 그러나 지금까지의 한국교회사 통사는 일관되게 서울 중심으로 서술되었다. 그리고 유명한 인물 중심으로 서술되었다. 그러나 이제는 지역교회사에 대한 관심을 가져야 한다. 다행스럽게도 요사이 한국교회 안에 개교회사를 편찬하는 교회들이 많아졌다. 그리고 노회사(老會史)나 지역교회사들도 출판되고 있다. 그러나 지역교회사를 연구하는 일이 쉽지 않다. 하나는 자료의 한계이다. 교회사 기술의 1차 자료라고 할 수 있는 주보가 보존되어 있는 교회들이 드물다. 거의 모든 교회들이 행사에 대한 사진과 자료가 정리되어 있지 않다. 당회록, 제직회록, 공동의회록 등도 제대로 보관되어 있지 않은 경우가 많다. 또 다른 한계는 인정에 매여 객관적인 기술이 쉽지 않다는 점이다. 같은 교회, 같은 지역에 있는 교회나 인물에 대해 객관적으로 서술한다는 것이 생각처럼 쉽지 않다. 그럼에도 지역교회사에 대한 연구는 계속되어야 한다.

두 번째로 자료의 수집과 비평 그리고 종합적인 연구에 좀 더 관심을 기울여야 한다. 이러한 연구가 바탕이 되지 않으면 교회사에 대한 객관적인 연구는 불가능하다. 최근에 송현강 등 지리학을 바탕으로 한국교회사를 연구하는 학자들이 등장하고 있다는 사실은 환영할 만한 일이다. 좀 더 객관적이고, 사료에 근거한 학자를 양성하기 위해서도 국사를 전공한 교회사가, 그리고 일어, 중국어, 러시아어, 불어, 독일어 등 언어에도 능통한 학자를 양성해야 한다.

세 번째로 교회사를 서술할 수 있는 사람을 키워야 한다. 우리나라만 하더라도 많은 신학생들이 있지만 한국교회사에 대해 관심을 기울이는 학생들은 별로 없다. 이러한 이유로 지역교회사를 서술할 필요성을 실감하면서도 지역교회사 연구가 제대로 이루어지지 않고 있다. 그러므로 교회사를 서술할 수 있는 인재를 키워야 한다. 앞에서 언급한 것처럼 언어와 국사에도 능통한 학자들을 양성해야 한다.

4. 나가는 말

우리는 지금까지 한국교회사를 서술한 몇 가지 사관을 살펴보았다. 그러면 이제 우리는 어떤 시각으로 한국교회사를 바라볼 것인가? **첫 번째로 하나님의 섭리를 인정해야 한다.**

> "또 내가 네게 이르노니 너는 베드로라. 내가 이 반석 위에 내 교회를 세우리니 음부의 권세가 이기지 못하리라."(마16:18)

교회를 세우신 이는 예수 그리스도이다. 그러므로 교회를 향한 하나님의 섭리를 인정해야 한다. 우리가 어떤 시각으로 교회를 바라보는 것보다 더 중요한 것은 하나님께서 교회를 섭리하심을 인정하는 것이다. 요사이 많은 교회들이 갈등의 소용돌이에서 방황하는 이유가 여기에 있다. 교회를 향해 들려주시는 하나님의 음성을 듣지 못하기 때문이다. 하나님의 음성을 듣는 교회라면 절대로 갈등하며, 싸울 수 없다.

두 번째로 한국사에 대한 연구이다. 한국교회는 한국이라는 나라에 심어진 교회이다. 허공에 세워진 교회가 아니다. 따라서 한국교회의 토양이 되는 한국의 역사에 대해서도 공부해야 한다. 특히 근현대사에 대한 연구를 계속해야 한다. 그래야만 이 땅에서 교회가 해야 할 일이 무엇인지도 밝힐 수 있다.

세 번째로 지역교회사에 대한 관심과 기술(記述)에 최선을 다해야 한다. 지금까지 한국교회사 연구는 기초공사를 제대로 하지 않은 상태에서 이루어진 것이므로 기형적이다. 따라서 이제라도 많은 어려움이 있지만 – 자료의 수집과 인정에 끌리는 점 등 – 그래도 지역교회사에 대해 계속해서 연구해야 한다.

네 번째로 교회는 민족이 나가야 할 방향을 제시할 수 있어야한다. 교회사는 한국사의 한 분야이기도 하지만 하나님께서 세상을 주관한다는 사실을 인정한다면 교회사는 한국사 중심에 서야 한다. 최근에 기독교인들의 시각으로 한국사를 서술하려는 모임이 결성되었는데 바람직한 일이다. 그렇다고 교회사가 전부라는 시각을 가져서는 안 된다. 오히려 교회가 지역사회의 부분임을 인정하면서 민족이 나가야 할 길을 제시해야 한다.

참고문헌

1. 李章植, 『基督教 史觀의 歷史』, 서울: 대한기독교서회, 1992.
2. 이민호, 『역사주의』, 서울: 민음사, 1988.
3. H. E. 반스, 허승일, 안희돈 역, 『서양사학사』, 서울: 한울, 1994.
4. L. 랑케, 송충기 역, 『서양의 역사학』, 서울: 청년사, 1997.
5. E. H. Carr, 『역사란 무엇인가?』, 서울: 까치글방, 1991.
6. H. Butterfield, 김상신 역, 『크리스천과 역사해석』, 서울: 대한기독교
   출판사, 1982.
7. 한국교회사연구소, 『교회사 연구, 어떻게 할 것인가? - 한국교회사연
   구소 설립 40주년 기념 심포지엄』, 서울: 한국교회사연구소, 2004.
8. N. 베르쟈에프, 이경식 역, 『歷史란 무엇인가?』, 전망사, 1981.

경교의 한국 전래설에
대한 고찰

제
2
강
의

1. 들어가는 말

기독교 신앙의 기초는 초대교회 시절에 이미 규정되었다. 오늘
을 살아가며 하나님을 믿는 우리의 신앙이 바른 신앙인지를 알려
면 성경과 초대교회 시절에 있었던 일곱 번의 공의회 역사를 살펴
보면 알 수 있다. 오늘 우리가 살펴보려고 하는 부분은 기독교의
동양 전래이다. 그중에서도 우리나라에 전래되었다고 하는 경교의
흔적을 살펴보고, 그것이 이 땅의 기독교 역사와 연결되어 있는지
를 고찰해 보려는 것이다. 우리가 이 부분을 살펴보는 이유는 교
회는 유기적으로 연결된 공동체이기 때문이다. 교회가 처음 시작된
곳은 예루살렘이다. 예수 그리스도를 구주로 믿는 무리들이 예루살
렘의 마가 다락방에서 성령님의 인도 하심을 받아 교회가 시작되

었다. 그러나 교회는 출발부터 박해를 받았다. 예수 그리스도를 십자가에 못 박아 죽인 무리들이 계속해서 그를 따르는 신자들을 핍박했기 때문이다. 이러한 핍박은 주후 313년 로마의 황제였던 콘스탄티누스가 기독교를 국교로 인정할 때까지 계속되었다.

주후 313년 기독교가 국교로 인정받은 이후 교회는 신앙의 자유를 찾았지만 많은 문제점들이 등장하기 시작했다. 무엇보다도 어떻게 믿는 것이 바른 신앙인지 여기에 대한 규범이 정립되어 있지 않았다. 이에 교회는 공의회를 열어 기독교 신앙의 체계를 잡아 가기 시작했다. 공의회(Concilium)는 이단들의 공격으로부터 교회를 수호하기 위한 목적에서 교회 어른들이 모여 이에 대처하기 위한 모임을 가졌는데 이것을 공의회라고 말하는 것이다. 교회가 이런 모임을 갖게 된 것은 사도행전 15장에 근거를 두고 있다. 초대교회 시절에 구원과 관련하여 두 가지 주장이 있었다. 베드로를 중심으로 한 예루살렘 교회는 구원을 받기 위해서는 두 가지 조건이 필요하다고 주장했다. 첫째는 예수님을 구주로 믿어야 하고, 둘째는 율법도 행해야 구원받는다고 주장했다. 이에 반해 바울로 대표되는 이방인들의 교회는 예수님을 믿기만 하면 구원받는다고 주장했다. 이들 간에 갈등의 골이 깊어지자 교회는 일명 '예루살렘 공의회'라고 부르는 교회회의를 소집하여 바울의 주장이 옳다는 판결을 내렸다. 그 내용이 사도행전 15장에 자세히 기록되어 있다.

> "그 무렵 유다에서 몇몇 사람이 안티오키아에 내려와 교우들에게 모세의 율법이 명하는 할례를 받지 않으면 구원을 받지 못한다고 가르치고 있었다. 그래서 바울로와 바르나바 두 사도와 그들 사이에 격렬한 의견 충돌과 논쟁이 벌어졌다. 그러다가 결국 교회는 바울로와 바르나바와 몇몇 신

도들을 예루살렘에 보내어 다른 사도들과 원로들에게 이 문제를 의논하게 하였다. …… 오랜 토론 끝에 베드로가 일어나서 그들에게 이렇게 말하였다.

'형제 여러분, 여러분이 아시는 바와 같이 하느님께서는 내 입을 빌려 이 방인들도 복음을 듣고 믿게 하시려고 일찍이 여러분 가운데서 나를 뽑아 주셨습니다. 그리고 사람의 마음속을 아시는 하느님께서는 성령을 그들에게도 내리셔서 우리와 똑같이 인정해 주셨습니다. 그리고 그들의 믿음을 보시고 그들의 마음을 깨끗하게 하셔서 우리와 그들 사이에 아무런 차별도 두지 않으셨습니다. 그런데 지금 여러분은 왜 우리의 조상들이나 우리가 다 감당하지 못했던 멍에를 그 신도들의 목에 메워서 하느님께서 하시는 일을 간섭하려 드는 것입니까? 그들의 경우와 마찬가지로 우리가 구원받는 것도 주 예수의 은총으로 되는 것이라고 믿습니다.'"[9]

최초의 공의회라고 할 수 있는 예루살렘 총회는 구원의 진리에 대한 논쟁 끝에 믿음을 통한 구원의 진리를 확정했다. 이처럼 교회는 출발부터 다양한 의견이 제시되거나 갈등이 일어나면 공의회를 열고 그 문제를 해결했다. 기독교가 로마에서 국교로 공인받은 이후 교회는 어떤 중요한 결정을 내려야 할 때도 공의회를 소집해서 문제를 해결했다. 천주교에서는 지금도 자신들만의 공의회를 교황이 소집하기도 하지만 정교회와 개신교회에서는 이미 초대교회 시절 일곱 번의 공의회에서 기독교 신앙을 수호하기 위한 중요한 결정은 다 이루어졌다고 여기기 때문에 일곱 번의 공의회만 인정하고 있다. 동서방교회가 모두 인정하는 공의회는 기독교 역사상 일곱 번 있었다. 일곱 번의 공의회는 다음과 같다.[10]

---

9) 사도행전(새 번역) 15장 1~2절, 7~11절.

10) 공의회의 역사에 대해서는 다음의 책을 참고할 수 있다.
   Hubert Jedin, 『세계공의회사』 왜관: 분도출판사, 2005.

제1차 공의회: 니케아 공의회(325년)[11]

제2차 공의회: 콘스탄티노플 공의회(381년)[12]

제3차 공의회: 에베소 공의회(431년)[13]

제4차 공의회: 칼케돈 공의회(451년)[14]

제5차 공의회: 콘스탄티노플 공의회(553년)[15]

제6차 공의회: 콘스탄티노플 공의회(680년)[16]

제7차 공의회: 니케아 공의회(787년)[17]

2. 테오토코스(하나님의 어머니)

이 중에서 제3차 공의회인 에베소 공의회(431년)에서 '테오토코
스'가 결정되었다. '테오토코스'라는 말 속에는 크게 세 가지 의미
가 담겨 있다. '하나님의 잉태자, 하나님의 어머니(Theotokos)', '평

---

11) 제1차 공의회에서 결정된 내용들 중에는 이런 것들이 있다. 니케아에서 열린 이 공의
회에는 318명의 주교들이 참석했다. "성자는 성부에 비해 열등하다."고 가르친 아리우
스파를 이단으로 정죄했다. 주교회의는 1년에 두 번 개최하되 사순절 이전과 가을 전
에 열어야 한다.

12) 제2차 공의회는 150명 내지는 180명의 주교들이 참석했다. 아리우스파를 정죄한 것
을 다시 한 번 확인했으며 "성령께서는 성자에 의해 창조되었다."고 가르친 마세도니
우스 총대주교를 비난했다. 결국 삼위일체론이 확정된 것이다. 물속에 한 번 들어갔
다가 나오는 세례를 받은 자는 이단으로 취급한다고 하였다.

13) 제3차 공의회는 200명의 주교가 참석했다. 네스토리우스파를 정죄했다. 니케아신경
이외의 신조를 첨부한다면 교회와 아무런 관계가 없다고 하였다.

14) 제4차 공의회는 630명의 주교가 참석했다. 제3차 공의회의 결의대로 그리스도의 신
성과 인성은 '혼돈과 분리됨이 없이' 일치함을 강조했다.

15) 제5차 공의회는 150명의 주교가 참석했다. 그리스도의 주개의 본성을 재확인했다.

16) 제6차 공의회는 160명의 주교가 참석했다. 단성론자들을 정죄했다. 단성론이란 예수
그리스도는 신적인 성질만을 가졌을 뿐, 인성은 갖고 있지 않다는 주장이다. 신성과
인성이 연합 이전에는 양성으로 존재했으나, 연합 이후에는 하나의 본성만이 존재하
게 되었다는 것이다. 사제는 30세, 보제는 25세, 여자 보제는 40세 이상이 되어야 한
다는 결정이 있었다. 성경을 불에 태우면 안 된다.

17) 제7차 공의회는 350명의 주교가 참석했다. 그리스도와 성인의 성화는 공경되어야 한
다는 결정이 있었다.

생 동정녀(Aeiparthrnos)' '모든 거룩한(Pangia)'이 그것이다. 그중에서도 교회사에서 가장 크게 문제가 된 것은 마리아가 '하나님의 어머니'라는 말을 '어떻게 해석할 것인가?' 하는 것이다. 지금도 정교회와 가톨릭 교회는 마리아를 하나님의 어머니로 고백하고 있다. 우리는 여기에서 당시 교회가 왜 인간으로 태어난 마리아를 '하나님의 어머니'로 고백하게 되었는가를 분명하게 알 필요가 있다. 당시만 하더라도 아직 신앙의 체계가 바로잡혀 있던 시대가 아니었기에 예수님에 대해서도 다양한 의견들이 있었다. 그중에는 예수님의 신성을 부인하는 이들도 있었다. 예수님은 그 어떤 인생들보다 훌륭한 분이기는 하지만 하나님은 아니라는 주장이다. 이에 교회는 예수님은 인간의 몸을 입고 태어나셨지만 그분은 성부 하나님과 동등하신 분이라는 사실을 강조할 필요성을 느껴 예수님은 참하나님이 되신다는 사실을 강조하기 위해 마리아를 '하나님의 어머니'로 고백하게 된 것이다. 우리는 여기에서 '테오토코스'라는 용어가 마리아를 신성시하는 차원에서 고백된 것이 아니라는 사실을 알 필요가 있다. 예수님이 곧 하나님이라는 사실을 강조하기 위해 채택된 것이다. 이에 반대하는 세력들 중에는 마리아를 '인간의 어머니(Anthropotokos)'로 불러야 한다고 주장했다. 이에 네스토리우스는 중재안을 내놓았는데 마리아를 '그리스도의 어머니'로 부르자고 하였다.[18] 네스토리우스는 안디옥 학파에 속해 있던 사람으로 안디옥 학파는 예수 그리스도의 인성과 신성을 다 인정했지만 인성에 더 무게를 두었다. 안디옥 학파의 이러한 주장이 알렉산드리아 학파(키릴루수 – Cyril)에게는 받아들이기 어려웠다. 안디

---

18) 필립 샤프, 『니케아 시대와 이후의 기독교』, 서울: 크리스찬다이제스트, 2004, 624.

옥 학파의 이러한 주장은 결국 예수 그리스도의 성육신을 부정하는 것으로 해석한 것이다. 그러나 그가 역사에서 비록 이단으로 정죄되기는 했지만 그의 주장에는 이단성이 있었던 것은 아니다. 네스토리우스는 마리아가 그리스도를 낳았기 때문에 '그리스도의 어머니'라고 불러야 옳다고 주장했다.[19] 그리스도께서는 하나님이신 동시에 인간이시기 때문이라는 것이다. 당시 알렉산드리아 학파에서는 네스토리우스가 예수 그리스도의 신성을 부정했다고 주장했지만 네스토리우스는 결코 예수 그리스도의 신성을 부정하지 않았다. 단지 저들과는 달리 그리스도의 신성과 인성을 구별했을 뿐이다. 저들은 예수 그리스도 안에서 신성과 인성은 온전히 결합되어 구분할 수 없다고 주장한 반면 네스토리우스는 구분하는 차이가 있었다. 결론적으로 교회가 '테오토코스'를 결정하게 된 것은 다음과 같은 이유에서이다.

성부, 성자, 성령이신 삼위일체 하나님은 시작이 없는 분이다. 니케아 콘스탄티노플 신조가 고백하고 있는 것처럼 '주 예수 그리스도를 모든 세대에 앞서 성부로부터 나신 하나님의 외아들'이시다. 그리고 '우리 인간을 위하여 우리 구원을 위하여 하늘에서 내려오셔서 성령으로 또 동정녀 마리아께 혈육을 취하시고 사람'이 되신 분이다. 이렇게 하나님이신 그리스도는 동정녀 마리아에게서 인성을 취하시고 참하나님이시자 참인간으로서, 즉 신성과 인성을 동시에 지니신 분으로 태어나셨다. 그러나 지금도 그런 사람들이 종종 있기는 하지만 그 당시의 이단들은 이 사실을 인정하지 않고 그리스도의 신성에 대해 의심을 품고 사람들에게 그릇된 가르침을 퍼뜨렸다. 이에 제3차 공의회에서는 그리스도인들의 믿음이 이런 이단들의 잘못된 가르침에 흔들리지 않도록 하기 위해 동정녀 마리아에

---

19) 김인수, 『한국기독교회의 역사』, 서울: 장로회신학대학교출판부, 1997, 15. 여기에 대해 좀 더 자세히 알려면 S. H. Moffet, 김인수 역, 『A History of Christianity in Asia』, 아시아 기독교회사, 281 이하를 보라.

게 하나님을 낳으신 분이란 의미로 '테오토코스'라는 호칭을 붙여 주고 동정녀 마리아를 하나님이시자 인간이신 그리스도를 출산하신 분으로 고백하게 된 것이다.

사무엘 마펫은 네스토리우스를 정죄한 에베소공의회를 이렇게 정의하고 있다.

"고대 기독교사에 있어서 그 중요한 일곱 차례의 공의회 중 가장 격렬하고 또 가장 형평을 잃은 회의였다."[20]

안디옥 학파가 이성적이고, 비평적인 성향을 지녔다면 알렉산드리아 학파는 신비적이고, 은유적이었다. 초대 교회 안에도 서로가 다르면 서로 정죄하는 모습이 있었음을 알 수 있다. 이러한 논쟁을 종식시키기 위해 동로마 황제 테오도시우스가 431년 성령 강림주일에 에베소 공의회를 소집했다.[21] 이때 공교롭게 네스토리우스를 비롯한 안디옥 학파 사람들은 그만 회의에 늦고 말았다. 그러자 이들을 정죄하려고 하던 알렉산드리아 학파 사람들이 로마교회의 주교 코일레스티우스(Coelestine)와 의기투합하여 네스토리우스를 안디옥 주교에서 파문하고 말았다. 늦게 도착한 안디옥 학파 사람들은 자신들끼리 공의회를 열고 그간의 경과에 대한 책임을 물어 알렉산드리아교회의 주교 키릴루스와 에베소교회 주교 멤논

---

20) S. H. Moffet, 김인수 역, 『A History of Christianity in Asia』, 아시아 기독교회사, 288.

21) 431년 에베소공의회는 테오도시우스 2세가 소집하여 200명의 주교가 참석했다. 여기에서 네스토리우스파를 정죄했다. 그리스도의 두 개의 본성인 인성과 신성은 서로 '혼돈과 분리됨 없이' 일치를 이룸을 확인했다. 또한 성모 마리아를 하느님의 어머니(테오토코스)라고 선언했다. 이에 상응하는 언쟁에 관해 8개의 규범이 채택되었는데 네스토리우스파와 동조하는 주교는 면직된다(규범 2). 성직자가 네스토리우스파와 동조하면 파문 된다(규범 4)는 결정이 있었다.

(Memnon)을 파문하고 말았다.[22] 이러한 상황에서 동로마 황제는 알렉산드리아교회의 손을 들어 주었다. 교회에서 파문당한 네스토리우스는 안디옥 근처의 수도원에 유배되었다가 아라비아의 페트라를 거쳐 이집트 프롤레마이우스에서 451년경 사망했다.

3. 경교의 동양 전래 연구

그 후 네스토리우스를 추종하는 사람들이 페르시아 에뎃사(Edessa)에 정착했다.[23] 황정욱은 이들이 에뎃사로 이주했을 때 이미 그곳에는 유대인들이 살고 있었다고 말한다.[24] 이들은 이곳에 신학교를 설립하고 451년 칼케돈 공의회에서 네스토리우스파가 이단으로 확정되자 자신들만의 교회를 설립했다. 이 교회는 '앗시리아교회', '갈대아교회'로 불린다.[25] 이 교회가 635년 唐(당) 태종 9년에 당나라에 들어왔다. 당시 단장은 알로펜(Alopen, 阿羅本)이었다. 중국에서는 이들이 페르시아에서 왔다고 하여 '파사경교(波斯景敎)', '대진교(大秦敎)'(로마교에서 비롯되었다는 의미에서), '경교(景敎)' (光明正大한 종교라는 의미에서) 등으로 불렀다. 당 태종에 이어

22) Hubert Jedin, 『세계공의회사』, 32.

23) 에뎃사의 위치는 아래의 책에 나오는 지도를 참고하라. 에뎃사는 유프라테스 강과 티그리스 강의 상류에 위치하고 있다.
황정욱, 『예루살렘에서 長安까지』, 오산: 한신대학교 출판부, 2005, 26.

24) 위의 책, 29~34.

25) 서원모는 '경교'를 '시리아 교회'로 부르고 있다. 서원모는 그의 논문에서 당시 중국에 전래되었던 경교의 내용에 대해 매우 명쾌하게 제시하고 있다.
서원모, 『당대의 경교와 동아시아 문화』, 서울: 제8회 소망신학포럼 자료집, 9~64.

고종도 경교를 보호하여 당나라에서 경교는 부흥되었으나 845년 무종이 실시한 회창멸법(會昌滅法) 조치에 의해서 결국 중국역사에서 사라지고 말았다. 이들은 노비를 금하고, 재물축적을 금지했으며, 수도원도 갖고 있었고, 안식일을 지키고, 매일일과 기도를 실시하는 등 나름대로 신앙을 실천하고 있었다. 또한 이들은 중국의 현실에 적응하기 위해 성령님을 '현풍(玄風)', 기도를 '수공덕(修功德)', 예배당을 '사(寺)', 수도사를 '승(僧)', 삼위일체의 '삼위(三身)' 등으로 표현했다. 이들은 마리아 숭배를 거부하는 장점을 지니고 있었지만 정교회와 가톨릭처럼 성인을 숭배하였고, 조상제사와 일부다처제를 허용하는 등 나름대로 토착화를 실시하기도 했지만 결국 신실성을 상실하고 역사에서 사라지고 만 것이다.[26] 우리는 당나라에서 경교가 사라졌다는 사실에서 중요한 교훈을 얻어야 한다. 복음이 그 시대의 언어로 해석되어야 하는 것은 분명하지만 복음의 본질이 변화되어서는 안 된다. 토착화라는 이름으로 본질이 문화와 타협해서는 안 된다.

4. 경교의 신앙 양태[27]

그러면 『序聽迷詩所經』(서청미시소경)을 통해 중국에 전래된 경교의 내용을 좀 더 구체적으로 살펴보자. 우리는 이러한 고찰을

---

26) 李章植, 『景敎思想의 硏究』, 神學思想 제2집, 1973, 159~161.
27) 이 부분은 황정욱의 연구를 주로 의지했다.
   황정욱, 『예루살렘에서 長安까지』, 오산: 한신대학교 출판부, 2005, 69~94.

통해 동양과 중국에 전래된 복음의 내용을 살펴볼 수 있을 것이다. 지금까지 발견된 경교 문헌들은 다음과 같다.

1) 景教三威蒙度讚(경교삼위몽도찬)
2) 尊經(존경)
3) 宣元至本經(선원지본경)
4) 志玄安樂經(지현안락경)
5) 一神論(일신론)
6) 序聽迷詩所經(서청미시소경)
7) 大聖通眞歸法讚(대성통진귀법찬)[28]

4.1. 표제 서청(序聽)

표제 '서청'에 대해서 학자들마다 해석이 다르다. 하네다와 사에 키는 '서청'을 '예수'를 한문으로 표기한 것이라고 주장한다. 이에 반해 멘치스(J. M. Menzies)는 '메시아에게 들음 서문'으로 해석한다.

4.2. 신론: 2~76행

"그때 메시아가 天尊이 세상에 펼친 법을 말했다. 다른 견해가 다소 있 었다. 누가 능히 도의 감탄하여 마지않는 뜻을 말하며, 누가 능히 천존의 나타나기 전에 어디에 계셨는지, 그가 계신 곳이 어디인지 말할 수 있으랴?"

이 문서에는 예수님을 '메시아'로[29] 하나님을 '천존'으로 칭하고

---

28) 위의 책, 67.

29) 성자 하나님인 예수를 말하는 호칭으로는 '메시아'가 가장 많이 사용되었지만 '미사 가(Mishihe)', '아들', '빛나는 아들' 등 여러 가지 호칭이 사용되었다.

있다.30) '천존'은 도교에서 사용하는 용어인데 이 문서가 이를 차용하고 있다. 또한 예수 그리스도의 선재를 말한다. 한편 성령 하나님은 '바람'이라는 호칭이 사용되고 있다.31)

> "모든 佛들이 이 바람 때문에 돌며, 세상에서는 바람이 이르지 못하는 곳이 없다."
> "중생은 이치와 佛에서 멀지 않으니 인간의 몸이 스스로 마음대로 하게 세우셨으니 선행을 행하면 좋은 복이 있고, 악을 행하면 악연이 있다."

이 문서에는 '천존'을 바람에 비교한다. 즉 천존은 무소부재하는 분임을 설명하는 것이다. 그러나 황정욱은 이러한 사상이 범신론은 아니라고 말한다. 경교의 신론과 관련하여 황정욱은 두 가지를 언급한다. 첫째는 불교와 도교의 우주론을 채용함으로써 그리스도교 신론에 다신론적 요소를 첨가하였고 결과적으로 그 자신의 종교적 정체성을 위험하게 만들었다. 이 문서의 저자는 천존을 때로는 최고 신, 때로는 메시아와 동일시하였다. 둘째는 불교의 구원론이 그리스도교의 구원론과 그렇게 다르지 않다고 믿는다. 즉 누구라도 그의 행실에 따라서 부처가 될 수 있기 때문이다. 결국 인간의 자유의지와 책임을 역설하는 것이다.

---

30) '천존'이 다른 문헌에는 '일신(一神)', '장제(匠帝)', '장왕(匠王)'으로도 표기되어 있다. 결국 중국에 전래된 경교는 성부 하나님을 비롯한 삼위일체 하나님에 대한 명확한 가르침을 전하지 못했다고 할 수 있다.
31) 성령 하나님은 주로 '바람'이라는 호칭이 사용되고 있지만 '양풍(凉風)' - 시원한 바람, '정풍(淨風)' - 깨끗한 바람, '삼일정풍(三一淨風)'이라는 호칭도 사용되고 있다.

4.3. 윤리적 부분: 77~149행

"천존의 가르침을 받는 사람이 있어서 항상 우리가 가르침을 받았다고 말하고, 사람에게 받은 가르침을 가르친다고 말한다면 성상은 모두가 신이 인간으로 태어남이니, 지금 우리가 부모가 있음으로 인하여 존재할지라도 중생은 지혜가 있다면, 모두 천존과 성상을 두려워해야 한다."

이 문서는 천존의 법을 구체적으로 나열하면서 '천존'을 두려워하라고 가르친다. 그리고 성상(聖上, 황제를 일컫는 말)을 숭배하라고 말한다. 우리는 여기에서 중국에 전래된 경교가 변질되고 있음을 보게 된다. 경교를 중국에 전파하면서 이들은 중국에서 황제의 권력이 어떠한 것인가를 알고 황제를 신과 동일시함으로써 박해 없이 토착화를 시도한 것으로 여겨진다. 이것은 진정한 의미에서 토착화라고 볼 수 없다. 중국에서 한때 그렇게도 왕성했던 경교가 갑자기 역사에서 사라진 것은 복음의 본질을 상실했기 때문이다. 이 문서의 윤리적 가르침에 보면 이런 내용들이 있다.

1) 계를 받은 사람은 모든 중생에 대해 선한 마음을 내고 악한 생각을 품지 마라.
2) 중생은 스스로 생명을 죽이지 말지니라.
3) 다른 사람의 아내와 간통하지 마라. 그녀를 그렇게 하도록 유혹하지 마라.
4) 도적질 하지 마라.
5) 다른 사람의 부귀와 가진 밭과 집, 노비를 보거든 탐내지 마라.
6) 좋은 처자와 좋은 집을 가졌다면, 거짓 문서로 증언하여 다른 사람에 대해 음모를 꾀하지 마라.
7) 다른 사람이 맡긴 물건이나 다른 사람의 비용으로 천존을 섬기지 마라.

4.4. 예수의 생애: 150~206행

"천존은 한 처녀에게 성령이 임하게 하였다. 이름은 마리아였다. 성령이 마리아의 뱃속으로 들어갔다. 천존의 가르침에 의지하니 이에 곧 마리아는 임신했다."
"그 아버지는 성령이었다."

예수 그리스도의 동정녀 탄생을 말하는 부분이다. 이 부분에서 이 문서의 저자는 성경의 가르침과는 달리 예수님의 아버지를 성령님이라고 말한다. 그리고 태어난 곳도 베들레헴이 아니라 예루살렘이라고 말한다. 주님의 공생애도 12살 세례를 받을 때부터 32세까지 약 20년간 활동했다고 주장한다. 필자는 개략적으로 경교의 내용을 제시했다. 우리는 이러한 고찰을 통해 다음과 같은 결론을 내릴 수 있겠다.

첫 번째로 경교가 중국에 전래되면서 성경을 통한 선교가 아니라 교리(?)를 통한 선교여서 말씀에서 멀어지는 결과를 초래할 수밖에 없었다.

두 번째로 위로부터의 선교방법을 택하므로 황제를 하나님과 동일시함으로써 일시적으로는 선교효과를 보았을지 모르지만 결국 백성들의 사랑을 받는 것과 황제의 마음이 돌변하면 언제라도 무너질 수밖에 없는 구조를 가지고 있었다.

세 번째로 미지의 세계에 복음을 전할 때 토착화라는 명목으로 복음을 전하는 것은 한계가 있다는 중요한 교훈을 얻을 수 있다. 우리는 이미 교회의 역사에서 '테오토코스'가 예수 그리스도의 신성을 강조하기 만들어진 교리임에도 실제로는 마리아를 공경하고

심하게 말하면 신격화하는 도구가 되었음을 알고 있다. 따라서 더디더라도 복음을 전할 때 상황을 고려한다는 명목으로 복음을 왜곡하거나 축소해서는 안 된다.

5. 경교의 한국 전래설 연구

그러면 이제 경교가 우리나라에 전래되었다는 주장에 대해 살펴보기로 하자. 네스토리우스파 기독교가 경교라는 이름으로 당에 들어와 크게 번성한 이후 우리나라에도 전래되었다고 주장하는 많은 학자들이 있다. 한국에 경교가 전래되었을 가능성을 제일 먼저 제기한 학자는 영국의 고고학자 고든(E. A. Gorden)이었다. 그녀는 기독교의 동양 전래와 기독교와 불교의 교류에 대해 연구하는 가운데 1910년 당시 한국에 4년간 머물며 연구한 결과 한국에 경교가 전래되었을 가능성이 있다는 주장을 한 것이다. 경주 불국사의 신장(神將), 관음상(觀音像), 나한상(羅漢像), 제석천상(帝釋天像) 등에서 페르시아의 경교 흔적이 있다고 하였다. 한편 1917년에는 금강산 장안사에서 중국의 '대진경교유행중국비'와 꼭 같은 비석이 발견되었다.[32]

경교가 우리나라에 전래되었다는 것을 주장하는 대표적인 학자 중에는 김양선이 있다. 그는 1956년 경주 불국사에서 발견되었다

---

[32] 민경배, 『한국기독교회사』, 서울: 연세대학교출판부, 2007, 34~35. 민경배는 아울러 이 비석이 고든 여사가 비밀리에 세워 놓았다는 설도 제시하고 있다. 참고로 중국 서안에서 '대진경교유행중국비'가 발견된 것은 1623년 혹은 1625년이다.

는 돌 십자가, 전남 대흥사에 소장되어 있다는 동제십자가, 그리고 마리아상과 유사한 관음상들을 예로 들면서 경교의 한국 전래설을 주장하고 있다.[33] 김광수도 그의 저서 『韓國基督教傳來史』 26~32에서 7~8세기경 페르시아에서 경교가 성행하고 있을 때, 신라인들이 페르시아 지역까지 왕래하였다고 주장하고 있다. 이때 오이, 호도, 깨, 마늘 등의 식물을 들여왔다고 한다. 경산 대신대에서 한국교회사를 가르치고 있는 박정규도 그의 저서 『淸道基督教100年史』에서 한국 고대사에 경교 내지는 기독교 전래의 흔적이 있다고 주장하고 있다. 그 외에도 이경운, 오윤태 등도 동일한 주장을 하고 있다.[34] 이들은 한결같이 경교가 신라에 전래되었다고 주장한다. 오윤태는 그의 저서에서 불교의 미륵불 신앙은 기독교의 영향을 받은 것이라고 주장하고 있다. 원래 불교에는 미륵불 신앙이 없었다고 한다. 불교에 미륵불 신앙이 들어오게 된 것은 인도에 유대의 예언문학의 메시아사상과 사도 도마와 나다나엘의 인도 선교의 영향으로 마치 예수가 성육신하고, 부활하였던 것처럼 미래 어느 때에 부처가 태어난다는 미륵신앙을 형성하였다고 한다.[35]

김광수는 한 걸음 더 나아가 경교가 발해에도 전래되었다고 주장하기도 한다.[36] 한편 유우식은 1세기에 수립된 가야에 경교가 전래되었다고 주장한다. 그는 경북 영주시 평은면 강동2리 왕유동의 석상이 도마상이라는 것이다.[37] 조국현도 가야시대에 경교가

33) 김양선, 『한국기독교사 연구』, 서울: 기독교문사, 1971, 27~28.
34) 이경운, 『경교 – 동양에 전파된 기독교』, 서울: 동서남북, 1996.
    오윤태, 『한국기독교의 역사 – 경교편』, 서울: 혜선문화사, 1973.
35) 오윤태, 『한국기독교의 역사 – 경교편』, 서울: 혜선문화사, 1973, 180~189.
36) 김광수, 『韓國基督教傳來史』, 서울: 기독교문사, 1974, 29~32.

전래되었다고 주장하고 있다. 그는 대가야 고령읍 지산동에 있는
당간지주의 건축물과 경주박물관 야외의 석조물, 다보탑 등은 토마
스(도마-필자 주) 작품이라고 주장한다.[38] 그러나 이러한 주장에 반
대하는 학자들이 있다. 택정언은 다음과 같이 말하고 있다.

> "중국과 한국의 기독교사를 연구해 보면 경교가 문제시되는 까닭에 도입
> 시기는 가톨릭 훨씬 이전으로 올라갈 수 있다고 보고 일본의 기독교사에
> 서도 불교에 영향을 끼친 경교를 말하는 사람이 있기는 하지만 정설이
> 되지 못한다."[39]

택정언은 한국에 경교가 전래되었다는 것을 인정하지 않고 있다.
백낙준과 H. H. Underwood도 같은 입장을 취하고 있다.[40] 경교가
우리나라에 전래되었을 가능성을 100% 부정할 수는 없다. 천주교
가 신앙으로 받아들여지기 이전에 서학이라고 하는 학문의 옷을
입고 전래되었듯이 문물이라고 하는 옷을 입고 경교가 이 땅에 전
래되었을 수 있다. 그러나 서학의 전래를 천주교의 전래라고 말하
지 않는 것처럼 경교 문물이 전래된 그 자체만으로 경교가 전래되
었다고 말할 수 없다. 중국에 경교가 전래되었을 때 이미 앞에서
살펴본 대로 기독교의 경전인 성경은 번역되지 않았다. 성경과 일
치된 교리가 있기는 했지만 많은 부분에서 성경의 가르침과 다른
교리들이 있었다. 따라서 우리나라에서 경교의 경전이 발견되었다

---

37) 유우식, 『고대기독교와 관련사의 고찰 – 순흥 읍내리 벽화고분을 중심으로』, 서울: 할
   렐루야, 1989, 145~154.
38) 이장식, 『아시아고대기독교사』, 서울: 기독교문사, 1993, 382~384.
39) 택정언, 『일본기독교사』, 서울: 대한기독교서회, 1995, 20.
40) 백낙준, 『한국개신교사 1832~1910』, 서울: 연세대학교출판부, 1995, 28~30.

는 보고가 전무한 상태에서 경교의 전래를 주장한다는 것은 무리가 있다.

교회가 설립되었다고 주장하려면 주기적인 예배와 세례, 성찬식이 거행되어야 하며 교회를 돌볼 목회자가 있어야 하는데 이렇게 전래되었음을 증명할 길이 없다. 한신대 황정욱도 이러한 입장에서 도마 사도에 의해 가야에 복음이 전래되었다는 주장을 반대하고 있다.[41] 우리는 황정욱의 저서나 논문을 통해 '문자 사료'가 부족한 상태에서 몇 개의 유물을 근거로 기독교 전래를 주장한다는 것이 얼마나 힘든 일인가를 알 수 있다. 다음의 글은 필자가 영주지역 역사를 집필하는 가운데 쓴 글이다. 경교의 전래와 연관하여 살펴보기 바란다.

6. 영주 왕유리 石像, 佛像인가? 도마像인가?

영주지역 초기 기독교 역사를 살펴보면서 제일 먼저 살펴보려고 하는 것은 영주시 평은면 왕유리에 위치한 석상을 살펴보는 것으로부터 시작하려고 한다. 영주지역에 언제 기독교가 전래되었을까? 분명히 언제인가? 이곳에 기독교가 전래된 때가 있었을 것이지만 현재로서는 여기에 대한 정확한 자료를 찾을 길 없어 우리로서는 언제 영주지역에 기독교가 전래되었는지를 정확히 말할 수 없다.

---

41) 황정욱, 『가야는 사도 도마에 의해 복음화되었는가?』, 서울: 한국교회사학연구원·한국기독교사학회 학술 심포지엄 자료집, 2006.

영주지역에서 제일 오래된 교회들 중의 하나인 내매교회는 2006년 10월 3일 교회 창립 100주년 기념예배를 드렸고, 지곡교회도 2007년 3월 1일 교회 창립 100주년 기념예배를 드렸다. 결국 영주에 기독교가 전래된 것은 100여 년 전이라는 말이 된다. 그러나 일각에서 영주시 평은면 왕유리에 있는 한 석상[42])을 도마상이라고 하면서 언제인지 정확히 알 수 없지만 아주 오래전에 기독교가 전래되었다고 주장하는 사람들이 있다. 그러면 먼저 왕유리 석상에 대한 영주문화원의 주장을 들어 보자.

"이 佛像은 平恩面 江東理 王留(왕머리) 마을에서 당곡골로 넘어가는 산기슭에 위치하고 있다. 왕유마을은 고려 말 홍건적의 난을 피해 안동으로 몽진(蒙塵)을 가던 공민왕이 이곳에 잠시 머물렀다 하여 붙은 이름이다. 주민들의 말에 의하면 '여기는 佛像을 이룩할 데가 못 되니 安東 땅에 가서 자리를 찾으라.' 하여 未完成으로 남겨둔 채 제비원 佛像을 造成하였다는 말과, 여기 佛像의 머리를 떼어다 제비원 佛像으로 옮겼다고 하나 사실과 부합되지 않는다. 전체 높이가 5.76m에 이르는 거대한 마애불로 조각 양식은 이웃한 안동 이천동 마애불입상과 구미 황성동 마애입불상, 충주 미륵대원 등과 같이 고려 초에 유행하던 거석마애불 계열의 불상이다. 佛頭는 切斷되었는데 切斷된 목 부분 上段에 턱의 일부가 남아 있어 原來는 佛身과 한돌에 조각되어 있음을 알 수 있다. 또한 잘린 부분을 평평하게 다듬은 痕迹으로 보아 불두를 다시 조성하여 안치하였을 가능성도 추정해 볼 수 있다. 佛頭 뒤편 바위 면에는 頭光背의 彫刻線이 2겹 남아 있는데, 광배 내부에는 아무런 흔적이 없는 것으로 보아 佛頭가 ○○로 彫刻되었음을 알 수 있다. 巖面의 상태에 따라 어깨와 가슴 부분은 高浮彫로 새기고 下體는 線刻으로 처리하였다. 발아래는 雲紋과 3겹의 蓮華臺座가 造成되어 있으며 대좌위에는 불상의 발가락만이 조각되어 있어 특이하다. 手印은 왼손은 엄지와 검지를 맞대어 가슴 위에 올려놓고, 오른손은 엄지와 중지를 맞대고 가슴 위에서 손바닥이 밖을

---

42) 영주시에서는 이 석상을 '영주 강동리 마애보살입상'이라고 부르고 있다. 영주시 평은면 강동리 산 87-1에 위치하고 있으며 2005년 1월 10자로 문화재자료 제474호로 지정되었다.

향하는 특이한 자세를 하고 있는데 오른손에 잡고 있는 연꽃가지가 왼손 가슴 위에 놓여 있다. 佛像 右側 中下段部에는 名文이 上下로 두 글자 새겨져 있는데 정확히 判讀할 수 없다. 또한 佛像 左側 상단부에는 각기 다른 형태의 ○실형 彫刻이 4개 配置되어 있는데 이제까지는 다른 곳에 서는 그 유래를 찾아볼 수 없는 희귀한 것이어서 매우 주목된다."[43]

위의 기록을 보면 영주 왕유리에 위치한 이 석상은 불상임이 분명하다. 그리고 누구라도 현장에 가서 그 석상을 보면 불상일 것이라는 느낌을 받게 된다. 그런데 왜 기독교 일각에서는 이 석상을 도마상이라고 말하는 것일까. 그 이유를 알기 위해 일부 기독교 학자들의 주장을 살펴보자. 왕유리 석상을 기독교와 연관하여 제일 먼저 주장한 사람은 유우식이다.[44] 유우식은 『고대기독교와 관련사의 고찰』이라는 저서에서 왕유리에 위치한 석상을 도마상이라고 주장했다. 비록 머리 부분이 잘려 나간 불완전한 상태이긴 하지만 석상 오른쪽 상단에 새겨진 네 글자가 히브리어로 '토마'라고 읽을 수 있다는 것이다. 그리고 석상 왼쪽 하단의 '야소화왕인 도자(耶蘇花王引導者)'란 한자어는 이 석상의 주인공과 석상의 성격을 잘 표현한 것이라고 주장한다.[45]

왕유리 석상에 새겨진 네 글자는 보는 사람에 따라 앞의 두 글자는 히브리어로 '토마(מת)'라고 읽을 수도 있다. 그러나 뒤의 두

---

43) 이종순, 『영주의 문화유산』, 영주: 영주문화원, 2005, 153~154.

44) 유우식, 『고대기독교와 관련사의 고찰』, 서울: 할렐루야, 1989. 유우식은 1936년 충남 보령에서 태어나 성균관대학교 사학과를 졸업하고 34년간 중등학교에서 국사를 가르친 교사 출신이다. 한편 여의도순복음교회를 출석하는 기독교인이기도 하다.

45) 유신호 편찬, 『龍上敎會八十年史』, 미상: 서림출판사, 2002, 113~117. 여기에서 말하는 용상교회는 안동지역에 있는 용상교회와는 다른 영주지역의 교회이다. 이 책에도 보면 유우식의 주장을 그대로 받아들여 1900여 년 전에 영주지역에 기독교가 전래되었다고 말하고 있다.

글자는 상형문자 형태로 되어 있기 때문에 네 글자를 별도로 읽고, 해독하는 일에는 신중을 기해야 한다. 앞의 두 글자와 뒤의 두 글자의 모양이 너무 달라 뒤의 두 글자와 연관하여 해독한다면 앞의 두 글자만 '토마'로 읽는 것은 그리 합당한 해독이 아니다. 여기에 대해 한신대학교에서 교회사를 가르치고 있는 황정욱은 이렇게 말한다.

> "인물상 좌측의 네 刻字는 현재로서는 해독이 불가능하다. 왼편으로부터 두 문자는 히브리어 תמא과 유사하지만, 이것을 '도마'로 읽을 수는 없다. 아람어로 אמומאת라고 표기하기 때문이다. 나머지 2개 刻字는 사람의 형상처럼 보인다."[46]

황정욱은 위에서 인용한 논문에서 도마가 가야에 복음을 증거했다는 여러 학자들의 주장을 반박하면서 당시 상황에서는 불가능하다고 부정하고 있다. 그러한 가운데 유우식이 주장한 왕유리 석상도 도마상이라는 주장을 부정하고 있는 것이다. 일부 기독교 학자들이 왕유리 석상을 기독교와 관련된 도마상이라고 주장하는 또 다른 이유 중의 하나는 주변 지역 사람들의 증언 때문이다. 지역 주민들이 전하는 말에 의하면 어지간한 석상 앞에서는 언제나 무속행위가 있기 마련인데, 이 석상 앞에서만은 그런 일이 없었다고 한다. 그러므로 이 상은 불상이 아니라는 주장이다. 일부 기독교 학자들이 왕유리 석상을 기독교와 연관시켜 해석하는 또 다른 이유 중의 하나는 경교와 연관하여서이다. 이들은 석상의 모양과 주

---

46) 황정욱, 『가야는 사도 도마에 의해 복음화되었는가?』, 한국교회사학연구원·한국기독교사학회 학술 심포지엄 자료집, 2006. no.100, 14.

변 지역을 샅샅이 답사한 결과 중국에 전래되었던 중국 경교양식이 분명하다는 것이다. 결국 이들의 주장에 의하면 영주에 기독교가 전파된 것은 삼국시대인 신라시대라는 것이다. 그러나 이 석상이 영주지역의 기독교 전래와 직접적인 관련이 있는지에 대해서는 아직 단정할 수 없다. 이들의 의견을 수용하여 석상 우편에 새겨져 있는 네 글자 중 앞의 두 글자를 '토마'로 읽을 수 있다고 해도 그것만으로 이 석상이 기독교와 관련된 것이라고 단정할 수는 없다. 왜냐하면 네 글자 중에서 두 글자가 공교롭게 히브리어와 비슷하게 조각되었을 수도 있기 때문이다. 그러나 네 글자는 한문도 아니고, 한글도 아닌데, 어떤 이유에서 누가 이러한 글자를 새겼는가에 대해서는 좀 더 세밀하게 연구할 필요가 있다고 생각된다. 왕유리는 지금도 시골 중 시골인데 왜 이러한 곳에 위치한 석상에 이런 글씨가 새겨져 있는 지에 대해서는 좀 더 연구해 보아야 할 것이다.

7. 순흥 읍내리 벽화고분

풍기에서 부석을 향해 달리다 보면 다가갈 수 있는 순흥면 읍내리가 있다. 그곳에 가면 많은 사람들의 관심을 끌고 있는 읍내리 벽화가 있다. 이 벽화고분은 비봉산 남쪽의 중턱에 위치하고 있다. 이 일대에는 10여 기의 고분이 산재해 있는데, 순흥 어숙묘(於宿墓)와는 1㎞ 떨어져 있다.[47] 1985년 대구대학교 박물관에서 발굴 조사하였다. 신라영역에 있는 석실분 중 몇 안 되는 벽화고분 중 하나인 직경이 14m, 높이 4m인 원형봉토분이다. 그러면 먼저 영주문화원에서 발행한 자료의 설명을 살펴보자.[48]

"네 벽과 천장 및 연도에 모두 회를 칠하고, 흑색선과 적색선으로 윤곽을 잡아 그 안을 적·황·백색으로 채워서 넣는 구륵진채법(鉤勒眞彩法)과 단순한 백묘법(白描法)으로 그렸다. 벽화내용은 인물상, 서조(瑞鳥), 물고기, 뱀 등의 동물계 및 연화, 버드나무, 초화(草花) 등의 식물계와 산악, 구름과 같은 무생물계로 복합되어 있다.

동벽면에는 서조도(瑞鳥圖)와 산악도 일부가 남아 있는데, 서조도는 강서대묘, 약수리 벽화분, 쌍영총의 주작도와 모습이 닮았다. 북벽면에는 동벽의 산악도가 이어지고 있으며, 풍경화적인 요소가 많은데 채색기법은 덕흥리 벽화분의 수렵도와 매우 흡사하다.

서면에는 뱀을 쥔 역사도(力士圖)와 가거도(家居圖)가 그려져 있는데, 중앙에 천리수로 두 개의 주제를 분할하고 있다. 가거도 안에 그려져 있는 시녀상은 약수리 벽화고분의 여인상이 중국식 복장을 하고 있는 것과는 달리 신라의 천의를 휘감고 있는 것이 특징이다. 남벽면에는 화문(花文)과 창을 든 반라(半裸)의 인물상이 있다. 묵서명(墨書銘)의 '기미(己未)'라는 간지(干支)로 보아 무덤의 조성은 479년이나 539년으로 추정된다."

---

47) 사적 제238호인 순흥 어숙묘(順興於宿墓)는 1971년에 처음으로 세상에 알려진 벽화고분(壁畵古墳)으로서, 1970년대 있어서 백제의 무령왕릉(武零王陵), 신라의 천마총(天馬塚)과 제98호 고분의 발굴과 함께 우리나라 고고학계가 거둔 가장 큰 개가였던 것이다. 이 벽화고분은 영주시 순흥면 태장리 산 95번지에 위치하고 있는데 고고학적 발굴조사는 우리나라 고미술의 권위자인 이화여자대학교의 진홍섭(秦弘燮) 교수에 의해 처음 실시되었다. 그런데 이 어숙묘는 이미 1930년대에 일인들에 의해 도굴되었던 것이기 때문에 내부의 부장품은 거의 발견할 수 없었고, 오직 연화(蓮花)와 신장도(神將圖)와 함께 종래의 통설로서는 고신라고분은 고구려고분이나 백제고분처럼 횡혈식고분(橫穴式古墳)이 아니고 수혈식고분(竪穴式古墳)이기 때문에 벽화가 고분에서 발견될 수 없다고 믿어 왔다. 왜냐하면 그동안 경주를 중심으로 산재해 있는 고신라고분의 발굴조사에서는 횡혈식고분이나 벽화고분을 발견할 수 없었기 때문이다. 사실 쌍영총, 수렵총, 강서의 대묘 등 수많은 고구려의 벽화고분이나, 능산리, 송산리 고분과 같은 백제의 벽화고분 같은 데서 볼 수 있는 바와 같이 고구려, 백제인들의 화적(畵蹟)은 얼마든지 찾아볼 수 있지만 고신라에서는 이 어숙묘의 벽화를 제외하면 경주 천마총에서 발견된 천마도(天馬圖) 등이 약간 있을 뿐이기 때문에 어숙묘는 고신라시대의 분묘제도와 미술연구에 귀중한 자료가 되고 있다.

48) 이종순, 『영주의 문화유산』, 영주: 영주문화원, 2005, 61～62.

영주시에서는 이 벽화고분의 중요성을 인식하고 본래의 고분으로 오르는 산 입구에 모형분을 축조해 놓았다. 영주문화원의 설명을 들어 보면 이 고분은 고구려의 양식을 띤 고구려의 고분인 것을 알 수 있다. 왜냐하면 이 고분의 벽화와 유사하다고 하는 강서대묘, 약수리 벽화분 등이 다 평양 근교에 위치한 고구려 고분이기 때문이다. 그러므로 기독교와는 아무런 상관이 없는 것으로 여겨지기도 하는데 일각에서는 서벽면에 그려져 있는 뱀을 쥔 역사도(力士圖)와 가거도(家居圖)가 기독교와 관련된 것이라고 주장하고 있다.[49] 다시 말해서 창세기 3장 15절과 연관된 그림이라는 것이다. 불교계나 전통사학자들은 부석사 무량수전 앞뜰에 묻혀 있는 龍 모양의 바위가 무량수전 안에 위치하고 있는 불상 밑에까지 연결되어 있는 것과 연관하여 뱀은 전통적으로 수호신의 역할을 한다고 해석하고 있다. 우리는 비록 불교인은 아니라고 할지라도 이들의 주장을 함부로 무시해서는 안 된다. 그러나 기독교 일각에서는 이 벽화에 그려져 있는 벽화를 성경적인 관점에서 해석하고 있다. 성경은 뱀(용, 리워야단)을 사단과 연관하여 해석하고 있다는 것이다.

> "여호와 하나님이 뱀에게 이르시되 네가 이렇게 하였으니 네가 모든 육축과 들의 모든 짐승보다 더욱 저주를 받아 배로 다니고 종신토록 흙을 먹을지니라. 내가 너로 여자와 원수가 되게 하고 너의 후손도 여자의 후

---

[49] 유우식은 이 고분에 그려져 있는 인물을 '白頭天衣人物像'이라고 불러야 한다고 주장하면서 이 인물이 바로 도마라고 주장하고 있다. 그러나 유우식은 자신의 이러한 작업이 학자의 식견보다는 한국에 도마사도가 복음을 전파했음을 알게 해 달라고 기도하는 가운데 하나님께서 응답하셨다고 말함으로써 학자적인 주장이 아니라 신앙적인 차원에서 주장하고 있음을 밝히고 있다.
유신호, 115에서 재인용.

손과 원수가 되게 하리니 여자의 후손은 네 머리를 상하게 할 것이요 너는 그의 발꿈치를 상하게 할 것이니라."(창3:14~5)

신학자들은 성경에 나오는 뱀을 그리스도의 원수라고 해석하는 경향이 있다. 따라서 이 벽화를 기독교와 연관된 것으로 상상해 보는 것이다. 결국 이러한 주장을 하는 사람들에 의하면 경상도 지역에 삼국시대에 이미 기독교가 전래되었다는 것이다. 여기에서는 주제와 어긋나 자세히 다루지 않지만 주후 400년경 네스토리우스라는 사람이 있었다. 그는 하나님을 믿는 사람들에게 '그리스도인'이라는 명칭이 생긴 안디옥 출신이다. 그는 나중에 콘스탄티노플 주교까지 되었는데 기독교 역사에서는 안타깝게도 이단으로 정죄되었다. 왜냐하면 그는 당시 325년 니케아공의회에서 결정된 니케아신조에는 이런 대목이 있다.

"오직 한 분이신 주 예수 그리스도를 모든 세대에 앞서 성부로부터 나신 하나님의 외아들이시며 …… 참하나님으로부터 창조되지 않고 나시어 …… 성령으로 또 동정녀 마리아에게서 혈육을 취하시고 사람이 되심을 믿으며"

니케아신조에 보면 "동정녀 마리아는 하나님이시며 인간의 혈육을 취하신 예수 그리스도를 출산하였다."는 고백이 나오는데 이를 신학적인 용어로 '테오토코스(Theotokos)'라고 한다. 공의회에서 '테오토코스'라는 용어를 사용한 것은 예수님은 참하나님이라는 의미를 강조하기 위해서다. 예수님에게는 인성과 신성이 다 있지만 궁극적으로 그분은 하나님이라는 것을 강조하기 위해서다. 그런데 안디옥교회를 비롯해서 예수님을 인간으로 보려는 주장이 있자 공의회는 예수님의 하나님 됨을 강조하기 위해서 '하나님의 어머니'라는 용어를 채택하게 된 것이다. 마리아에게서 태어나신 분은 참하나님이라는 것이다. 그런데 어느 날부터 '테오토코스'가 마리아를 신격화하는 용어로 변질되었다.

천주교회에서는 '마리아는 하나님의 어머니(예수님은 곧 하나님이기에 예수님의 어머니는 하나님의 어머니라는 논리로 이런 주장을 한 것이다.)'라고 해석한 반면 네스토리우스는 이에 반대했다. 마리아가 신실한 사람인 것은 사실이고, 예수의 어머니인 것도 사실이기에 '그리스도의 어머니'일 뿐이지 하나님의 어머니는 아니라고 하였다. 성경적으로 전혀 문제가 없는 주장이었음에도 당시 교회는 그를 이단으로 정죄했다. 이후로 네스토리우스와 그의 추종자들은 그들의 지역에서 추방당하고 말았다. 우리는 여기에서 공의회의 결정이 교회를 세우는 데 많은 공헌을 한 것이 사실이지만 공의회의 결정이 100% 옳다고 여길 필요는 없다.

이들은 동쪽으로 이주하여 이란지역에 신학교를 세우고 동쪽으로 복음을 전하는 가운데 당나라에까지 복음을 전했다. 이들이 전한 기독교를 당나라 사람들은 경교(景敎)라고 불렀다. 밝고 큰 종교라는 뜻에서 그렇게 부른 것이다. 경교의 흔적이 우리나라의 도처에서 발견되었다고 주장하는 이들이 있다. 이들은 경주 불국사에서 출토된 돌 십자가(현재 숭실대 박물관에 보관되어 있다.)와 마리아상 등을 근거로 우리나라에도 경교가 전래되었다고 주장하는 것이다. 순흥 읍내리 벽화고분도 혹시 이러한 기독교의 영향을 반영한 것은 아닌지 추정하고 있는 것이다.

필자는 한국미술은 물론이고, 불교미술에 대해서도 문외한이어서 순흥 읍내리 벽화고분이 기독교적인 색채가 가미된 그림인지는 알지 못한다. 그러나 이러한 것을 근거로 영주지역에 신라시대에 이미 기독교가 전래되었다고 주장하는 것은 그리 바람직하지 않다고 생각한다. 왜냐하면 정말 복음이 전파되었다면 그 이후로도 계속해서 복음의 발자취가 남아 있어야 하는데 그렇지 않았기 때문이다. 결국 왕유리 석상이나 순흥 읍내리 벽화고분은 거기에 기독교적인 요소가 가미되어 있다고 주장할 수도 없지만 설령 기독교적인 요소가 가미되어 있다고 할지라도 기독교 전파와 직접적인 연관이 있다고 주장할 수는 없다.[50]

참고문헌

1. 김광수, 『동방기독교회사』, 서울: 기독교문사, 1981.
2. 이장식, 『아시아고대기독교사』, 서울: 기독교문사, 1990.
3. 황정욱, 『예루살렘에서 장안까지』, 오산: 한신대출판부, 2005.
4. 김호동, 『동방기독교와 동서문명』, 서울: 까치, 2002.
5. 정수일, 『고대문명교류사』, 서울: 사계절, 2001.
6. 서양자, 『경교의 유물』, 서울: 순교의 맥, 1991.
7. 서양자, 『15세기 이전에 동방에 온 선교사』, 대구: 계성출판사, 1986.
8. 오윤태, 『한국기독교사 1 - 한국 경교사편』, 서울: 혜선출판사, 1973.
9. 이만열, 『한국기독교사특강』, 서울: 성경읽기사, 1985.

---

50) 영주지역 경교의 흔적에 대해 좀 더 자세한 글은 다음의 논문을 참고하기 바란다. 박선경, 「영주지역 초기 기독교 역사 연구」, 韓國基督敎 聖地巡禮硏究 第二券, 한국기독교성지순례선교회, 2008, 44~65.

한국천주교회
약사(略史)

제3강의

1. 들어가는 말

개신교 학자들이 한국천주교회사를 다룰 때는 주로 개신교 역사의 전사(前史)로 다루는 경향이 강했다. 그러다 보니 한국천주교회사의 전부를 다루지 못하고 개신교가 전래되기 이전의 역사만 다루는 경향이 강했다. 물론 한국천주교회사에 대한 연구가 한국천주교 사가들에 의해 이루어진 것은 사실이지만 개신교 학자들은 한결같이 개신교가 전래되기 이전의 역사만 취급함으로써 마치 한국천주교회가 개신교 전래의 다리 역할을 한 것처럼 보이기도 했다. 그러나 한국천주교회는 개신교보다 100년 먼저 전래되었을 뿐만 아니라 지금도 그 역사가 계속되고 있다. 따라서 한국천주교회사는 개신교의 前史로만 다룰 것이 아니라 저들의 역사에 대한 전반적인 고찰을 해야 한다. 우리는 짧은 시간에 한국천주교회사를 공부해야 하기 때문에 여기에서는 한국천주교회사 전반을 다 살펴보기보다는 몇 가지 주제를 택하여 다루려고 한다.

2. 한국천주교회의 기원 문제

한국천주교회 안에는 한국천주교의 기원에 대해 몇 가지 다양한 주장들이 제기되고 있다. 윤민구의 주장처럼 한국천주교회는 오랫동안 기원을 1784년으로 지켜 왔다. 그리하여 1934년 일제치하에서도 150주년을 기념했고, 1984년에는 한국천주교회 200주년을 축하하기 위해 교황이 방문하기도 했다.[51] 그러나 최근에는 한국천주교회의 기원과 관련하여 다양한 주장들이 제기되고 있다. 메디나 (Juan G. Ruiz Medina)는 임진왜란 당시 세스페데스라고 하는 예수회 신부가 우리나라에 입국한 1592년을 기원으로 주장한다.[52] 변기영은 1779년 경기도 천진암에서 시작된 강학모임을 근거로 이해를 한국천주교의 기원으로 주장한다.[53] 그러나 보편적으로는 이승

---

51) 윤민구, 『**한국 천주교회의 기원**』, 서울: 국학자료원, 2002, 3~4.
　이 책에서 저자는 자신은 교회사가는 아니지만 한국천주교 안에 한국천주교회의 기원에 대한 다양한 주장이 제기되고 있음을 안타깝게 여기면서 한국천주교회의 기원은 1784년이라고 말한다. 그는 아래에서 말하는 1779년 천진암 강학 기원설과 임진왜란 기원설은 근거가 없는 주장이라고 일축하고 있다. 특히 제7장과 8장을 참고하라.
52) 메디나, 『**한국천주교전래의 기원 - 1566~1784**』, 서울: 서강대학교 출판부, 1989, 37~40. 메디나 신부는 임진왜란 당시 그레고리오 데 세스페데스 신부가 진해 근교의 웅천에 들어왔던 것을 근거로 이러한 주장을 하고 있다. 그러나 세스페데스가 우리나라에 입국한 것은 1594년이라는 주장도 있다. 여기에 대해서는 다음의 책을 참고하라. 샤르르 달레, 『**한국천주교회사 상**』, 왜관: 분도출판사, 1979, 281.

훈이 북경에 가 세례를 받고 돌아와 정기적으로 모임을 가지며 세례를 베풀기도 한 1784년을 기원으로 삼고 있다.[54] 실질적으로 한국천주교회사 연구의 기초를 다진 최석우는 한국천주교의 기원을 1784년으로 단정한다. 그가 이러한 주장을 하는 이유는 다음과 같은 천주교회의 교회론 때문이다.

> "그리스도교 신자들은 세례로써 그리스도와 합체되어 하느님의 백성(교회)으로 구성된다."(교회법 204조)
> "하느님은 사람들을 아무런 연결도 없이 개별적으로 성화하고 구원하기를 원치 않으시고, 그들로 하여금 진리에 의해 하느님을 인정하고 그를 성스럽게 섬기는 한 백성(교회)으로 이루고자 하셨다."(교회헌장 9항)

천주교에서는 교회를 통해서만 구원이 가능하다고 말한다. 교회의 구성원이 되지 않고는 구원이 불가능하다는 이야기다. 이들은 세례를 받아야지만 교회의 구성원이 되기 때문에 세례는 구원의 필수조건이 된다. 따라서 임진왜란 당시 신부가 입국했다고 해도, 천진암에서 강학모임 중 서학을 공부했다고 해도 교회의 기원이 될 수 없다. 교회의 기초가 되는 세례가 없었기 때문이다. 그러면 이제 한국천주교회의 역사를 개략적으로 살펴보기로 하자.[55] 한국천주교회사를 살펴볼 수 있는 훌륭한 저서들이 이미 출판되어 있으므로 여기에서는 한국천주교회사의 몇 가지 특징과 교훈을 중심

---

53) 卞基榮, 『韓國 天主敎會 創立史 論考』, 서울: 한국천주교회창립사연구원, 1997.
54) 여기에 대해서는 최석우의 논문을 참고하라.
　　최석우, 「한국 천주교회의 기원 문제」, 한국기독교와역사 창간호, 기독교문사, 1991, 8∼20.
55) 한국천주교회의 개략적인 역사에 대해서는 다음의 책을 참고하라.
　　샤르르 달레, 『**한국천주교회사 상·중·하**』, 왜관: 분도출판사, 1979.
　　유홍렬, 『**한국천주교회사**』, 서울: 가톨릭출판사, 1962.
　　문규현, 『**한국천주교회사 Ⅰ·Ⅱ·Ⅲ**』, 서울: 빛두레, 1994.

으로 다루려고 한다.

3. 한국천주교회사의 특징

　첫 번째로 한국천주교회는 자주적 신앙 공동체로 시작되었다. 한
국천주교회는 선교사가 입국하여 복음을 전파하기 이전에 서학서
(西學書)를 통하여 믿는 사람들이 생기기 시작했다. 홍유한이라는
사람은 1770년경부터 스스로 서학서를 탐독하는 가운데 매달 7, 14,
21, 28일을 안식일로 지키기도 했다.[56] 그 후 권철신, 정약전, 이
벽 등이 성리학의 한계를 느끼고 서학을 연구하는 가운데 천주교의

---

56) 金洪永 譯, 『隴隱 洪儒漢先生 遺稿集』, 대전: 학민문화사, 1995, iii.
　　천주교 안동교구는 홍유한과 관련하여 이렇게 소개하고 있다.
　　"농은 선생은 풍산 홍씨 양반 가문으로 정조 임금의 외가(혜경궁 홍씨의 친정) 집안
이다. 농은 선생은 당시 학문과 문벌이 높은 집안에 태어났으나, 과거를 보아 벼슬길
에 나가지 않고 16세 때부터 유명한 실학자 성호 이익 선생의 문하에서 학문에 정진
하였다. 그러다가 1750년경부터 성호 이익 선생의 제자들과 함께 『천주실의』, 『칠극』
등 서학문을 연구할 때 그는 다른 제자들보다 깨달은 바가 남달리 커서 1757년경에
는 서울의 살림을 정리하고서 충청도 예산으로 내려가서 『칠극』에 의한 천주교 수계
생활을 18년 동안 혼자 하였다. 1775년에는 옛날부터 학문의 고장인 소백산 아래에
있는 경상도 땅 순흥고을 구고리(영주신 단산면 구구리)로 와서 10년 동안 수계생활
을 더욱 철저히 하시다가 60세인 1785년 1월에 세상을 떠났다. 그는 축일표(祝日表)
도 없고 기도책도 없이 7일마다 축일(주일)이 온다는 것만 알고 매달 7일, 14일, 21
일, 28일에는 경건하게 쉬고 이런 날에는 속세의 모든 일을 물리치고 기도에 전념하
였다. 또 금육일(대재, 소재)을 몰랐으므로 언제나 가장 좋은 음식은 먹지 않는 것으
로 규칙을 삼았다. 이렇게 열심히 수덕을 하는 동안에 정조 임금께서 두 번이나 스승
으로 궁중에 모시려고 했으나 사양하였다. 그러다가 1785년 1월 30일(음) 60세 나이
로 세상을 떠나서 그해 4월에 이곳 봉화군 봉성면 문수산 산록에 있는 우곡에 안장
했다. 한편 그의 집안 후손 중에는 교회창립의 주역인 양생질서 순교자 권철신 암브
로시오 집안과 칠촌 조카인 순교자 홍낙민 루가, 홍재영, 이소사(홍낙민의 아들과 며
느리) 103위 성인 홍병주 베드로와 홍명주 바오로 등 7명의 순교자가 있다. 홍유한의
고택과 그의 묘는 천주교 안동교구의 성지가 되어 있다. 좀 더 자세한 것은 안동교구
홈페이지를 참고할 수 있다.

계명을 실천하기 시작하였다. 이때가 1777년경이다. 이들은 얼마나 진리에 대한 갈급함이 있었는지 북경에 가는 이승훈으로 하여금 그곳에서 신부를 만나 세례도 받고 교리서를 얻어 오라고 부탁할 정도였다. 이승훈은 북경에서 베드로란 이름으로 세례를 받고 귀국하여 이벽, 권일신, 김범우 등에게 세례를 베풀고 신앙공동체를 이루었다. 한국천주교회에서는 이때를 자신들의 기원으로 삼고 있다.

두 번째로 한국천주교회는 박해받은 공동체였다. 한국천주교회는 출발부터 박해를 받았다. 한국천주교회가 박해를 받은 이유는 크게 세 가지이다. 첫째는 조상제사를 포기했기 때문이다. 둘째는 부모와 임금을 모르는 사람들이라는 오해를 받았기 때문이다(無君無父). 셋째는 반민족적·반국가적 집단이라는 오해를 받았기 때문이다. 황사영 백서 사건이 대표적이다. 을사추조적발사건[57] 이후 어려운 가운데서도 신앙공동체를 이끌던 이들은 '가성직제도(假聖職制度)'라고 해서 신품성사를 받지 않았음에도 스스로 신부를 선출하고 고해성사와 견진성사를 집전하였다. 그러나 교리서를 계속해서 연구하는 가운데 무엇인가 문제가 있음을 느낀 이들은 1789년 북경의 구베아(Alexander de Gouvea) 주교에게 편지를 띄워 이에 대한 답을 구했다. 이에 구베아 주교는 1790년 가성직제도의 잘못을 지적하고 포기하라고 하였다. 그리고 조상제사를 금하라는

---

57) 을사추조적발사건은 1785년에 일어난 한국천주교 최초의 박해사건이다. 초기 천주교인들은 당시 풍습상 중인이나 하층 계급 사람들이 양반의 집에 드나드는 것이 어렵다는 것을 알고 현재 명동성당 근처인 중인계급의 김범우의 집에서 모임을 가졌다. 이 모임이 발각되어 이승훈, 이벽 등 양반들은 이내 풀려났으나 김범우는 갖은 고문을 다 당하고 귀양을 가 그곳에서 죽었다. 천주교회 안에서는 김범우가 귀양 간 곳이 충북 단양이라는 주장과 함께 경남 밀양 단장이라는 주장이 있다. 그리고 김범우의 사망도 귀양 간 직후라는 주장과 아울러 2년 뒤쯤 죽었다는 다양한 주장이 있다.

내용도 알려 주었다. 당시 조상제사는 신분의 상징이었다. 그러자 많은 양반들이 천주교 신앙을 포기하기 시작했다.

이러한 가운데 1791년 진산사건이 발생했다. 권상연과 윤지충이라는 사람이 우상숭배라고 하여 조상제사를 폐하고 신주(神主)를 불사르는 사건이 발생한 것이다. 결국 이 사건을 계기로 많은 양반들이 천주교를 떠났고, 박해가 가속화되었다(신해박해). 이후 천주교 지도자들의 다수는 중인계급의 사람들이 차지하게 되었다. 이러한 상황은 훗날 한국천주교회의 발전에 도움이 되기도 했다. 중인계급이 지도자로 등장하게 되자 신분 타파를 강하게 외칠 수 있게 되었고, 평신도 중심의 교회를 만들어 갈 수 있게 되었다. 한편 구베아 주교는 1794년 주문모 신부를 조선에 파견했다. 그 결과 그가 입국할 당시 4,000여 명이던 신자가 1800년에는 10,000여 명으로 늘어났다. 신자들은 명도회(明道會)라는 신심단체를 조직하여 서로 교리를 익히고, 이웃에게 복음을 전파하는 일에 열심이었다. 명도회의 초대회장 정약전은 『주교요지』라는 순 한글로 된 교리서를 직접 편찬하기도 했다. 주문모 신부는 1795년 체포되어 순교한다(을묘박해).

1801년부터 천주교인들에 대한 조직적이고 전반적인 박해가 시작되었다(신유박해). 순조가 즉위하면서 교회가 비약적으로 발전하자 이에 두려움을 느낀 집권층에서는 천주교에 대한 일대 탄압을 단행하게 되었다. 이 박해는 신생교회를 뿌리째 뒤흔들어 놓았다. 순조가 11세에 왕위에 오르게 되자 그의 증조모인 정순왕후가 수렴청정을 하게 되었는데 그녀는 노론 벽파에 속한 인물이었다. 그녀는 정조 때 남인 시파에 눌려 정치적으로 배척을 당했던 한을 풀 수 있는 좋은 기회로 여기고 천주교를 박해하기 시작한 것이다.[58] 이 박해로 주문모 신부가 순교하였고, 교회의 지도자인 신자들도 대부분 죽임을 당했다.

신유박해 당시 또 하나 우리가 언급해야 할 것은 황사영백서사건이다.[59] 1801년 9월 25일 충청도 제천 배론에 숨어 있던 황사영이 체포됨으로써 발각된 사건이다. 황사영은 당시 조선천주교회가 박해를 받는 상황을 북경에 있는 주교에게 알리려 백서를 작성했는데 내용은 크게 두 가지이다. 첫째는 신유박해를 중심으로 박해의 경위와 주문모 신부를 비롯한 순교자들의 사적을 적었다. 둘째는 폐허가 된 조선 천주교회를 살리는 방도를 나름대로 제시한 것이다. 그 내용은 이것이다. 하나, 청의 황제가 직접 조선의 왕에게 서양 선교사를 받아들이도록 권면 하는 방법이다. 둘, 청의 황제와 친한 중국인 신자를 조선에 파견하여 평양과 안주 사이에 무안사(撫安司)를 두고 조선의 정치를 감호(監護)케 하고 또 청의 공주를 조선 왕비로 삼게 함으로써 천주교 신앙을 확산시키는 방법이다. 셋, 서양함대를 동원하여 조선 정부를 위협하여 강제적으로라도 천주교를 받아들이도록 하는 것이다.

황사영 백서를 읽어 보면 그는 나름대로 신실한 신앙인이었음을 알 수 있다. 천주교인들이 박해를 받는 상황에서 그는 나름대로 신앙을 지키고 있었다. 그러나 아무리 목적이 선하다고 해도 방법이 무시되어서는 안 된다. 아무리 신앙의 자유를 획득하기 위한

---

58) 한국기독교사연구회, 『한국 기독교의 역사 I』, 서울: 기독교문사, 1989, 89.

59) 황사영 백서에 대해서는 상이한 평가가 존재한다. 중요한 문서이기에 말미에 전문을 제시하려고 한다.

목적에서 작성된 것이라고 해도 조선정부를 위협하여 신앙의 자유를 얻게 해 달라는 요청은 천주교가 반민족적 집단이라는 오해를 받기에 충분했다. 이러한 이유로 한국천주교회는 엄청난 박해를 피할 수 없었다.[60] 신앙의 자유를 획득하는 것도 중요하지만 자신이 속한 나라를 외세에 맡긴다는 것은 그 어떤 이유로도 정당화될 수 없다. 여기에서는 다루지 못하지만 이러한 이유로 죽임을 당한 것도 순교로 보아야 하는지에 대해서는 진지한 연구를 요한다. 참고로 이상규는 순교에 대해 이렇게 정의하고 있다.

"일반적으로 초기 기독교회는 다음의 3가지를 만족시킬 때 순교, 순교자로 인정했다. 첫째, 순교는 육체적 생명이 끊어지고 참으로 죽어야 한다. 둘째, 그 죽음은 그리스도인의 생활과 증거하는 진리에 대한 박해에 기인한 것이어야 한다. 셋째, 그 죽음을 자의적으로 받아들여야(voluntary acceptance of death) 한다. 초기 기독교회에서 순교의 개념에서 중시되는 점은 피 흘림, 곧 '죽음'의 증거라는 점이다. 순교라고 말할 때 그것은 반드시 '육체적' 죽음으로 증거되어야 한다는 근본적 특성을 지니고 있었다. 그러나 4세기를 거쳐 가면서 순교 개념이 포괄적 성격을 지니게 된다. 반드시 죽지 않아도 극도의 자기 부정적 삶을 사는 고행자나 수도사들에 대해서도 순교자로 부르기 시작한다. 그래서 피 흘림의 순교를 '적색 순교', 기독교에 대한 정치적 박해가 종식된 이후의 피 흘림이 없는 순교자를 '백색 순교'라고 부르게 되었다. 후자를 '영적 순교'라고 부르기

---

60) 민경배는 황사영 백서의 내용을 다음과 같이 분석하고 있다. 첫째, 당시의 정치적 기상도와 가톨릭교 탄압의 과정과 현황을 자세하게 제보하고, 순교자들의 이력을 설명했으며, 둘째, 당시 박해의 동인으로서의 당쟁분석과 상관관계를 역사적으로 서술하면서, 조선의 경제적 궁핍을 내보이고, 이를 구제할 경제 원조를 요청하고 있다. 셋째, 청국인 교우 중에서 열의 있고 근실한 자 하나를 택해서 국경 지대에 점포를 개설하게 하여 장차 청과 조선 사이의 통신연락 기관으로 삼으며 넷째, 청국 황제를 움직여 그 명령으로 조선이 천주교를 용납하도록 압력을 가하되, 청의 종녀(宗女)를 조선의 공주로 삼아 조선 국왕과 결혼하게 해서, 국왕을 청의 뜻에 순종하도록 할 것을 건의하였다. 다섯째, 천주교 국가들을 움직여 군함 수백 척에 장병 5, 6만 그리고 대포 등 병기를 가득 싣고 우리나라를 쳐 선교의 승인을 강력히 요구해 줄 것을 건의하고 있다.

민경배, 『한국기독교회사』, 73~74.

도 했다. 그리스도를 위해 살고자 하는 의지(willingness to live for Christ)
는 그리스도를 위해 기꺼이 죽고자 하는 의지(willingness to die for Him)
만큼이나 중요하다고 여겼기 때문이다. 그럼에도 불구하고 개신교 전통에
서 엄격한 의미에서 순교자는 항상 두 가지 요건, 곧 그리스도의 복음에
대한 공적인 증거와 그 증거로 인한 불가피한 죽음을 인정받아야 했다."[61]

헌종(憲宗) 때 두 번째로 큰 박해가 일어났는데 그것이 1839년
의 기해박해이다. 이 박해로 당시 3명의 선교사(앵베르 주교, 모방
과 샤스탕 신부)가 모두 순교하였고, 또 정하상, 유진길, 조신철 등
교회의 지도자들이 많이 순교하였다. 이 박해에서 프랑스 선교사들
이 순교한 이유로 조선정부의 천주교 탄압은 국제적인 문제로까지
확산되어 나아가게 되었다. 1846년의 박해(병오박해)는 김대건(金
大建) 신부의 체포가 그 발단이 되었다. 마카오에서 신학을 공부하
고 한국인 최초의 신부로 서품된 그는 서해안에서 선교사의 입국
로(入國路)를 개척하다가 체포되어 순교하였다. 1860년에 거듭된
박해(경신박해)에도 불구하고 교회는 놀라운 발전을 이루었다. 이
에 고종(高宗)의 후견인으로 정권을 장악한 흥선대원군(興宣大院
君)은 대규모의 박해를 강행하였다. 1866년에 시작된 병인박해는
약 10년간 계속되면서 병인양요, 남연군묘 도굴사건(南延君墓盜掘
事件), 신미양요 등으로 더욱 격화되었다. 박해로 말미암아 초기
교회를 주도했던 양반과 지식층이 물러나고, 점차 서민층으로 확산
되면서 이들이 교회의 주축을 이루게 되었다. 또한 처음에 주로

---

61) 이상규, 「'순교'에 대한 교회사적 이해와 한국교회의 과제」, 기독교초교파신문, 2007
년 4월 19일 최형규 기자의 기사에서 재인용. 거의 같은 내용이 이상규의 다음 글에
도 잘 나타나 있다.
이상규, 「어떻게 '증인'이 '순교자'로 변화되었을까」, 목회와 신학 통권 198호(2005년
12월호), 200∼201.

도시에 집중하고 있었던 신앙공동체들은 박해를 피해 산간벽지로 숨어 들어가 각 지역에 많은 교우촌을 형성하는 계기가 되었다.

우리는 여기에서 한국천주교 역사에서 천주신앙을 갖고 죽임을 당한 사람들 모두를 순교자로 인정할 수 있겠느냐는 물음을 던질 수 있다. 신앙을 지키기 위해 죽임을 당했다면 당연히 순교자로 존경받아 마땅하다. 그러나 진산사건이 보여 주는 것처럼, 황사영 백서가 보여 주는 것처럼 자신이 속한 국가나 가치체계를 무시하는 가운데 당한 죽음은 순교라고 부르기 어렵다. 여기에서는 자세히 다루지 못하지만 순교에 대한 개념정리를 분명히 해야 할 필요가 있다.

세 번째로 일제치하에서 한국천주교회는 철저하게 굴복하는 모습을 보여 주었다. 일제치하에 한국천주교회가 걸어간 길은 한마디로 민족의 고난을 외면한 길이었다.[62] 1920년대 들어서면서부터 일제는 신사참배를 강요하기 시작했다. 이에 한국천주교회에는 신사참배를 이단으로 정죄하고 거부했다. 그러나 1930년대에 들어서면서 일제는 군국주의 침략전쟁을 확대해 가고 신사참배도 종교행위가 아니라 국민의례라고 유혹하자 일본천주교회는 이를 받아들였다. 이어 한국천주교회도 그 길을 걷게 되었다.

한국천주교회사에서 가장 굴욕적인 시기가 바로 이때다. 한국천주교회가 신사참배를 하게 된 사상적 배경을 알려면 중국에 전래된 천주교 역사를 알아야 한다. 중국에 먼저 천주교를 전한 선교단체는 예수회였다. 예수회 신부들은 토착화 정신(문화적용주의)과 보유론(補儒論) – 유교를 인정하면서 부족한 부분은 천주교로 보완

---

62) 문규현, 『**한국천주교회사**』, 서울: 빛두레, 1994, 36.

한다는 입장 – 을 갖고 있어서 의복도 중국 옷을 입고, 교리서를 번역하면서 중국 사람들에게 친숙한 용어를 사용했다. 기독교가 신봉하는 신의 이름을 '상제(上帝)'로 번역한 것도 이와 같은 맥락에서이다. 그리고 조상제사도 금하지 않았다. 그러나 예수회를 이어 중국에 들어온 프란체스코 선교회와 도미니코 선교회 소속의 선교사들은 달랐다. 이들은 토착화 신학을 타협으로 여기고 조상제사를 금했으며 교황에게 예수회 선교정책을 금하게 해 달라는 청원서를 올리기도 했다. 그러나 교황청은 1659년에 포교성의 훈령을 통해 예수회 입장을 취하라고 하였다. 그리하여 100여 년 동안 계속되던 소위 '중국의례논쟁'이 마무리되는 듯하였다.

그러나 파리외방전교회가 중국에 들어와 활동하면서 다시금 논쟁에 휘말리게 되었다. 이들은 예수회 신부들의 토착화 내지는 문화적용주의를 타협으로 보고 이를 금해 달라는 청원서를 교황에게 보냈다. 그 결과 교황 클레멘스 11세는 1715년 3월 19일 공자와 조상에게 드리는 제사를 금지하는 칙서를 발표했다. 이 칙서에 의해 이제는 신의 이름도 '천주'만 사용하고 '상제'나 '천(天)'은 사용하지 말라고 하였다. 1742년 교황 베네딕토 14세도 클레멘스 11세의 칙서를 재천명함으로써 예수회 신부들의 활동을 철저하게 막았다. 문규현은 당시 교황청이 이러한 결정을 내린 이유가 신앙적인 이유가 아니라는 해석을 하고 있다. 당시 예수회 선교사들은 포르투갈 정부의 보호를 받고 있었는데 국가권력으로부터 교황청의 권위와 영향력을 확대하려는 시도에서 이런 결정을 내렸다는 것이다.[63] 한국천주교회에 큰 영향을 미친 선교단체는 예수회가

---

63) 문규현, 위의 책, 156~157.

아니라 파리외방전교회였기 때문에 한국천주교회는 출발부터 조상제사를 금했다. 이것 때문에 많은 신자들이 죽임을 당했다.

그런데 1930년대에 들어서면서 한국천주교회의 입장이 바뀌게 된다. 만일 계속해서 조상제사를 금하면 신사참배를 허용할 수 없고, 그렇게 되면 일본과의 갈등을 피할 수 없게 되어 한국에서의 선교의 문이 어려움을 겪게 되기 때문에 1935년 교황 비오 11세는 공자 존경의식을 허용한다. 이듬해인 1936년에는 신사참배도 허용한다. 더 나아가 1939년에 교황 비오 12세는 '중국예식에 관한 훈령'을 통해 공자 존경의식에 대해서 그 상이나 위패를 모시는 일까지 전면적으로 허용한다. 이전에는 글씨를 쓰지 않은 위패만 허용했었는데 이제는 유교의 조상제사를 그대로 다 인정한 것이다. 우리는 여기에서 천주교의 철저한 굴욕을 보게 된다. 아울러 저들의 이중성도 보게 된다. 한편으로는 조상제사를 거부하여 죽은 신자들을 공경하게 하고, 다른 한편으로는 조상제사를 부모에 대한 공경의 도리라고 가르치고 있기 때문이다. 한국 개신교가 처음에는 신사참배에 철저하게 대항하다 결국에는 굴복하고 말았는데 한국천주교회는 처음부터 굴복하는 모습을 보여 주었다. 신사참배에 대한 문규현의 평가는 우리로 하여금 교회가 가야 할 방향이 무엇인지를 생각하게 한다.

"장로교회는 일부 지도층의 투항과 변절에도 불구, 신사참배를 완강하게 거부하는 세력이었습니다. 그들은 신사참배 거부를 위해 자진해서, 혹은 강압에 의해 교회와 학교를 폐쇄시킵니다. 이로 인해 폐쇄된 교회는 2백여 개에 이르고 학교는 1938년까지 모두 문을 닫고 맙니다. 또 투옥된 사람은 2천여 명이며, 옥중에서 죽어간 이는 목사를 비롯하여 50여 명에 이룹니다. 그러나 감리교나 천주교회 등의 학교는 대체로 폐쇄되지 않은 채 남아 있을 수 있었습니다."[64]

한때는 조상제사를 우상숭배라고 하여 금하다가 위기에 처하자 그것은 애국심의 표현이라고 가르친 한국천주교회의 역사에서 우리가 취해야 할 자세가 무엇인지를 배우게 된다. 천주교회는 교회의 결정은 무오하다는 입장을 취하고 있는데 시대와 상황에 따라 결정이 변하고 있음을 보게 된다. 천주교가 하나 됨을 유지하는 것은 장점이지만 교회의 결정이 곧 진리라고 가르치는 점은 약점이라고 하겠다. 1930년대의 한국천주교회가 이를 증명하고 있다.

네 번째로 해방 이후 한국천주교회는 현실과 알맞게 타협하는 모습을 보여 주었다. 해방 이후 한국교회가 가장 먼저 해야 할 일은 회개였다. 이것은 신구교를 막론하고 다 그래야 했다. 그러나 천주교도 개신교처럼 철저한 회개의 길을 걷지 못했다. 해방되던 날은 천주교에서 성모승천대축일이었다. 그래서인지 천주교에서는 해방을 조선천주교회의 주보이며 보호자인 성모 마리아의 선물로 해석했다. 그러나 일제치하에서 굴욕적인 삶을 살았던 것을 회개하지 못했다. 대신 이승만 정권을 지지하고, 그의 반공노선도 지지하는 입장을 취했다. 결국 교회가 가야 할 방향을 아직도 찾지 못하고 현실 유지에만 급급했다고 볼 수 있다. 그러나 이승만 지지는 그리 오래가지 못했다. 천주교 신자였던 장면이 1952년 '부산정치파동'사건 이후 이승만과 거리가 멀어지자 장면을 지지하고 이승만과 거리가 멀어지게 된 것이다.[65] 이후 이승만 정권과 한국천주

---

64) 문규현, 위의 책, 186～187.
65) 부산정치파동사건은 1950년 제2대 총선으로 재선이 어려워지자 이승만 정부는 대통

교회는 극한의 대립을 계속했다.

1960년 4월 혁명으로 이승만과 자유당 정권이 무너지자 한국천주교회는 천주교회의 승리라고 기뻐했다. 특히 천주교 신자인 장면이 내각 총리가 되자 더욱 그리했다. 그러나 사회문제에 소극적이라는 비판을 가하면서 젊은이들이 천주교회를 떠나는 현상도 벌어졌다. 1961년 5·16쿠데타를 계기로 장면 정권이 무너지자 이번에는 박정희 군사정권을 지지하고 그들의 정책에도 적극적으로 지지하고 나섰다. 박정희 정권이 반공정책을 국시로 받아들였기 때문이다. 결국 해방 이후 제2바티칸 공의회까지 한국천주교회는 알맞게 현실과 타협하는 모습을 보여 주었다고 평가할 수 있겠다.

다섯 번째로 1965년 이후 한국천주교회는 교회가 가야 할 길을 보여 주기도 하였다. 무슨 말인가 하면 백성들의 요구를 외면할 때는 백성들로부터 외면을 당했고, 어려움을 겪는 백성들의 편에 섰을 때는 백성들의 사랑을 받았다. 1876년 강화도조약을 통해 일본에게 쇄국의 문을 열게 된 이래, 서구 열강 또한 물밀듯 조선으로 들어왔다. 1882년에는 미국과 조약을 체결하였고, 1886년에는 프랑스와 조약을 체결했다. 조불조약을 통해 완전하지는 않지만 선교사들에게 치외법권의 특권과 더불어 전교의 자유가 주어졌다. 그 후 종현(명동)성당을 비롯해서 개항지를 중심으로 많은 성당이 설

령직선제 개헌을 결정한다. 그러나 야당이 우세했던 국회는 이에 반대했다. 국회는 아예 내각제 개헌안을 발의했다. 이 과정에서 정부와 국회가 대대적인 충돌을 벌이게 되었다. 그러자 정부는 국회해산을 선언하려 하고 계엄령을 선포했다. 그러나 국내외의 반발로 국회 해산은 무산되었고, 계엄령 역시 군내 반발로 인해 제대로 이행되지 못했다. 야당의 실질적 지도자였던 김성수 부통령은 발췌개헌이 성공하면 이승만은 장기 집권할 것이라고 경고하며 사임했다. 결국 정부는 경찰, 군, 조폭을 동원해 개헌을 관철시켰다. 이 사건은 이승만 장기 독재의 첫 걸음이었다. 이 개헌으로 이승만 정권은 재선을 위한 헌법적 기초를 닦은 것이다.

립되었다. 그러나 생각해 보면 개신교도 그렇지만 천주교도 반외세 반봉건이라는 백성들의 절박함을 보듬지 못한 아쉬움도 있었다. 문규현은 당시 천주교 선교사들의 신앙을 내세 지향적이고 현실 초월주의적이고 백성들과 함께하지 못한 것으로 평가하고 있다. 그 결과 한국천주교회가 천상에서의 영광과 기복주의적인 신앙관을 갖게 되었다고 평가하고 있다.[66]

당시 천주교 선교사들은 총칼을 앞세우고 아시아의 많은 나라들과 우리나라를 침략한 나라 출신들이었기에 이 땅의 백성들에게는 사랑을 받을 수 없었다. '교안(敎案)'은 이러한 배경에서 이해해야 한다. 당시 백성들은 정부에 대해 원성을 갖고 있었는데 선교사들이 선교에 대한 자유를 획득하려는 목적에서 정부에 유화정책을 펴자 천주교에 대한 시선이 곱지 않았다. 제주교난과 해서교안은 백성들이 교회에 대해 반감의 표출이었다. 신자를 포함해서 700여 명이 희생된 제주교난의 경우 정부군과 프랑스 군함까지 출동하여 수습됨으로써 백성들의 입장에서는 천주교회에 대해 우호적일 수 없었다. 우리는 여기에서도 교회가 가야 할 방향을 보게 된다. 교회는 지역 내지는 민족과 더불어 가야 한다. 왜 이 땅에서 불교가 호국불교라는 인식하에 백성들의 사랑을 받고 있는지 타산지석의 교훈을 삼아야 한다.

1960년대 이후 한국천주교회가 민주화에 동참하고, 억압받는 백성들의 편에 서자 많은 백성들이 천주교로 귀의했다. 반대로 개신교는 선교사들이 입국할 당시 병원과 학교를 통해 선교하는 방법을 택했다. 그 결과 많은 백성들이 개신교에 대해 우호적인 태도

66) 문규현, 위의 책, 31.

를 견지하게 되었다. 1884년 알렌 선교사가 입국한 이후 20여 년 뒤인 1907년에는 천주교인들의 수보다 개신교인들의 수가 더 많아 졌다. 특히 삼일운동 당시 개신교는 적극적으로 동참했으나 천주교 회는 침묵한 것은 물론이고, 독립운동에 참여하는 것을 정죄하기도 했다. 그러니 백성들의 사랑을 받을 수 없었다. 그러나 개신교는 해방 이후 정반대의 길을 걸어갔다. 신사참배의 문제를 철저하게 회개하지 못했고, 한국전쟁 이후에는 더욱 기복적인 종교로 변질되 어 갔다. 특히 독재정권 치하에서는 그들에게 아부하는 지도자들이 많았다. 또한 미국을 하나님의 나라와 동일시하는 경향도 나타났 다. 그 결과 많은 개신교 신자들이 천주교나 불교로 개종하는 현 상도 나타났다.

결국 1965년 제2바티칸 공의회 이후 한국천주교회는 한국천주교 회 역사에서 가장 교회다운 교회의 모습을 보여 주었다고 하겠다. 비록 우리와 교파가 다르다고 해도 이 시대의 한국천주교회는 교 회가 가야 할 길을 잘 보여 주고 있다. 1965년 이후 한국천주교회 는 백성들과 함께 가는 모습을 견지하고 있다. 그 결과 백성들의 많은 사랑을 받았다. 교회는 백성들과 더불어 갈 때 존재 의미가 있다. 주님은 변화산상에 머물지 않고, 산 아래로 내려오셨다. 우 리는 여기에서 교회가 가야 하는 길을 보게 된다. 이 시대의 한국 천주교회를 다음과 같이 평가하고 싶다.

첫째로 민족의 고난에 동참하는 교회였다. 1960~70년대 한국은 경제개발이라는 미명하에 인간의 존엄성이 무시되는 그런 시대였 다. 박정희 정권이 경제개발을 이루었다는 성과에도 불구하고 자신 을 반대하는 세력은 철저하게 처단하였으며, 기업가들 중심의 정책을 펴는 가운데 많은 노동자와 농민들은 철저하게 소외된 삶을 살 수밖에 없었다. 1960년에서 1975년까지 약 700만 명의 농촌인구가 도시로 유입되었다. 그만큼 농촌경제는 파탄되었다는 말이다. 도시로 유입된 농촌 출신들은 저임금을 받으며 공장에 취업했고, 소위 '달동네'도 형성되었다. 이들은 철저하게 노동력을 착취당했다. 1970년 11월에는 평화시장 노동자였던 전태일 군이 분신자살하는 일이 있었다. 1971년 8월에는 경기도 광주대단지 사건이 있었다. 서울 청계천 일대 등지에서 도시재개발 사업에 밀려 강제로 이주되었던 3만여 명의 주민들이 도저히 살 수 없는 열악한 상황 속에서 토지불하가격 인하, 세금면제 등을 요구하며 대폭동을 일으키기도 했다. 이 시대는 '성장과 안보'라는 논리로 모든 일들을 다 처리했다. 이러한 시대에 개신교회는 이들 편에 서지 못했다. 도시산업선교회나 크리스천 아카데미 등 도시노동자를 위한 노력이 개신교 안에 있었던 것은 사실이지만 이들을 용공으로 몰 정도로 개신교회는 정부의 정책에 찬성하는 입장이었지 저들과 함께하는 교회가 아니었다. 이러한 상황에서 1974년 7월 6일 정의구현사제단이 결성되었다. 이후 한국천주교는 민주화의 중심에 서게 되었다고 해도 과언이 아니다. 정부의 독재와 억압에 맞서 싸우던 이들이 피할 곳은 천주교회가 거의 유일한 도피처였다. 이러한 상황에서 많은 백성들이 천주교회를 신뢰하고 천주교회에 유입하게 되었다.

둘째로 사회정의에 관심을 기울이는 교회였다. 박정희 정권은 기독교를 그리 달갑게 생각하지 않았다. 1965년 한일협정에 대해 기독교가 강하게 반대하자 기독교계 학교에서 성경을 가르치지 못하게 하는 정책을 펴는 한편 불교에 우호적인 자세를 취했다. 이러한 상황에서 박정희 정권은 기독교계 안에서 정부에 우호적인 지도자들에게 화해의 제스처를 펴기도 했다. 그 결과 1968년부터 '대통령 조찬기도회'가 열렸다. 이 기도회는 1974년까지 매년 5월에 열리다가 1976년부터는 '국가조찬기도회'로 명칭을 바꾸고 계속해서 실시하고 있다. 개신교가 이런 길을 가고 있을 때 한국천주교회는 불의와 투쟁하는 입장을 취했다. 원주교구장 지학순 주교는 1971년 12월 5일 성탄교서를 발표하면서 교회의 사회적 책임을 강조하고 불의와 과감히 투쟁할 것을 선포했다. 한국천주교회 모두가 원주교구와 지학순 주교와 같은 입장을 취한 것은 아니지만 원주교구와 지학순 주교의 이러한 태도는 많은 백성들로 하여금 천주교회를 신뢰하게 하였으며, 교회가 가야 할 바른 방향이라는 평가를 내렸다.

셋째로 최근에 한국천주교회는 생명사상에도 많은 관심을 기울이고 있다. 생명을 등한시하여 낙태가 합법적인 양 이루어지고 있는 이때 한국천주교회는 이에 반대하는 분명한 입장을 표명함으로써 생명을 귀하게 여기는 운동을 펼치고 있다. 개신교 안에도 이러한 운동을 벌이고 있는 사람들이 있기는 하지만 한국천주교회처럼 조직적이라고 말하기는 어렵다.

4. 부록: 황사영 백서(黃嗣永 帛書)[67]

죄인 도마 등은 눈물을 흘리며 우리 주교님께 호소하옵니다. 지난봄에 그 곳에 갔던 사람들이 무사히 돌아와 주교님께서 안녕하시다는 소식은 잘 들었습니다만 그 후 날이 가고 달이 바뀌어 이미 해가 저물게 된 이때도 기체 만안하신지 살피지 못했사옵니다. 엎드려 생각하건대 주교님께서는 몸과 마음이 주님의 넓으신 은혜를 충만히 받으사 덕화가 날로 높아지실 것이매 기쁜 마음으로 축하하여 마지아니하옵니다.

죄인 등은 죄악이 많고 무거워 위로는 주님의 의노를 범하고 재주와 지혜가 얕고 짧아 아래로는 사람들과 의논조차 못한 채 박해만 크게 일어나게 하여 그 화가 신부에게까지 미쳤습니다. 그리고 죄인 등은 이 위기에 처하여서도 스승과 함께 목숨을 버려 주님께 보답하지도 못하였으니 무슨 낯으로 감히 붓을 들어 우러러 호소하리이까. 엎드려 생각하건대 성교가 전복될 위기에 처하여 있고 백성들은 물에 빠져 죽는 고통을 겪고 있으나 어지신 아버지를 이미 잃은 지라 그를 붙들고 부르짖을 길이 없고 진실한 형제들은 사방에 흩어져 서로 의논하고 일할 사람이 없습니다. 오직 주교님께서는 온정 깊은 부모를 겸하시고 사목의 책임을 지셨으니 우리를 구원하실 수 있을 것입니다. 이 극도에 달한 고통 속에서 우리들은 다른 누구를 불러야 하겠습니까.

이제 박해의 전말을 대강 아뢰고자 하오나 그 일이 일어난 지가 이미 오래되었고 또 그 실마리가 하도 복잡하여 한꺼번에 진술하기가 어려워 다음에 자세히 적어 보기로 하겠습니다. 엎드려 바라건대 불쌍히 여기시는 마음으로 살펴 주옵소서. 현재 교회 사정은 말이 아니옵고 아무것도 남은 것이 없습니다. 오직 죄인이 요행 화를 면하였고 요행이 아직 발각되지 않았으니 이것이 나라에 주님의 은총이 아주 끊어지지 않은 것이 아닐까요. 오호 죽은 사람들은 이미 목숨을 바쳐 성교를 증명하였습니다. 남아 있는 사람들도 마땅히 죽음으로써 진리를 지켜야 할 것이오나 재능이 적고 힘이 약하여 어찌할 바를 모르겠습니다. 두세 명의 교우가 비밀리에 모여 당면한 문제들을 의논한 결과 그동안 속에 품었던 사정을 일일이 아뢰옵기로 하였으니 읽어 보시고 이렇듯 외로운 자들을 가엾게 보시어 조속히 구원의 손길을 베푸시기를 바라옵니다.

---

67) 여기에 소개하는 글은 다음의 블로그에서 인용했다. 긴 글임에도 소개하는 이유는 비록 한국천주교회가 우리와 교파를 달리 하지만 객관적으로 그들을 이해하기 위해서다. http://blog.naver.com/meereenai?Redirect

죄인 등은 마치 양떼가 흩어져 달아나듯이 어떤 이는 산골로 도망쳐 숨고 혹은 떠돌이가 되어 길에서 헤매면서도 울음마저 터뜨리지 못한 채 흐느끼고 있습니다. 실로 목이 메고 가슴이 쓰라리고 뼈가 저려 밤낮으로 바라는 것은 천주님의 전능과 넓으신 사랑뿐입니다. 엎드려 바라건대 주님의 도우심을 정성 들여 빌어 주시고 자비의 정을 크게 베푸시어 저희들을 이 물불 속에서 건져 주시고 가족들과 함께 정상적인 생활을 하게 해 주옵소서. 오늘날 성교가 온 세상에 널리 퍼져 그 성덕을 노래로 읊지 아니하는 이 없고 그 영적 감화를 기뻐하며 흥겹게 여기지 않는 이가 없는데 이 먼 끝에 사는 백성들이라고 해서 어찌 주님의 자식들이 아니겠습니까. 다만 지방이 멀고 궁벽하여 가장 늦게 성교를 들었고 또 그들의 기질이 약하여 고통을 견디기가 어려운 데다 10년 동안이나 갖은 풍파로 눈물과 불안 속에 지냈기에 금년의 박해는 얼마나 참혹한지 꿈에도 생각지 못한 일이었습니다. 실로 슬픈 일이 아닐 수 없습니다.

인생이 어찌 이토록 극도에 처해질 수가 있습니까. 이 난이 비록 끝난다 하더라도 주님의 특별한 은총이 없으면 예수의 거룩한 이름이 이 땅에서 영원히 사라질 것입니다. 말과 생각이 이쯤 미치고 보니 간장이 서늘합니다. 중국과 서양 교우들이 우리들의 이 위기와 고통을 듣는다면 어찌 동정하지 아니하리까.

감히 바라옵건대 교황께 자세히 아뢰시어 이 죄인들을 구원할 수 있는 일을 모두 쓰셔서 세계 각국에 알려 주님의 박애정신을 본받은 성교회가 그 공동체 의식을 드러내어 죄인들을 간절한 희망이 채워질 수 있도록 도와주옵소서. 죄인들은 가슴을 부둥켜안고 눈물을 흘려 울며 이 어려운 사정을 피력하오며 목을 늘이고 발돋움을 하여 오직 반가운 소식이 있기만을 기다립니다. 주교님께서는 죄인들이 드리고 싶은 말씀을 글로 다 표현치 못함을 가련히 여기소서. 을묘년(1795)에 주문모 신부를 잡으려다 놓친 후부터 선왕의 의심과 두려움은 날로 깊어져 남모르게 수사를 계속하였으나 끝내 신부의 잠적을 알아내지 못하자 조화준이라는 자를 시켜 겉으로는 교우인 체 꾸며 충청도 일대의 사정을 탐지하게 하여 드디어 기미년(1799) 겨울 청주에 박해가 일어나게 되고 충청도의 열심인 교우들은 거의 다 잡혀 죽었습니다.

최도마 필공은 중인 계급의 사람으로서 성질이 곧고 의지가 굳세고 정의로운 데다 재물에도 관심을 두지 않고 열심이 대단하여 모든 사람보다 뛰어난 풍채를 가지고 있었는데 신유년(1791) 박해 때 불행히 유혹에 빠져 배교하였습니다. 그러자 선왕이 몹시 기뻐하여 그를 장가들게 하고 벼슬까지 주니 도마는 하는 수 없이 다 받아들이긴 했지만 근년에 와서는 집에 돌아와 있으면서 과거의 잘못을 몹시 뉘우치며 항상 몸을 받쳐 속

죄할 것을 생각하고 있었는데 기미년 8월에 선왕이 뜻밖에 그를 형조로 불러들여 네가 아직도 사학을 받드느냐고 물으시매 도마는 자기가 바랐던 대로 이제야 죽게 되었구나 하고 충효에 대한 성교의 도리와 자기의 잘못을 뼈저리게 뉘우치는 심정을 솔직히 진술하였더니 그 말이 빛나게 밝고 위엄이 있어 옆에서 듣는 사람들이 모두 감동하였습니다. 그러자 법관은 몹시 놀라고 분통이 터져 진술 사항을 그대로 임금께 보고하였습니다. 그러자 선왕은 다시 더 형벌을 내리지도 않고 아무런 판결도 없이 그냥 석방하였습니다. 그러자 대신들이 왕께 상소문을 올려 도마를 사형에 처할 것을 요청했습니다. 그러나 선왕은 역시 모호한 대답을 내려 그를 포용하는 뜻을 보여 일은 그 정도에서 가라앉았습니다.

이말딩 중배는 소론의 일명(첩 자식의 칭호)으로 경기도 여주에 살았는데 용맹이 남달리 뛰어나고 지조가 쾌활하였습니다. 원래 김건순과 생사를 같이하리만치 가깝게 사귀어 왔었는데 건순이 성교를 믿게 되자 말딩도 그를 따라 믿고 받게 되었습니다. 그는 열심이 불같이 뜨거웠고 항상 눈을 크게 뜨고 대담하게 행동했으며 남들이 자기의 믿음을 눈치 챌까 무서워하지도 않았습니다. 경신년(1800) 부활축일에는 개를 잡고 술을 빚어 한마을 교우들과 길가에 모여 앉아 높은 소리로 희락삼종(부활절에 바치는 삼종경)을 외우고 바가지와 술통을 두드려 장단을 맞추며 노래를 부르고 노래가 끝나면 또 술을 마시고 나서는 다시 노래를 부르는 놀이를 날이 저물도록 하였습니다. 그러나 얼마 안 되어 원수진 집의 밀고로 그는 한 사람의 교우들과 체포되어 관청으로 끌려갔습니다. 교우 중에는 마음이 약한 이도 있었지만 말딩의 격려와 권면에 힘을 입어 혹독한 형벌을 여러 차례 겪으면서 모두 한결같이 버티어 끝내 석방되지 못하고 다들 갇혀 있게 되었습니다. 말딩은 본래 의술을 알고 있었으나 그다지 정통하지 못하였는데 옥에 갇힌 후 혹시 병에 대하여 문의하는 사람이 있으면 먼저 주님의 도우심을 구하고 그런 다음 침을 놓고 약을 처방하여 주어 낫지 않는 사람이 없었습니다. 이로 인하여 그의 명성이 크게 퍼져 멀고 가까운 각처에서 사람들이 몰려와 옥문 밖은 늘 장날 같았습니다. 그러고 보니 이 고을 군수도 금할 도리가 없었고 자기도 병이 나면 와서 약 처방을 얻어 갔습니다. 이래서 옥중 살림이 구차하지 않았습니다. 김건순은 사람들이 혹시 말딩의 병 고치는 능력을 물으면 칭찬이 너무 과하다 할까 봐 열 명 중에 여덟아홉 명은 고친다고 대답했지만 사실은 열이면 열, 백이면 백, 한 사람도 효험을 보지 못한 이가 없었다고 말했습니다. 하루는 감옥의 관리가 의서를 좀 보여 달라고 하니까 그는 "내게는 의서는 없소. 다만 천주님을 공경할 뿐이요. 당신도 의술을 배우고 싶거든 천주님을 믿으시오." 하고 대답했습니다. 그러자 옥리가 "책들은 다 불태워

버렸는데 무엇으로 배운단 말이오.” 하니 말딩은 웃으면서 “내 가슴속에 있는 불타지 않는 책이 있으니 그것만으로도 사람들을 계몽하여 교회에 나오도록 하기에 족하다.”고 대답하였습니다.

함께 갇혀 있던 원요왕에게는 한 늙은 여종이 있어 늘 옥에 찾아와 돌보아 주면서 집안의 따분한 형편을 늘어놓으며 배교하기를 꾀었었는데 요왕은 조금도 동요하지 않았습니다. 그러나 한 번은 할멈의 말이 하도 처참하고 간절하여 요왕도 번민을 하며 마음의 동요를 느꼈습니다. 이것을 알아챈 말딩이 그 할멈을 노려보았더니 할멈은 겁이 나 말을 다 끝내지도 못한 채 물러가고는 다시는 옥에 찾아오지도 않고 후에 이 생원의 눈빛이 하도 무서워서 다시는 못 가겠다고 하더랍니다. 말딩은 옥중에서도 늘 책을 베끼고 경문을 외며 진리를 설명하여 사람들을 권유하였는데 간수 한 사람도 감화되어 교를 믿었으며 나중엔 매우 열심인 사람이 되었습니다.

권철신은 남인 측 대가의 자손으로서 경기도 양근군(오늘의 양평군)에 살았는데 그는 평소에 경서와 예서로 세상에 이름난 학자가 되었습니다. 그러나 성교가 이 나라에 들어오자 온 가족이 다 믿고 따랐습니다. 본시 이름난 집안이라 남들의 비방도 대단하였습니다. 그 아우 일신이 신해년 (1791) 박해에 죽고 나서부터는 감히 계명을 터놓고 지키지 못하였는데도 그를 원수같이 취급하고 시기하는 자들의 미움과 원망은 점점 심하여 을미년(1791) 여름에는 드디어 그의 고향의 고약한 귀신같은 놈들이 터무니없는 죄를 꾸며 관청에 고발까지 하게 되었고 이에 권씨 집안의 자체들도 맞서 대항하게 되었으므로 사건은 장차 크게 벌어지게 되었는데 마침 그 고을 군수가 현명하게 처리하여 싸움은 거기서 중재 되었고 고발 내용이 사실 근거가 없다는 것도 판명되어 간교한 모략은 실패로 돌아가게 되었습니다. 그러나 그들은 간교한 모략을 비밀리에 계속하여 서울에 있는 악질 관리들과 결탁하여 경신년 (1800) 5월에는 선왕을 직접 뵙고 양근 땅에는 그 고을에 사학이 한창 성행해서 아니 배우는 사람이 없고 안 믿는 동리가 없는데도 군수란 자는 태평세월로 사찰조차 아니 하니 이 군수를 마땅히 징계해야 한다고 아뢰었습니다. 선왕이 그 보고를 듣고는 옳다고 판단하여 양근 군수를 인책 사임시키고 새 군수를 부임시키니 그는 부임하자 곧 묵은 사건을 끄집어내어 많은 사람들을 체포하였습니다. 그러자 늙고 겁이 많은 철신은 서울로 올라가서 잠시 몸을 숨겼습니다. 그러자 관가에서는 그의 아들을 대신 잡아다가 가두었는데 아들이 아버지의 벌을 대신 받겠다고 여러 번 청하였으나 군수는 이를 허락하지 않고 기어이 철신을 불러들이려고 하여 사건은 오래도록 종결을 짓지 못하였습니다.

선왕은 성교에 대하여 의심이 많고 두려워하기도 했지만 그는 본래 무슨 사건이든 크게 확대하려고 하지 않았을 뿐 아니라 주 신부 사건은 두 나라 사이에 관계되는 일이라 만일 드러나면 그 처리가 매우 곤란하겠으므로 을묘년 후 여러 신하들이 성교를 엄금하라고 여러 번 청하였으나 일체를 말단 관리들에게 내맡기고 자기는 간섭하지 아니한 것처럼 보이려고 하였습니다. 그러나 각 지방의 박해는 비밀 지령이 아닌 것이 없었고 일부러 아니 한 체한 것은 교우들의 마음을 늦추어 놓고 몰래 신부를 체포하여 암암리에 결말을 지으려고 했던 것인데 미처 그 계획을 이루지 못하고 세상을 떠났습니다.

김여삼은 본래 충청도 사람으로 삼형제가 다 성세를 받고 박해를 피하려고 서울로 이사 와 살고 있었는데 여삼은 근년에 와서 냉담을 하고 배교까지 하더니 부랑자들과 어울려 돌아다녔습니다. 그러나 두 형들도 이것을 막지 못하였습니다. 리안정이라는 사람도 역시 충청도 사람으로 서울에 살고 있었는데 재산이 약간 있는 자로서 여삼이와는 사돈 간이었습니다. 여삼은 가난하여 늘 안정에서 돈을 좀 돌려주기를 바랐지만 안정은 그가 달라는 대로 다 들어주지 못하였습니다. 그래서 여삼은 늘 안정에게 원한을 품고 이를 갈고 있던 중 그는 안정이가 늘 성사를 받고 있음을 눈치 채고는 만일 신부가 안정에게 재물을 내게 좀 나누어 주라고만 한다면 거절하지 못할 테지 하는 엉뚱한 생각을 품고는 그 말을 신부께 드렸습니다. 그러나 안정이가 재물을 나누어 주지 않자 이것은 신부가 안정에게서 부탁을 하지 않았기 때문이라고 트집을 잡아 이젠 그 분풀이를 신부께로 돌려 모략으로 해치고자 신부의 동정을 살펴 포도부장에게 밀고를 했습니다. 5, 6년 동안이나 수사를 해도 알아내지 못했던 신부의 정체가 알려지니 이 말을 들은 포도부장이 얼마나 기뻐했겠습니까. 그들은 일이 성공하면 너를 봉급이 많은 관직에 추천해 주겠다고 하며 그 사람이 지금 어디에 있느냐고 물었습니다. 그때 신부는 골롬바의 집에 있었는데 여삼이는 이것까지 짐작하고 있었으므로 부장더러 아무 날 당신이 우리 집으로 오면 알려 주겠다고 약속하였습니다. 그런데 여삼이는 약속한 날이 이르기 전에 다른 사람의 집에 갔다가 갑자기 병이 나서 집에 돌아올 수 없게 되어 부장은 헛걸음만 하였습니다. 다행히 한 교우가 이 사정을 알고 신부에게 알려 신부는 다른 곳으로 피해 가서 안정더러 돈 수십 냥쯤 가지고 가서 여삼이와 화해하라고 했습니다. 그랬더니 여삼의 원한과 분노는 잠시 누그러졌고 또 며칠 안 되어 국왕이 세상을 떠나매 각 관청에선 일이 분주하여 사건은 더 벌어지지 않았습니다. 그러자 여삼은 이미 신부를 밀고한 뒤요 또 자기로서도 이제는 어찌할 수 없게 되어 늘 악질분자들과 어울려 음모를 꾸며 기어코 흉악한 짓을 끝까지 저지르고야 말겠다고 했습니다.

또한 이 나라의 양반들은 200년 이래 당파가 생겨 서로 대립하고 있습니다. 남인, 노론, 소론, 소복의 네 당파가 있는데 선왕의 말년에 남인이 또 두 파로 갈라져 그 한 파는 이가환, 정약용, 이승훈, 홍낙민 등 몇몇 사람들로서 이전엔 모두 천주교를 믿었으나 목숨을 아껴 배교한 자들입니다. 그래서 그들은 겉으로는 몹시 성교를 해치는 척했지만 마음만은 아직도 믿음 속에 죽을 생각을 하고 있었습니다. 그러나 그 당은 수가 적고 그 세력이 외롭고 위태로웠습니다. 그리고 또 한 편은 홍의호, 목만중 등 진짜로 성교를 해치는 자들인데 10년 이래 양편은 서로 깊은 원한을 품고 있습니다. 노론도 또 갈라져 두 파가 되었는데 시파(時派)라는 것은 모두 임금의 뜻을 받들어 선왕의 신복의 신하가 되었고 벽파라는 것은 모두 당론을 고수하여 임금의 뜻을 항거하므로 시파와는 원수같이 지냈으나 당원이 많고 세력이 크므로 선왕도 두려워하였고 근래에는 온 나라가 그들의 말에 귀를 기울이고 있습니다. 이가환은 문장으로 세상을 뒤흔들었고 정약용은 재주와 기지가 누구보다도 뛰어났으므로 을묘년 이전에는 선왕이 총애하고 신임하였으나 을묘년 후로는 차차 멀어져 버림을 받았습니다. 그러나 벽파에서는 이 두 사람을 몹시 꺼려하여 기어코 해치려고 했습니다.

가환 등이 배교하고 성교를 해치는 데도 벽파에서는 그를 사당으로 몰고 별별 중상과 공박을 가했습니다. 그러나 선왕은 번번이 그들을 감싸 주므로 벽파에서 마음대로 해칠 수가 없었습니다. 선왕이 돌아가시자 그 뒤를 이은 임금은 나이가 어려서 대왕대비 김씨가 섭정하게 되었는데 대왕대비는 선왕의 계조모요 본래 벽파 출신으로 그의 친정이 일찍이 선왕에게 폐가 당했던 터이라 여래 해 동안 품었던 원한을 풀 길이 없다가 뜻밖에 정권을 잡게 되자 벽파를 끼고 학정을 펴 경신년(1800) 11월 선왕의 장례가 끝나자마자 한쪽으로 시파 사람들을 모조리 몰아내 조정을 반이나 비게 하였습니다. 또 전부터 선교를 박해하던 악당들은 벽파와 계속 서로 연락을 취해 왔었는데 세태가 크게 변하자 요란스럽게 들고일어나 큰일을 저지를 기세를 보였습니다. 경신년 4월에 여러 교우들이 명도회에 가입한 후로 신공을 부지런히 하고 회원 아닌 사람들은 움직여 자진하여 모두 남을 감화시키는 데 힘을 썼으므로 그해 가을과 겨울 사이에 회두하는 사람들이 부쩍 늘었는데 부녀자가 삼분의 이요 무식한 평민이 삼분의 일이고 양반집 남자들은 이 세상의 화가 무서워서 믿고 따르는 자들이 극히 적었습니다. 을묘년(1795) 박해 때 골롬바는 신부를 보호한 공이 컸고 재능이 출중했으므로 신부는 모든 일을 그에게 맡겼고 골롬바 역시 열심히 일을 처리하였습니다. 또 그는 많은 사람들을 감화시켜 벼슬하는 집안의 부녀들이 입교하는 예가 아주 많아졌습니다. 그것은 이 나라의 법이 역적이 아닌 이상은 양반의 집안 부녀자에게는 형벌이 미치지 않으므로 금령을 걱정할 필요가 없었던 까닭입니다. 신부도 이 점을 이용해서 선교를 널리 현양할 근거를 삼고자 하여 그네들을 특히 후하게 대접하매 교회 안의 대세는 모두 부녀자 교우에게로 돌아갔고 이러한 인연으로 선교의 소문이 또한 널리 퍼졌습니다. 성교가 이 나라의 큰 정책 문제로 되어 있으므로 새 임금이 즉위하면 반드시 먼저 어떤 조처가 있을 것은 분명하였지만 그것이 무엇일지 몰라 신부는 더욱더 조심하고 교우들도 모두 속으로 근심하고 걱정하였습니다.

12월 17일 형조에서 포졸을 보내어 최도마를 체포하여 가두었는데 이 사람은 지난해의 송사가 미결 중에 있었으므로 이번 체포된 일은 뜻밖의 일이 아니요 또한 그때는 성교를 금하기로 되어 있었을 뿐 조정에서는 아직 금령을 내리지 아니하였으므로 교우들은 경계는 했지만 그다지 놀라거나 두려워하지는 않았습니다. 19일 성모 자헌 첨례 날 새벽 최도마의 종제 최베드로가 길가에 있는 약방의 안방에서 몇몇 사람과 함께 경문을 통경하고 있었는데 마침 창문 밖에서 투전(투전이란 노름의 이름인데 부랑자들이 돈을 걸고 노름을 하므로 사법부가 이를 금지하였음)을 단속하는 관원들이 지나가다가 창문 안에서 가슴을 치는 소리가 나자 투전 던지는 장단소리로 생각하고 창문을 열어젖히고 뛰어들었습니다. 그러나 투전을 발견하지 못하자 각자의 몸수색을 하여 첨례표 한 장을 찾아내었습니다. 그러나 글을 몰라 이것이 무엇인지 알 수가 없자 글을 아는 관리에게로 가지고 가 보였더니 그것이 곧 성교에 관계되는 그림임을 알려 주어 그들은 다시 교우들을 잡으러 돌아왔었는데 그러나 이미 날이 밝아 다른 교우들은 다 흩어져 달아났고 최베드로와 오스더왕만이 붙잡혀 관청으로 끌려가 도마와 함께 갇히게 되었습니다. 이에 포도부장들은 김여삼이와 부랑배들을 끼고 그들을 정보원으로 삼아 아니 가는 데 없이 돌아다니며 눈을 부릅뜨고 교우들을 찾아다니매 교중이 물결 일듯이 요란했으나 마침 세모가 되어 사태가 잠시 잠잠해졌습니다. 그러나 정월 초아흐레 총회장 최요왕이 잡히고 나서부터는 부장들이 밤낮없이 돌아다니며 여기저기서 잡아간 사람들이 두 포도청(좌포청 우포청이 있음)에 가득히 찼는데 모두들 무식하고 또 새로 입교한 사람들과 여염집 부녀자들이라 의지가 강한 사람은 매우 적었습니다.

11일 대왕대비가 교서를 내려 상교를 엄금하기를 "선왕이 늘 말씀하시되 참다운 학문이 밝혀지면 사학은 저절로 꺼져 버릴 것이라 하셨는데 이제 듣건대 사학이 여전히 수도로부터 경기와 충청지방에 이르기까지 기세를 보인다 하니 어찌 소름이 끼치고 한심한 일이 아니랴. 서울과 지방에 다섯 집씩 통합한 통반제도를 엄격히 세워 그 통에 사학을 하는 자가 있으면 통장이 관청에 고발하여 징계하게 하라. 그래도 뉘우치지 아니하면 반역죄를 적용하여 모조리 사형에 처하여 씨를 남기지 말도록 하라."고 하니 각처가 소란하여지고 환란의 불길이 더욱 맹렬해져 교우들은 손발을 둘 곳이 없게 되었습니다.

명도의 회장 정아오스딩은 정약용의 셋째 형으로 본시 양근서 살다가 경신년(1800) 5월 박해 때에 온 가족을 데리고 서울로 올라왔습니다. 그는 벌써 사학자로 비방을 받아 왔던지라 그해 여름에 한 악질 관리가 선왕의 면전에서 그의 이름을 지적하여 처형하기를 청하였으나 선왕이 꾸짖어 화를 면한 바 있었습니다. 인제 와서는 사태가 이미 변하여 재난의 불길이 점점 맹렬하게 타오름을 보고 자기도 도저히 면할 수 없음을 두려워하여 성물과 서적과 신부의 편지 등을 농 속에 넣어 가지고 다른 집에다가 맡겨 두다가 그 집도 곧 습격을 당할까 두려워 본집으로 도로 가져다 두고자 하였습니다. 그러나 부장들에게 빼앗길까 무서워서 임도마라는 사람을 나무장사로 꾸며 농을 마른 솔잎으로 싸 가지고 19일 해 질녘에 짊어지고 거리로 나오게 하였습니다. 그런데 농은 크고 솔잎은 엷어서 아무래도 나뭇짐 같지가 않았습니다. 그때 한성부에 밀도살 감시원이 이것을 보고 몰래 잡은 쇠고기가 아닌가 의심하여(무허가 도살은 엄금하였음) 그 사람을 관청으로 끌고 가 농을 열어 보니 모두가 성교에 관한 서적과 상본과 신부의 편지였는지라 부윤(俯尹)이 크게 놀라 그 농과 사람을 포청으로 압송하니 이것은 불에다 기름을 끼얹은 격이 되어 환란이 더욱 확대되었습니다. 책과 농이 압수당하자 교우들은 놀라 조석으로 불안에 떨고 있었습니다만 10여 일이 지나도록 잠잠하고 아무 동정이 없더니 2월 초에 포도대장 이유경이 전근되고 신임된 신대현이 집무하자 옥에 가득했던 배교자들은 모두 석방하고 최도마 형제와 최요왕과 임도마만을 석방하지 않았는데 이들을 때려죽이려 한다고도 하고 멀리 귀향 보내기로 방금 의논 중이라고 하였습니다. 밖에서 검거가 잠시 그치니 교우들이 기뻐하며 이대로 계속해서 무사하기를 바랐습니다.

이때에 소북의 박장설 노론의 이석우 남인의 최현중 등이 잇달아 성교를 몹시 헐뜯고 반역죄로 처벌하기를 청원하며 아울러 신대현이 교우들을 가볍게 처리한 것을 죄로 몰았습니다. 그러나 대비가 크게 노하여 대현을 잡아 가두고 이 사람을 금부로 옮겼습니다. 이 나라 국법에 조정의 관리와 역적은 군부에서 처리하고 포도청에서는 도적들만 취급하고 평민의 범죄는 형조에서 다스리게 되어 있습니다. 교우들은 평민이지만 포도청에 속하게 되어 도적으로 처단되어야 하는데 금부로 옮긴 것은 역적으로 처벌하려고 한 것입니다.

2월 초아흐렛날 이가환, 정약용, 이승훈, 홍낙민을 금부에 가두고 11일에는 권철신과 정약종을 체포하고 포도청에 엄명을 내려 전에 석방한 사람들까지 재구속하게 하고 여주와 양근에 가둔 사람들을 금부에 올리도록 하니 경향에 이름 있는 교우들은 한 사람도 모면한 이가 없었습니다. 길에는 포졸들이 깔려 이리 뛰고 저리 뛰어 밤낮 그치지 아니하고 금부와 양 포도청과 형조도 만원이 되어 더 수용할 수 없게 되었다고 합니다.

24일에는 골롬바의 온 가족이 체포되고 이어 양반집 부녀자들도 제법 많이 체포되었으나 상세한 것은 잘 듣지 못했습니다. 정아오스딩이 관가에 이르자 관원이 농 속에 든 책들에 대해 그 내력을 물으니 아오스딩은 다 자기의 것이라고 하였습니다. 관원이 농 속의 편지를 내놓고 하나하나 캐어물었으나 아오스딩은 입을 다물고 대답하지 않았습니다. 관원이 사람을 그 가족에게 보내어 너의 남편 너의 아버지가 신부의 성명과 있는 곳만 알리면 절대로 죽을 리가 없는데 혹독한 매를 맞으면서도 끝내 입을 열지 아니하니 너희들 가족은 틀림없이 알고 있을 터이니 가장의 목숨을 생각하여 바른 대로 말하라고 하였으나 가족들도 한결같이 모른다고 대답하였습니다. 이에 신하들이 회의를 열어 대역부도 죄로 판결하고 26일에는 아오스딩과 최요왕, 최도마, 홍방지거, 사베리오, 홍낙진, 이승훈 여섯 사람들을 목을 베어 죽이고 그 후 아홉 사람 역시 참수형에 처하였는데 그중 여자 세 사람이 있었지만 가운데 한 사람 골롬바를 제외하고는 다른 두 여자와 남자 여섯 명은 누구인지 알 수 없어 최베드로 등이 아닌가 하지만 전해 들은 말이 정확하지가 않아 단정할 수가 없습니다. 또 여주와 양근에 갇혔던 사람들도 모두 본 고을로 돌려보내 거기서 참수형에 처하였는데 아직 사실을 조사하지 못하여 일일이 아뢸 수가 없습니다.

총회장 최요왕 창선이는 중간계급 출신으로 을묘년에 순교한 최마디아의 조카이며 진실한 교훈이 전해 내려오는 집안에서 자라 성교가 이 나라에 들어오자 남보다 먼저 입교하였고 몸가짐이 평화스럽고 언행이 공정하여 20년을 하루같이 지냈습니다. 그는 외모가 순수하고 · 말수가 적으면서도 정의로워서 누구든지 의혹이 생기거나 곤란을 당하거나 혹은 마음이 우울하고 답답할 때면 그의 얼굴만 한 번 보아도 자기가 당하고 있는 일이 그다지 큰일이 아니며 어려운 일이 아님을 스스로 깨닫게 되고 또 그의 말은 두어 마디만 들어도 가슴이 시원해졌습니다. 도리에 대한 강론도 자세하고 명백하여 재미가 있으므로 비록 듣기 좋게 말할 생각이 없이 나오는 대로 말하더라도 사람들이 즐겨 들으며 싫증을 내지 아니하고 또한 그 말이 마음속 깊이 들어가므로 사람들이 받는 신익이 컸습니다. 그의 순명과 겸손은 천성에서 우러나온 것이었고 남보다 특별히 뛰어나는 점도 없고 꼬집어 낼 결점도 없었습니다.

그는 교우들 중에서 덕망이 제일 높아 그를 사모하고 신뢰하지 않는 사람이 없었습니다. 집이 입정동에 있었으므로 교우들은 그를 관천이라는 별명으로 불렀습니다. 조화진이 충청도를 수색할 때 관천이가 교우들의 영수임을 알았으나 그의 이름과 있는 곳을 몰라 체포할 수가 없었는데 이때 최요왕은 박해가 장차 커질 것을 알고 다른 교우의 집에 피해 있다가 신유년(1801) 정월 초닷샛날 몸이 불편하여 부득이 자기 집으로 돌아와서 조섭하던 중 초아흐렛날 밤중에 김여삼이 포도부장을 데리고 와서 집을 둘러싸고 체포하는 바람에 포도청에 갇히게 되었습니다. 10여 일 후 치도곤으로 열세 대를 맞았는데 매를 맞는 동안에는 기절하여 죽어 엎드러진 것 같았으나 매질이 끝나고 관원이 그의 죄목을 셀 때면 그는 벌떡 일어서서 성교의 십계명을 강론하여 밝혔습니다. 관원의 말이 "네가 부모를 효도로 공경한다면 어찌하여 제사를 지내지 않느냐?" 하니 그는 "잘 생각해 보시오. 밤에 잠이 든 때는 아무리 맛있는 음식이 있더라도 맛볼 수가 없지 아니하오. 그렇거늘 하물며 이미 죽은 사람이 어떻게 음식을 먹을 수 있겠소."라고 대답하였습니다. 그러니 관원도 대답을 못 하고 그를 옥에 가두라고 명령하였는데 그 후 소식이 끊어졌더니 그 후 정아오스딩과 함께 한날에 참수형을 당했습니다. 그의 나이는 43세이었습니다.

정아오스딩 약종은 성질이 강직하고 의지가 굳고 상세하고 치밀함이 남보다 뛰어났습니다. 일찍이 선도(仙道)를 배워서 오래 살 뜻이 있어 천지개벽설을 그릇 믿었다가 탄식하여 말하기를 천지가 다시 변하는 때는 신선도 역시 함께 사라짐을 면치 못할 터이니 이것 역시 결국 길이 사는 길이 아니니 배울 것이 못 된다고 하였습니다. 그러던 중 성교의 도리를 듣게 되어 독실하게 믿고 따르게 되었습니다. 신해년(1791) 박해에 그의 형제와 친구들은 모두 움츠렸으나 그만은 유독 흔들리지 않았습니다. 세속 이야기에는 서툴렀으나 교리를 강론하기를 가장 좋아하여 비록 병이 들어 괴롭고 양식이 없어 굶주릴 때에도 그런 괴로움은 모르는 사람 같았습니다. 도리의 한 끝이라도 모르는 것이 있으면 잠과 음식의 흥미마저 잃은 듯 전심전력 연구하여 반드시 해득하고야 말았습니다. 그는 말을 타고 가거나 배를 타고 가면서도 묵상 공부를 그치지 아니하고 우둔한 자를 만나면 힘을 다해 가르치고 깨우쳐 주기를 혀가 피로하고 목이 아플 정도까지 하여도 싫증 내는 기색이 조금도 없었으며 아무리 막힌 사람이라도 그의 앞에서 깨치지 못하는 자가 별로 없었습니다. 그는 일찍이 무식한 교우들을 위하여 이 나라의 언문으로 『주교요지』 두 권을 저술하였는데 성교의 여러 책을 인용하고 자신의 의견을 보태서 아주 쉽고 명백하게 썼으므로 어리석은 부녀자와 어린아이들까지도 책을 펴 보기만 하면 환히 알 수 있고 의심나거나 모호한 데가 없었습니다. 이 책이 이 나라에서 목초나 땔나무보다도 더 중요하다 하여 신부는 간행을 인준하였습니다. 그는 여러 해 동안의 학문 연구가 습관이 되고 성품이 되어 교우들을 만나면 안부 인사나 하고 나서는 곧 도리 강론을 펴 놓고 날이 저물도록 계속해 다른 이야기는 할 겨를조차 없었습니다. 혹 자기가 모르던 도리 한두 가지를 알아 깨닫게 되면 만족하여 기뻐하며 칭찬을 아끼지 않았습니다. 혹 냉담하고 태도가 명확하지 못한 자가 강론 듣기를 좋아하지 아니하면 딱하고 민망하게 생각하는 마음을 이기지 못하였습니다. 사람들이 갖가지 도리에 대해 물으면 마치 주머니에서 물건을 꺼내듯이 생각해 내는 기색도 없이 척척 풀어 주어 끊어지는 일이 없었고 어려운 문제를 늘어놓아도 가려내는 데 조금도 막히지 않았습니다. 그의 말은 질서가 있어 어긋나거나 뒤바뀜이 없었으며 정확하고도 기묘하였으며 또한 아름답고도 상세하고 확실하여 사람들의 신덕을 굳세게 하소 애덕을 더욱 왕성하게 하였습니다. 덕망은 관천만 못하였으나 도리에 밝기는 그보다 훨씬 더 나았습니다. 그는 또 천주의 모든 덕과 여러 가지 도리가 광범하고 방대하여 여러 가지 책에 흩어져 총론이 없으므로 독자들이 납득하기가 어렵다 하여 장차 여러 책에서 가려 뽑아 부분별로 구별한 것을 한데 모아 한 책으로 만들어 제명을 '성교전서'라 하여 후배들에게 남겨 주려고 하였으나 그 책의 초를 절반도 닿지 못하고 체포되고 말았습니다. 그가 감옥에 들어가자 관원이 국왕의 명을 거슬렀음을 문책하니 그는 성교의 진실한 도리를 솔직하게 진술하고 그것을 금하는 것은 부당한 일이라고 밝혀 말했습니다. 그러자 관원이 크게 노하여 국왕의 명령을 반대한다고 해서 반역죄를 선언하였습니다. 옥에서 끌려 나와 수레 위에 올라 처형장에 갈 때에도 그는 큰소리로 사람들에게 "여러분은 우리를 비웃지 마시오. 사람이 세상에 나서 천주를 위하여 죽음은 당연한 일이요. 공심판 때 우리들의 울음은 즐거움으로 변할 것이요. 여러분의 기쁜 웃음은 변하여 참된 고통이 되리니 웃지들 마시오."라고 하였습니다. 그리고 처형을 당할 때 구경꾼들을 둘러보며 "이것은 당연히 해야 될 일이니 당신들은 겁내지 말고 이를 본받아 이후 이렇게 하시오."라고 말했습니다. 처형장에서 그는 칼에 한 번 맞아 목과 머리가 반쯤 잘렸는데도 벌떡 일어나 앉아 손은 크게 벌려 십자성호를 크게 긋고는 조용히 엎더졌습니다. 최도마와 함께 처형되었었는데 이때 그의 나이는 42세였습니다.

최도마는 병이 많았고 옥중에서 오래 시달려 지쳐서 수레에 오르자 곧 인사불성이 되었는데 형장이 가까워 오자 비로소 얼굴에 즐거운 표정이 나타났으며 그는 맨 먼저 형을 받았는데 그의 나이는 56세였습니다.

홍사베리오 교만이는 권철신의 외숙으로 경기 포천현에 살았으며 젊어서 진사에 올랐고 만년에는 경학(經學)을 좋아하였는데 권씨 집안이 입교하자 그도 따라 믿게 되어 관계(官界)에 나설 뜻을 단념하고 고향에서 이웃 사람들을 권유하자 그들을 감화시켜 온 고을의 영수가 되었습니다. 그의 딸이 아오스딩에게 시집을 가자 그로 인해 남들의 비방을 받게 되어 드디어 체포되어 치명하였습니다. 홍바오로 낙민은 본래 충청도 예산현 사람으로 젊어서 진사시험에 합격하였고 서울로 이사한 후 이승훈 정약종과 어울려 갑진년(1784)과 을사년(1785) 사이에 성교를 믿고 봉행하였습니다. 그는 열심이고 도리에 밝아 교중 사무를 잘 보아 칭찬을 받았으나 남의 이목을 꺼려 계속 과거를 보아 기유년(1789)엔 과거에 급제하여 여러 벼슬을 거쳐 사간원(詞諫院) 정언(正言)에 이르렀습니다.

신해년 박해 때는 선왕이 억지로 배교를 명하니 나쁜 표양이 자주 일어났습니다. 그러나 그와 함께 배교한 자들은 전면 계명을 지키지 않는 데 비해 바오로만은 신공 드리고 재 지키는 것을 그만두지 않았습니다. 을유년(1795) 성사 볼 때가 이르러 보례하고 고해성사 받을 준비를 하고 있었는데 판공 때가 오기 전에 큰 박해가 일어났습니다. 그의 성명이 한영익이란 자의 고발에 들어 있어 선왕이 또 배교하라고 압박하였습니다. 그 뒤로 그는 집에 있을 때는 계명을 완전히 지키고 외출했을 때는 세속사람들이 하는 대로 따랐습니다. 을미년(1799)에 모친상을 당하였는데 그는 신주를 모시지 않았습니다. 근래에 이르러선 열심히 약간 일어나 앞으로는 전심으로 주님께 귀화할 작정이었는데 이 거룩한 뜻이 이루어지기 전에 체포되어 참수형을 당하였습니다. 옥 안의 사정은 엄격한 비밀에 붙어 있으므로 자세히 알 도리는 없었습니다. 그의 죄목이 본래 큰 것이 아니었으니 만일 관청에 이르러 배교만 하였더라면 죽지는 않았을 텐데 참수형을 받은 것으로 보아 그가 성교에 어긋난 일을 한 것은 아님을 알 수가 있겠습니다.

이승훈 베드로는 이 가환의 생질이요 정아오스딩의 매형입니다. 젊어서 진사에 급제하고 학문궁리를 좋아하여 선비 이벽이 크게 기특히 여겼습니다. 그때 이벽이 성교의 서적의 비밀히 읽고 있었으나 승훈은 아직 이를 몰랐습니다. 계묘년(1783)에 아버지를 따라 북경으로 가게 되매 이벽이 그에게 은밀히 부탁하기를 북경에는 천주당이 있고 그 안에 서양 전교사들이 있었으니 찾아보고 신경 한 부를 얻은 후 동시에 성세 받기를 청하면 서양 선비들이 자네를 크게 사랑할 것이니 신기한 물건과 패물을 많이 얻어 가지고 오고 빈손으로는 돌아오지 말라고 하였습니다. 승훈이 그의 말대로 천주당에 가서 상세를 청하매 여러 신부들이 영세하기에 필요한 도리를 모른다고 영세를 허락하지 않았습니다. 그러나 오직 한 사람 량 신부가 힘써 우겨 성세를 주고 또한 성서도 주었습니다. 승훈이 집에 돌아오자 이벽 등이 놀라 함께 전심전력으로 그 책을 읽어 보고 비로소 진리를 터득하고는 가까운 친구들을 권유하여 당시 이름난 많은 선비들이 그를 따르게 되었습니다. 그들은 승훈을 추대하여 영수로 세웠고 그는 그의 아버지의 엄한 반대와 약한 벗들의 많은 비방을 받으면서도 끝까지 참아 견디며 성교를 봉행하였습니다. 선왕이 그의 재주를 사랑하여 경술년(1790) 가을에는 벼슬을 주어 평택 현령까지 지내게 하자 그는 신해년에 체포되어 배교하고는 성교를 비방하는 글을 여러 번 저술하였습니다. 그러나 그것이 모두 자기 본심에서 우러나온 것은 아니었습니다.

을묘년에 신부가 이 나라에 온다는 말을 듣고 그는 마음이 움직여 회개하고 성사의 은혜를 받기를 준비했으나 며칠 안 되어 박해가 일어나매 승훈은 두려워 다시 움츠러들었습니다. 그는 제일 먼저 성서를 전파하였기 때문에 악한 무리들이 성교를 공격하고 배척할 때에는 반드시 승훈에게도 그 죄를 돌렸습니다. 그러나 그럴 때마다 선왕은 그를 두호하였습니다. 그는 겉으로는 세속을 따랐으나 혹 옛 가까운 친구를 만나면 옛 깊은 정을 잊지 못하여 떠나기를 아쉬워하며 항상 다시 떨치고 일어날 생각을 하다가 화를 당하였는데 그는 서적을 전파한 죄가 있어 아무리 배교한다 해도 사형을 면하기가 어려웠습니다. 그러니 그것이 선종인지 아닌지는 아직 알 수가 없어 더 두고 조사해 봐야 할 것 같습니다.

이가환은 어려서부터 재주와 지혜가 뛰어났고 성장하매 풍채가 늠름하고 도량이 크고 문장으로서는 나라 안에서 으뜸이었으며 아니 읽은 책이 없었고 기억력이 강하여 신과 같았습니다. 또 천문과 기하학에도 정통하였는데 일찍이 그는 탄식하기를 이 늙은 몸이 죽으면 이 나라에는 기하학의 씨가 끊어질 것이라고 하였습니다. 그리고 이기학(理氣學)을 약간 믿던 그는 천체를 둘러보며 마음속으로 이처럼 웅대한 조직에 주재하는 이가 없다 하리요 하고 감탄한 적도 있었습니다. 30세가 넘어 진사에 오르고 대과에 급제하니 선왕이 그를 인물로 중히 여겼습니다. 갑진 을묘년(1794, 1795) 무렵에 이벽 등이 성교를 믿는다는 말을 듣고 책하여 말하기를 나도 서양 서적 몇 권을 읽어 보았는데(자기 집에 『직방외기』, 『서학범』 등이 있었음) 기이한 글이요 궁벽한 저술에 지나지 않고 다만 내 식견을 넓히는 데 그쳤는데 어찌 족히 인생을 안정시키고 인명을 확립시킬 수 있으리요 하였습니다. 이벽이 이치를 따져 가며 답변하니 가환이 그의 말에 굴복하여 드디어 책을 구해다 비밀히 읽었습니다. 이벽은 그에게 초보 입문서 몇 권을 주었는데 그때(성년광익, 聖年廣益) 한 권이 있었으나 가환이 영적을 믿지 않을까 하여 빌려 주지 않으려고 했으나 가환이 기어코 싸우다시피 하여 그때 있던 성교 서적을 모두 가져다가 정신을 쏟아 거듭 읽고 또 읽어 믿기로 결심하고는 말하기를 이것이 과연 진리요 정도로다. 진실로 사실이 아니라면 서적 가운데 쓰인 말은 전부

하늘을 모함한 것이요 하늘을 소홀히 여긴 것이니 만일 그렇다면 서양 바다를 건너와 이렇게 전교할 수 없었을 뿐 아니라 반드시 벼락을 맞아 죽었으리라 하였습니다. 드디어 그는 제자들을 권유하여 교리를 가르치고 아침저녁으로 이벽 등과 비밀히 의합하여 열심이 대단하였습니다.

이때 이승훈 등이 망령되게 함부로 성사를 집행하였는데 가환은 남에게 권하여 그들에게서 성세를 받도록 하였으나 자기는 그러려고 하지 않았으니 그것은 자신은 사신으로 북경에 가서 서양 사람들에게 성세를 받으려고 했기 때문입니다. 그러나 오래지 않아 세태가 어려워지자 그는 마침내 모든 신공하기를 그쳤는데 그때 성교를 믿는다고 비방을 받는 사람들은 대부분 가환의 사돈과 일가친척들이었습니다. 그런고로 악한들이 항상 그를 불러 교주라고 규탄하였기 때문입니다. 그러던 중 신해년 박해가 일어나자 그는 광주 부윤으로 있으면서 교우들을 많이 해침으로써 자기 변명의 계책을 삼았었는데 교우들에게 도둑 다스리는 형법을 맨 처음 적용한 이도 가환이었습니다.

신해년 이후 선왕이 남인을 많이 기용하자 가환은 그 세력을 타 여러 벼슬을 지내고 공조판서에까지 임명되었습니다. 그러나 을묘년에 새 사람이 순교한 후 악한 무리들이 신부의 사정을 모르므로 그 죄를 이승훈과 이가환에게 뒤집어씌워 잇달아 상소하고 공격하매 선왕도 할 수 없이 이승훈을 예산으로 귀양 보내고 가환은 좌천시켜 충주 목사를 시켰습니다. 충주엔 마침 한 교우가 있어 평소에 다른 사람들에게 비난을 받았는데 가환은 그를 혹독한 형벌로 다스려 억지로 배교하라고 명령하였습니다. 교우들에게 주리형을 처음 사용한 이도 가환이었는데 주리란 도둑을 다스리는 독특한 형벌입니다. 그는 또 관의 기생을 첩으로 삼았는데 이런 것은 모두 다 자기에 대한 비방을 벗으려고 한 짓이었습니다. 그러나 그 후부터는 버림을 받아 다시는 등용되지 아니하여 집에서 글이나 읽고 쓰면서 스스로 즐겼습니다. 그러나 그의 아내는 원래 신앙이 깊어 딸과 며느리와 첩과 여종들을 권화하였는데 가끔 서책이 탄로가 나도 가환은 조사하거나 금하지 않았습니다. 가환은 무오(1798, 1799) 사이에 지방에서 박해가 잇달아 일어난다는 말을 듣고 자기의 신념을 은밀히 말하기를 이것을 비유하면 막대기로 재를 두드리는 것과 같아 두드리면 두드릴수록 더욱 일어나는 것이니 상감이 아무리 금할지라도 어찌할 수 없을 것이라고 하였습니다.

처음 금부에 잡혀 들어갔을 때에는 아직도 자기는 염려 없다고 믿었으나 옥의 일을 보는 자들이 다 평소에 원수처럼 미워하던 자들이라 기어코 사지에 몰아넣으려고 하여 도저히 면할 수 없음을 스스로 깨닫자 변치 아니하여 혹독한 매질과 불로 지지는 형벌을 받다가 목숨이 끊어졌는데 그때 나이는 60세였습니다.

여섯 사람이 순교하기 며칠 전 권철신도 역시 매를 맞고 순교하였는데 그가 착하게 잘 죽었는지 아닌지는 아직 알 수 없사오니 탐지하여 알려 드릴 때까지 기다려 주시옵소서.

최베드로는 필제는 (字)가 자순이요 도마의 종제로서 집이 가난하고 부모가 늙어 약종상을 하여 생활을 했는데 값이 싸고 약재가 좋아 모두 그를 신용하였습니다. 진실하고 충직한 표정이 얼굴에 나타나 바라다보기만 해도 그가 얼마나 어진 사람인가를 알 수 있었습니다.

도마는 의지가 굳고 성품이 뛰어난 사람이지만 베드로를 항상 우러러보고 어렵게 대해 비록 나이로는 아우이지만 모든 일을 그와 문의한 다음에야 행하였고 자기 나름대로는 하지 않았습니다. 도마에게는 친아우 하나가 있었는데 그는 교를 훼방하고 배척하고 교우들이라면 모두 비난하면서도 베드로만은 감히 비방하지 못하고 천주교 안에는 자순이 한 사람밖에 없고 그 나머지는 모두 보잘것없는 사람들이라고 늘 자순을 칭찬하였습니다. 신부가 일찍이 베드로를 기특히 여겨 칭찬하기를 부부간에 정덕을 지키는 자로서 끝까지 상공하는 이가 적은데 자순 부부는 결심이 굳고 고신극기를 갈수록 부지런히 하니 참으로 훌륭한 사람들이라고 하였습니다. 베드로의 아버지는 본래 외교인이었는데 아들이 체포되매 놀라고 걱정한 나머지 병이 들어 죽게 되자 천주교를 믿고 세를 받았습니다. 베드로는 옥에서 아버지의 부음을 듣고 관에 출감을 청하니 관은 집에 돌아가 장례 지낼 것을 허락하고 또 은근한 말로 훈수를 주어 달아나 피하라고 했지만 베드로는 그 말대로 하지 아니하고 장례를 치른 뒤 기일 안에 감옥에 돌아와 마침내 목이 잘려 순교하였습니다. 나이는 32세였습니다. 일찍이 베드로는 몇몇 친구들과 함께 서로 자신의 소원을 말할 때 그는 참수형을 받아 순교하는 것이 바로 자신의 소원이라고 하였는데 결국 그 말대로 되었습니다. 어떤 사람의 말로는 베드로가 매를 이기지 못해 배교하였는데도 관가에서 석방하지 않았으므로 그는 다시 성교를 설명하고 사형을 받았다고도 하나 확실한 바가 없고 아직은 의문일 뿐입니다. 김요사팟 건순은 노론 대가의 자손이요 집이 경기도 여주에 있었습니다. 그의 선조 상헌이 나라에 큰 공훈을 세웠기 때문에 자손들이 대대로 벼슬을 받아 나라 안에서 으뜸가는 집안이 되었습니다. 요사팟은 어릴 때부터 특이한 데가 있어 아홉 살 때에 선도를 배울 생각이 나 서당에서 훈장에게 논어를 배웠는데 "귀신을 공경하되 멀리할 것이라는 대문에 와서 마땅히 공경해야 할진대 멀리함은 옳지 않은 일이요 마땅히 멀리해야 할진대 공경함은 옳지 않은 일이거늘 공경하고 멀리하라는 것은 무슨 뜻입니까?" 하고 물으니 훈장이 대답하지 못했습니다.

그의 집에는 전부터 『기인십편』(畸人十篇)이라는 책이 있어 요사팟은 그 책 읽기를 좋아했고 10여 세에는 『천당지옥론』을 저술하여 천당과 지옥이 반드시 있음을 밝혔고 더 자라면서부터는 문학에 널리 통달하여 『경사자집』(經史子集)과 의서(醫書)와 지리에도 통달하고 불교와 노자와 병서(兵書)에까지도 정통하지 아니한 것이 없었습니다.

열여덟 살 때 양부의 상을 당했는데 이 나라와 상복은 송나라의 제도를 본뜬 것이라 옛날 법과 다른 데가 많았으므로 이것을 다시 뜯어고쳤습니다. 그러자 민간의 선비들이 크게 놀라 들고일어나 글을 보내 힐책하였더니 요사팟이 글을 지어 이에 응답하였는데 그 인용한 증거가 넓고도 많고 문장이 아름다워 이가환이 읽어 보고 나는 감히 바라다보지도 못한다고 탄복하였습니다. 그는 집안에서는 충직하고 신의가 높으며 독실하고 효성스러워 그 명성이 인근 이웃에 널리 알려졌습니다. 본래 가산이 부유하여 재물을 나누어 희사하면서도 자기가 먹고 입는 것은 검소하기가 가난한 사람과 같아 그 명성이 대단해서 서울에 나들이 갈 때마다 가마와 말을 타고 모여들었는데 그를 한 번 만나 보는 것을 신기하게 여겼습니다. 그는 이말딩 등 5, 6명과 생사를 같이하기로 친교를 맺고 장차 배를 타고 바다를 건너 강절(江浙)을 거쳐 북경에 이르러 서양 선비들과 만나 잘 사는 방법을 많이 배워 가지고 본국에 돌아와 가르치려고 하였으나 입교하였기 때문에 실현치 못하였고 이 5, 6명이 모두가 천주교를 위해 목숨을 바쳤습니다. 이때 성교를 봉행하는 사람은 모두 남인이었고 노론 측에서는 한 사람도 없었습니다. 요사팟은 성교를 몹시 부러워하고 사모하였으나 들어갈 길이 없다가 우연히 한 시골 교우를 통해 미카엘 대천신 상본을 얻어 보고 성교가 술법과 서로 통한다고 오해를 하고는 강이천 등과 함께 술법(術法)에 종사하였습니다. 강이천이란 자는 소북의 명사로 심술이 단정치 못하여 이 나라가 필연코 오래가지 못할 것이라 생각하고 나라 안이 소란해지면 이 술법을 익혀 시기를 보아 집권하려는 의도를 가지고 있었는데 요사팟은 그것을 모르고 그를 사귀었던 것입니다. 신부가 요사팟이 어질다는 말을 듣고 글을 보내 그를 권유하였는데 그는 크게 감복하여 전에 배우던 것을 모두 버리고 진심으로 천주께로 돌아왔습니다. 그때 나이 22세였습니다. 그와 함께 가까운 친구들이 입교하였는데 오직 이천만이 믿으려 하지 않았습니다. 몇 달이 안 되어 이천의 진상이 탄로나 결국 입건이 되었는데 사실 진술에 요사팟이 관련되어 있었으나 선왕이 전부터 그의 재주를 잘 알고 있었기 때문에 극력 두호하여 화를 면케 하였습니다. 그는 영세한 후 열심이 불같이 일어나매 부형들이 알고 엄히 말리게 되어 3, 4년간은 집안 박해가 없을 때가 없었고 따라서 비방이 더욱 심해졌습니다.

그의 체포된 경위와 환을 당할 때의 태도에 대하여서는 아직 자세히 알수 없었습니다만 들리는 말로는 그가 처형될 때에 사람들에게 이 세상의 벼슬이나 명예는 모두 헛되고 거짓된 것이로다. 나 역시 약간의 명망이 있고 벼슬도 할 수 있었지만 그런 것이 헛되고 거짓되므로 포기하였노라. 오직 천주의 성교만이 지극히 진실하므로 이를 위해서는 죽음을 사양치 않노니 그대들은 이 뜻을 자세히 생각할지니라고 말하고 마침내 순교하였습니다. 그때 그의 나이 26세라 장안 사람들이 모두 애석해했습니다.

김백순은 서울 사람이요 건순의 일가 형으로 집안이 몹시 가난하였으나 공명을 구할 생각은 없었던 사람입니다. 그의 선조인 성용은 벼슬이 나라의 재상이라 숭덕 병자년(1936)에 청나라 군사가 강화도를 함락하자 상용은 의리를 굽히지 않고 스스로 불에 타 죽었습니다. 이로 인하여 그의 사당과 정문이 세워졌고 나라에서는 대궐 안에 대보단을 세워 전의 명나라 황제였던 만력과 숭정 두 황제에게 제사를 지냈습니다.

국왕이 병자란에 죽은 이의 자손들을 데려다 전배(展拜)의 예를 드리고 예식이 끝나면 과거를 베풀어 제사에 참여한 사람에게 시험을 보였는데 이것을 충량과(忠良科)라고 하였습니다. 백순은 이 제사에 출석하지 아니하고 제사에 참여하는 사람들은 주나라를 존중해서가 아니라 오로지 과거에 급제할 기회를 노리는 것으로 성실하지 못한 것이기에 나는 참여하지 않노라고 하였습니다. 그는 처음 몇 해 동안은 남을 따라 덩달아 성교를 비방하며 과거 공부에 힘쓰더니 세태가 위험함을 보고는 관계에 투신할 마음을 버리고 송나라 유학자들의 저서를 읽고 성리학을 연구하였습니다. 그러나 그 이치가 의심스럽고 분명하지 않아 전적으로 믿을 수 없음을 깨닫고는 드디어 노자와 장자의 서적을 읽었습니다. 그리하여 사람은 죽어서도 멸치 않는 것이 있음을 깨닫고는 새로운 이론을 내세워 친구들에게 강의하였더니 친구들은 이 사람의 이론이 새로운 것이니 반드시 서양의 교를 좇는 것이라고 하였습니다. 백순이 듣고 의심하기를 내가 남보다 뛰어난 견해를 얻었는데 남들이 서교라고 하니 서교에는 반드시 오묘한 이치가 있을 것이라 하여 마침내 교우들과 상종하게 되어 여러 해 동안 서로 토론한 결과 굳게 믿고 따라 계명과 법규를 엄격히 지켰습니다. 그리고 그의 어머니도 입교하여 열심히 하였습니다. 그러나 그의 아내는 성질이 억세고 사나워 자기 남편이 높은 벼슬에 올라 유명하게 되기를 바라다가 하루아침에 장래가 끊어지매 분하고 원통함을 이기지 못하여 온갖 욕을 퍼부으며 일가친척과 친구들까지 헐뜯고 욕을 했습니다. 그러나 백순은 조금도 요동하지 않았고 또한 그의 외숙이 그를 설복시키려 하였으나 설복당하지 않자 외숙은 네가 내 말을 듣지도 아니하면 너와 절교하겠다고까지 했지만 백순은 차라리 외숙과는 절교할지언정 주님과는 절교 못 하겠다고 하였습니다. 이렇게 되자 그의 친구들은 모두 절교 통고문을 보냈고 종중 모임에서는 그를 문중에서 축출까지 했습니다. 그러나 백순은 태연하였습니다.

그는 늘 내가 천주를 믿고 나자 내 마음이 산과 같아 요동하지 않는다고 말하였습니다. 그는 건순이와 함께한 날에 참수형을 받았는데 그의 나이 32세요 입교한 지가 오래되지 않아 상세를 받지 못해 본명이 없었습니다. 이희영 루가는 요사팟의 아주 가까운 친구로 여주에서 살다가 서울로 이사한 사람인데 본래 화공(畵工)으로 성인들의 상본을 잘 그렸습니다. 그도 참수형으로 순교하였습니다. 홍비리버 필주는 골롬바의 전실 아들로 성품이 선량하여 어머니를 따라 교에 나왔으나 처음엔 별로 부지런하거나 열심히 하지 않더니 신부를 모신 지 1년 만에 아주 딴사람이 되어 모두 놀라 기이하게 여겼습니다. 그는 집에 있으면서도 늘 미사에 복사를 하였습니다. 그러다가 체포되어 옥에 들어가매 관원이 신부의 동정을 물으면서 혹독한 형벌을 가했으나 비리버는 고통을 참아 견디며 끝내 실토하지 아니하여 마침내 참수형을 당하였는데 나이 28세였습니다.

강골롬바는 한 이름 있는 집안의 딸이었습니다. 그는 언변이 있고 강직하고 용감하였으며 생각과 취미가 고상하여 어려서 방안에 앉아 있을 때부터 이미 성녀가 될 생을 가지고 있었으나 그 나아갈 길을 몰라 남을 따라 염불을 읊었는데 지식이 약간 열린 10여 세가 되자 그것이 허황하여 믿을 것이 못 됨을 알고 다시는 따르지 않았습니다. 자라서 덕산 홍지영의 후처로 들어갔는데 남편이 옹졸하여 마음에 맞지 않아서 늘 속세를 떠나고 싶은 생각을 하고 있었습니다. 충청도에 처음 성교가 들어갔을 때 골롬바는 천주교라는 세 글자를 듣고 혼자서의 짐작에 천주라 함은 하늘과 땅의 주인이라 교의 이름이 옳으니 도리도 틀림없을 것이라 하여 책을 구해 한 번 읽어 보자 마음이 기울어져 믿고 따랐습니다.

그의 총명하고 부지런함과 민첩하고 열심인 극기는 아주 뛰어나 아무도 미치지 못하였습니다. 온 집안을 권유하여 귀화시키고 이웃 동리까지 전했는데 오직 남편 지영이만은 주견이 전연 없어 아내가 권유하면 옳다, 옳다 하며 좇다가는 악한 무리가 흘뜯으면 그래, 그래 하고 그들의 말을 믿었습니다. 아내가 나무라면 눈물을 흘리며 참회하다가도 나쁜 친구가 오면 금시 전과 같이 되었습니다. 골롬바가 아무리 힘을 써도 아무런 효과가 없어 그와 함께 일을 할 수 없었으므로 신해년 박해에 자기 고향이 시끄러워지자 그는 남편에게 농토를 맡기고 자녀를 데리고 서울로 와서 사바의 북경 왕래를 많이 도와주었습니다.

을묘년에 영세를 했는데 신부는 그를 심히 기뻐하며 회장으로 임명하여 여교우들을 보살피는 임무를 맡겼습니다. 五월 박해에 그는 피신할 계획

을 먼저 주장하고 혼자 주선하여 신부를 자기 집에 숨겨 두고 힘을 다해
미리 막아 보호함으로써 포졸들이 체포하러 문 앞까지 왔다가도 그냥 돌
아가게 만들었습니다. 박해가 지난 후에도 신부는 그의 집을 거처로 정하
였으며 골롬바는 6년이나 교회의 모든 요긴한 사무를 도와 신부의 총애
와 신임은 누구도 그와 비교할 만한 사람이 없었습니다. 골롬바는 안으로
는 신부를 받들어 거처와 의식을 모두 알뜰하게 보살피고 밖으로는 교회
사무를 처리하여 경영과 수응에 조금도 차질이 없었습니다.

그는 처녀들을 많이 모아 가르쳤고 그것이 끝나면 각기 집집마다 찾아다
니며 사람들에게 천주님을 믿으라고 권고하도록 하고 자신도 역시 두루
다니며 전교하기에 밤낮을 가리지 아니하여 편히 잠자는 시간이 없었으
며 도리가 밝고 구변이 좋아 누구보다도 많은 사람을 귀화시켰고 일 처
리를 과감하게 하고 위엄이 있어 사람들이 다 두려워하였습니다. 체포되
어 관청에 이르자 관원이 신부의 거처를 물으며 주리를 여섯 번이나 틀
었으나 음성과 기색이 조금도 달라지지 아니하매 양쪽에 늘어섰던 형리
들이 이것은 귀신이지 사람이 아니라고 하였습니다. 그는 마침내 참수형
으로 순교했습니다. 나이는 41세였습니다.

선왕에게는 서형(庶兄) 한 사람이 있었는데 그 아들이 반역죄로 죽은 뒤
선왕이 그를 강화도로 추방하였습니다. 그랬더니 온 나라가 들고일어나
그를 사형에 처하기를 청하였습니다. 그러나 허락하지 아니하고 그의 아
내와 며느리를 본래 살던 궁에 그대로 살게 하였습니다. 신해 임자년
(1791, 1792) 무렵 한 여교우가 있어 그를 가련히 여겨 권유하여 감화시
켰더니 사람들이 모두 우환의 근거가 이런 데 있을 것이라 하여 그들과
내왕하기를 꺼렸지마는 골롬바는 거리낌이 없이 주선하여 이미 성사를
받게 하고 명도회에 입회시켰는데 이 일을 아는 사람은 모두 우울하고
근심해 했습니다.

결국 발각되어 극약을 내려 자살하게 하고 강화도의 죄인도 성교는 믿지
않았으나 공법으로 몰아 역시 극약을 내려서 죽었습니다. 그런데 두 부인
의 성과 본명도 모르고 최베드로 이하 여러 교우들의 순교한 날짜도 모
릅니다.

조베드로는 양근 사람입니다. 그 아버지가 홀아비로 빈궁하여 힘써 농사
를 지어 살아갔는데 베드로의 나이가 30이 되도록 관례도 못 하고 장가
도 못 갔습니다. 그는 몸이 몹시 쇠약하여 외양도 보잘것없었거니와 세상
일에도 어두워 사람들이 그를 비웃고 사람 축에 넣지도 않았습니다. 정아
오스딩의 집에 가서 공부했는데 아오스딩만이 그의 큰 열심을 칭찬하였
습니다. 경신년(1800) 4월에 그의 아버지와 함께 여주 이말딩의 마을에
갔다가 말딩이 체포될 때 부자가 함께 붙들려 관청으로 끌려갔으나 베드

루가 굴복하지 않았으니 관원이 노하여 네가 내 명령을 좇지 않으면 네 아버지를 당장에 죽이리라 하고 아버지를 끌어내어 그가 보는 앞에서 혹독한 매질을 하였습니다. 그래서 베드로는 하는 수 없이 배교하는 말을 했습니다. 석방되어 문을 나올 때 말딩 등이 깨우치고 권면하매 베드로는 마음을 돌이켜 회두하고 다시 들어가 성교를 증명하였습니다. 관원이 크게 노하여 그를 재수감하고 놓아주지 않았습니다.

고문을 당할 때마다 다른 사람들은 예사로운 매를 맞았지만 베드로만은 가장 혹독한 매를 많이 맞았습니다. 그것은 담당관이 그의 사람됨을 보고 마음속으로 멸시하여 이런 자는 쉽사리 항복을 받을 수 있으리라고 생각했었는데 뜻밖에 오히려 크게 완강하므로 몹시 미워져서 기어코 죽이려고 했던 것입니다. 그의 감옥생활 11개월 동안 아름다운 말과 착한 행실이 매우 많았습니다. 다 기억하지 못하고 후에 사실을 알아보아야 하겠습니다. 베드로는 옥중에서 대세를 받았는데 신유년(1801) 2월에 관원이 또다시 몸 쓸 형벌을 가하며 억지로 배교하기를 명령하니 "하늘에는 두 천주가 없고 사람에게는 두 마음이 없소. 그러니 한 번 죽는 것 외에는 더 할 말이 없소."라고 답변했습니다. 그러자 관원이 명하여 다시 옥에 가두었는데 며칠 후 옥 안에서 목숨을 거두었습니다. 때는 2월 14일이었습니다. 이루수는 충청도에 전교했다는 죄로 공주에서 참수형을 당하였습니다. 이 사람은 그때 아직 배교 중에 있었는데 죽을 때 어떠했었는지는 알 수 없습니다. 어떤 이는 그가 선종했다고 하나 확실히 알 수 없습니다. 그리고 정산과 예산에도 순교자가 한 사람씩 있다 하나 누구인지 모릅니다.

전라도는 신해년 이후 10년 동안 박해가 없어 교우가 대단히 많았습니다. 4월 초 전주의 류아오스딩과 고산의 윤방지거 등 200여 명이 체포되었는데 오직 김제의 가난한 선비 한 씨라는 사람과 전주의 평민 최여겸이라는 사람만이 의지가 굳어 참수형으로 순교하고 나머지 사람들은 모두 굴복하였습니다. 서울과 지방에서 배교한 사람들을 모두 먼 곳으로 귀양 보냈는데 그 수가 대단히 많았습니다.

류아오스딩 형제와 윤방지거는 지도자였기 때문에 바로 귀양 보내지 아니하고 서울로 올려다가 가두었습니다. 김도마는 체포되었을 때 자기가 그들과 내왕한 일이 있다고 실토함으로써 그 역시 서울로 올려다가 가두었는데 죽였는지 아니면 귀양을 보냈는지 아직 모릅니다. 외교인들에게 전하는 말에 의하면 정식으로 처형된 자와 옥중에서 죽은 사람이 300여 명인데 지방의 숫자는 포함되지 않은 것이라 합니다.

조선 건국 이래 사람을 죽인 수가 올해처럼 많은 적이 없었다 하나 믿을 만한 말인지 아닌지 모르겠습니다. 또 헛되이 죽은 자가 누구이며 순교한 사람이 몇인지도 잘 알 수가 없습니다. 조정에서 기어코 죽여 없애려 하는 자는 지위가 높고 글을 잘하는 사람들입니다. 우몽한 평민들을 혹 알아도 모르는 체 내버려 두고 취조도 혹독하게 아니 하여 서울 장안 평민들은 살아 있는 수가 상당히 많았습니다. 2월 보름 전의 일은 죄인이 친히 목격하였으므로 꽤 상세하게 아오나 그 이후 일은 전하는 말을 얻어들은 것이기에 매우 간략하고 탐탁하지도 않습니다.

순교자들의 사적은 분명히 들은 것과 평소에 전부터 잘 아는 것을 추려서 적은 것이라 대강에 지나지 아니하고 그 나머지는 감히 함부로 기록하지 못합니다. 기록한 것 가운데도 오히려 진실되지 못한 데가 있을까 염려됩니다. 좀 더 자세히 알아보아야 하겠습니다.

신부께서는 을묘년 이래 늘 골롬바네 집에 살면서 간혹 딴 곳에 돌아다녔는데 이것은 오직 골롬바만이 알았고 다른 사람은 아무도 몰랐습니다. 박해가 일어나자 한 남자 교우가 사태가 긴박함을 보고 신부의 처신이 위험할까 하여 지방으로 내려와 숨어 사는 교우들을 찾아보고 적당한 자리 두 군데를 마련해 놓고 서울로 돌아와 골롬바를 만나 신부님을 안전한 곳으로 피신시킬 계획이 있어서 그러니 신부님을 한 번 만나 보게 해 달라고 했으나 골롬바는 이미 안전한 곳이 마련되었으니 구태여 다시 옮겨 갈 필요가 없다고 하였습니다. 이 교우가 여러 번 간청했으나 뜻을 이루지 못하고 하는 수 없이 그냥 돌아갔습니다. 五, 六일 후 화가 일어날 기미가 점차 커지자 이 교우는 화가 자기에게 미칠까 두려워 온 가족과 함께 먼 데로 피해 갔습니다.

정아오스딩이 관청에 잡혀가 공술하지 아니하니 관청은 골롬바 모자를 잡아다가 혹독한 형벌로 고문하였으나 죽기를 각오하고 말하지 않았습니다. 이번에는 골롬바의 여종을 데려다가 주리를 틀어 문초하니 여종이 혹형을 이기지 못하여 사실대로 진술하고 아울러 나이와 얼굴 모습을 알려주었습니다. 관원이 골롬바를 보고 너의 집종이 다 불어 놓았으므로 너도 더 이상 숨길 수가 없으니 신부의 처소를 말하라고 하매 골롬바는 그 사람이 전에는 우리 집에 있었지마는 떠나간 지가 오래서 지금은 그의 처소를 모른다고 대답하였습니다. 이에 신부의 얼굴을 그린 그림을 돌려 상금을 걸고 각 지방으로 두루 탐색하였습니다.

3월 중순께 신부는 자수하였는데(그때 어디 누구의 집에 살았으며 무엇 때문에 자수했는지 그리고 자수한 날짜는 언제인지 등은 모릅니다.) 그가 바로 금부로 들어가 관졸들이 놀라 누구냐고 물으니 그는 나 역시 천주의 가르침을 받드는 사람으로 조정에서 이것을 엄중히 금하고 무죄한 사람들을 많이 죽인다고 하니 살아 있는 것이 무익하므로 스스로 죽기를 구하러 왔노라고 대답했습니다. 관졸들이 그를 붙들어 관원 앞에 데려가 그가 신부임을 알고 옥에 가두고 양발에 쇠고랑을 채우고는 형벌과 문초는 하지 않았습니다. 옥중에서 필기 문답한 것이 매우 많았다고 하나 얻어 볼 수가 없고 다만 외교인의 전하는 말에 의하면 자수한 사람은 자기가 서양 사람이라고 했다고 합니다. 이에 앞서 여섯 사람이 반역죄로 처형되었는데 신부가 자수하자 서울 사람들이 서로 서양 사람이 옥중에서 천주교인들은 역적이 아님을 변명하고 있다고도 하고 또 서양 사람이 그냥 죽음을 당하려 하지 않고 자기가 하고 싶은 말을 다 한 다음에야 사형을 청하려 한다고도 했는데 이런 소문은 거짓이 아닌 것 같습니다.

4월 보름 후 정부에서는 어영대장(御營大將)에게 명하여 신부를 군문효수(사형한 다음에 보내는 형벌) 하게 하였는데 대장이 병을 핑계하고 사흘 동안이나 출근하지 아니하매 사흘 후 그를 파면하고 새로 임명한 대장을 내보내 사형을 집행하게 하였습니다. 신부를 옥에서 끌어내어 처음으로 형벌을 가해 문초하고 나서(무릎을 서른 번 쳤습니다.) 데리고 거리로 나갔습니다. 신부는 길가 좌우 구경꾼들을 둘러보고 목이 마르니 술을 달라 하매 군졸이 술 한 잔을 바쳤습니다. 다 마시고 나서 성 밖 남쪽 10리 되는 연무장(강가의 모래밭이요 지명은 노량임)으로 갔습니다. 귀에 화살을 꿴 후 군졸이 죄목이 적힌 판결문을 주어 읽어 보게 하였습니다. 그 조서는 꽤 길었는데 신부는 조용히 다 보고 나서 목을 늘여 칼을 받았습니다. 때는 4월 19일 성삼첨례 저녁 6시였습니다.

목을 베자 졸지에 큰 바람이 일고 검은 구름이 하늘을 덮고 번개가 번쩍이고 천둥소리가 요란하니 장안 사람들이 모두 놀라 황급해하지 아니한 사람이 없었습니다. 이때 한 교우는 300리 밖에서 길을 가고 있었고 또 한 교우는 400리밖에 피난해 가서 있었는데 바람과 천둥이 심상치 않음을 보고 필연코 이날이 이상한 일이 있으리라고 하여 날짜를 기억해 두었는데 그 후에 들으니 신부가 순교한 날이 바로 그날 그 시였습니다. 머리를 닷새 동안 거리에 달아 놓고 밤낮으로 지켜 사람이 근접하지 못하게 하였습니다.

그 후 대장이 흙으로 덮으라고 명령하고 여전히 엄히 지키게 하였는데 교우들이 묻은 곳을 몰래 알아 두었다가 후에 옮겨 장사 지내려 하였으나 악질 관리가 위에 아뢰기를 "이 사람은 매장하는 것이 옳지 않으니 파내어 드러내 놓도록 명령하십시오." 하니 대왕대비가 이를 허락하였습니다. 그러나 앞에서 묻으라고 명했던 대장이 이왕 묻어 버린 것을 그렇게까지 할 것이 있겠느냐고 간하여 일이 끝났는데 무덤을 지키는 군졸들이 지키기가 귀찮아 몰래 딴 곳으로 옮겨 버렸습니다. 그래서 교우들이 암장한 곳을 두루 찾아다녔으나 아직까지 찾지 못하고 있습니다.

그리고 형을 집행할 때 관리들이 이 사람은 제주 사람이라고 선언하였는데 그것은 중국 정부에 보고하지 아니하고 종적을 덮어 버리려 한 것입니다. 신부가 순교한 후 박해의 대세가 약간 누그러지기는 했으나 사찰(査察)과 체포는 여전히 끊어지지 않아 감옥에 갇힌 사람이 아직도 많습니다. 어떤 사람의 말로는 참수형을 당하여야 할 사람이 아홉 명이나 된다고 하나 사실 여부를 알 수가 없습니다. 우리 신부가 이 나라에 오자마자 고발한 자가 있어 이미 선왕이 알고 있었으므로 7년 동안 조심하고 또 두려워서 일을 줄일 수밖에 없어 감히 성사를 널리 집행하지 못하였습니다. 따라서 은혜를 입은 자가 많지 못하고 그 태반이 여교우들입니다. 지방의 교우들과 장안에 사는 평민들로서 열심인 이가 적지 않았으나 은혜를 받은 이는 극히 드물었습니다. 이들은 모두 많은 고통을 참으며 여러 해를 두고 큰 기대를 걸고 있었으나 세태가 불안하여 비록 사사로운 집 방 안에서라도 감히 입을 열어 신부라는 두 글자를 말하지 못하였습니다. 뜻밖에도 악인들에게 피살되어 그 머리를 매어 단 다음에야 그 얼굴을 보게 되니 10년 동안이나 애쓴 정성이 하루아침에 허사로 돌아가 영혼과 육신이 멸망할 지경에 이르고 생사를 의지할 데가 없게 되어 모두 얼빠지고 실망하여 어찌할 바를 몰랐습니다. 죄인 등이 그들에게 "신부님이 오신 것은 오로지 사람을 구하기 위해서 오신 것이니 어찌 널리 구원을 베풀고자 아니 하셨겠소. 그러나 어쩔 수 없는 갖가지 장애로 마음속에만 사랑을 참고 드러내지 못하시다가 이제 이미 순교하셨으니 천당에서 우리를 보호하시는 힘이 세상에 계실 때보다 훨씬 더할 것이요. 그러니 우리들의 의지할 데와 그대들의 소망도 전에 비해 배로 커져야 하고 털끝만큼이라도 실망해서는 안 되오." 하고 위로했지만 그들은 믿는 것 같기도 하고 의심하는 것 같기도 하고 한편으로는 슬퍼하는가 하면 한편으로는 스스로 마음을 달래기도 합니다.

아마 이러한 광경은 옛날에도 없었을 것입니다. 옛날 서양의 박해가 오늘 이 나라의 참상보다 더 심했다 해도 성직자가 대를 이어 성사가 끊어지지 않았기 때문에 성교가 멸망하지 않고 인생의 영혼이 다 구제되었는데 이 나라에서는 형편이 너무 달라 그런 희망이 전혀 없었습니다. 양이 목자를 잃고도 풀을 뜯어 먹고 자라고 젖먹이가 어머니를 잃고도 살아나가기를 바랄 수는 있지만 저희들은 백번 생각해도 실로 살길이 없습니다. 죄인 등은 예로부터 침침하고 어두운 지역에 태어났으나 다행히 천주의 백성이 되었으므로 몸과 마음을 다하여 주님의 이름을 현양하여 특별한 은혜의 만분의 일이라도 갚기로 생각하였는데 중도에서 이런 일을 당할 줄이야 어찌 알았습니까. 일찍이 듣건대 순교자들의 피는 성교의 씨라 하였는데 우리나라는 불행하게도 동으로 일본과 이웃하고 있어 섬나라의 오랑캐들이 잔인하고 흉악하여 스스로 천주와의 관계를 끊어 버렸는데 우리 조정에서는 오히려 그것을 잘한 것으로 받아들이려고 하니 어찌 한

심한 일이 아니오리까. 우리나라 사람들의 인품은 부드럽고 약하고 법령이 해이하여 일본처럼 그렇게 각박하고 악독하지는 않겠지마는 현재 교우 중에 지식 있고 의지가 굳은 사람이 몇이 안 되어 우몽한 자와 부녀와 아이들을 대충 합하면 수천 명에 내리지 아니하나 그들을 지도할 사람이 없어 일으킬 방도가 없습니다. 이런 형편으로야 어찌 오래갈 수 있겠습니까. 10년이 못 가서 비록 정부의 박해가 없더라도 저절로 소멸하고 말 것이니 아 참으로 슬픈 일이옵니다. 죽기 전에 성교가 끊어져 없어지는 것을 어떻게 차마 보겠습니까. 죄인 등은 금년에 화를 면하여 고마움과 두려움이 엇갈립니다. 인자하신 은혜의 보살핌으로 생명을 보존하게 되었으니 고맙고 죄악이 크고 많아 간선자 중에 들지 못하였으니 두렵습니다. 이 남은 생명으로 주님을 위하여 힘을 다하고자 하오나 지혜가 모자랄 뿐 아니라 힘도 없으니 장차 이 분통을 이대로 안고 땅속에 들어가야 하며 이 원통한 한을 이대로 품고 이 세상을 마쳐야 하겠습니까. 슬프고 답답한 가운데 누가 우리를 불쌍히 여기며 누가 우리를 위로해 주겠습니까. 주교님의 인자하신 존전에서 통곡하며 호소하고자 하오나 관문과 산하가 가로막혀 우러러보아도 뵈올 수 없으니 더욱더 속이 타고 답답하옵니다. 장차 어찌하오리까? 죄인 등이 신부께 자수하셨다는 소식을 듣고 놀라고 슬퍼했음은 말할 것도 없었지만 더욱 크게 당황하고 걱정한 것은 혹시 이 일이 중국 조정에 보고되어 그 누(累)가 북경 본당에까지 미치지나 않을까 하는 걱정 때문이었습니다. 그렇게 되면 이 나라의 교회 일은 다시는 가망이 없게 될 것이므로 그 때문에 밤낮으로 이 나랏일보다 더 근심하고 걱정하였었는데 다행히 극진한 보우하심으로 근본이 흔들리지 아니하고 아울러 죄인이 죽지 않고 요왕도 무고한 것으로 보아 주님의 뜻이 이 나랏일을 주교님께 맡긴 것이 틀림없습니다. 그러니 죄인 등이 어찌 심중의 이 간절하고 애틋한 마음을 하소연하여 이 은혜를 우러러 받들지 아니하겠습니까. 모두 말씀드리오니 원컨대 굽어 살피소서. 모든 나라 중에 이 나라가 제일 가난하고 교우들은 더욱더 가난하여 겨우 굶주림과 추위를 면하는 자가 10여 명에 지나지 않습니다.

갑인년에 일(청나라 주문모를 우리나라에 맞아들인 일)이 있었을 때 신부를 영접하는 절차를 미리 준비하지 못하고 신부가 이 나라에 도착한 후에야 겨우 움직이게 되어 일마다 군색하게 만들었습니다. 이것이 비록 생소한 일에 경험이 없는 탓이라 하지마는 사실은 가난하여 힘이 미치지 못했기 때문에 그렇게 된 것입니다. 근년에 입교하는 사람이 약간 많아지고 재정도 전보다 조금 나아졌습니다만 마땅히 해야 할 일을 다 하지 못하고 또한 합당치 못한 사람을 끌어들여 화난이 이처럼 참혹하게 된 것도 그 태반이 재정난 때문입니다.

금년 박해가 끝난 후 화를 입은 사람은 전 재산이 없어졌고 살려고 했던 자들은 홀몸으로 도망하여 가난한 형편은 도리어 갑인년 이전보다 더 심해 설혹 무슨 계획이 있다 하여도 실행할 길이 없습니다. 지금 비록 다 파괴된 뒤이지만 재정만 있으면 할 일이 있습니다. 교우들로 말하면 아직 현저히 나타난 자는 없지만 몇몇 쓸 만한 사람들이 있어 끌어들일 수도 있고 정세로 말하면 을묘년 이후 해마다 더 어려워졌는데 거기에서는 두 가지 원인이 있습니다. 그 하나는 선왕이 신부를 의심하고 두려워하여 기어코 찾아내려고 하는 것이었고 다른 하나는 노론이 남인을 꺼리고 미워하여 애써 함정에 빠뜨리려는 것이었습니다. 그런데 지금은 선왕의 의심하던 것도 이미 깨어졌고 노론이 미워하던 것도 다 없어졌으며 교우 중에 이름났던 사람들도 다 죽었으므로 금년만 지내면 잠잠할 것입니다.

지방으로 말씀드리자면 서울에는 비록 오가작통법(五家作統法)이 있어 교우들이 살고 있는 마을에는 그 법이 몹시 엄하지만 교우가 살지 않는 곳에서는 통법을 만들었어도 유명무실하여 모두 마음 놓고 지내게 되니 발을 붙일 수 있습니다. 실정으로 말씀드리면 경기, 충청, 전라 三도는 본래 교우가 많고 경상, 강원 二도는 금년에 피난을 간 사람이 더러 살고 있는 까닭에 탐정관이 이 다섯 도를 두루 다니고 있습니다. 황해 평안 도는 본래 교우가 없었고 이사 간 교우도 없어서 잠잠하고 의심하는 사람이 없습니다. 변문(邊門)에서는 조사와 감시가 있지만 一, 二년 이래 전연 의심할 만한 사람이 없었기 때문에 감시나 조사가 차차 소홀해질 것이므로 손을 쓸 수 있을 것입니다. 경륜(經綸)으로 말씀드리면 이전 사람들은 모두 널리 드러내기를 힘썼지만 이제는 그렇지 못합니다. 마땅히 보존하기에 힘써야 하니 도랑을 깊이 파고 담을 견고히 쌓고 삼가 자신을 엄격히 지키며 이미 입교한 자들의 믿음을 굳게 하고 미성년자들은 훈계하고 가르쳐 주의 도우심을 정성되이 기구하고 잠잠히 기회를 기다리면 가히 보존하기에 걱정이 없겠습니다. 갑인년(1794)에 있은 일에 교우들이 분수에 넘치도록 기뻐하고 다행스럽게 여겨 엄히 근신치 않은 까닭에 첫 번에 한 번 실수한 일이 차차 어쩔 수 없는 지경에 이르렀습니다. 앞 수레의 엎어짐이 얼마 되지 않았으니 이제는 더욱더 삼가고 또 삼가 스스로 파탄만 일으키지 않으면 환난이 일어날 리가 없습니다.

현재 사태가 이렇다고 해서 반드시 앉아서 죽음을 기다릴 것은 아니지만 이런 일은 모두 재물이 있은 다음에야 논의할 수 있는 것입니다. 한 지역의 성교회의 존망과 영적 생명의 살고 죽음이 악한 맘몬(재물)에 달렸음을 미처 헤아리지 못하였습니다. 재물이 없는 관계로 성교가 망하고 영혼이 죽는다면 그 원한이 또한 어떠하오리까. 이제 몽매함을 무릅쓰고 감히 말씀 올려 청하오니 엎드려 바라건대 이 일을 위하여 서양 여러 나라에

애걸하여 주옵소서. 그리하여 이 나라에 성교를 유지하고 생명을 구제하는 자본이 되게 하시면 면밀히 운영하고 올바른 준비를 갖춘 뒤 다시 살아날 은혜를 청하오리다. 청컨대 주교님은 가련히 보시고 살펴 주옵소서. 이런 청은 번거롭고 수고를 끼쳐 드리는 일이라 외람된 줄 아오나 묵묵하여 구하지 않거나 구하여도 얻지 못하면 이는 영영 죽는 것과 같은지라 구하다가 얻지 못하면 죽어도 여한이 없겠기에 입을 열어 말씀드리나이다.

죄인 등은 몸과 마음을 숨김없이 우러러 부탁하오니 주교님께서는 위로는 자비하시고 지선하신 은주를 본받으시고 아래로는 가난하고 궁색하고 잔약한 자식들을 생각하시와 우리의 부탁을 만족히 채워 주시고 우리의 소원을 성취시켜 주시면 성교는 물론 인생들에게 크게 다행한 일이 되겠습니다. 죄인 등에게는 버림받지 않는 은혜를 내리시어 재생하는 길을 허락하시면 반드시 힘을 다하여 분부를 받들겠습니다. 그러나 그 일이 며칠이나 몇 달 동안에 될 것으로 기대할 수 없고 제대로 경영하고 주선하는 데 적어도 3, 4년은 걸려야 할 것입니다. 국경을 넘어가는 데 두 가지 난관이 있으니 하나는 머리털이요, 또 하나는 언어입니다. 머리털은 쉽게 자라도 입과 혀는 변하기 어렵습니다. 만약 말만 능통하면 그다지 위험한 곤란이 없겠습니다.

죄인 등의 생각으로는 이 나라 사람 하나가 먼저 그곳 천주당에 들어가서 그곳 연소한 교우 학생들에게 이 나라 말을 가르쳐 후일에 대비하는 것이 극히 타당할 것으로 생각하옵니다만 높으신 의향은 어떠하신지요? 만약 허락하신다면 피차간에 암호를 정하고 어떤 소리로 약속하여 동문을 기약하고 동문(冬門)이 불편하다면 다시 춘문(春門)으로 기약하면 순조롭게 될 가망이 있습니다. 또 가장 편리한 것으로는 열심이고 근신한 중국인 교우 한 사람을 책문(柵門) 안에 이사시켜 극히 조심하여 소문이 나가지 않도록 가게를 차리고 숙소를 열어 행인들을 받아들이면 왕래할 때와 서신 교환에 별로 힘들지 않을 것이요, 그렇게 되면 그중에 이뤄지는 묘한 일을 다 말할 수 없을 것입니다. 이것은 이 나라 사람들의 생명이 관련된 것이요, 실행하기도 과히 어렵지 아니합니다.

만약 우리 신부와 같이 이 나라를 불쌍히 생각하는 이가 있다면 틀림없이 기꺼이 받아들일 것입니다. 엎드려 바라건대 열심이고 신중한 사람들에게 널리 물어보시고 꼭 이루어지도록 주선하심이 어떠한가 하옵니다. 이 나라는 방금 위태롭고 불안하고 문란한 지경에 처해 있어 무슨 일이나 막론하고 황제의 명령이 있으면 감히 좇지 않을 수 없습니다. 이러한 때를 타서 교종께서 황제에게 서한을 보내시어 "내가 조선에 성교를 전하고자 하는데 듣건대 그 나라는 중국 조정에 속하여 있어 외국과 상통

하지 아니한다 하므로 이렇게 청하오니 원컨대 폐하는 그 나라에 따로 칙령을 내리시어 서양 선교사를 받아들여 그들로 하여금 충성하고 효도하는 도리를 가르쳐 백성들이 황조에 충성을 다하여 폐하의 덕에 보답게 하옵소서." 하고 간청하면 황제는 본래 서양 선교사의 충실하고 근실함을 잘 알고 있으므로 그 허락을 받을 가망이 있습니다. 이것이 이른바 천자(天子)를 끼고 제후들을 호령하는 격이니 성교가 평화롭게 나아갈 것입니다. 중국의 형세가 이 계획을 실행할 수 있을는지는 모르겠습니다.

원컨대 유의하옵소서. 이 나라에 있어서의 천주의 은혜는 다른 데보다 월등하게 컸다고 말할 수 있습니다. 일찍이 전교사가 온 일도 없이 천주께서 친히 특별하게 교리를 가르쳐 주셨고 이어 성사를 베풀어 줄 이를 주시는 등 내리신 갖가지 특은을 손가락으로 이루 다 헤아릴 수 없습니다. 금년의 이 벌은 죄인들이 은혜를 저버린 탓으로 일어난 줄로 알고 있습니다. 그러나 천주의 자비하심이 우리를 아주 버리지 아니하시고 이처럼 잔혹하게 파괴된 가운데도 한 줄기의 길을 남겨 놓으신 것은 이 나라를 구원하시고자 하시는 표증임이 밝혀 보증된 것입니다.

천주님의 도우심이 이와 같으니 만일 중국과 서양 여러 나라의 천주교 봉행자들이 합심하고 전력을 다해 도우려고만 든다면 재난을 길복으로 바꾸어 이 손바닥만 한 땅을 어찌 구원해 살리지 못하겠습니까. 죄인 등은 이렇게 스스로 위로하고 남도 위로해 주면서 죽음을 참고 목숨을 늘리고 있습니다. 주교님께서는 천주의 의향대로 하시어 속히 구원을 베풀어 주시기를 간원하옵니다. 엎드려 듣건대 근년에 중국은 서쪽에 도둑의 무리가 창궐해 관군이 여러 번 패하여 국토가 날로 죽어 간다고 하니 황제의 마음은 틀림없이 근심되고 괴로울 것입니다.

이런 기회에 언변 좋고 수단 좋은 사람으로 황제가 평소에 신임하는 자가 있으면 황제께 말씀드리되 편안할 때 위급함을 잊지 말라고 건재할 때에 패망함을 잊지 아니함이 오래 존속하는 길입니다. 이 나라가 동쪽으로부터 일어나 전국을 통치한 지가 200년에 가까워 이제까지 이르렀습니다. 천하의 대세는 그 전복을 예기치 못합니다. 후세에 불상사가 일어난다면 의례 영고탑(寧古塔)으로 돌아가게 될 것이지만 그 지역은 외지고 좁아서 쓸 만한 곳이 못 됩니다.

조선은 영고탑에서 강 하나가 격해 있을 뿐이요, 조석에 굴뚝 연기를 바라보며 또 소리 질러 부르면 서로 들리는 거리인데 그 지역의 길이가 3,000리나 됩니다. 동남방은 땅이 기름지고 서북방은 장정들과 말들이 날쌔고 굳셉니다. 산악이 三천리를 연해 있어 목재를 이루 다 쓸 수 없고 바다가 三면을 둘러 있어 생선과 소금이 없어지지 않습니다. 경상도의 인삼은 천하도록 많고 제주도의 좋은 말은 그 수를 헤아릴 수 없습니다.

산물 역시 천연석으로 많고 좋은 나라이지만 이씨(李氏)가 미약하여 실오리 같아 겨우 끊어지지 않고 여군(女君)이 정치를 하니 세력 있는 신하들이 권세를 부리므로 행정이 문란하여 백성들이 탄식하고 원망합니다. 이러한 때에 내정(內政)을 펴 의복을 차별 없이 입게 하고 서로의 왕래를 터 이 나라를 영고탑에 소속시킴으로써 황제의 영토를 넓히고 안주와 평양 사이에 안무청을 설치하여 친왕(親王)을 임명하고 그 나라를 감독 보호하게 하되 은덕을 후히 베풀어 민심을 굳게 단결시켜 놓으면 전국에 사변이 일어나더라도 요동과 심양 동쪽을 갈라 근거로 삼아 그 험한 산악 지대를 방위할 수 있고 또한 장정들을 모아 훈련을 시켰다가 유사시 출동시키면 이것이 튼튼한 기초를 만대에 이루도록 마련하는 것입니다.

또 들으니 그 나라 왕이 나이 어려 아직 왕비를 맞지 않았다 하니 만약 종실(宗室)의 딸 하나를 골라 공주라 하여 시집을 보내어 왕비를 삼는다면 왕은 사위가 되고 이다음 왕은 외손이 되므로 자연 황조에 충성을 다할 것이요 또한 몽골을 견제할 수 있을 것입니다. 이때를 놓치고 계획을 세우지 아니한다면 하루아침에 다른 사람이 불쑥 일어나 점거하고 질서를 잡아 병력을 강하게 할 것이니 그렇게 되면 우리에게는 유리하지 아니할 뿐만 아니라 오히려 재난을 가까이 준 것이 되지나 않을까 하여 두렵습니다.

때가 왔는데도 실행치 아니하면 나중에 후회하여도 어쩔 도리가 없으니 원컨대 폐하께서는 결단을 내리소서. 대강 이런 뜻으로 말씀드리되 중국 조정의 정세에 맞도록 조절하시어 전하시길 바라옵니다. 만약 황제가 이를 들어주고 교우들이 중간에서 일을 주선만 한다면 성교가 차차 크게 퍼져 막아 낼 수 없는 세력으로까지 이를 가망이 있습니다. 중국에는 이미 교우가 많고 접촉할 길도 넓으니 어찌 황제에게 진언할 길이 없겠습니까.

곁에서 듣건대 작년에 칙사로 왔던 영국 학사가(英學士) 왕후의 친척이고 또 주교님과 가까운 사이이며 그 집안 남자 종 중에 교우가 있다 하오니 혹시 그 인연으로 이 계획을 추진할 수 있지 않겠습니까. 만약 이런 인물이 있어 힘써 주장한다면 황제는 받아들일 것으로 기대할 수 있을 것입니다. 비록 그렇다 할지라도 이유 없는 내복(內服)을 명할 수는 없으니 반드시 한두 가지 죄과가 있은 다음에라야 이것을 구실로 계획을 추진할 수 있을 것입니다. 이 나라에는 불공평하고 불법한 행동이 허다하오나 일일이 다 말씀드릴 수는 없고 다만 역서(時憲書)사사로 만든 일과 상평통보(常平通寶)를 사사로이 만든 일 이 두 가지는 중국 조정이 평소에 알면서도 문책하지 아니한 일이오니 한 번 조사해 보면 족히 죄목이 드러날 것입니다.

이 계획은 황실에도 유익할 뿐 아니라 이 나라에도 해가 될 것이 없습니다. 현재 이 나라는 형세가 위급하여 결코 오래 지탱하기 어려운데 만일 내복(內服)이 되면 간신들의 눈초리가 저절로 그칠 것이요 따라서 이씨의 명성과 위세가 배로 커질 것이매 어찌 이것이 성교의 안정뿐이겠습니까. 이 또한 국가의 복이기도 합니다. 청컨대 현실에 맞지 않는 것으로 생각지 마시고 채납하옵소서. 지난해 내리신 편지에 수년 후에는 큰 배를 보내시겠다는 분부를 받았습니다만 이제는 정세가 이미 변하였으므로 무턱대고 와서는 성공을 바랄 수가 없습니다. 여기에 조선 사람으로 하여금 꼼짝 못 하고 명령에 복종시킬 수 있는 계책이 있습니다. 하오나 그대로 실행하기는 대단히 어렵습니다만 진술하게 허락하옵소서. 이 나라의 병력은 본래 미약하고 모든 나라 가운데 맨 끝인데다가 태평세월이 200년을 계속해 왔으므로 백성들은 군대가 무엇인지 모릅니다. 게다가 위에는 뛰어난 임금이 없고 아래로는 어진 신하가 없어 불행한 사태가 일어나기만 한다면 흙더미처럼 무너지고 기왓장처럼 흩어질 것이나 그대로 보고 있을 수밖에 없습니다.

만일 할 수 있다면 군함 수백 척과 정예군 오륙만 명을 얻어 대포와 무서운 무기를 많이 싣고 겸하여 말도 잘하고 사리에도 밝은 중국 선비 3, 4명을 데리고 해안에 이르러 국왕에게 서한을 보내되 우리는 서양의 전교하는 배요 여자와 재물을 탐내어 온 것이 아니고 교종의 명령을 받고 이 지역에 생령을 구원하러 온 것이니 귀국에서 한 사람의 전교사를 용납하여 기꺼이 받아들이신다면 우리는 이상 더 많은 것을 요구할 것도 없고 절대로 대포 한 방이나 화살 하나 쏘지 않고 티끌 하나 풀 한 포기 건드리지 않을 뿐 아니라 영원한 우호 조약을 체결하고는 북 치고 춤추며 떠나갈 것입니다.

그러나 만약 천주의 사신을 받아들이지 않으시면 반드시 천주의 벌을 집행하고 죽어도 발길을 돌리지 않으리니 왕께선 한 사람을 받아들여 나라에 벌을 면하게 하시려는지 아니면 나라를 잃더라도 그 한 사람을 받아들이지 아니하실는지 그 어느 하나를 택하시기 바랍니다. 천주 성교는 충효와 자애를 가장 힘써 의무로 삼으니 온 나라가 봉행하면 실로 한국에 한없는 복이 올 것이요 우리에게는 아무런 이익도 돌아오지 않습니다. 왕께선 부디 의심치 마옵소서라고 할 것입니다. 그뿐 아니라 서양 여러 나라가 참된 천주를 흠숭하므로 오래 태평하고 길게 통치하는 결과를 동양 각국에 미치게 하리니 서양선교사를 용납하여 맞아들이는 것은 매우 유익하며 결코 해를 받는 것이 없음을 거듭 타이르면 반드시 온 나라가 놀라고 두려워 감히 좇지 아니하지 못할 것입니다. 군함에 척수와 군대의 인원수가 앞에서 말씀드린 바와 같은 숫자면 대단히 좋겠지만 힘이 모자란다면 배 수십 척에 군인 五六천 명이라도 족할 것입니다.

수년 전에 서양 상선 한 척이 이 나라 동네에 표류하여 왔을 적에 한 교우가 배에 올라 자세히 보고 돌아와서 말하기를 그 배 한 척이면 우리나라 전함 백 척은 족히 대적할 것이라고 했습니다. 이 나라 사람들이 성교를 혹독하게 해치는 것은 그 인간성이 잔악해서가 아니라 실은 두 가지 이유가 있어서입니다. 하나는 당파끼리의 논쟁이 몹시 심하여 이런 것을 빙자하여 남을 배척하고 모함하는 자료로 삼기 때문이요 다른 하나는 견문이 넓지 못해 안다는 것이 오직 송나라 학문뿐이므로 자기와 조금만 다른 행위가 있으면 그것을 친지간의 큰 괴변으로 보기 때문입니다. 이를 비유하면 궁벽한 시골의 어린아이가 방 안에서만 자라 바깥사람을 못 보다가 우연히 낯선 손님을 만나면 반드시 깜짝 놀라 우는 것과 같습니다. 오늘 이 나라에 광경이 이와 같은데 실은 의심이 많고 겁이 많고 어리석고 무식하고 약하기가 천하에 둘도 없을 것입니다. 그렇기 때문에 신부께서 자수한 뒤에도 교우들이 소란을 일으킬까 두려워 오랫동안 감히 사형 집행도 못 하다가 교우들이 어찌하지 못할 것을 확실히 알고 나서야 담이 커져 신부를 학살하였습니다. 이처럼 의심과 두려움이 아직 가라앉지 않은 때를 타서 꼭 쳐부술 기세로 임하여 그 마음을 떨리게 하고 난 다음 근심할 것이 없다는 이치로 잘 타일러 그 어리석음을 깨우쳐 인도하면 받아들이고 않고 간에 이해(利害)가 비교될 것이요 또 위력을 두려워하고 편안을 원하는 마음에서도 감히 거절하지 못할 것입니다.

이 계책이 어렵기는 하나 실현만 된다면 반드시 조금도 틀림이 없을 것입니다. 형편이 허락하여 극력 추진해 주시면 천만다행이겠습니다. 어떤 사람은 이와 같은 행동은 그 실행이 쉽고 어렵고 간에 성교의 표양에 맞지 않는 방법이라고 하나 죄인은 그렇지 않다고 봅니다. 이 나라에서는 10년 이래 순교한 이가 극히 많아 성교회의 사제와 국가의 중신들까지 꼼짝 못 하고 죽음을 당하였습니다. 악질 도당들이 역적의 누명을 그들에게 억지로 뒤집어씌웠지만 사실상 털끝만큼도 나라에 충성하지 않는 증거를 얻지 못했고 그들의 착하고 어진 태도는 이미 사람들 마음속에도 간직해져 있습니다. 만일 이 나라에 교우들이 시끄럽게 떠들어 내란을 일으킨다면 그것은 틀림없이 악한 표양일 것입니다.

서양으로 말하면 성교의 본 고장으로 이천 년 이래 모든 나라에 성교가 전파되어 귀화 되지 않은 곳이 없는데 이 탄알만 한 이 나라만이 순종치 않을 뿐 아니라 도리어 완강히 대항하여 성교를 잔인하게 박해하고 성직자를 학살하였습니다. 이런 것은 동양에서 200년 동안 없었던 일이니 군사를 일으켜 그 죄를 문책하는 것이 어찌 옳지 않겠습니까. 예수님의 거룩한 가르침에 의거하면 전교를 용납하지 않는 자는 그 죄가 소돔과 고

모라보다 더 중하다 했으니 이 나라를 전멸한다 해도 성교의 표양에 해로울 것이 없을진대 지금의 이 방법은 오직 명성과 기세를 크게 빌려 전교를 용납하게 하는 것에 지나지 않는 것입니다. 백성이 살해되지 않고 재물을 빼앗김이 없으니 인애와 정의의 극치로서 오히려 뛰어나는 표양일 것입니다. 그러나 어찌 표양이 아름답지 못할까 걱정하리까. 다만 힘이 미치지 못할까 걱정할 뿐입니다. 또 어떤 이는 이와 같이 하면 그것이 중국에 보고되어 북경 천주당에 해가 미칠 것이라고 합니다만 저는 이것은 아주 쉬운 일이라고 말합니다.

편지 가운데 설명하기를 교종께서 일찍이 신부 아무에게 명하여 귀국에서 전교하게 하였던바 귀국이 용납하지 않을 뿐 아니라 도리어 학살하였고 이제 또 전교사를 받아들이지 아니하니 우리는 마땅히 사절을 보내어 귀국의 죄를 중국에 알리고 압박받는 백성을 위로하고 학정하는 나라의 죄를 밝히리라 하면 이 나라는 중국 선비를 불법 학살한 죄가 드러나게 중국 정부에게 문책을 당하게 될까 봐 감히 보고조차 못 할 것이니 걱정할 것이 없습니다.

책문(柵門) 안에 가게를 차리는 일이 현재로선 가장 요긴하고 시급한 일로 빨리 되면 될수록 더욱 다행하겠습니다. 그 외의 계획도 3~4년 안에 시행하여야 가히 성공을 바랄 수 있겠습니다. 이때를 지나면 세상이 또 어떻게 변할지 모르겠습니다. 죄인들은 하루를 보내기가 한 해와 같은데 스스로 할 힘은 없고 바라는 마음만이 심히 간절하오니 불쌍히 여기시어 속히 구원하여 주옵소서. 금년 박해에 이름이 알려진 교우로서 화를 면한 사람이 극히 적은데 남아 있는 사람은 숨을 죽이고 엎드려 아주 멸망하여 없어진 듯이 보여야만 성교가 보존되겠으므로 혹은 장사꾼이 되어 돌아다니고 혹은 살던 곳을 떠나 다른 데로 이사를 하는 등 길에서 헤매는 사람들이 허다합니다. 또한 대재와 소재 날을 당할 때마다 신자라는 것이 폭로되기 쉬우므로 감히 간청하오니 현재 이 나라 교우들로서 여행하는 자에게는 대·소재를 막론하고 일체 면제해 주셔서 남의 눈에 띄지 않도록 숨겨 생명을 보존하게 하심이 어떠하겠습니까.

한 사람이 지난번 고해 때에 다음번 고해 때까지 한 주일 동안에 이틀씩 대재를 지키기로 허원을 했었는데 박해가 일어난 뒤로 이 사람이 집을 떠나 피신하여 헤매다가 산골로 들어가게 되었는데 산중 음식이 영양이 적을 뿐 아니라 또 객지의 형편이 몹시 불편하여 하는 수 없이 재를 지킬 수 없게 되었습니다. 허원을 깨뜨린 죄가 있을 것 같아 감히 간청하오니 너그러이 용서하시옵고 아울러 여쭙건대 기왕에 지키지 못한 것이 죄가 되지는 않겠는지요. 천주 강생 후 1801년 시몬 다두첨례 후 일일 죄인 도마 등은 두 번 절하옵고 삼가 갖추나이다.

참고문헌

1. 샤를르 달레, 『**한국천주교회사 상, 중, 하**』, 왜관: 분도출판사, 1979.
2. 유홍렬, 『**한국천주교회사**』, 서울: 가톨릭출판사, 1962.
3. 문규현, 『**한국천주교회사 Ⅰ - Ⅲ**』, 서울: 빛두레, 1994.
4. 金洪永 譯, 『隴隱 洪儒漢先生 遺稿集』, 대전: 학민문화사, 1995.

우리말 성서
번역사

제 4 강의

1. 들어가는 말

이진호에 의하면 1996년 현재 우리말로 발행된 신·구약성서는 10종, 신약성서는 7종, 단편은 87권 123책이다.[68] 그 이후로도 『개역개정판』 성경이 발행되었고, 천주교에서 『성경』이 발행되었기 때문에 좀 더 추가될 것이다. 여기에서는 이진호가 제시한 신구약성서만 소개한다.

   1) 성서 번역자회, 『성경젼셔』, 1911.
   2) 게일·이원모, 『신역 신구약전서』, 1925.
   3) 성서개역자회, 『성경 개역』, 1938.
   4) 신구교번역위원회, 『공동번역성서』, 1977.

---

68) 이진호, 『한국 성서 백년史 Ⅱ』, 서울: 대한기독교서회, 1996, 34~38.

5) 생명의말씀사, 『현대인의 성경』, 1985.
6) 조선기독교연맹, 『성경전서』, 1990.
7) 현대어성경편찬위원회, 『현대어 성경』, 1991.
8) 대한성서공회, 『표준 새번역 성경전서』, 1993.
9) 류형기·백승배, 『한영 성경전서』, 1993.
10) 이송오, 『한글 킹 제임스 성경』, 1994.

1996년 이후로도 출판된 성경들이 있다. 『공동번역 성서 개정판』(1999)과 『표준새번역 개정판』(2001) 그리고 『개역개정판』(1998) 등이 출판되었으므로 우리말로 번역 발행된 신·구약성서는 적어도 13종 이상이 된다. 그리고 신약성서도 더 발행되었으므로 이진호의 책에서 다루지 못한 부분도 추가되어야 할 것이다. 이 글에서는 크게 두 가지를 다루려고 한다. 첫째는 우리말 성경 번역의 역사에 대한 고찰이다. 둘째는 우리가 믿는 신(神)의 호칭이 '하나님'으로 확정되기까지의 과정을 살펴보려고 한다. 여기에서는 필자가 1994년 당시 지도하던 청년들과 함께 성경전시회를 하며 발행했던 『우리말을 사랑하신 하나님』이라는 자료집을 중심으로 서술하려고 한다.69)

69) 박선경, 『**우리말을 사랑하신 하나님**』, 포항: 포항북부교회 청년2부, 1994, 미발행 프린트 자료집.

2. 우리말 성서 번역사[70]

한국의 기독교 역사를 이야기할 때 다른 나라에서는 볼 수 없는 특이한 모습이 몇 가지 있다. 그것은 외국 선교사가 국내로 들어오기 전에 이미 우리나라 안에 성도들이 존재했다는 사실이다. 그리고 선교사가 들어올 때 그들의 손에 우리말 성경이 들려 있었다. 선교사들은 우리나라에 들어와 복음을 전하기도 했지만 많은 경우 세례를 받기 원하는 사람들에게 세례 베풀기도 바빴다고 할 정도로 우리나라에는 선교사가 들어와 복음을 전하기 이전에 이미 신앙공동체가 있었다. 이만열은 한국교회가 성장하게 된 배경에는 선교 초기에 이미 우리말 성경이 있었고, 성경을 팔며 복음을 전했던 권서들이 있었기 때문이라고 진단하고 있다.[71] 이 땅에 개신교보다 100년이나 일찍 복음을 전했던 한국천주교회가 2005년에야 신·구약성경을 출판한 것과 비교되는 대목이다.

---

70) 우리말 성경의 역사에 대해서는 다음의 글을 참고하라. 여기에서는 몇 권만 소개하려 한다. 좀 더 자세한 것은 다음에 소개하는 책 말미에 첨부되어 있는 참고문헌을 참고하기 바란다.
   김중은, 「구약성서 국역사」, 신학사상 제22집, 1978, 24~66.
   나채운, 『**우리말 성경연구**』, 서울: 기독교문사, 1990.
   민영진, 『**히브리어에서 우리말로**』, 서울: 두란노, 1996.
   박창환, 『**성경의 형성사**』, 서울: 대한기독교서회, 1969.
   한영제 편, 『**한국성서 찬송가 백년**』, 서울: 기독교문사, 1987.
71) 권서들의 활동에 대해서는 아래의 책 해당 부분을 참고하라.
   옥성득·이만열, 『**대한성서공회사 II**』, 서울: 대한성서공회, 1994.

2.1. 만주에서 이루어진 성서 번역

1876년 만주 봉황성 근처 고려문(高麗門)이라는 곳에서 스코틀랜드 로스(John Ross) 선교사는 의주 청년 이응찬을 만났다. 이응찬은 몰락한 양반 출신으로 장사차 만주로 갔다가 모든 것을 잃고 어찌해야 할지를 몰라 하는 가운데 로스를 만난 것이다. 이응찬은 로스의 어학선생이 되었는데, 이들의 만남이 우리말 성경이 나오는 시발점이 되었다. 로스는 그에게 조선말을 1년 동안 배운 후 비록 평안도 사투리일망정 영문과 조선어로 된 문법책을 저술했다.[72] 로스는 계속해서 이응찬의 도움을 받아 가며 성서를 조선말로 번역하기 시작했다. 물론 이응찬은 유교사상에 익숙해 있었던 사람이라 성서 번역이 마음에 들지 않았지만 '밥벌이'로 여기고 열심히 성서 번역 사업을 도왔다. 1879년 로스가 안식년을 맞이하여 본국인 영국에 돌아갈 즈음 사복음서와 사도행전, 로마서 번역 원고를 갖고 갈 수 있을 정도였다. 이응찬은 처음에 밥벌이로 성서 번역을 도왔지만 말씀은 그를 하나님의 사람으로 바꾸었다. 그리하여 1879년 자원해서 백홍준 등과 매킨타이어(John McIntyre) 선교사에게 세례를 받았다. 우리나라에 선교사들이 들어오기 전에 이미 만주에서 한국 개신교의 '첫 열매들'이 맺힌 것이다.

이응찬과 더불어 백홍준, 서상륜, 김진기, 이성하, 최성균 등이 로스와 매킨타이어를 도와 성서 번역에 참여하였고, 그 결과 1882년 만주 심양에서 우리말로 된 최초의 성서인 『예수셩교 누가복음

---

72) 로스의 문법책은 다음의 책에 실려 있다.
   김정현, 『한국의 첫 선교사 羅約翰 John Ross』, 대구: 계명대학교, 1982.

젼셔』, 『예수셩교 요안내 복음젼셔』가 발행되었다. 이렇게 인쇄되어 나온 성서는 백홍준, 서상륜, 김청송 등 권서들을 통해 국내에 반입되었고, 목숨을 내건 전도의 결과로 1884년 말에는 서울과 황해도 송천(솔내)지역에 세례지원자가 100명 이상이 생겼다. 이러한 모습은 선교사가 우리나라에 들어오기 전에 된 일이다.

2.2. 일본에서 이루어진 성서 번역

근대화의 물결 속에 국내 진보, 보수 세력 간의 갈등으로 일어난 1882년 임오군란 때, 명성왕후(민비)의 목숨을 구한 공으로 고종의 배려로 일본 유학길에 오른 이수정이란 사람이 있었다. 그는 농업에 관한 지식을 배우려고 일본에 건너갔는데, 그곳에서 기독교인 농학자 츠다센(津田仙)을 만나 기독교를 접하게 되었다. 츠다센은 일본에 서구 근대농업을 도입한 사람인데 신실한 그리스도인이었다. 이수정은 그에게서 한문 성경을 선물로 받고 성결교회에 출석하며 자신의 신앙을 고백하는 등 적극적으로 신앙생활을 영위했다. 1883년 4월 29일 야스가와(安川亨) 목사 입회하에 녹스(G. W. Knox) 선교사를 통해 세례를 받았다. 그 후 그에게는 한국교회가 반드시 기억해야 할 두 가지 일을 감당했다. 하나는 미국교회에 조선에 선교사를 파송해 달라는 편지를 보낸 일이다. 다른 하나는 성서를 우리말로 번역한 일이다. 그는 성서를 조선말로 번역하는 것을 매우 귀한 일로 여기고 당시 미국성서공회 일본지부 총무였던 루미스(H. Loomis)의 도움으로 성서 번역 작업에 나섰다. 이수

정은 우선 한문 성경에 이두 토를 다는 형태로 성서 번역을 시작
하였다. 그리하여 1884년 신약성서의 4복음서와 사도행전을 발행
할 수 있었다. 그러나 이러한 성경은 식자층에서만 읽힐 수 있다
는 생각을 하게 되어 이 작업을 포기하고 조선어로 번역하는 작업
을 하였다. 그리하여 1885년 부활주일에 언더우드 선교사와 아펜젤
러 선교사가 제물포에 입국할 때 이들의 손에는 이수정이 번역한
'마가복음서 언해'가 들려 있었다. 이처럼 우리나라에 선교사가 입
국하기 전에 이미 만주와 일본에서 우리말로 번역된 성서가 있었
다는 것은 그 어떤 나라에서도 찾아볼 수 없는 놀라운 역사이다.

2.3. 구역과 개역성서[73] 번역

우리나라에 들어온 선교사들은 원어성서와 중국어성서, 일본어
성서, 영어성서 등을 참조하며 성경을 번역하기 시작했다. 물론 만
주나 일본에서 이미 번역된 성서가 크게 도움이 되었음은 물론이
다. 그러나 로스역 성서는 평안도 사투리가 너무 심하다는 이유로,
이수정이 번역한 성서도 그리 좋은 번역이 아니라는 이유를 대면
서 새롭게 성서를 번역하기로 하였다. 이진호는 이러한 선교사들의
태도를 무척 아쉬워하고 있다. 우리말 성서 번역 과정에도 선교사
들 간의 알력이 있었다. 만주에서 번역된 우리말 성경은 스코틀랜
드 선교사인 로스 등이 중심이 되어 번역했다. 뿐만 아니라 스코

---

73) 필자는 '성경'이라는 용어를 좋아하나 한국 신학계에서는 '성서'라는 말도 사용되고
   있다. 따라서 '대한성서공회'처럼 공식적으로 통용되는 호칭의 경우에는 '성서'도 사
   용하기로 한다.

틀랜드 성서공회와 영국성서공회의 도움이 컸다. 그러나 언더우드 선교사를 비롯한 초기 선교사들의 대부분은 미국 출신들이기 때문에 이들은 자신들이 성서를 번역하고 싶어 했다. 따라서 로스역 성서를 쉽게 받아들이지 못했다. 당시 스코틀랜드 선교사들은 언더우드 등이 제기한 평안도 사투리에 대해 그러한 부분을 표준어로 바꾸면 된다는 입장을 개진했지만 미국계 선교사들에 의해 받아들여지지 않았다.[74]

결국 1887년 2월 언더우드, 아펜젤러, 스크랜톤(William B. Scranton), 할렌, 헤론 등은 '상임성서위원회(The Permanent Bible Committee in Korea)'를 조직하였으며 1893년에는 이 조직을 확대, 개편하여 '상임성서실행위원회(The Permanent Executive Bible Committee in Korea)'로 이원화시켰다. 이들은 먼저 신약성서 번역에 착수하여 단편성서들을 인쇄하다가 1900년에 신약성경 전체가 번역되어 『신약젼셔』가 발행되었다.[75] 그리고 1911년에 구약성서 전체가 번역되어 『구약젼셔』가 3권으로 나누어져 발행되었다. 학자들은 편의상 1938년에 발행된 성경을 『개역성경』이라고 칭했으므로, 1911년에 발행된 성경을 『구역성경』이라고 칭한다. 물론 당시 성서를 번역한 선교사들은 우리말에 서툴고, 우리나라 사람들은 성서의 원어

---

74) 우리말 성경 번역 과정에서 일어났던 갈등에 대해서는 다음의 논문을 참고하라.
옥성득, 「초기 한글성경 번역에 나타난 주요 논쟁 연구 - 1877~1939」, 장로회신학대학교 대학원, 1993.

75) 1900년에 발행된 『신약젼셔』는 성서 번역자회 위원인 언더우드, 아펜젤러, 레이놀즈, 트롤로프, 기일, 스크랜톤, 최병헌, 조성규, 정동명, 이창직, 김명준, 홍준, 김정삼, 이승두에 의해 번역되었다. 대영성서공회, 대한황셩미이미교회인쇄소에서 15,000부가 발행되었다. 같은 해 요코하마에서도 발행되었으므로 학자들은 편의상 '서울판', '요코하마판'으로 나눈다. 필자는 2006년 1월 이 성경이 발행된 요코하마 인쇄소를 방문한 적이 있다. 그 건물은 지금도 남아 있으나 인쇄소는 이미 문을 닫았다.

나 외국어 성서에 서툴렀지만 우리말의 멋은 구역성서가 더 낫다고 평가하는 학자들이 많다.

막상 성서를 발행하고 보니 번역에 문제점이 많다는 지적이 있었다. 이에 '구약 개역자회'가 조직되어 구약성서 개역 작업에 착수했다. 1900년에 발행된 신약성서는 이미 1904년과 1906년 두 차례에 걸쳐 개정작업이 이루어졌기에 '구약 개역자회'만 조직된 것이다. 그러나 개역 작업은 그리 쉽게 진척되지 않았다. 우리말 성서를 번역하는 선교사들에게는 이미 목회와 많은 사역이 우선이었기 때문이다. 뿐만 아니라 1910년 한일병탄으로 조선은 이미 없어지고, 일본이 이 땅을 통치하고 있었기 때문에 조선어로 성서를 번역하는 일에 매진할 수 있는 환경이 아니었다. 이러한 가운데 1926년 국내에서 활동하던 유태계 선교사인 피터스(Alexander Albert Pieters, 彼得)가 개역 작업에 가담하고, 미국에서 공부하고 돌아온 남궁혁, 김관식, 김인준 등이 선교사들과 동등한 입장에서 성서 개역 작업에 동참하기 시작하면서부터 성서 개역 작업은 활기를 띠게 되었다. 그 결과 1938년에 오늘도 한국의 많은 교회들이 사용하고 있는 『셩경 개역』이 발행되었다.

2.4. 개인성서 번역

지금까지 앞에서 살펴본 것은 한국교회 안에서 초교파적으로 번역, 발행된 성서 번역의 역사였다. 이 일은 성서공회를 중심으로 추진되었다.[76) 그러나 성서공회를 중심으로 성서를 번역하는 과정에서 이의를 제기하는 이들이 있었다. 예를 들어 '밥티즘'을 '세례'로 번역하는 일에 '침례'로 번역해야 한다고 주장하는 이들이 있었다. 펜윅 선교사도 그들 중 한 명이다. 펜윅 선교사는 1890년까지 다른 선교사들과 함께 성서를 번역하는 일에 동참했으나 용어를 정하는 일에 계속해서 갈등을 겪게 되자 독자적으로 성서를 발행하기 시작했다. 그는 1891년에 『요한복음젼』, 1892년에 『예수셩교셩셔 마태복음』, 1893년에 『약한의 긔록ᄒᆫ대로복음』 등을 발행했다. 그리고 1915년에 『사도행젼』, 1919년에 『신약젼셔』를 발행했다. 그가 번역한 성경에 보면 '세례'는 '침례'로 '성령'은 '셩슘님'으로 '예수'는 '예수씨'로 되어 있다. 그는 동아기독교(오늘날의 침례교) 소속이었기 때문에 '세례'라는 용어 사용에 반대했던 것이다. 또한 1925년 기일도 『新譯新舊約全書』를 발행했다. 그는 이원모, 이창직, 이교승 등의 도움을 받았는데 특히 이원모의 도움을 많이 받았다. 기일은 우리나라 사람들이 주어를 생략하는 관습을 알고 계속 반복되는 주어는 생략하였다. 특히 조선인들이 사용하는 용어를 과감하게 사용했다. 그러나 성서 번역에 동참했던 많은 선교사들은 기일의 이러한 면을 이해하지 못하고 많은 비난을 가했다.

1906년 유성준은 당시 한글로만 성서가 발행되자 식자층 사람들이 성서를 가까이하려고 하지 않자 국한문 성서를 편찬하여 『新約全書 국한문』 성서를 발행하였다. 우리말 성서의 개인번역에 대해

---

76) 성서공회의 역사와 성경 번역에 대해서는 다음의 자료를 참고하라.
　　이만열, 『대한성서공회사 I 』, 서울: 대한성서공회, 1993.
　　옥성득 · 이만열, 『대한성서공회사 II 』, 서울: 대한성서공회사, 1994.
　　옥성득 · 이만열 편역, 『대한성서공회사 자료집 I 』, 서울: 대한성서공회사, 2004.
　　옥성득 · 이만열 편역, 『대한성서공회사 자료집 II 』, 서울: 대한성서공회사, 2006.

서는 이진호의 책을 참고하기 바란다.[77]

2.5. 현대어 성서 번역

언어는 시대에 따라 변하기 마련이다. 이로 인해 성서는 계속해서 번역되어야 한다. 어떤 사람들은 성서를 새롭게 번역하는 것을 이단시(?)하기도 하는데 그렇지 않다. 성서는 누구나 그 시대의 언어로, 좀 더 이해하기 쉬운 언어로 계속해서 번역되어야 한다. 대한성서공회는 1960년에 '성서개역자회'를 조직하였다. 그 결과로 1967년에 『신약전서 새번역』을 발행했다. 그러나 구약성서는 번역 작업에 착수하지 못했다. 에큐메니칼 차원에서 가톨릭과 개신교가 함께 사용할 『공동번역성서』를 발행하기로 결정했기 때문이다. 그 결과로 1971년에 『공동번역 신약성서』가, 1977년에는 『성서 공동번역』이 발행되었다. 기독교 역사상 신·구교가 공동으로 성서를 번역한 것은 최초의 일로 매우 의미 있는 일이었으나 개신교 안에서 공동번역성서를 사용할 수 없다는 반대가 많아 가톨릭에서만 사용하다 2005년 가톨릭에서도 자체적으로 『성경』을 발행하여 사용하기 시작했다. 필자는 개인적으로 이 면에 대해서는 가톨릭교회에 미안한 마음을 갖고 있다. 약속은 지켜야 함에도 개신교에서 이를 지키지 못했기 때문이다. 물론 성서공회와 이를 추진했던 학자들이 개신교 전체의 의견을 묻고 시작한 작업이 아니었다는 사

---

77) 이진호, 『한국 성서 백년史 II』, 서울: 대한기독교서회, 1996, 284~389. 최근에 장로회신학대학교 학장을 지낸 박창환은 『신약성경』을 발행하기도 했다.
박창환, 『신약성경』, 서울: 코리아엠마오, 2007.

실은 갈등의 소지가 있었던 것이 사실이지만 가톨릭과의 약속을 지키지 못했다는 사실은 그 어떤 이유로도 변명할 수 없다. 그만큼 에큐메니칼 운동이 쉬운 일이 아니다. 그래도 함께 걸어가야 한다.

대한성서공회에서는 현대어로 번역된 『공동번역성서』가 개신교의 반대로 사용되지 않자 다시 현대어로 된 성서를 번역하여 1993년에 『성경전서 표준새번역』을 발행하였다. 그 외에도 현대어로 번역된 몇 권의 성경이 있다. 필자의 생각에는 성서를 쉽게 읽기 위해 현대어로 번역된 다양한 성서를 이용하는 것은 좋으나 성서 번역에는 전문적인 지식과 신학과 신앙을 겸비해야 가능한 일이므로 대한성서공회에서 공식적으로 발행한 성서를 이용하는 것이 좋다는 생각이다. 외국어로 번역된 성서도 마찬가지여서 그 나라의 성서공회에서 발행한 성서를 이용하는 것이 좋겠다.

2.6. 가톨릭 성서 번역

개신교에 비해 성서 번역에 소극적이었던 가톨릭에서는 1910년에 사복음서를 번역하여 『四史聖經』을 발행했다. 이어서 1922년에 사도행전을 『宗徒行傳』이라는 이름으로 번역하고, 사사성경과 종도행전을 합하여 『四史聖經 合附宗徒行傳』을 발행했다. 그리고 1941년에 『新約聖書書簡·默示篇』을 발행했다. 우리말로 가톨릭 신약성서가 완전히 번역되어 출판된 것이 1941년이다. 구약성서는 2005년에 『성경』이라는 이름으로 신약성서와 함께 발행했다. 이것만 보더라도 가톨릭에서는 개신교만큼 성서 번역에 적극적이지 않앞다. 그러나 성서 번역의 역사는 개신교보다 이르다. 비록 완전한 번역은 아니라고 할지라도 가톨릭에서는 미사에 사용할 성서를 부분적으로 번역하여 사용했다. 가톨릭 학자들의 주장에 의하면 1790년에 최창현이 부분적으로 『성경직해』를 번역했다고 한다.[78] 그러나 『성경직해』가 아홉 권 전체로 발행된 것은 1895년이다. 1892년부터 한 권씩 발행되기 시작하여 1895년에 아홉 권으로 발행되었다.[79]

가톨릭 성서 번역에서 반드시 기억해야 할 것은 한국 개신교가 함께 사용하기로 하고 번역했음에도 사용을 피하자 가톨릭에서는 자신들만이 사용할 성경을 번역하여 2005년에 『성경』을 발행했다. 이들은 『성경』의 발행을 위해 낱권으로 계속해서 성경을 번역 발행했다. 이러한 과정을 거쳐 『성경』을 발행한 것이다. 천주교 성경의 특징은 주해성경이라는 점이다.

3. '神' 호칭 번역의 역사

한 나라의 문화 중심에는 종교가 있고, 그 종교의 중심에는 신관이 놓여 있다고 할 때, 기독교가 이 땅에 토착화하는 핵심에는

---

78) 한국교회사연구소, 「성경직해」, 교회와 역사 제53호, 1980, 1. 여기에 보면 "『성경직해』가 이미 1790년대에 번역되어, 그것이 간행되기까지 1백여 년간 필사본으로 전래되어 왔음을 알 수 있고 또한 거기에는 의심의 여지가 없다."고 하였다.

79) 한국교회사연구소에서 1986년에 '한국교회사연구자료제20집'으로 그동안 발행되었던 한국천주교의 성경을 12권의 영인본으로 출판했다. 한국천주교의 성경 번역에 대한 연구를 위해서는 반드시 참고해야 할 자료이다. 특히 해설부분을 참고하라.
편집부, 『마두복음』, 『말구누가복음』, 『요한복음』, 『슈난복음』, 『성경직해』, 『亽亽셩경』, 『종도행젼』, 『서간묵시편』, 『신약셩서상편』, 『셩교감략』, 『고신셩경문답』, 『고경』, 『고셩경』, 『쇼년셩서』, 『젊은이의셩서』, 서울: 한국교회사연구소, 1986.

성서의 신관과 한국인의 신관 사이에 만남이 있었다. 그러므로 한국기독교가 한국 전통문화 속에 나타나는 신개념에 기독교의 '엘로힘' 혹은 '테오스'를 접붙여 온 역사는 '한국신학' 수립의 한 방향과 틀을 제시한다고 하겠다.[80] 필자가 중학교 2학년 때쯤으로 기억된다. 목사님께서 심방을 오셔서 예배를 인도하고 난 후 돌아가시려다 어머니와 이런 대화를 나누셨다.

> "집사님, 왜 '하나님'의 이름이 '하나님'인 줄 아세요?"
> "목사님두, 제가 그것도 모를까 봐요. 하나님은 한 분이니까 '하나님'이죠."
> "그래요."

그날 목사님은 더 이상 말씀하시지 않고 웃으시며 돌아가셨다. 모르긴 해도 한국교회 성도 대부분이 우리가 믿는 '神'의 이름이 '하나님'이 된 것은 우리가 믿는 하나님은 한 분이시니까, 유일신 신앙에서 그렇게 번역한 것으로 생각할 것이다. 그러나 옥성득의 연구가 보여 주는 것처럼 우리가 믿는 '神'의 호칭이 '하나님'으로 확정되기까지는 우여곡절이 많았다.

3.1. 배경: 로스의 '하느님(하나님)' 채택과 이수정의 '神' 사용

개신교보다 우리나라에 복음을 먼저 전한 가톨릭에서는 '천주'라는 명칭을 주로 사용하였다. 그것은 1580년경 중국에 왔던 마테오 리치 신부가 유교의 '상제(上帝)' 대신 '천주(天主)'라는 이름을 택

---

80) 옥성득, 「초기 한글성경 번역에 나타난 주요 논쟁 연구 – 1877~1939」, 장로회신학대학교 대학원, 1993, 22.

했기 때문이다. 중국에서는 지금도 하나님을 칭할 때 '상제'라고 번역한 성서와 '神'이라고 부르는 성서가 공존하고 있다. 그러나 우리나라 초기 가톨릭에서는 '천주'라는 호칭을 주로 사용했다. 정약종의 『주교요지』, 이벽의 『성교요지』(1812) 등 한글교리서를 보면 하나님을 '천주'로 호칭하고 있다. 그러나 정하상의 『상제상서』 (1839)에는 '하ᄂ님', '상제', '하늘' 등이 '천주'와 같다고 함으로써 '하ᄂ님'도 수용할 수 있는 용어임을 밝혔다.

3.1.1. '하ᄂ님(하나님)' 채택

앞에서 언급한 것처럼 우리말로 발행된 최초의 성서는 만주에서 로스가 번역한 『예수성교 누가복음젼셔』이다. 여기에 보면 기독교에서 말하는 신의 호칭이 '하느님'으로 되어 있다. 로스가 채택한 '하느님'의 뜻은 무엇인가? 그가 1881년 영국에서 출간한 『History of Corea』에 나오는 한국인의 신관 부분을 살펴보자.

> "한국인들은 지고신(The Supreme Being)에 해당하는 순 한국어 이름과 한문에서 빌려온 이름을 가지고 있는데 전자는 '하늘'에서 나온 '하느님 (Hanno – nim)'이고 후자는 '상뎨(Shangde)'이다. '하느님' 이름은 아주 독특하고 매우 널리 사용되고 있으므로 앞으로 번역이나 설교를 하는 데 아무런 두려움이 없을 것이다. 하지만 천주교는 중국에서 채용한 이름을 도입하였다. '하느님'이란 용어가 주는 개념은 중국에서 널리 사용되는 전능자요 무소부재하며 보이지 않는 신인 '天老爺(Tien layoye, 천노야)' 와 비슷하다고 하겠다."[81]

---

81) J. Ross, History of Corea, Ancient and Modern(London: Elliot Stock, 1881, 1891), 355. 옥성득의 위의 논문, 25에서 재인용.

즉 '하느님'의 어원은 '하늘'이며, 중국어 '상제'와 거의 같은 의미를 갖고 있다고 하였다. 로스는 『불한자전』이 자신의 성경 번역에 많은 도움을 주었다고 하였다.[82] 로스는 『불한자전』을 통해 한국 가톨릭이 '천주'를 사용하고 있음을 알았다. 게다가 '하느님'이 더 우수한 용어임을 발견하여 가톨릭과 차별성을 부각시키기 위해서도 '천주' 대신 '하느님'을 채택하게 된 것이다. 로스는 1883년부터 발행한 성서에서는 '하나님'이라는 용어를 사용하지만 의미에 변화가 있었던 것은 아니다.

우리는 여기에서 우리말 성경에 처음 사용된 '하느님(하나님)'이라는 호칭은 유일신 개념에서 사용된 것이 아니라 피선교지의 문화를 수용하고 토착교회를 지향했던 로스의 선교관이 반영된 것임을 알 수 있다.

3.1.2. 이수정의 '神' 사용

이수정이 번역한 성서를 1885년 부활절 우리나라에 입국한 언더우드와 아펜젤러의 손에 들려 있었다는 사실은 이미 앞에서 언급한 바 있다. 이들이 갖고 있는 성서에는 '神'이라는 칭호가 사용되고 있다. 그러면 이수정이 왜 '신'이라는 칭호를 사용하였을까? 첫째, 이수정은 일본에서 미국성서공회 루미스 총무의 도움을 받았는데 미국성서공회는 일본에서 성서를 번역하면서 '신'이라는 칭호를 사용하고 있었다. 둘째, 미국 선교사들의 일본선교는 중국에서 선

---

82) 『한불자전』은 1880년 요코하마에서 발행되었다. 이 작업에는 페롱 신부, 다블뤼 주교, 리델 주교 등이 참여했다. 이 사전은 2004년 한국교회사연구소에서 영인되었다. 염수정, 『불한자전』, 서울: 한국교회사연구소, 2004.

교경험을 가지고 있던 선교사들에 의해 시작되었는데 이들이 중국에서 사용하던 '신'을 일본 기독교와 일본어성서를 발행하면서 '神(かみ)'으로 채택하였기 때문이다.

실제로 일본인들에게 있어서 '상제'보다는 '신'이 정서상에도 더 맞았을 것이다. 이수정은 신학을 공부한 사람이 아니었다. 그리고 츠다센을 통해 예수 그리스도를 영접하자마자 성서 번역에 착수했기 때문에 일본어성서가 사용하고 있던 '신' 호칭을 그대로 수용할 수밖에 없었을 것이다.

3.2. 발단: 언더우드의 문제 제기

앞에서 언급한 것처럼 성서 번역에도 선교사들 간의 갈등이 있었다. 언더우드는 다른 미국 선교사들과 함께 로스가 번역한 성서가 평안도 사투리가 섞이기는 하였지만 귀한 성서였음에도 이것을 거부하고 새롭게 성서를 번역하였듯이 기독교가 신봉하는 '神'의 이름을 번역하는 과정에서도 로스가 채택한 '하느님(하나님)'을 피하고자 하였다. 우리가 보면 로스의 번역에 전혀 문제가 없었음에도 언더우드는 이를 거부하고 다양한 칭호를 실험적으로 사용하기 시작했다.

3.2.1. '상제' 사용기(1887~1892)

언더우드는 우리나라에 입국할 때 이수정이 번역한 성서를 들고 입국했다. 그 성경에는 '신'이라는 호칭이 사용되었는데 언더우드는 이를 거부했다. 왜냐하면 조선에서 '神'은 귀신의 의미로 사용된다는 사실을 알게 되었기 때문이다. 그리고 가톨릭에서 사용하고 있던 '천주'라는 호칭도 피하고 싶었던 것이다. 그가 1890년에 발행한 『셩교촬리』와 1891년에 발행한 『상뎨진리』에는 '상뎨(上帝)'라는 호칭을 사용하고 있다.

3.2.2. '여호와'와 '춈신' 채택기(1893~1894)

1893년 언더우드는 『찬양가』를 펴내면서 당시 선교사들이나 상임성서실행위원회의 번역자회가 폭넓게 사용하고 있던 '하ᄂᆞ님'이나 '상뎨', '텬쥬' 등을 거부하고 '여호와'를 사용하였다. 언더우드는 용어통일이 이루어지지 않은 현실에서 '여호와'라는 칭호 사용에 반대가 없을 것이라고 생각했지만 의외로 반대가 심했다. 이에 언더우드의 고민이 많았다.

당시 한국교회 안에서는 '하ᄂᆞ님'이라는 호칭을 긍정적으로 받아들이고 있었다. 그러나 언더우드는 이 용어가 로스가 번역한 것이기도 하고, 하늘은 하나님의 피조물인데 그 하늘을 창조주와 동일한 의미로 사용한다는 것은 혼합주의이므로 사용할 수 없다고 반대했다. 이 시기에 언더우드는 '춈신(중생지도, 1893)', '여호와(그리스도문답, 1893; 복음대지, 1894)'를 동시에 사용하고 있다.

3.2.3. 여러 가지 용어 실험기(1894~1896)

1894년부터 언더우드의 이러한 실험적인 행동에 반대가 심해지자 언더우드는 자신이 주장하던 '여호와'와 '춈신'이라는 용어 사

용을 자제하고 당시 사용되고 있던 모든 용어들을 사용하는 실험
기를 가졌다.

연 도	책 명	용 어
1894년	삼요록	여호와, 춤신, 상뎨
	복음대지	여호와, 춤신
	성교촬리	상뎨
	예수교문답	하ᄂ님, 텬쥬
1895년	성경문답	하ᄂ님
	진리이지	춤신
	구세교문답	텬쥬

성서 번역을 주도하던 언더우드가 이렇게 다양한 용어들을 다양
하게 사용하고 있는 것만 보더라도 당시 성서를 번역하는 선교사
들 사이에 의견이 하나로 모이지 않았음을 알 수 있다. 동시에 용
어 문제로 인해 고심하는 성서 번역자들의 어려움을 볼 수 있다.

3.2.4. '텬쥬'와 '상쥬(上主)' 사용기(1897~1903)

선교사들의 의견이 '하ᄂ님' 쪽으로 모아지던 1890년대 후반에
오히려 언더우드는 비전통 신명인 '텬쥬'와 '상쥬(上主)'를 굳게 지
켰다. 옥성득의 말처럼 용어 문제 해결에 언더우드 선교사가 걸림돌
이 되고 있었다. 언더우드가 이렇게 고집을 부린 이유는 다른 선교
사들이 주장하는 호칭은 기독교의 정통에 어긋난다는 것이다.[83] 기
독교에서 말하는 신을 '하느님'이라고 할 때 하늘은 창조주가 아니
라 피조물인데 피조물에게 창조주의 영광을 돌릴 수 없다는 것이다.

---

83) 옥성득, 위의 논문, 32.

4. 전개: '텬쥬'냐 '하ᄂᆞ님'이냐

4.1. 상임성서실행위원회의 결정

4.1.1. 번역자회의 '텬쥬' 채택

상임성서실행위원회는 다수의 선교사들이 좋아하던 '하ᄂᆞ님' 대신 '텬쥬'를 채택했다. 당시 영국성공회 한국선교부는 중국의 성공회와 한국천주교회에서 사용해 오던 '천주'를 사용하자고 주장했다. 이에 우리말 성서 번역에 많은 도움을 주었던 영국성서공회는 영국성공회의 주장도 일리가 있다고 여기고 1894년 봄 번역자회에서 투표한 결과 '천주' 대 '하ᄂᆞ님'이 4:1로 나타나 '천주'가 결정되었다. 지금도 한국에서 영국성공회는 그리 큰 교세를 갖고 있지 않지만 영국에서는 사정이 다르다. 그러므로 영국성서공회는 아무리 다수의 선교사들이 '하ᄂᆞ님'을 요구한다고 해도 영국성공회의 주장을 무시할 수 없었다. 무엇보다도 영국성공회는 1894년 『조만민광』이라는 책자를 발행하면서 '천주'라는 호칭을 사용했기 때문에 영국성서공회는 영국성공회의 주장을 받아들인 것이다.

4.1.2. 선교사들의 '하ᄂᆞ님' 요구와 상임성서실행위원회의 타협

상임성서실행위원회에서 '천주'가 채택되자 대다수의 선교사들이 '하ᄂᆞ님'을 사용하자고 요구했다. 마펫(Samuel Austin Moffet)과 최명오가 함께 저술한 『구세론』에 보면 당시 선교사들의 신관을 엿볼 수 있다.

> "하느님은 홀노 ㅎ나이시고 둘이 업스시니 하놀도 아니요 옥황도 아니요 부쳐도 아니요 귀신도 아니요 이에 스스로 잇서 시종이 업고 영원이 변역ㅎ지 아니ㅎ시ㄴ 텬지만물에 큰 주재라."[84]

마펫의 주장에 의하면 지금 선교사들이 주장하는 '하느님' 호칭은 언더우드가 주장하는 것처럼 혼합적인 것도 아니고, 기독교 정통에 어긋나는 것도 아니라는 주장이다. 결국 번역자회는 4복음서와 사도행전을 각각 1,500부씩 발행하면서 각각 500부씩은 '천주'라는 명칭으로, 나머지는 '하느님'이라는 명칭을 사용하여 출판하기로 했다.

4.2. '텬쥬'와 '하느님'의 공존(1895~1904)

1882년 중국 심양에서 우리말 성서가 번역 발행된 이후 기독교인들이 신봉하는 '신'의 호칭은 다음의 8가지가 사용되었다. 1) 하느님, 2) 하나님, 3) 하ㄴ님, 4) 신, 5) 춤신, 6) 상뎨, 7) 상쥬, 8) 텬쥬이다. 그러나 1895년부터 약 10년간에는 '하느님'과 '텬쥬'가 공존하면서 어느 호칭을 사용할 것인지 논쟁이 대단했다. 이때 마펫과 기일 선교사는 '하느님'을 언더우드와 기퍼드(Daniel L. Gifford), 스크랜톤(William Benton Scranton)은 '텬쥬'를 지지했다. 여기에서 눈여겨보아야 할 것은 '하느님' 호칭을 지지하는 선교사들은 평양

---

84) 마펫 · 최명오, 『救世論』, 서울: 삼문출판소, 1895, 5.

을 중심으로 활동하던 선교사들이 주였고, '뎐쥬'를 지지하는 선교사들은 서울을 중심으로 활동하던 선교사들이 주였다. 성서를 번역하고, 신의 호칭을 결정하는 과정에서도 놀랍게도 지역 간의 갈등이 있었다. 그러나 결국 언더우드가 자신의 주장을 포기하고 '하ᄂᆞ님' 호칭을 받아들이기로 하였다.

5. 결말: 유일신 개념의 '하ᄂᆞ님' 정착

결국 한국교회가 받아들인 '하나님'은 '한 분'이신 '주(主)'님이시다. 다시 말해서 유일하신 분이라는 뜻이다. 이 호칭이 삼위일체 하나님을 설명하는 데 부족하기는 하지만 조선이 일본의 침략을 받아 무너져 가고 있을 때 어쩌면 한국 기독교인들의 마음에는 민족이 하나 되어, 한 분 하나님을 섬겨, 민족을 하나로 세우자는 의지가 가득했을지도 모른다. '하나님'이라는 신명(神名)은 우리나라를 사랑하시는 하나님께서 허락하신 이름이라는 생각이 든다.

지금까지 우리말 성서 번역사와 '신' 호칭이 '하나님'으로 결정되기까지의 역사를 개략적으로 살펴보았다. 하나님의 말씀은 완전하지만 그 말씀을 특정한 나라의 언어로 번역한다는 것은 쉬운 일이 아니다. 우리나라가 그렇게도 많은 선교사를 배출했지만 성서를 번역하는 선교사를 아직도 제대로 배출하지 못했다는 것은 그만큼 성서 번역이 어렵다는 말이 된다. 또한 한 나라 언어도 시대에 따라 문법이 달라지기 때문에 성서 번역은 계속되어야 한다. 필자가

한 번은 대한성서공회를 방문했더니 몇 명의 자매들이 성경만 읽고 있었다. 그 이유를 물었더니 오자(誤字)를 찾고 있는 중이라고 했다. 이렇게 최선을 다해도 막상 출판하고 나면 역시 오자가 있다고 하였다. 우리나라 언어로 하나님의 말씀을 대할 수 있다는 것은 은총 중의 은총이다.

참고문헌

1. 이만열, 『**대한성서공회사 I**』, 서울: 대한성서공회, 1993.
2. 옥성득 · 이만열, 『**대한성서공회사 II**』, 서울: 대한성서공회사, 1994.
3. 옥성득 · 이만열 편역, 『**대한성서공회사 자료집 I**』, 서울: 대한성서공회사, 2004.
4. 옥성득 · 이만열 편역, 『**대한성서공회사 자료집 II**』, 서울: 대한성서공회사, 2006.
5. 박창환, 『**성경의 형성사**』, 서울: 대한기독교서회, 1969.
6. 나채운, 『**우리말 성경연구**』, 서울: 기독교문사, 1990.
7. 민영진, 『**국역성서연구**』, 서울: 성광문화사, 1984.
8. 민영진, 『**히브리어에서 우리말로**』, 서울: 도서출판 두란노, 1996.
9. 옥성득, 「초기 한글성경 번역에 나타난 주요 논쟁 연구 - 1877~1939」, 장로회신학대학 대학원 석사논문, 1993.
10. 이진호, 『**한국 성서 백년사 1, 2**』, 서울: 대한기독교서회, 1996.
11. 편집부, 『**마두복음**』, 『**말구 · 누가복음**』, 『**요한복음**』, 『**슈난복음**』, 『**성경직해**』, 『**ᄉᆞᄉᆞ성경**』, 『**종도행전**』, 『**서간묵시편**』, 『**신약성서상편**』, 『**셩교감략**』, 『**고신셩경문답**』, 『**고경**』, 『**고셩경**』, 『**쇼년성서**』, 『**젊은이의성서**』, 서울: 한국교회사연구소, 1986.

한국교회 초기 신앙연구[85]
– 한국교회 성장과 관련하여

> "모든 성경은 하나님의 감동으로 된 것으로 교훈과 책망과 바르게 함과
> 의로 교육하기에 유익하니 이는 하나님의 사람으로 온전하게 하며 모든
> 선한 일을 행할 능력을 갖추게 하려 함이라."(딤후3:16～17)

　한국교회는 외형상으로 볼 때 기독교 역사상 유례를 찾아보기 힘들 정도로 급성장한 교회다. 복음이 전래된 지 20여 년 만에 선교사를 파송할 정도로 교회가 급성장했다. 이것은 전적인 하나님의 은혜이다. 그러나 역사는 이 땅 위에서 이루어지는 것이기 때문에 거기에는 분명한 이유가 있다. 한국에 처음 복음을 전한 선교사들은 물론 고종의 요구 때문이기도 하지만 간접적인 선교방식을 취했다. 병원과 학교를 통해 선교를 시작한 것이다. 이러한 선교방법

---

85) 이 논문은 베트남에 파송되어 있는 김 모 선교사가 베트남의 목회자들에게 한국교회의 성장에 대한 강의 부탁을 받고 작성된 것이다. 공산치하에서 고난을 당하면서도 신앙을 지켰던 분들에게 존경의 마음을 담아 썼지만 소통의 한계를 고려하여 평범하게 기술하기로 했다.

은 처음부터 의도한 것은 아니었음에도 백성들에게 사랑을 받는 중요한 원인 중의 하나가 되었다. 선교사들은 봉사하러 이 땅에 들어온 것이 아니다. 저들은 복음을 전하러 이 땅에 들어왔다. 그러나 처음부터 복음전도에만 매진할 수 없었다.

그리하여 선교사들이 우리나라에서 채택한 선교방법이 소위 '트라이앵글 정책(Triangle Method)'이다. 한국에 입국한 선교사들은 트라이앵글 정책이라고 해서 어느 지역에 선교할 때 학교 - 병원 - 교회를 함께 설립하는 선교정책을 펼쳤다. 서울의 경우 제중원(광혜원, 현재의 세브란스 병원) - 연세대학교 - 새문안교회, 이화여대부속병원 - 이화여자대학교 - 상동교회 등이 그 경우이다. 대구에는 동산병원 - 계성고등학교(여학생들을 위한 일신여고) - 대구제일교회, 부산의 경우 일신병원 - 일신여학교(현재 동래여고) - 부산진교회, 전주의 경우 예수병원 - 신흥고등학교 - 전주서문교회가 있다. 이처럼 우리나라에 입국했던 초기 선교사들은 단순히 복음만 전한 것이 아니라 그들이 복음을 전해야 하는 나라의 백성들을 사랑하고 그들과 함께하는 정책을 펼쳤다.

선교사들이 우리나라에 입국했을 때 한국은 모든 면에서 후진성을 면치 못했다. 질병이 만연했고, 경제적인 수준도 형편없었다. 순천에서 선교활동을 하던 한 선교사의 보고에 의하면 구식 화장실 옆에 위치한 우물에서 물을 길어 먹는 한국인들을 이해할 수 없었다고 하였다. 1900년경 우리나라에 들어와 활동하던 선교사들이 한 달에 받는 월급은 800불에서 1,100불이었다. 그런데 선교사들을 돕던 조사들의 월급은 4~5불이었다. 당시 한국인들의 경제수준을 알 수 있는 대목이다. 이러한 상황에서 선교사들은 한국인들을 위해 학교를 설립하여 서구의 학문을 가르치기 시작했다. 한국에서 근대적인 신문사와 인쇄소를 설립한 것도 선교사들이었다.

한편 선교사들은 병원을 설립하여 가난으로 인해 질병에 걸렸어도 치료를 받지 못하던 백성들을 치료해 주었다. 한국에서 짧은 기간에 이렇게도 기독교가 급성장할 수 있었던 배경에는 선교사들의 트라이앵글 정책이 있었기 때문이다. 이를 한마디로 요약하면 민족과 함께하는 선교정책이었다. 이러한 정책이 한국교회를 성장하게 하는 중요한 요인이 되었다. 한편 한국교회가 성장하게 된 배경에는 선교사가 입국하기 전에 우리말로 성경이 번역되었기 때문이다. 이 글에서는 개략적으로 초기 한국교회 역사에서 한국교회가 성장하게 된 몇 가지 원인을 살펴보고 아울러 한국교회의 약점도 함께 언급하려고 한다.

1. 한국교회의 장점

1.1. 한국교회는 성경을 사랑하는 교회이다

1.1.1. 성경 번역

한국에 개신교가 정식으로 전래된 것은 1884년이다. 1884년 알렌(Horace Newton Allen, 1858~1932)이라는 의료 선교사가 정식으로 입국했다. 그러나 그는 조심스런 사람이어서 공사관 부속의사로만 일했지, 한국 사람들에게 복음을 전하는 일에는 소극적이었다. 알렌은 1885년 광혜원이라는 병원을 설립하여 의료 활동을 하기도 했으나 동료 선교사들과의 갈등 때문에 1887년 선교사직을 사임하고 말았다. 물론 그 이전에도 귀츨라프(Karl Friedrich August Gützlaff, 1803~1851)와 토마스(Robert Jermain Thomas, 1840~1866) 선교사 같은 이들의 선교 시도가 있기는 하였지만 이들의 선교가 교회 설립과 직접 연결되지 않았다. 독일 출신의 귀츨라프는 1832년 영국 동인도회사 소속의 로드암 허스트호에 동승하여 황해도 백령군도에 도착하여 통상을 요구하기도 하였고, 충청도 고대도에 도착하여 성경 두 권과 전도문서를 나누어 주었고, 감자를 전해 주기도 하였다. 토마스 선교사는 1866년 미국 상선 제너럴셔먼호를 타고 대동강을 경유하여 평양감사에게 전도와 통상을 목적으로 조선에 왔다고 밝혔지만 당시 조선은 쇄국정책을 펴고 있었기 때문에 허락을 받지 못했다. 그는 26세의 젊은 나이에 죽임을 당했다. 일각에서는 그의 죽음을 순교라고 이야기하고, 다른 한편에서는 총을 앞세우고 입국을 시도한 것이기 때문에 순교가 아니라고 주장한다. 아무튼 알렌 선교사 이전에도 조선에 선교를 시도했던 선교사들이 있기는 하지만 이들의 선교는 교회의 설립과 연결되지는 못했다.

1884년 알렌의 입국 후 그 이듬해인 1885년에 한국교회의 초석을 다진 언더우드(Horace Grant Underwood, 1859~1916, 장로교) 선교사와 아펜젤러(Henry Gerhart Appenzeller, 1858~1902, 감리교) 선교사가 입국하여 본격적으로 선교를 시작했다. 언더우드와 아펜젤러는 비록 알렌 선교사보다 1년 늦게 입국했지만 열심히 복음을 전해 한국교회의 초석을 다진 사람들이다. 2005년 현재 한국 교회는 장로교회와 감리교회가 가장 많은 성도를 거느리고 있는데 그만큼 언더우드와 아펜젤러의 영향이 지금도 계속되고 있다는 증거이다.

이만열[86]은 한국교회의 성장 이유를 설명하면서 그 바탕에는 성경이 있다고 말한다. 한국은 선교사들이 입국하기 이전인 1882년에 이미 단편성서이기는 하지만 누가복음과 요한복음이 중국 심양에서 발행되었다. 스코틀랜드 선교사로 중국에 와 선교하던 로스(John Ross, 1842~1915) 선교사가 중국에서의 선교가 용이하지 않자 중국과 한국의 국경과 가까운 고려문(Korea Gate, 高麗門) 지역에서 한국 의주 출신인 이응찬, 서상륜, 백홍준, 김진기 등을 만나 한국어를 배우며 1882년에 누가복음 3,000권과 요한복음 3,000권을 발행한 것이다. 로스 선교사는 1876년에 고려문에서 의주 청년들을 만났다. 이들은 조선과 중국을 오가며 장사하던 청년들이었는데 여러 가지 이유로 장사에 실패하여 어려움을 겪고 있었다. 그대로 고향에 돌아갈 수 없던 때에 로스 선교사를 만나 그에게 한글을 가르쳐 주는 대신 돈을 받기로 하고 함께 성경을 번역하게 된 것이다. 물론 이들은 처음부터 기독교 신앙을 받아들이지는 않았다. 그러나 성경을 번역하는 가운데 마음이 열려 신앙인이 되었다. 서상륜의 경우 한국 최초의 교회인 송천교회를 1885년에 설립

---

86) 이만열은 한국기독교역사 연구소 소장과 이사장직을 수행하고 2005년 10월 현재 국사편찬위원회 위원장으로 시무하고 있다. 그는 대한성서공회 역사와 관련하여 다음의 책을 저술했다.
이만열, 『**대한성서공회사**』, 서울: 대한성서공회, 1993.
류대영 · 옥성득 · 이만열, 『**대한성서공회사** Ⅱ』, 서울: 대한성서공회, 1994.

하기도 하였다. 로스와 의주 청년들에 의해 한국어로 번역된 성경 중에서 각각 1,000권씩이 일본으로 보내졌는데 1885년 한국으로 입국하는 언더우드와 아펜젤러의 손에도 이 성경이 들려 있었다. 이처럼 한국교회는 정식으로 선교사가 입국하기 전에 이미 한국어로 번역된 성경을 갖게 되었다. 한국교회가 성장하게 된 이면에는 이처럼 성경을 통한 복음전파가 있었기 때문이다.

1.1.2. 권서(Colporteur)들의 활약

한국어로 성경이 번역된 것은 로스 선교사와 그에게 한국어를 가르쳐 준 한국인들이 있었기 때문이었다. 그러나 당시 조선을 통치하던 왕들은 쇄국정책이라고 해서 외국인들의 입국을 철저하게 금하고 있었다. 뿐만 아니라 성경의 반입도 금지하고 있었다. 그러므로 한국과 국경을 가까이하고 있는 중국에서 한국어로 된 성경이 발행되었음에도 성서를 한국으로 반입하는 일은 매우 어려웠다. 이때 죽음을 각오하고 성서를 한국으로 반입한 사람들이 권서이다. 권서의 역할을 감당한 초기 사람들은 성서 번역에 동참했거나 그의 고향 사람들이다. 이들은 성서를 몰래 반입하다 발각되어 고문을 당하기도 하였다. 이를 피하기 위하여 권서들은 성서를 분리하여 고무줄처럼 줄로 만들어 속옷의 줄로 위장하여 한국으로 들여와서는 다시 책으로 엮어 주로 평안도 지역에 성서를 반포하기도 했다.[87]

---

87) 권서에 대해서는 다음의 글을 참고하라.
　　이만열, 「권서에 관한 연구」, 동방학지 제65호, 1990. 같은 내용이 『한국기독교와 민족의식』, 서울: 지식산업사, 1991, 109~200에도 실려 있다.

권서들이 성서를 반포할 때 두 가지 어려움이 있었다. 첫째는 당시 조선정부가 성서의 반포를 국법으로 금지했기 때문에 몰래 들여와 전하려고 해도 백성들이 성서를 사려고 하지 않았다. 만의 하나 성서를 소지했다가 발각되면 처벌을 받았기 때문이다. 둘째로 당시 조선 사람들은 가난해서 성서를 사서 볼 형편이 되지 않았다. 그런데도 권서들은 성서를 반포할 때 무료로 주지 않았다. 성서를 무료로 주면 성서를 가치 없게 여긴다고 판단한 스코틀랜드 성서 공회(The National Bible Society of Scotland)의 방침 때문이었다. 성서를 사고 싶은데 돈이 없는 경우에는 보리나 콩 등을 받기도 했다. 이러한 가운데서도 권서들은 하루에 100리 이상을 다니며 열심히 성경을 반포했다. 그 결과 평안도를 중심으로 많은 기독교인들이 생겼다. 평안도는 한국의 그 어떤 지역보다 성서가 일찍 전파된 지역이기 때문이다.

1908년 예수교장로회 제2회 회의록에 의하면 당시 서울, 경기의 기독교인의 수가 9,647명인데 평안도에는 65,350명의 기독교인들이 있었다. 평안도 지역이 서울과 경기지역에 비해 기독교인들의 수가 월등히 많았던 이유는 평안도지역이 서울, 경기지역보다 성서가 일찍 전파되었기 때문이다. 그만큼 한국교회의 성장과 성서의 관계는 뗄 수 없는 관계이다. 권서들과 관련하여 기억해야 할 것 중의 하나는 이들은 단순히 성서만 판 사람들이 아니라는 점이다. 권서들은 성서만 판 것이 아니라 성서를 접하는 사람들에게 복음을 증거하고, 글을 모르는 사람들에게 글도 가르쳤다. 한국교회가 성장하게 된 배경에는 권서들의 헌신적인 노력이 있었다.

1.2. 한국교회는 백성과 함께한 교회이다

1.2.1. 학원 선교

조선에 입국했던 선교사들의 선교정책은 한결같이 백성들을 향해 있었다. 그 일환으로 학교를 설립하기 시작했다. 당시 조선은 국운이 기울 대로 기울어 있었다. 조선의 통치자들은 통치력을 상실하고 일본의 지배가 강화되고 있었다. 이러한 상황에서 백성들은 가난에 허덕일 수밖에 없었다. 가난해서 학교교육도 받을 수 없었고, 병들어도 치료받을 수 없었다. 이에 선교사들은 학교를 세워 버림받은 젊은이들을 가르쳤다. 선교사들이 가장 먼저 설립한 학교는 배재학당(1885년, 아펜젤러)이다. 뒤를 이어 경신학교(1886년, 언더우드), 이화학당(1886), 정신여학교(1887) 등 전국에 학교를 세웠다. 손인수에 의하면 1909년 현재 기독교 계통의 학교는 38학교에 이른다.[88]

선교사들은 중·고등학교와 대학교만 설립한 것이 아니라 유치원도 설립했다. 이상금에 의하면 한국 최초의 유치원은 1914년에 설립된 이화 유치원이다. 1920년대 초에 경상남도 밀양에도 유치원이 설립될 정도로 한국에서의 학원 선교는 가난과 무지에 찌들어 있던 백성들과 함께하는 기독교라는 인식을 심어 주기에 충분했다.

1.2.2. 병원 선교

선교사들은 학교만 설립한 것이 아니라 병원도 설립했다. 이들

---

88) 손인수, 『한국근대교육사』, 서울: 연세대학교 출판부, 1971, 24～25.

은 광혜원(1885년 설립)처럼 통치자들을 위한 병원만 운영한 것이
아니라 병들어도 치료받을 수 없는 가난한 백성들을 위하여 병원
을 설립했다. 서울 세브란스 병원, 부산 일신병원, 대구 동산병원,
광주 기독병원, 전주 예수병원, 안동 성소병원 등 선교사들은 병원
을 설립하여 가난한 백성들을 치료해 주었다. 그 결과 기독교는
백성들에게 사랑을 받게 되었다.

1.3. 한국교회는 계급차별을 타파했다

조선에 입국한 초기 선교사들은 복음을 증거할 때 주로 중산층
이하의 사람들에게 복음을 증거한다는 정책을 갖고 있었다. 조선의
유교문화는 양반과 상놈(a man of low birth)을 구분했기 때문에 양
반이 아닌 사람들은 아무리 능력 있어도 위정자가 될 수 없었다.
한국에 기독교가 전래될 당시 한국은 유교의 지배를 받고 있었다.
당시 조선정부의 통치이념이 유교였기 때문이다. 유교는 나름대로
높은 수준의 도덕을 갖고 있었다. 예를 들면 어른을 공경한다고
가르쳤고, 친구 사이에 우애가 있어야 한다고 가르쳤다. 국가에 충
성해야 한다는 가르침도 주었다. 그러나 조선에 전래된 유교는 남
녀차별이 강했다. 얼마나 여성을 차별했는지 여성들에게는 이름도
주지 않았다. 선교사들이 조선에 입국했을 때 여성들에게 이름이
없다는 사실을 알고 매우 놀랐다. 아버지의 성만 지녔을 뿐이다.
그래서 결혼했을 경우 그 사람에게는 이름이 없으므로 그가 살던
마을의 이름으로 불렀다. 예를 들면 풍기에서 시집온 여성은 풍기

댁, 울산에서 시집온 여성은 울산댁이라고 불렀다.

1866년 마산에서 태어난 여(呂)씨 성을 가진 여인이 있었다. 그의 부모가 하루는 점(占)을 보았는데 집에서 내보내지 않으면 일찍 죽을 것이라는 점괘가 나왔다. 그래서 부모들은 그녀를 서울에 있는 스크랜턴 대부인(Mary Fitch Scranton, 1832~1909) 선교사에게 보냈다. 스크랜턴 대부인 선교사에게는 스크랜턴(William Benton Scranton, 1856~1922)이라는 아들이 있었는데 그가 한국에 의료 선교사로 입국할 때 함께 입국했다. 이화학당을 설립한 사람도 스크랜턴 대부인이다. 길에 버려진 고아들을 데려다가 이화학당을 시작한 것이다. 스크랜턴 대부인 선교사는 아들 선교사가 자신에게 보내진 여씨 성을 가진 여성에게 세례를 베풀 때 마리아라는 이름을 선물했다. 이처럼 기독교는 조선 여성들에게 이름을 선물했다. 당시 결혼한 여성들은 아들을 낳지 못하면 쫓겨나기 일쑤였다. 19세기 말까지만 해도 한국에서 여성들의 지위는 형편없었다. 이때 선교사들은 하나님은 남자와 여자를 차별하지 않는다고 가르쳤다. 그 결과 한국 초기 교회에는 여성들이 많았다. 유교 문화에서는 사람대우를 받지 못했는데 교회에서는 여성들을 사람으로 대우해 주었기 때문이다.

뿐만 아니라 당시 조선에는 신분차별이 있어서 양반이 아니면 상투를 틀 수 없었다. 그리고 어른이 되어도 양반 가문의 어린아이에게 존댓말을 사용해야 했다. 그러나 한국교회는 복음을 받아들인 이후 교회 안에서 이러한 차별을 철폐했다. 서울 연동교회(1894년 설립)의 경우 제1대 장로로 세운 고찬익의 경우 천민이었다. 제2대 장로로 세운 임공진의 경우 광대 출신이었다. 물론 당시 연동교회를 시무하던 기일(James Scarth Gale, 1863~1937) 선교사의 이러한 목회관에 불만을 품고 교회를 이탈하여 새로운 교회를 설립한 사람들도 있기는 하였지만 보편적으로 한국교회는 초기부터 계급을 타파하는 모습을 보여 줌으로써 위정자들에게 인간대우를 받지 못하던 많은 백성들에게 호감을 주었다.

앞에서 언급한 것 외에도 한국교회가 성장하게 된 배경에는 선교사들의 헌신과 당시 일본의 압제에 고통당하고 있을 때 선교사들이 조선 사람들의 입장을 이해하고 도와주었기 때문이다. 당시 선교사들은 치외법권을 이용하여 일본 경찰에게 쫓기는 사람들을 많이 도와주었다. 그러나 1919년 삼일운동이 실패로 끝나면서 선교사들의 대부분이 일본 편을 들게 되었다. 그 결과 많은 기독교인들이 교회를 떠나는 결과를 낳기도 했다. 그러나 1919년 이전에는 많은 선교사들이 한국 백성들과 함께하는 모습을 보여 주었다. 이에 반해 한국천주교회는 처음부터 일본에 아부하는 모습을 견지했다. 삼일운동 당시 기독교인들은 적극적으로 참여했으나 천주교인들은 거의 참여하지 않았다. 오히려 천주교인들은 일본이 중국이나 미국과의 전투에서 승리하게 해 달라고 기도할 정도였다. 1960년대 들어와 제2차 바티칸 공의회가 끝나고 백성들의 편에 서기까지 한국천주교회는 철저하게 백성들을 외면하는 정책을 폈다. 그 결과 한국 개신교보다 100년 먼저 전래되었음에도 신자들의 수는 현저히 적었다. 이러한 사실만 보더라도 교회는 지역과 백성들과 함께하는 모습을 견지해야 한다.

여기에서 기억해야 할 것은 한국이 일제의 지배를 받을 당시 많은 선교사들이 일제의 편을 든 것은 사실이다. 이들은 일제가 한국을 지배하고 있기 때문에 그들과의 원만한 관계를 유지해야만 선교할 수 있다는 판단하에 일제의 편을 들기도 했는데 이 시대의 선교사들이 기억해야 할 대목이다. 아무리 목적을 달성하기 위해서라고 하지만 과정도 중요한 것이다. 선교사들이 선교를 위해 일제의 편에 선 것이나 교회를 지키기 위해 신사참배를 할 수밖에 없었다고 궤변을 늘어놓는 것과 무엇이 다른가. 교회를 인도 하는 분은 하나님이지 인생들이 아니다. 우리는 주님의 길을 걸어가기만 하면 된다.

2. 한국교회의 단점

2.1. 분파주의

분파주의는 한국교회뿐만 아니라 개신교 전체의 약점이라고 할 수 있다. 한 분 하나님을 섬기는 교회는 다양성 가운데서 일치를 추구하는 교회가 되어야 한다. 하나 되지 못하는 교회는 죄를 범하고 있는 것이다. 한국교회가 분파주의에 빠지게 된 근본적인 이유는 한국에 입국했던 초기 선교사들의 신학적 성향 때문이다. 한국에 들어왔던 초기 선교사들은 복음을 전하는 가운데 자기가 속해 있던 교파주의를 강조했다. 감리교는 물론이고, 미국 북장로교(Northern Presbyterian), 미국 남장로교(Southern Presbyterian), 호주 장로교(Australian Presbyterian), 캐나다 장로교(Canadian Presbyterian)

등 하나의 교회를 이루기보다는 교파주의 교회들을 설립했다. 복음을 전한다고 하였지만 실제로는 자신들이 속한 교단의 교리를 전한 것이다. 한국에는 장로교회의 교세가 가장 왕성한데 여러 교파로 나뉜 이유가 여기에 있다. 1950년까지 비록 하나의 체제를 유지하고 있었지만 사실은 언제라도 분열할 수 있는 요인을 지니고 있었다. 한국기독교사연구회는 장로교의 분열의 요인을 신학교의 가르침에 원인이 있음을 지적하고 있다.[89]

경남 밀양지역의 경우 1919년에 성결교회가 설립되었는데 1908년에 설립된 장로교 신자들이 달려가 그들을 구타할 정도였다. 성결교를 이단으로 오인했던 것이다. 이처럼 한국에 들어왔던 초기 선교사들은 복음을 전파하면서 다양성 속에서 일치를 추구해야 한다는 가르침을 주지 못했다. 따라서 선교사들의 경우에는 성경을 함께 번역하기도 하고, 교파별로 만들던 찬송가를 하나로 만들자는 운동을 벌이기도 했지만 신자들에게까지는 그 영향을 주지 못했다. 그 결과 현재 한국에서 교회일치는 매우 힘든 상황이 되었다. 이 문제는 전도의 어려움에까지 연결되고 있다. 불신자들의 입장에서 볼 때 한국교회는 서로 분열하고, 싸우는 인상을 주어 하나의 모습을 견지하고 있는 천주교에 더 호감을 가질 수밖에 없다. 이제라도 한국교회는 다양성 속에서 일치를 추구하는 성숙한 교회가 되어야 할 것이다.

---

89) 한국기독교사연구회, 『한국기독교의 역사Ⅱ』, 서울: 기독교문사, 1990, 148~153. 이들은 감리교 협성신학교와 평양 장로회신학교의 1920년대 초 학기별 교과 시간을 비교하면서 감리교의 다양한 커리큘럼에 비해 장로교 신학교의 가르침은 너무 성경 위주였다고 지적하고 있다. 무엇보다도 장로교 선교사들의 성경관이 근본주의였음이 분열의 원인이었다고 말한다.

2.2. 배타성

한국교회의 약점 중의 하나는 배타성이다. 복음서에 의하면 유대인들 중에는 바리새인들과 사두개인들의 갈등이 있었다. 이들은 같은 성경의 가르침을 따르고 있으면서도 성서에 대한 관점이 다르다고 서로 갈등하고 있었다. 물론 이들이 갈등하는 이유 중의 하나는 국가관의 차이 때문이다. 바리새인들은 이스라엘이 시리아의 침략을 받았을 때 강력하게 대항한 반면 사두개인들은 그들에게 아부했다. 그 결과 이들은 원수처럼 늘 싸웠다. 그러나 더욱 중요한 이유는 바리새인들은 부활을 인정하는 반면 사두개인들은 부활을 인정하지 않았다. 이러한 이유에서 이들은 하나가 될 수 없었다. 마찬가지로 한국교회는 교단 간의 신앙관이 다르다는 이유로 서로 배타적이었고, 지역 간의 갈등에 따른 배타적인 모습도 있었다.

2.2.1. 교파 간의 갈등

한국에서 교파가 다르면 교류하기가 매우 힘들다. 일부 교파 간에는 강단 교류가 있고, 신학생들 간에도 서로 교류하고 있지만 많은 교파들의 경우 교류가 거의 불가능한 형편이다. 이러한 갈등은 교회성장에도 장애요인이 되고 있다. 1932년 현재 교인들의 수는 다음과 같다. 장로교인의 수는 211,442명, 감리교인들의 수는 48,654명, 성공회 신자들의 수는 6,254명, 성결교인들의 수는 8,316명, 구세군 신자들의 수는 5,003명이었다. 지역적으로 분석하면 다음과 같다. 감리교인들의 97.7%가 중부지역과 평안도지역에 집중되어 있고, 장로교의 경우 전국적으로 분포되어 있으나 평안도지역은 55%를 넘고 있다.

한국에 들어왔던 선교사들은 좀 더 효율적인 선교를 위해 1892년부터 선교지 분할 협정을 맺었다. 그 결과 미 남장로교는 충청도와 전라도 지역을 관할하게 되었고, 캐나다 장로교회는 1898년부터 함경남도 원산지역을 관할하게 되었다. 감리교회는 서울을 비롯한 경기도와 강원도, 충청남도를 중심으로 관할지역을 배정받았다. 호주 장로회는 경상남도 지역을 관할하게 되었다. 가장 넓은 지역을 관할하게 된 교파는 미 북장로교다. 이들은 서울은 물론이고, 평안도의 거의 모든 지역 그리고 경상북도와 황해도와 충청북도까지 넓은 지역을 관할하게 되었다. 이처럼 교파마다 관할지역이 다르다 보니 자연적으로 교파 간에 일치를 이루기는 매우 어렵게 되었다. 초기 선교사들은 선교를 효율적으로 감당하기 위해 선교지를 분할했지만 후에 이러한 결정이 교파 간에 갈등을 일으키는 요인이 될 줄은 상상도 하지 못했다.

필자는 1990년 인도를 여행한 적이 있다. 그때 인도에는 교파가 없음을 알았다. 워낙 큰 나라여서 남인도 교단, 북인도 교단으로 나뉘어 있기는 하였지만 이것도 효율적으로 교회를 관리하기 위한 차원에서 그리한 것이지 교파가 나뉜 것은 아니다. 한국교회의 경우 교파 간의 갈등문제를 해결해야만 새롭게 선교사역을 감당할 수 있게 될 것이다. 니케아–콘스탄티노플 신조가 고백하고 있는 것처럼 교회는 하나이다. 그 어떤 이유로도 교회의 하나 됨이 무너져서는 안 된다.

2.2.2. 타 종교와의 갈등

지구상에는 다양한 민족이 살고 있을 뿐만 아니라 다양한 종교를 신봉하고 있다. 성경은 모든 사람이 다 하나님의 형상대로 지음을 받았다고 말한다(창1:26). 하나님은 모든 사람을 다 사랑한다는 말이다. 하나님은 기독교인들만 사랑하지 않는다. 하나님은 불교인들도 사랑하고, 탕자처럼 하나님의 곁을 떠나 하나님의 속을 썩이는 사람들도 사랑하신다.

> "네 마음을 다하며 목숨을 다하며 힘을 다하며 뜻을 다하여 주 너의 하나님을 사랑하고 또한 네 이웃을 네 자신같이 사랑하라 하였나이다."(눅 10:27)

한국교회 성도들의 경우 '이웃'에 대한 정의가 제대로 정립되어 있지 않아 보인다. 창세기의 가르침에 따르면 '이웃'은 하나님의 형상대로 지음을 받은 모든 사람이다. 그런데 신앙생활을 편협하게 하는 성도들의 경우에 '이웃'은 자기의 마음에 드는 사람이나 같은 교회 성도들로 한정하는 경우가 많다. 한국에는 기독교인들보다 더 많은 불교인들이 있다. 종교인으로 분류하기에는 한계가 있기는 하지만 유교의 가르침을 따르는 많은 사람들도 있다. 하나님은 이들도 사랑하시지만 한국의 많은 그리스도인들의 경우 이들을 사탄의 자녀로 여기고 있다. 이러한 편협성 때문에 선교에 많은 장애가 되고 있다. 성경에 의하면 구원은 예수 그리스도를 통해서만 가능하다. 그러나 모든 사람들은 다 하나님의 형상대로 지음을 받았음을 인정하고, 타 종교인들도 존경해야 한다.

타 종교는 물론이고 한국에는 천주교도 이단으로 여기는 그리스도인들이 있다. 1977년 전 세계에서 최초로 한국의 천주교와 개신교가 함께 성서를 번역하여 발행했다. 『공동번역성서』라고 불리는 이 성서를 함께 번역할 때 양쪽의 약속이 있었다. 『공동번역성서』가 번역되면 함께 사용하기로 약속한 것이다. 그러나 『공동번역성서』가 발행되자 개신교 측에서 이 성서의 사용을 거부했다. 『공동번역성서』가 쉬운 언어로 번역되어 이해하기 쉬웠음에도 천주교 학자들과 함께 번역했다는 이유로 함께 사용하는 것을 거부한 것이다. 천주교에서는 2005년까지 현재 이 성경을 사용하였다. 그러나 개신교 측에 실망한 결과 2005년 12월부터는 천주교 학자들이 번역한 『성경』을 사용하기로 결정했다. 같은 하나님을 섬기면서도 천주교와 개신교 간에도 일치가 어려운데 타 종교인들과의 아름다운 관계는 아직 멀어 보인다.

3. 나가는 말

지금까지 개략적으로 한국교회가 성장하게 된 배경과 약점도 소개했다. 한국교회는 120여 년의 짧은 역사에도 불구하고 전체 백성들의 20% 정도가 기독교인이다. 불교의 경우 1600년 이상의 역사를 갖고 있음에도 전체 인구의 30% 정도인 것을 생각하면 참으로 놀라운 일이다. 불교인들의 경우 자신이 불교인이라고 생각한다고 해도 기독교인들처럼 매주 불당에 나가는 것은 아니다. 1년에 한두 번도 가지 않는 사람들이 많다. 이러한 것을 감안하면 한국에서 기독교는 가장 왕성한 종교라고 할 수 있다. 그러나 한국 기독교는 위기를 맞고 있다. 초기만 해도 백성들에게 인정받던 기독교가 요즈음에는 많은 국민들에게 비판받고 있다. 한국교회의 120년 역사를 살펴볼 때 바람직한 교회의 모습은 다음과 같아야 한다는 생각이다.

1. 성경의 가르침에 충실한 교회가 되어야 한다.
2. 다양성을 인정하고 다양성 속에서 일치를 추구하는 교회가 되어야 한다.
3. 교회가 위치한 지역과 나라와 함께하는 교회의 모습을 견지해야 한다. 한국의 불교는 호국불교라는 인식이 백성들에게 강하게 인식되어 있다. 불교가 백성들에게 사랑받는 이유가 여기에 있다. 기독교는 성육신의 종교다. 기독교는 보편성을 견지해야 하지만 그 보편성과 대치되지 않는 한 기독교는 그 나라의 기독교가 되어야 한다. 한국교회는 초기에 백성들과 함께했던 그 전통을 회복해야 한다.

1. 들어가는 말

우리나라에 들어왔던 선교사들의 신앙관을 분석한다는 것은 쉬운 일이 아니다. 유동식은 그의 저서『한국신학의 광맥』에서 한국교회의 신학을 진보적 사회참여 사상, 종교적 자유주의 사상, 그리고 보수주의 근본주의 사상으로 구분하고 있다.90) 유동식은 '한국신학의 태동기'라는 항목에서 한국교회의 신학을 연대순으로 언급하면서 사회참여의 진보주의 신학과 문화자유주의 신학이 보수주의 근본주의 신학보다 먼저 전파되었음을 말하고 있다. 이 땅에 전래된 복음의 성향이 시간이 흐르면서 '보수주의적 복음주의'가 주된 흐름이었다고 해도 처음에는 진보적 사회참여 사상과 종교적

---

90) 유동식,『**전면개정판 한국신학의 광맥**』, 서울: 다산글방, 2000, 49~72.

자유주의 사상이었다는 말이다. 유동식에 의하면 사회참여의 진보주의 신학은 윤치호에게서 시작되는데 이는 당시의 상황 때문이었다고 말한다. 국가 존망의 위기에 직면한 한국교회의 지도자들 속에는 기독교 신앙에 입각해서 현실 사회를 구원해야 한다는 신념을 가진 이들이 많았기 때문이다.[91] 사실 한국교회 초기에는 예수 그리스도를 믿으면 구원받는다는 진리 때문에 교회로 온 것이 아니라 현실적인 문제로 교회로 유입된 사람들이 많았다. 윤치호의 신앙관을 살펴볼 수 있는 자료로는 그의 『일기』와 『찬미가』가 있다. 특히 『찬미가』를 보면 윤치호의 신앙관을 엿볼 수 있다.[92]

> 제1장 1절
> 우리 황상폐하
> 련디 일월갓치
> 만수무강
> 산놉고 물고흔
> 우리대한 뎨국
> 하나님 도으사
> 독립부강

윤치호가 편집한 찬송가 가사를 보면 그의 신학사상과 당시 기독교인들의 신앙관을 엿볼 수 있다.[93] 일제에 의해 강제적으로 나

---

91) 위의 책, 50.

92) 尹致昊, 『찬미가』, 京城: 廣學書鋪, 隆熙 二年.
   윤치호가 1908(융희 2년)년에 발행한 「찬미가」에는 총 15장의 찬송이 수록되어 있다.

93) 閔庚培, 『韓國敎會 讚頌歌史』, 서울: 연세대학교 출판부, 1997, 61~94.
   윤치호가 편찬 간행한 『찬미가』에 보면 황제송과 더불어 애국가가 들어 있다. 물론 『찬미가』는 윤치호 개인이 편찬하여 간행한 것이지만 당시 기독교인들의 신앙관을 극명하게 보여 주고 있다고 하겠다. 당시 기독교인들은 임금과 나라를 사랑하는 것을 당연한 것으로 여겼다. 일제에 의해 강제적으로 나라를 잃은 상황에서 기독교인들은 나라를 사랑할 수밖에 없었다. 특히 일제에 의해 고통당하고 있는 임금을 향한 애정이

라의 국운이 기울고 있을 때 양식 있는 기독교인들에게 하나님 사랑은 곧 나라 사랑이었다. 따라서 하나님을 사랑하고, 나라를 사랑하는 기독교인들은 현실 참여적인 신앙을 견지할 수밖에 없었다.

유동식이 제시하는 두 번째 신앙유형은 종교적 자유주의 사상이다. 그는 최병헌(1858~1927)을 대표적인 인물로 제시하고 있는데 최병헌은 재래종교와 기독교와의 만남의 문제를 해명하는 데 일생을 신학적 과제로 삼았던 인물이다.[94] 당시 이 땅에서 기독교를 새로운 종교로 받아들인 사람들 중에는 이 진리의 빛에 비추어 우리들의 전통문화 특히 불교와 유교의 의미를 찾고 한국문화 전체의 구원의 문제를 생각하려는 거시적 입장에 선 사람들이 있었다. 이들의 신앙적 특징은 이들의 성경관만 보아도 알 수 있다. 성경에 증언된 그리스도의 진리는 절대적이라고 한다. 그러나 종교로서의 기독교는 절대적일 수 없다고 하였다. 기독교 역사에서 교회가 타락할 때가 있었던 것이 이를 증명한다고 한다.[95]

그렇다면 우리나라에서 보수적 근본주의 사상은 언제부터 시작되었을까? 여기에 대해 유동식은 1901년부터라고 보고 있다. 1901년부터 선교사들이 비정치화를 통한 구령운동을 시도했기 때문이다. 당시 우리나라에 들어와 있던 선교사들은 자신들을 파송한 선교부의 지시를 받을 수밖에 없었는데, 당시 미국정부는 일본과의 원만한 관계를 유지하기 위하여 미국 장로교 총회에 조선에 파송

지극했다. 여기에 대해 민경배는 위의 책 94페이지에서 이렇게 말하고 있다. "이제 우리를 위협하는 것은 일제(日帝)라는 뼈아픈 현실이 짐짓 다가서고 있었다. 민비를 폐하여 서인(庶人)으로 비하시키면서, 1896년부터는 연호를 건양(建陽)이라 하기로 하였다. 태양이 떠올라 왔으면 해서 그랬을 것이다."

94) 유동식, 65.
95) 유동식, 65~66.

되어 있는 선교사들로 하여금 일본과 원만한 관계를 유지하게 하라고 부탁했다. 이에 대한 증거 중의 하나로 유동식은 1901년 10월 3일자 『그리스도신문』에 실린 글을 제시하고 있다.

> 1. 우리 목사들(선교사)은 대한나라 일과 정부 일과 관원 일에 대하여 도무지 그 일에 간섭하지 아니하기를 작정할 것이오.
> 2. 대한국과 우리나라들(선교국)과 서로 약조가 있는데 그 약조대로 정사를 받되 교회 일과 나랏일은 같은 일이 아니라 또 우리가 교우를 가르치기를 교회가 나랏일 보는 회가 아니오. 또한 나랏일은 간섭할 것도 아니오.96)

선교사들로 구성된 장로회 공의회에서 결정된 '교회와 정부 사이에 교제할 몇 조건'을 보면 이들은 철저하게 교회의 비정치화의 길을 추구하고 있다. 이들이 이러한 길을 택하게 된 배경에는 다음과 같은 이유가 있었다. 윤치호로 대표되는 진보적 사회참여 사상과 종교적 자유주의 사상적 배경에는 감리교 신학이 있었다. 이러한 신앙관은 우리나라를 지배하려고 하는 일본 정부와 갈등을 일으킬 수밖에 없었다. 따라서 장로교 선교사들의 다수는 이러한 신앙관을 수용한다는 것이 이 땅에서의 선교를 어렵게 만드는 일로 보았던 것이다. 감리교 선교사들과는 달리 장로교 선교사들은 교회와 정치를 철저하게 분리하는 입장을 취했다. 이러한 입장을 잘 대변하는 인물이 길선주다.

> "우리의 신앙은 예수 그리스도의 십자가에 터를 닦고 우리 소망을 내세 영원한 안식 세계를 바라보는 만큼 주의 재림은 말세학의 중심이요 또한

---

96) 장로회공의회, 「교회와 정부 사이에 교제할 몇 조건」, 『그리스도신문』 1901년 10월 3일, 유동식, 위의 책, 67~68에서 재인용.

초점이다."[97]

    우리나라에 처음 들어왔던 복음의 성향이 진보적 사회참여 사상이었는데, 1900년대에 들어서면서 길선주의 사상이 대변하는 것처럼 내세만 바라보는 신앙으로 변해 버렸다. 이미 앞에서 언급한 것처럼 이 땅에 들어왔던 초기 선교사들은 고종의 윤허(允許)하에 의료와 학원 선교에 치중했다. 이러한 선교사역을 감당하는 가운데 왕을 비롯한 위정자들과 가깝게 지냈다. 그러나 1901년 이후로 적어도 장로교 선교사들의 신앙지도를 받는 지역에서는 교회와 정치를 철저하게 분리하는 모습이 나타났다. 문희석은 1930년부터 나타난 보수주의적인 정통주의 성경관은 초기 선교사들의 성경관과는 분명하게 차이가 난다고 말한다.[98] 이러한 관찰을 통해 알 수 있는 것은 이 땅에 전래된 복음이 처음부터 보수적이지 않았다는 점이다. 1900년대 초에 장로교 선교사들이 교회와 정치를 구분하기 시작하면서부터 이 땅의 교회들은 보수화되어 갔고 민족과 더불어 가는 모습도 점차 상실하게 되었다.

    우리나라에 선교사들이 처음 들어올 때 당시 조선의 왕이었던 고종은 직접적인 복음전도는 허락하지 않았다. 학교와 병원을 통한 간접적인 선교만(?) 허락했을 뿐이다. 당시 조선의 민중들은 가난

---

97) 길선주, 『靈溪 吉善宙牧師 著作集 제1권』, 서울: 대한기독교서회, 1968, 23.

98) 文熹錫 編, 『舊約聖書解釋學』, 서울: 大韓基督敎書會, 1975, 308~314.
    문희석은 초대 선교사와 초대 한국교회의 성서관이 보수주의적 근본주의적이었다고 평가하는 김양선, 김재준, 강원용의 주장을 반대하면서 초대 선교사들의 성서 해석방법은 영감설보다는 순복음주의적인 해석방법이라고 평가하는 것이 옳다고 말한다. 김양선의 주장에 대해서는 다음의 책을 참고하라.
    金良善, 『韓國基督敎解放十年史』, 서울: 大韓예수敎長老會總會宗敎敎育部, 1956, 173~176.

과 질병의 고통을 당하고 있었기 때문에 학교(실제로는 고아원)와 병원을 통한 선교는 매우 적합한 것이었다. 따라서 이러한 복음의 성향은 보수적이라기보다는 사회참여 성격이 강했다고 할 수 있다. 그러나 20세기로 들어서면서 선교사들의 입장이 바뀌기 시작했다. 교세가 강해짐에 따라 일제의 견제가 심해지기 시작했는데 이를 견제하기 위하여 일제는 선교사들을 파송한 국가의 위정자들과 선교사들을 회유하기 시작했다. 또한 선교사들은 일제와 큰 마찰 없이 선교사역을 감당하기 위한 목적에서 종교와 정치를 분리하는 정책을 펴기 시작했다. 이전과는 매우 다른 모습이다. 3 · 1운동 이후 많은 신자들이 교회를 떠난 이유도 여기에 있다. 그래도 교회가 약자인 조선인들의 편에 서 줄 것이라는 기대를 갖고 교회로 들어왔으나 독립운동을 하는 신자들을 비난하는 선교사들이 있는 교회에 도저히 더 이상 머물 수 없었던 것이다.[99]

류대영은 그의 저서 『개화기 조선과 미국 선교사』(한국기독교역사연구소, 2004)에서 미국 선교사들의 신학사상을 세 가지 관점에서 진단하고 있다. 첫째는 19세기 미국 중산층의 배경이 있다고 하였다. 따라서 이들은 선교지에서 현지인들과는 분리된 삶을 살았다는 것이다. 그들의 집안에는 재봉틀, 발전기, 석유난로, 오르간 등이 있었고, 테니스와 걷기운동을 하였다. 둘째로 이들은 19세기 미국 복음주의의 영향이 있었다고 말한다. 이들에게는 부흥회 중심의 신앙 유형, 성경의 문자적 해석, 세계 선교에 대한 열정, 세대주의적 전천년설의 신봉, 오순절적 성령운동에 대한 확신이 있었다. 셋

---

99) 유동식, 『한국신학의 광맥』, 다산글방, 2000. 50~67. 유동식은 이 책에서 한국에서 시작된 신학사상을 진보주의 사상, 자유주의 사상, 보수주의 사상의 순이었다고 주장한다. 우리나라에 들어왔던 복음은 처음부터 보수적이지 않았다는 말이다.

째로 조선 진출을 제국주의 침략이라는 시각에서 다루고 있다. 지금까지 우리나라에서 선교사들에 대한 인식은 매우 긍정적이었다. 조선이 멸망을 향해 치닫고 있던 시절에 이 땅의 무지한 백성들에게 복음을 전해 주었을 뿐 아니라 학교와 병원을 설립하여 많은 도움을 준 사람들로 인식하고 있었다. 그러나 류대영은 미국 선교사들의 조선 진출은 미국의 한반도 진출과 연결하여 해석하고 있다.

"미국의 제국주의적 팽창에 동승하여 왔다는 면에서는 선교사들도 분명히 제국주의적이었다고 할 수 있지만, 그들이 종교적 확신에 따라 나름대로 선의의 동기도 가지고 왔으며 조선인을 위해서 헌신적으로 일했다는 사실도 인정하지 않을 수 없다."[100]

장신대 한승홍도 그의 논문에서 거의 동일한 주장을 하고 있다.

"한국에 내한한 초기 선교사들은 주로 미국 공사와의 빈번한 접촉을 가졌으며, 미국 정부의 지령을 받아왔다. 초기 선교사들의 선교 사업은 미국 정부 측 입장에서 보면 아시아정책, 특히 대한정책을 수립하는 데 매우 큰 역할을 감당했다. 왜냐하면 선교사들의 현지인 접촉 경험과 민도 파악 및 의식 분석은 그때까지 미국 정부 차원에서 심층적으로 한국을 파악하기 이전이었기 때문에 자연히 파송된 선교사들의 보고서가 매우 값진 외교정책 수립을 위한 자료가 되었다."[101]

류대영과 한승홍의 이러한 주장은 지금까지 낭만적으로 생각했던 선교사들에 대한 인식을 새롭게 해야 할 필요성을 제시하고 있다. 한승홍은 위에서 언급한 논문에서 초기 선교사들의 신학과 사상을 이렇게 정의하고 있다.[102]

---

100) 류대영, 『개화기 조선과 미국 선교사』, 서울: 한국기독교역사연구소, 2004, 3.
101) 한승홍, 「초기 선교사들의 신학과 사상」, 한국기독교와역사 창간호, 1991, 61.

첫째, 초기 선교사들이 한국 사회의 개화에 많은 공헌을 했던 것은 사실이다. 그러나 그들의 신학과 사상은 배타적이었다. 그들은 개인의 영성에 모든 초점을 두는 개인구원주의가 팽배해졌고 기독교라면 분열하는 종교라는 인식을 할 정도로 개체주의 경향을 띠게 되었다.

둘째, 이들은 기독교 복음을 전파하면서 한국 전통문화를 미신이라고 매도하거나 미신타파의 명분으로 묵살하였다. 이 결과 선교사들은 그들의 편협된 선교신학으로 인해 본의 아니게 간접적으로 한국 문화 말살의 일익을 담당하는 과오를 범한 것이다.

셋째, 초기 선교사들은 선교지의 상황에 맞는 선교(Contextualism)를 한다고 하면서도 본국의 대외정책 노선과 방향에 따라 움직였기 때문에 그들의 신학과 사상은 한 손에는 성서주의(Culture - colonialism)를 다른 한 손에는 본국의 이익(Politico - expansionism)을 움켜쥐고 선교 사업을 했다. 이런 결과로 한국의 근대화와 국민의식의 향상을 위한 적극적인 사업은 크게 만족할 만한 단계로 발전되지 못했다.

넷째, 초기 선교사들의 신학과 사상은 복음주의 신학과 성서지상주의 사상이었다. 이러한 신학과 사상을 보급하기 위해서 그들은 소위 네비어스 선교정책(Nevius Plan)을 채택하여 실행하였다. 네비어스 선교정책은 ① 자력전도(Self - propagating), ② 자급운영(Self - supporting), ③ 자치제도(Self - governing), ④ 성서연구의 원칙을 선교방법으로 채택한 선교전략으로 원주민 스스로 성서 중심의 독립교회를 세워 예배하도록 하는 정책이다. 그러나 사실상 초기 선교사들은 경제적으로만 독립교회의 수립을 인정했고, 실제적으로는 그들의 틀에 박힌 신학과 사상만을 받아먹으며 성장하도록 강요했다.

송길섭도 유사한 주장을 하고 있다.[103] 결국 우리나라에 들어왔던 초기 선교사들에게는 제국적인 시각이 있었다는 말이다. 따라서 우리나라에 들어왔던 선교사들의 신앙이나 신학사상을 몇 마디로 정의하기에는 무리가 있다. 그러면 이제 한국장로교회의 신학을 규

---

102) 위의 책, 62～63.

103) 송길섭, 『한국신학사상사』, 서울: 대한기독교출판사, 1988, 74.
"이들(초기 선교사들)은 한국교회의 외적 재정적 독립은 강조하면서도 내적 신학적 독립은 거부하고 미국 교회와 신학적 유산에의 종속을 강요했다. 외적으로는 독립, 내적으로는 종속을 의미하는 것이다."

정하고 있다고 해도 과언이 아닌 12신조에 대해 살펴보자. 12신조는 우리나라보다 먼저 인도에서 채택되었다. 1904년 인도장로교회(The Presbyterian Church in India)에서 교리적 표준으로 채택되면서 인도의 12개의 장로교 관련 교단들이 연합할 수 있게 해 주었다.[104] 12신조의 가장 큰 특징은 서구 장로교회의 칼빈주의 전통을 이어받아 하나님의 주권을 강조하고 있다. 그러나 인도라고 하는 선교지의 특수성을 반영하여 믿음을 통한 구원의 진리를 함께 제시하고 있다. 그러면 인도장로교회가 채택했던 12신조의 원문을 살펴보자.[105]

2. 12신조

Confession of Faith(신앙고백)
Preamble(서문)

The Presbyterian Church in India adopting the following as its Confession

---

104) 연합교회에 참가한 서구 장로교 계통의 교회들은 다음과 같다. 1. The Church of Scotland; 2. The United Free Church of Scotland; 3. The Synod of Original Secedes; 4. The Presbyterian Church of England; 5. The Welsh Calvinistic Methodist Church; 6. The Presbyterian Church of Ireland; 7. The Presbyterian Church in the United States of America; 8. The United Presbyterian Church of North America; 9. The Reformed(Dutch) Church in America; 10. The Presbyterian Church of Canada; 11. The Reformed Presbyterian of India; 12. The Gopalgunge Evangelistic Mission.

105) 여기에 소개하는 12신조 원문은 계명대학교 황재범 교수가 기독교사상 2006년 9월호에 기고한 논문에서 인용한 것이다. 12신조 원문이 한국에 소개되기는 이번이 처음이다.
황재범, 「'대한장로회신경' 혹은 '12신조'의 작성 및 수용 과정에 대한 연구」, 기독교사상 제573, 2006년 9월호, 200~224.

of Faith, to be subscribed by ministers, licentiates, and elders, does not thereby reject any of the doctrinal standards of the parent churches, but, on the contrary, commends them ...... especially the Westminster Confession of Faith, the Welsh Calvinistic Confession of faith, and the Confession of Synod of Dort ...... as worthy exponents of the Word of God, and as system of doctrine to be taught in our Churches and seminaries.

인도장로교회는 아래의 신조를 본 교회의 신앙고백으로 채택하고자 하는데, 이는 목사, 강도사, 장로들이 이 신조를 공적으로 승인하도록 하기 위함이다. 이렇게 함에 있어서 본 교회는 모교회들의 교리적 표준을 버리려 함이 아니라, 오히려 찬성하고자 함이니, 특별히 웨스트민스터 신앙고백, 웨일즈 칼빈주의 신앙고백, 도르트 회의의 신앙고백 및 표준서는 하나님의 말씀에 대한 믿을 만한 설명서로서 그리고 우리 교회와 신학교에서 교육되어야 할 교리체계로 인정되어야 할 것이다.

1. The Scriptures of the Old and New Testaments are the Word of God, and the only infallible rule of faith and duty.

구약 및 신약성서는 하나님의 말씀이며, 믿음과 의무에 대하여 오류가 없는 유일한 기준이다.

2. There is but one God, and He alone is to be worshipped. He is a Sprit, self – existent, omnipresent yet distinct from all other spirits and from material things; infinite, eternal, and unchangeable in His being, wisdom, power, holiness, justice, goodness, truth and love.

단 한 분의 하나님이 존재하시는바, 우리는 오직 그분만을 경배해야 한다. 그분은 영이시며, 스스로 존재하시고 무소부재 하셔서, 모든 다른 영들 및 물상들과는 다른 분이다. 그분은 그의 존재, 지혜, 권능, 거룩하심, 정의, 선하심, 진리, 사랑에 있어서 무한하시고, 영원하시며, 불변하시다.

3. In the Godhead there are three are Persons, the Father, the Son and the Holy Spirit, and these three are one God, the same in substance, equal in power and glory.

하나님의 본체에는 삼위가 계시는데, 곧 성부, 성자, 성령이다. 이 세 분은 한 분 하나님이신데, 실체에 있어서 동일하시고, 권능과 영광에 있어서 동등하시다.

4. All things visible and invisible were created by God by the word of His power, and are so preserved and governed by Him, that while He is no way the author of sin, He workerth all things according to the counsel of His will, and they serve the fulfillment of His wise and good and holy purposes.

하나님께서 모든 보이는 것들과 보이지 않는 것들을 그의 권능의 말씀으로 창조하셨다. 또한 하나님께서는 죄는 내지 않으시면서 만물을 그의 뜻의 계획에 따라 운행하시고, 만물은 그의 지혜롭고 선하며 거룩한 목적의 성취에 봉사하도록 만물을 보존하시고, 통치하신다.

5. God created man, male and female, after His own image, in knowledge, righteousness and holiness, with dominion over the creatures. All men have the same origin, and are brethren.

하나님께서는 인간을 창조하시되, 남자와 여자로, 또한 하나님 자신의 형상에 따라 지식과 의와 거룩함을 부여하시고, 피조물을 지배하게 창조하셨다. 모든 사람은 한 근원에서 나왔으며, 모두 형제자매이다.

6. Our first parents, being free to choose between good and evil, and being tempted, sinned against God; and all mankind descending by ordinary generation from Adam, the head of the race, sinned in him and fell with him. To their original guilt and corruption, those capable of so doing have added actual transgressions. All justly deserve His wrath and punishment in this present life and in that which is to come.

우리의 최초의 부모가 선과 악 사이에서 선택할 수 있는 자유가 있었는데, 시험을 받아서 하나님께 범죄하므로, 인류의 머리인 아담으로부터 일반적인 발생에 의해 생겨난 모든 인간은 그 안에서 범죄했고, 그와 함께 타락했다. 이처럼 죄를 범할 수 있는 인간은 저와 같은 근원적 죄와 타락 위에 실제 죄를 더해 왔다. 그러므로 모든 사람들은 현재의 삶과 다가올 세계에 있어서 하나님의 분노와 벌을 받아 마땅하다.

7. To save men from the guilt, corruption and penalty of sin, and to give them eternal life, God in His infinite love sent into the world His eternal and only-begotten Son, the Lord Jesus Christ, in whom alone God has become incarnate, and through whom alone men can be saved. The eternal Son became true man and so was and continueth to be true God and true man, in two distinct natures and one person for ever. He was conceived

by the power of the Holy Sprit, and born of the virgin Mary, yet without sin. For sinful men, He perfectly obeyed the law of God, and offered Himself a true and perfect sacrifice to satisfy divine justice and reconcile men to God. He died on the cross, was buried, and rose again from the dead on the third day. He ascended to the right hand of God, where He maketh intercession for His people, and whence He shall come again to raise the dead and to judge the world.

사람들을 죄의식과 죄의 타락과 형벌로부터 구원하고, 그들에게 영원한 생명을 주시기 위하여, 하나님께서 그의 무한한 사랑으로 그의 영원하고, 유일하게 탄생한 아들, 주 예수 그리스도를 세상으로 보내셨는데, 오직 그로만 하나님께서 육신이 되셨고, 또한 오직 그를 통해서만 사람들이 구원받을 수 있다. 저 영원한 아들은 참인간이 되시어, 참신과 참인간이라는 두 가지의 구분되는 본성을 가지지만, 한 위격으로 계셨고 또한 영원히 그렇게 계실 것이다. 그는 성령의 능력으로 잉태했고, 동정녀 마리아에게서 났으나, 다만 죄는 없으시다. 죄인들을 위하여 그는 하나님의 법을 완전하게 순종했고, 그 자신을 참되고 완전한 희생 제물로 드림으로써 하나님의 정의를 만족시켜드려서 사람들을 하나님과 화해시키고자 했다. 그는 십자가에서 죽으셨고, 장사 되었지만 제3일에 죽은 자로부터 부활하셨다. 그는 하나님의 우편에 오르셨는데, 거기서 그의 백성들을 위하여 중재하고 계시며, 또한 거기로부터 다시 오셔서 죽은 자들을 일으키시고 세상을 심판하실 것이다.

8. The Holy Sprit, who proceedeth from the Father and the Son, maketh men partakers of salvation, convincing them of their sin and misery, enlightening their minds in the knowledge of Christ, renewing their wills, persuading and enabling them to embrace Jesus Christ, freely offered to them in the Gospel, and working in them all the fruits of righteousness.

성부와 성자로부터 유래하는 성령께서 사람들을 구원에 참여하게 한다. 성령께서는 사람들에게 그들의 죄와 비참함을 깨달아 알게 하고, 그들의 마음을 그리스도에 대한 지식으로 밝혀 주며, 그들의 의지를 새롭게 해 주셔서 복음에 값없이 선사되어 있는 예수 그리스도를 받아들일 수 있게 하며, 그들에게서 모든 의와 열매를 맺게 해 준다.

9. While God chose a people in Christ before the foundation of the world, that they should be holy and without blemish before Him in love; having foreordained them unto adoption as sons through Jesus Christ unto

Himself, according to the good pleasure of His will, to the praise of the glory of His grace, which He freely bestowed on them in the Beloved; He maketh a full and free offer of salvation to all men, and commandeth them to repent of their sins, to believe in the Lord Jesus Christ as their Saviour, and to live a humble and holy life after His example and in obedience to God's revealed will. Those who believe in Christ and obey Him are saved, the chief benefits which they receive being justification, adoption into the number of the sons of God, sanctification through the indwelling of the Spirit, and eternal glory. Believers may also in this life enjoy assurance of their salvation. In His gracious work, the Holy Spirit useth the means of grace, especially the word, sacraments and prayer.

하나님께서는 어떤 백성을 사랑하셔서, 하나님 앞에서 거룩하고 흠이 없게 하시려고, 창세전에 그들을 그리스도 안에서 택하여 주셨다. 그리고 하나님의 기뻐하시는 뜻대로, 예수 그리스도로 말미암아 그들을 하나님의 자녀로 예정하셔서, 하나님의 사랑하시는 아들 안에서 그들에게 거저 주신 하나님의 영광스러운 은혜를 찬미하게 하셨다. 그렇게 하시면서도 (While) 하나님께서는 모든 사람들에게 구원을 온전하고 값없이 주시면서 그들이 자기 죄를 회개하고, 주님이신 예수 그리스도를 자기의 구주로 믿고, 그를 본받고, 하나님의 나타내신 뜻을 복종하여 겸손하고 거룩한 삶을 살도록 명령하셨다. 그리스도를 믿고 그에게 순종하는 사람들은 구원을 받는데, 그들이 받는 주요한 혜택은 하나님으로부터 의롭게 인정받음과 하나님의 자녀로 입양됨과, 성령의 내주하심을 통하여 거룩하게 됨과 영원히 영광스럽게 됨이다. 믿는 자들은 또한 이 세상에서 그들의 구원에 대한 확신을 기쁘게 가질 수 있다. 성령께서 은혜의 사역을 하실 때에 은혜를 베푸는 수단으로서 특별하게 사용하시는 것은 말씀과 성례와 기도입니다.

10. The sacraments instituted by Christ are Baptism and the Lord's Supper. Baptism is the washing with water in the name of the Father and oh the Son and of the Holy Spirit, and is a sign and seal of our union to Christ, f regeneration and renewing of the Holy Spirit, and of our engagement to be the Lord's. It is to be administered to those who profess their in Chist, and to their children. The Lord's Supper is the parking of the bread and of the cup as a memorial of Christ's death and is a sign and seal of the benefits thereof to believers. It is to be observed by His people till He come, in token of their faith in Him and His

sacrifice, of their appropriation of its benefits, of their further engagement to serve Him, and of their communication with Him and with one another. The benefits of the Sacraments are not from any virtue in them, or in him that doth administer them, but only from the blessing of Christ and the working of His Spirit in them that by faith receive them.

성례는 그리스도께서 제정하신 것으로 세례와 성찬이 있습니다. 세례는 물을 가지고 성부와 성자와 성령의 이름으로 씻음인데, 이는 우리와 그리스도의 연합, 성령의 거듭나게 하심과 새롭게 하심, 그리고 우리가 그리스도의 소유가 되는 것에 대한 증표와 보증(seal)입니다. 세례는 그리스도에 대한 믿음을 고백하는 자들과 그들의 자녀들에게 시행되어야 한다. 주님의 성찬은 그리스도의 죽으심을 기념하는 것으로서 빵과 잔을 나누는 것이며 또한 그의 죽으심으로부터 말미암는 혜택이 믿는 자들에게 주어지는 것의 증표와 보증이다. 성찬은 주님께서 다시 오시기까지 그의 백성들에게 시행되어야 하는데, 이는 그리스도와 그의 희생에 대한 믿음, 그의 희생의 혜택을 받아들이는 것, 더욱 그를 섬기기로 헌신하는 것, 그와 하나 되고 성도 간에 하나 되는 연합의 표시이다. 성례의 혜택은 그 자체의 힘으로부터 말미암는 것도 아니요, 그것을 시행하는 사람의 능력으로부터 말미암는 것도 아니다. 그것은 그리스도의 축복과 성례를 믿음으로 받는 사람들 안에서 역사하는 성령으로부터 말미암는 것이다.

11. It is the duty of all believers to unite in Church fellowship, to observe the sacraments and other ordinances of Christ, to obey His laws, to continue in prayer, to keep holy the Lord's Day, to meet together for His worship, to wait upon the preaching of His word, to give as God may prosper them, to manifest a Christlike spirit among themselves and towards all men, to labour for the extension of Christ's kingdom throughout the world, and to wait for His glorious appearing.

모든 신자들의 의무는 교회의 교제를 통하여 연합하고, 그리스도의 성례와 다른 규정들을 준수하고, 그의 법을 지키며, 항상 기도하며, 주일을 거룩하게 지키며, 그를 예배하기 위해 모이며, 그의 말씀의 설교를 고대하며, 하나님께서 저들을 번성하게 하는 것같이 기부하며, 저들 가운데서와 모든 사람들에게 그리스도 같은 정신을 드러내며, 그리스도의 나라가 온 세상에 확장되도록 힘쓰며, 주님께서 영광 가운데 나타나심을 바라고 기다리는 것이다.

12. At the last day, the dead shall be raised, and all shall appear before

the judgment seat of Christ, and shall receive according to the deeds done
in the present life whether good or bad. those who have believed in Christ
and obeyed Him shall be openly acquitted and received into glory; but the
unbelieving and wicked, being condemned, shall suffer the punishment due
to their sins.

죽은 자들은 마지막 날에 다시 살아나게 되고, 모든 사람들은 그리스도의
심판석 앞에 출두해서 이 세상에서 행한 선행이나 악행에 대하여 보응을
받아야 할 것이다. 그리스도를 믿고 그를 순종한 사람들은 공개적으로 방
면되어 영광을 입게 될 것이요, 믿지 않고 악을 행한 자들은 정죄되어 그
들의 죄에 합당한 벌을 받게 될 것이다.

Form of Acceptance
승인사

I receive and adopt the Confession of Faith of this Church as based on
and in accord with Word of God; and I declared it to be the confession
of my faith.

나는 교회의 본 신조를 하나님의 말씀에 기초하고 하나님의 말씀과 일치
한 것으로 받아들이고 인정하며, 또한 나 자신의 신조인 것으로 공포합니다.

3. 12신조의 의미

12신조는 인도장로교회가 신앙고백을 새로 만들고자 한 것이 아
니라, 이미 장로교회에서 사용하고 있던 웨스트민스터 신앙고백의
요약판을 만들고자 했던 것이다.[106] 왜냐하면 1904년 당시 인도에
는 다양한 교파의 개혁교회(장로교) 선교사들이 활동하고 있었는데
이들은 인도교회가 교리를 보다 잘 이해하는 데 도움이 되도록 웨

---

106) 여기에 대해서는 황재범의 논문 「'대한장로교회 신경' 혹은 '12신조'의 작성 및 수
용 과정에 대한 연구」를 참고하라. 황재범은 그의 논문에서 12신조가 인도에서 어
떻게 작성되었으며, 한국에서의 수용과정에 대해서 밝히고 있다.

스트민스터 신앙고백을 요약할 필요가 있다고 판단한 것이다. 그러나 12신조는 웨스트민스터 신앙고백 외에도 도르트 신조, 스코틀랜드 신앙고백, 웨일즈 칼빈주의 감리교회의 '웨일즈 칼빈주의 신앙고백'도 원용되고 있다. 1823년에 작성된 '웨일즈 칼빈주의 신앙고백'은 칼빈주의에 웨슬리 신학의 요소, 다시 말해서 자신의 의지에 따라 믿음을 받아들일 수 있다는 요소가 가미되어 있다. 인도 장로교회가 이러한 신조를 작성하게 된 것은 선교지의 상황을 반영한 것이다. 무슨 말인가 하면 하나님께서는 어떤 사람이라고 할지라도 창세전에 이미 하나님의 자녀로 삼아 줄 것인지, 아니면 유기할 것인지를 정해 놓았다고 하면 선교할 이유도 없고, 구원이 우리의 의지와는 상관없이 하나님의 절대적인 주권하에 이루어지는 것이라면 우리가 예수님을 구주로 영접하지 않는다고 해도 그분의 뜻대로 될 것이라는 해석이 가능하기 때문이다. 결국 12신조는 선교지의 상황이 반영된 신조라는 것이다. 다시 말해서 장로교의 예정론을 선교지에 그대로 적용한다면 믿음을 통한 구원의 진리를 전하기가 어렵게 된다는 것이다.

4. 한국장로교회의 12신조 수용

한국장로교회가 12신조를 채택하게 된 것은 1907년 재한 미국, 캐나다, 호주 장로교 선교사들이 자국의 선교부로부터 독립하는 자치적 정치기구로서의 '대한예수교장로회'를 설립하면서이다. 재한

장로교 선교사들은 1889년부터 자신들의 연합회로서 공의회(The Council of Missions Holding the Presbyterian Form of Government, 장로회공의회)를 운영해 오면서 1902년부터는 한국장로교의 신설을 논의해 왔다.[107] 이들은 헌법과 노회규칙을 만들기 위한 준비위원을 선택하였고, 1905년에는 선교사공의회에서 신앙고백에 대하여 다음과 같은 사항을 정했다.

> 본 위원회는 새로운 신앙고백서를 만들려고 하지 않았다. 반대로 모국의 교회들 및 선교부들이 수용해 온 역사적 신앙고백문들, 이들의 수정본들, 교리적 선언문 및 교리서들을 연구한 후, 본 신앙고백문을 선택했는데, 우리는 이것이 한국장로교회를 위한 신앙고백문의 필요성을 충족해 줄 것으로 믿는다. 이 신앙고백문은 바로 최근에 설립된 인도교회가 작년에 채택한 것인데, 우리는 다만 그것의 서문(Preamble)만을 수정할 뿐이다.[108]

재한 장로교 선교사들이 다른 신조들을 다 제쳐 두고 1904년 인도장로교회에서 채택했던 12신조를 받아들인 이유는 '인도와 한국의 교회들뿐만 아니라, 아시아의 장로교회를 위한 신앙고백이 되고 또한 저 교회들 사이의 유대의 기반이 되도록' 하기 위해서이다.[109] 결국 재한 장로교 선교사들이 12신조를 채택하게 된 배경에는 연합정신이 깔려 있음을 알 수 있다. 그러나 재한 장로교 선교사들은 12신조를 받아들이면서 서문을 수정했다. 이를 비교하면 다음과 같다.

---

107) Allen D. Clark, A History of The Church in Korea(Seoul: The Cristian Literature Society of Korea, 1971), 136.

108) Charles Allen Clark, The Korean Church and the Nevius Methods(New York: Fleming H. Revelle Co, 1930), 129.

109) 위의 책.

"인도장로교회는 아래의 신조를 본 교회의 신앙고백으로 채택하고자 하는데, 이는 목사, 강도사, 장로들이 이 신조를 공적으로 승인하도록 하기 위함이다. 이렇게 함에 있어서 본 교회는 모교회들의 교리적 표준을 버리려 함이 아니라, 오히려 찬성하고자 함이니, 특별히 웨스트민스터 신앙고백, 웨일즈 칼빈주의 신앙고백, 도르트 회의의 신앙고백 및 표준서는 하나님의 말씀에 대한 믿을 만한 설명서로서 그리고 우리 교회와 신학교에서 교육되어야 할 교리체계로 인정되어야 할 것이다.

대한 장로교회에서 이 아래 기록한 몇 가지 조목으로 신경을 삼아 목사와 및 인허강도인과 장로와 집사로 하여금 청종케 하는 것이 대한교회를 설립한 본 교회의 가르친바 취지와 표준을 버림이 아니요 오히려 찬성함이니 특별히 웨스트민스터 신경과 성경요리문답 대소책자는 성경을 밝히 해석한 책인즉 우리 교회와 신학 학교에서 마땅히 가르칠 것으로 알며 그중에 성경요리문답 작은 책을 더욱 교회 문답으로 삼느니라."110)

여기에 보면 인도장로교회의 12신조와 한국교회의 12신조 서문에는 차이가 있다. '웨일즈 칼빈주의 신앙고백, 도르트 회의의 신앙고백'이라는 부분이 빠져 있다. 이것은 개혁신학의 다양성을 포기했음을 의미하는 것이다. 한국장로교회 안에 배타적이고, 편협성이 있다면 이때 이미 이러한 신앙형태가 구형되었다고 해도 과언이 아니다. 재한 장로교 선교사들은 개혁주의의 다양성을 포기한 대신 웨스트민스터 신앙고백과 '성경요리문답 대소책자'를 강조함으로써 웨스트민스터 신앙고백과 대소요리문답에 너무 비중을 두었다. 참으로 아쉬운 대목이라고 하겠다.

---

110) 예수교 장로회 대한 노회 제1회록(1908), 24.

5. 나가는 말

한국교회 일각에서는 지금까지 한국장로교회 신앙을 규정하고 있는 12신조가 너무 보수적이라는 진단을 내린 바 있다. 그러나 우리가 살펴본 대로 12신조는 전통적인 장로교 신앙고백에 충실하면서도, 피선교지의 상황도 반영하고 있는 창의적인 신앙고백인 것을 알 수 있다. 대다수가 기독교인 유럽의 상황에서는 예정론을 비롯한 하나님의 주권을 강조하는 것은 그리 어려운 일이 아니었다. 그러나 불교와 힌두교를 비롯한 다양한 종교의 상황에서 구원과 관련하여 예정론을 말하기는 쉬운 일이 아니었다. 이러한 상황에서 인도에서 복음을 전하던 장로교 선교사들은 믿음을 통한 구원의 진리를 전할 수밖에 없었다. 앞의 장에서 언급한 것처럼 내한 장로교 선교사들이 의도적으로 서문에서 개혁신앙의 다양성을 포기한 아쉬움이 있기는 하지만 12신조는 서구교회와 아시아의 교회를 이어 주는 훌륭한 신조라고 할 수 있다. 12신조는 한국에 있는 모든 장로교회 헌법이 받아들이고 있으면서도 실제로는 사문화된 신앙고백이라고 해도 과언이 아니다. 그러나 12신조는 우리가 살펴본 대로 그 어떤 신앙고백보다도 훌륭한 신앙고백이다. 그러므로 우리는 이 땅의 선조들이 왜 인도교회가 작성한 12신조를 받아들였는가 하는 것을 분명히 알고 장로교 신앙에 충실하면서도 복음의 전파를 위해서는 신학과 신앙의 다양성도 필요하다는 사실을 알아야 한다.

참고문헌

1. 유동식, 『**전면개정판 한국신학의 광맥**』, 서울: 다산글방, 2000.
2. 송길섭, 『**한국신학사상사**』, 서울: 대한기독교출판사, 1988.
3. 황재범, 「'대한장로회신경' 혹은 '12신조'의 작성 및 수용 과정에 대한 연구」, 기독교사상 no.573(2006년 9월호), 200 - 224.
4. 류대영, 『**개화기 조선과 미국 선교사**』, 서울: 한국기독교역사연구소, 2004.
5. 한숭홍, 「초기 선교사들의 신학과 사상」, 한국기독교와역사 창간호, 1991.
6. 길선주, 『靈溪 吉善宙牧師 著作集 **제1권**』, 서울: 대한기독교서회, 1968.
7. 金良善, 『韓國基督敎解放十年史』, 서울: 大韓예수敎長老會總會宗敎敎育部, 1956.
8. 閔庚培, 『韓國敎會 讚頌歌史』, 서울: 연세대학교 출판부, 1997.

평양대부흥운동에 대한 小考

1. 들어가는 말

이 글의 목적은 1903년에 시작하여 1907년 평양대부흥운동으로 절정에 다다랐던 이 땅의 부흥운동을 살펴보는 것이다. 이 땅의 부흥운동은 1903년 여름 중국 남감리교 선교사 화이트(Mary Culler White)의 기도와 원산 남감리교회의 하디(Robert Alexabder Hardie) 목사의 회개로 시작되었으며 1907년 평양 장대현교회에서 열린 겨울 사경회에서 성령님의 폭발적인 회개운동으로 그 절정에 이르렀다. 한국교회 성도들은 이 기간에 회개와 중생을 체험하고 하나님과 이웃과 화해하며 그리스도의 복음과 사랑을 전하고 실천함으로써 한국교회와 사회를 새롭게 했다.

한국교회를 방문한 많은 외국인들이 놀라는 것 중에는 새벽기도,

금식기도, 통성기도가 있다. 한국교회 성도들은 열심히 기도하는 전통을 갖고 있다. 이러한 전통이 시작된 것이 평양대부흥운동을 전후해서다. 지금은 도시 교회에서 많이 사라졌지만 아직도 지방교회에서는 시행되고 있는 성미제도 그리고 이제는 완전히 사라졌지만 한국교회 안에서 시행되던 날연보제도가 있었다.[111] 이러한 전통도 평양대부흥운동을 전후해서 한국교회 안에 형성된 좋은 전통들이다. 요사이 'Again 1907'을 외치며 다시금 이 땅의 부흥을 외치는 모임들이 전국적으로 벌어지고 있는데 냉철하게 이 시대의 교회가 가야 할 방향을 생각한다면 좀 더 구체적으로 평양대부흥운동에 대한 고찰을 새롭게 하여야 할 것이다. 안타까운 것은 1907년에는 하나님 앞에 회개하며 기도하는 일에만 전념했는데 요사이에는 부흥에만 초점을 맞추었다는 점이다. 뿌리가 건강해야 열매를 맺을 수 있는데 뿌리보다는 열매에만 관심을 집중하는 것 같아 안타깝기도 하다.

이미 평양대부흥운동에 대한 많은 연구서적들이 출판되어 조금만 관심을 기울이면 얼마든지 이 운동에 대해 살펴볼 수 있다. 따라서 이 글에서는 평양대부흥운동에 대한 전반적인 고찰보다는 전

---

111) 한국교회 안에 언제부터 새벽기도회가 시작되었는지 정확히 말하기 어렵다. 이화여전 학생들이 시작했다고 말하는 학자도 있고(이덕주), 길선주 장로에 의해 1906년 가을부터 시작되었다고 주장하는 학자들도 있다(김인수). 옥성득은 새벽기도회가 1899년을 전후하여 사경회에서 시작되었고 1904년부터 평양 장대현교회 도사경회(道査經會)의 정규적인 내용이 되면서 다른 지역으로 확산되었다고 말한다. 1907년 가을부터 강계에서 처음으로 6개월간 연속적인 새벽기도회로 모였으며 1909년 길선주 목사의 인도로 평양 장대현교회에서 재정착되었다고 주장한다. 한편 날연보제도는 1904년 11월 선천에서 열린 사경회에서 처음 시작되었다고 한다. 결국 새벽기도회와 날연보제도는 평안도 지역에서 시작되었음을 알 수 있다.
장로회신학대학교 대외협력처, 『한국교회 대부흥운동 - 1903~1908』, 서울: 장로회신학대학교, 2007, 7~8.

체적인 흐름을 파악하며 평양대부흥운동이 우리에게 주는 교훈이 무엇인지 이것을 파악하는 데 주안점을 두려고 한다. 그러면 먼저 당시 평양대부흥운동이 어떻게 진행되었는지를 살펴보기로 하자. 우리는 이러한 고찰을 통해 요사이에 말하는 'Again 1907' 운동이 얼마나 허구인가를 알게 될 것이다.

<평양대부흥운동, 1907년 1월 집회 상황>[1]

날짜	요일	평양 도사경회	선교사 정오기도회	저녁연합 부흥회		저녁여성 부흥회	참고
1	화			기간: 1.6~15 저녁 7시 시작 도사경회 참석자+4 장로교회 남자만 1,500~2,000명 참석			
2	수						
3	목						
4	금						
5	토			강사	제목		
6	주일	기간: 1.2~1.5 장소: 장대현교회 참석: 남 700/ 여 250	선교사들 정오 기도모임	길선주	마음의 눈을 열고 성신을 영접하라		성령임재
7	월			길선주	이상한 귀빈과 괴이한 주인		성령임재
8	화			길선주	지옥을 취하랴 천당을 취하랴		성령임재
9	수	스왈론: 남 1,000 도시사람 참석 불허		길선주	성령 앞에 숨을 자는 없다		성령임재
10	목			길선주	이신칭의		성령임재
11	금	강사: 리, 스왈론, 번 하이젤, 헌트, 블레어 및 몇몇 한국인(매큔 1.15 편지)		길선주	무궁안식세계		성령임재
12	토			W. N. Blair(방위량)			성령임재
13	주일			길선주 혹은 Lee	강유문 회개		night of gloom
14	월			W. B. Hunt(한위렴)	김장로 회개		통성기도 통회자복
15	화			길선주	주장로 회개		통성기도 통회자복
16	수			수요기도회 / Lee			통성기도 통회자복 / 보통학교 남학생 / 남녀 중학생

날짜	요일	평양 도사경회	선교사 정오기도회	저녁연합 부흥회		저녁여성 부흥회	참고
17	목					장대현 교회	남녀보통학교학생
18	금						한 여인 회개
19	토						젊은 소녀 고백
20	주일			오후 길선주	grapic sermon		한 여인의 회개
21	월					장대현 교회	성령임재
22	화						

위의 도표가 보여 주는 것처럼 1907년 1월 평양에서 시작된 대부흥운동은 이후 전국적으로 파급된 신앙운동으로 한국교회사에 큰 획을 그은 사건이었다. 이 글에서는 이미 평양대부흥운동에 대한 개략적인 소개에만 의미를 두려고 한다.112)

2. 평양대부흥운동의 정치적 · 사회적 배경113)

한국에서 평양대부흥운동이 일어날 때는 정치적, 사회적으로 어려운 때였다. 1905년 7월 27일 미 육군성 장관 태프트(W. H. Taft)는 당시 미국 대통령 데오도르 루즈벨트(Theodore Roosevelt)의 밀

---

112) 평양대부흥운동에 대해서는 다음의 책을 참고하라.
  박용규, 『**평양대부흥운동**』, 서울: 생명의말씀사, 2000.
  서원모 편집, 『**20세기 개신교 신앙 부흥과 평양 대각성 운동**』, 서울: 장로회신학대학교, 2006.
  장로회신학대학교 대외협력처, 『**한국교회 대부흥운동-1903～1908**』, 서울: 장로회신학대학교, 2007.
113) 이 부분은 김인수의 글을 주로 인용했다.
  김인수, 「미국 교회 대각성 운동과 한국교회의 1907년 대부흥 운동과의 비교 연구」, 『20세기 개신교 신앙 부흥과 평양 대각성 운동』, 2006, 34～75.

지를 받고 일본 수상 카츠라다로(桂太郞)와 소위 '카츠라 - 태프트 메모'라는 비밀협정을 맺었다. 이 협정에 따라 같은 해 11월 일본은 '을사보호조약'이라는 치욕적인 늑약(勒約)을 강압적으로 체결했다. 이에 따라 서울에 통감부가 설치되고, 1906년 2월 이토 히로부미(伊藤博文)가 통감으로 부임하여 본격적으로 한국의 식민화를 구체화하였다. 한국을 군사기지로 하여 대륙침략의 발판으로 삼기 위하여 러·일전쟁 직후 계엄령을 선포하고 노동자들을 강제 징발하여 군용철도를 건설했으며, 군사적 필요라는 명분으로 백성들의 토지를 강제 수용하고 군법회의를 설치하여 사법권을 대행하였다.

일본은 1907년 정미(丁未)조약을 강압적으로 체결시켜 한국의 경찰과 군대를 해산하여 사실상 국권을 장악하였다. 같은 해 네덜란드 헤이그에서 열린 만국평화회의에 고종황제가 밀사를 파송한 것을 트집 잡아 같은 해 7월에 고종황제를 강제로 퇴위시키고, 조선왕조의 마지막 왕인 순종을 등극시키는 일도 있었다. 결국 조선은 1910년에 한일병탄을 맞이하게 되었다. 군대의 해산으로 각지에서 의병이 일어나고, 계속되는 흉년과 기근, 그리고 역병과 탐관오리들의 가렴주구(苛斂誅求)로 백성들의 삶이 극도로 황폐해 갔다. 이러한 상황에서 종교적으로는 새로운 종교운동의 출현을 갈망하게 되었다. 당시의 상황을 남감리교 선교사였던 무스(J. Robert Moose)는 이렇게 말하고 있다.

"일반적인 불안의식과 정신적 지주의 결여는 백성들로 하여금 선교사와 그들이 전하는 복음을 지향하게 하였고, 그들이 의지할 만한 무엇인가를 우리에게서 찾으려고 애썼다."[114]

평양대부흥운동은 이렇게 정치, 사회, 경제, 사상적 혼란과 그에 따르는 난경(難境)에서 비롯되었다.

3. 교회적 배경

평양대부흥운동은 미국에서와 같이 성경 공부와 기도운동에서 비롯되었다. 여기에는 두 줄기의 계기가 있어 원인(遠因)과 근인(近因)이 있다. 遠因은 1903년 원산지방에서 선교하던 감리교 선교사들의 성경공부와 기도회 모임에서 비롯되었다. 이 기도회에는 감리교 선교사들뿐만 아니라 장로교, 침례교 선교사들과 소수의 한국인들도 참석했다. 이들은 일주일간 매일 밤 모임을 가졌는데 강원도에서 수년간 선교했지만 별 성과를 얻지 못한 하디(R. Hardie)가 자기의 무력을 깨닫고 통회자복의 기도를 드린 것이 평양대부흥운동의 불씨가 되었다. 이런 사경회는 1904년 정월에도 그곳 원산에서 다시 시작되었다. 이때만 해도 이러한 운동이 그리 확산되지 않았다. 그런데 이 소식을 들은 평양지역의 선교사들이 1906년 여름에 하디 선교사를 강사로 초빙하여 장로교와 감리교 선교사연합으로 일주일 동안 기도회로 모여서 성령체험을 갖고자 하였다. 이것이 평양대부흥운동의 遠因이다.

그러면 이제 평양대부흥운동의 近因에 대해 살펴보자. 이것은

---

114) J. R. Moose, "A Great Awakening", The Korea Mission Field, vol.2 No.3(January 1906), 51. 김인수의 논문에서 재인용.

길선주 장로의 '새벽기도회'였다. 길선주 장로는 1906년 가을부터 나라가 어려운 상황에 놓여 있는 것을 걱정하며 새벽마다 기도하기 시작했다. 이에 여러 교인들이 호응하여 얼마 후에는 300～500여 명의 교인들이 모이기 시작했다. 이에 길선주 장로는 당회의 허락을 받아 공식적으로 새벽기도회를 시작했다. 이렇게 두 갈래의 물줄기가 한데 어우러지면서 1907년 정월 평양 장대현교회에서 모인 남자 사경회에 성령의 불길이 떨어짐으로써 본격적인 부흥운동이 시작되었다. 결국 평양대부흥운동은 성경공부와 기도회에서 비롯되었다고 할 수 있다.

4. 평양대부흥운동의 결과

4.1. 개인과 사회의 도덕성 회복

부흥운동은 신자들 개인이 각자의 죄를 참회하고 새사람이 되는 것에서부터 시작된다. 한국에 개신교가 전래된 것이 1884년이지만 그동안 참된 회개를 경험하지 못했다. 기독교를 기존의 종교와 다른 하나의 종교로 받아들였던 것이다. 1903년 원산에서 하디 선교사의 회개가 한국교회 부흥 운동의 불씨가 되었다는 사실을 기억할 필요가 있다. 회개는 우리의 몫이고, 교회의 부흥은 하나님의 일이라는 사실을 기억해야 한다. 1907년 정월에 있었던 평양대부흥운동 기간에도 회개의 바람이 있었다. 도둑질, 간음, 불효, 이웃을 증오한 일 등을 회개했다. 뿐만 아니라 조선사회에서는 죄로 여기지 않았던 축첩, 도박, 음주, 흡연, 노예소유도 회개하는 운동이 일어났다. 회개는 가정을 변화시키고, 사회를 개조시키는 놀라운 변화를 가져왔다. 개혁은 구호로 되는 것이 아니라 하나님 앞에 무릎을 꿇는 데서 시작되는 것임을 기억해야 한다.

4.2. 교회의 성장과 교육기관의 증가

평양대부흥운동 결과 신자들이 전도에 열심을 내었고, 그 결과 교회가 부흥하게 되었다. 1907년 한 해 동안 평양대부흥운동 기간 동안 3,000명의 새 신자가 발생했다. 언더우드 선교사의 보고에 의하면 1906년에서 1907년 사이에 장로교회의 성장은 세례자 수가 12,506명에서 15,097명으로 29% 증가하였고, 원입은 44,587명에서 59,787명으로 34%가 증가했다. 미국에서는 대부흥운동 기간 동안 주로 장로교회만 신자들이 증가했는데 한국에서는 장로교회는 물론이고 감리교회도 크게 증가했다.

또한 부흥운동은 기독교 학교의 설립을 촉진하여 1906년 6월에 208개였는데 1907년 6월에는 344개로 늘어났다. 무려 136개의 학교가 신설되었다. 이에 따라 학생들의 수도 늘어나 1906년에 3,456명이었는데 1907년에는 7,504명으로 늘어났다. 이들이 훗날 항일운동에 선두주자가 되었던 것을 생각하면 초기 한국 기독교는 민족과 더불어 가는 종교였음을 알 수 있다. 1901년 이후 선교사들이 신자들로 하여금 정교분리를 강요하면서 정치에는 간섭하지 말라는 가르침을 주었지만 이 땅의 기독교인들에게 있어서 신앙과 나라 사랑은 별개가 아니었다. 기독교 학교에서는 'Field Day'라고 해서 제식훈련을 시키면서 민족의식을 다지게 했다. 평안도 강서감리교회에서 운영하던 강서학교의 경우 교복의 어깨에는 십자가를 달았고, 성경과 찬송가를 배낭에 넣고 행진하기도 했다.[115] 주제와 어긋나 자세하게 언급하지 못하지만 상동교회 엡윗(Epworth)청년회도 교회에서 청년들에게 군사훈련을 시키기도 했다. 이 땅의 초기 신앙인들은 하나님 사랑과 나라 사랑을 별개로 여기지 않았다. 하나였다. 이 시대에 한국교회가 생명력을 회복하기 원한다면 성육신의 정신을 이어받아 나라와, 지역과 함께하는 모습을 회복해야 한다.

4.3. 전도와 선교운동

평양대부흥운동 이후 한국교회는 전도와 선교운동에 박차를 가했다. 1907년 6월 평양의 장로회신학교에서 첫 졸업생이 배출되고, 노회도 조직되었다. 노회는 출발부터 전도부를 설립하였고, 이기풍 목사를 제주도 선교사로 파송했다. 평양 여전도회에서는 1909년에 이선광(李善光)을 제주도에 보내 이기풍 목사를 도와 5년 동안 전도하게 하였다. 평양 여전도회는 1908년에 조직을 완전히 갖추고 회원 1인당 1전씩 연보하여 그 비용으로 전도인을 파송했다. 이어 1909년 시작된 백만인구령운동의 일환으로 김영제(金永濟) 목사를

---

115) 기독교 계통의 학교에서 실시했던 군사훈련에 대해서는 다음의 책을 참고할 수 있다.
김진형, 『사진으로 보는 한국 초기선교 90장면 감리교편』, 서울: 진흥, 2006, 244～248.

북간도에, 김진근(金振瑾) 목사를 서간도에 전도목사로 파송하였
다.116) 1909년에는 최관홀 목사를 해삼위(海蔘威)에 파송하여 선교
한 결과, 50여 개의 교회가 창설되어 노회가 설립되기도 했다.117)

뿐만 아니라 미국과 멕시코에 사는 동포들을 위해 방화중(方華
中) 목사를 파송하였다. 1912년 장로회 총회가 창설되었을 때 그
기념으로 중국 산둥 성에 김영훈, 박태로, 사병순 등 세 명의 목사
를 파송하였다. 평양대부흥운동 직후 한국교회는 전도하는 교회,
선교하는 교회로 탈바꿈하였다. 복음을 받아들인 지 20여 년 만에
선교하는 교회가 된 것이다.

4.4. 인권신장운동

평양대부흥운동 이후 한국교회 안에는 인권이 신장되고, 인간차
별의 전통이 서서히 붕괴되었다. 조선시대에는 계급차별의 전통이
있었다. 남존여비(男尊女卑) 사상도 있었다. 조선사회에서 이러한
운동은 천주교에서 먼저 시작되었다. 그러나 천주교의 인권운동은
천주교 안에만 머무는 경향이 강했다. 아직 조선에서는 그리 사랑
받는 종교가 아니었기 때문이다. 그러나 개신교는 선교 초기부터
병원과 학교를 통해 신분을 타파하고, 남녀를 구별하지 않는 정책
을 펴 왔기 때문에 교회 안에서는 물론이고, 사회에도 많은 영향
을 끼칠 수 있었다.118) 1908년 세브란스 의학교에서 처음으로 7명

---

116) 車載明, 『朝鮮예수교 長老會史記』, 서울: 新門內教會堂, 1928, 185.
117) 朝鮮예수교長老會, 『長老教會史典彙集』, 서울: 朝鮮예수교長老會, 昭和十年, 101.
118) 한국교회의 인권신장운동에 대해서는 다음의 책을 참고하라. 서정민은 이야기체로

의 졸업생이 나왔는데 그중에는 박서양이라고 외과의사도 있었다. 그는 백정 박성춘의 아들이었다. 조선시대에서는 상상도 할 수 없는 일이었지만 복음 안에서는 이것이 가능했다. 평양대부흥운동을 교회부흥이라는 시각으로만 본다는 것이 얼마나 어리석은 일인가를 여기에서도 알 수 있다. 이 시대에 교회 안에는 아직도 남녀의 차별이 있고, 직분에 따른 차별도 있다. 진정으로 'Again 1907'을 외치고 싶다면 평양대부흥운동 이후 한국의 초기 교회가 걸어갔던 길을 다시금 걸어가야 할 것이다.

4.5. 연합운동

평양대부흥운동 이후 한국교회 안에는 복음의 정신을 따라 연합하는 일에 치중하였다. 1905년 9월 이화학당 예배실에서 장로교회 네 선교부와 감리교회 두 선교부는 한국 복음주의 선교연합 공의회(The General Council of Protestant Evangelical Mission in Korea)를 형성했다. 이 공의회의 목적은 친교와 협력은 물론이고 궁극적으로 한국에 하나의 교회를 세우는 것이었다. 물론 선교사들의 이러한 목적은 이루어지지 않았지만 성서공회, 대한성교서회(현 대한기독교서회)를 설립하여 하나의 성경과 하나의 찬송가를 발행함으로써 한국교회를 하나로 묶어 주는 중요한 역할을 감당했다. 다른

당시 한국교회가 천민들에게 어떻게 선교했는지, 한국의 구습을 어떻게 타파했는지, 여성들을 어떻게 대하며 여성들의 인권신장을 위해 교회가 한 일이 무엇인지를 설명하고 있다.

서정민, 『한국교회사회운동사』, 서울: 이레서원, 1995, 65~116.

나라와는 달리 한국교회가 아직도 하나의 성서, 하나의 찬송가를 사용하고 있는 것은 이러한 정신에서 비롯된 것이다. 개교회에서 부흥회를 열 때 장로교회에서 감리교 목사를 초청하고, 감리교회에서 길선주 목사 등 장로교 목사를 초청하여 부흥회를 열기도 하는 등 비록 교파는 다르지만 연합정신은 포기하지 않았다.

그런데 이 시대는 어떤가. 교파가 다르면 강단교류도 허락하지 않는 경우가 있다. 천주교회나 정교회는 차치하고, 같은 개신교에 속해 있으면서도 교단이 다르다고 연합하는 일을 포기하고 있다. 'Again 1907'을 외치기 전에 한국교회가 가야 할 방향이 무엇인지를 생각해야 한다.

5. 평양대부흥운동에 대한 상이한 시각들

박용규, 김인수 등은 평양대부흥운동을 전적인 성령의 운동으로 평가하고 있다. 김인수의 말이다.

> "부흥운동이 한국교회를 몰역사화, 비민족화했다는 평가도 쉽게 납득이 되지 않는 부분이다. 비록 무력항쟁에 앞장서지는 않았다 하더라도 참그리스도인은 민족의 고난이나 국가 독립의 상실에 결코 무관심하거나 외면할 수 없다. 만일 어떤 기독교인이 그런 태도를 취한다면 그것은 그가 기독교 진리를 잘못 이해했기 때문이다."[119]

박용규도 김인수와 거의 같은 입장을 취하고 있다. 그러나 민경

---

119) 김인수, 『한국기독교회의 역사』, 서울: 장로회신학대학교출판부, 1997, 262.

배는 전혀 다른 시각으로 평양대부흥운동을 평가하고 있다. 조금 길기는 하지만 그의 주장을 살펴보자.

"1907년 대부흥의 淵源은 멀리 1903년에 소급된다. 그해 南監理敎의 선교사 하디(R. A. Hardie)는 그 자신의 선교의 실패감 때문에 좌절하고 元山에서 선교사들과 함께 성서 연구와 기도를 계속한 일이 있었다. 그런데 그 실패감의 성격이 문제였다. '韓人들도 罪를 깨닫고 確實하고 生生한 信仰體驗을 가지는 것을 보고 싶어'한 그의 태도 속에 뭔가 은연중 암시되는 것이 있다. 실제로 그는 '(한국) 會衆이 强한 罪意識과 悔改의 信仰生活 體驗上의 作用을 깨닫고 …… 하나님의 約束을 믿는 單純한 信仰'으로 되돌아온 것을 목격하였다는 말을 한다. …… 따라서 선교사들의 좌절감은 첫째, 지금까지 설교한 바와는 달리 이 한국교회가 國家의 悲運에 너무 政治的으로 개입한다는 사실이었고, 그리고 둘째로는 이 교회에 忍從과 中立을 강조한 후에 올 숱한 후유증들을 豫見했다는 사실, 이 두 가지에서 비롯되고 있었다. 이러한 기도회의 정신이 平壤의 長老敎會, 그리고 監理敎會에 옮겨져서 1907년의 대부흥으로 進展한 것이다. 1906년 9월의 부흥회가 열렸을 때 블레어(W. N. Blair)는 교회의 이 혼란한 政治的 착잡에서 해결을 주시기를 하나님께 기도했다고 했으며, 한국교회가 이런 일로 해서 선교사나 그들 형제들과 反目한 무서운 罪의 本質을 깨닫고 회개하여, '이 소망 없는 나라의 情況에서 눈을 돌려 주님과의 고고한 靈的 교통에 집념할 것을' 강조했다고 했다. 이런 일을 대대적으로 진행하기 위해서 선교사들은 계속 한국교회를 부흥회의 열정에 이끌었고 마침내 1907년 1월 평양에서 성신의 불길이 떨어진 것을 경험한 것이다."[120]

민경배는 평양대부흥운동을 순수한 성령의 역사로 보는 것이 아니라 선교사들의 의도된 비정치화, 몰역사화 작업으로 보고 있다. 노대준과 류대영도 같은 입장을 견지하고 있다.[121] 노대준의 말이다.

120) 閔庚培, 『韓國民族敎會形成史論』, 서울: 延世大學校 出版部, 1974, 45~46.
121) 노대준, 「1907년 개신교 대부흥운동의 역사적 성격」, 韓國基督敎史硏究 제15·16호, 4~18.
류대영, 『개화기 조선과 미국 선교사: 제국주의 침략, 개화자강, 그리고 미국 선교사』, 서울: 한국기독교역사연구소, 2004, 434.

"부흥운동은 선교사들의 경건주의 보수신앙을 기초로 하여 진행되었고, 따라서 선교사들의 비정치화 기도가 강하게 투영되었다. '부흥운동'의 결과 한국인 신도들은 선교사의 보수신앙을 체득하게 되었고, 교회의 '종교성'을 강조한 나머지 교회의 사회·정치적 관심 표명을 억제하게 되었다."[122]

최형묵, 백찬홍, 김진호의 저서 『오른쪽 예수』도 같은 맥락에서 평양대부흥운동을 평가하고 있다. 이들은 한국 기독교 보수주의 기원을 1907년 평양대부흥운동으로 보고 있다.[123]

이처럼 평양대부흥운동에 대한 상이한 시각이 있다. 따라서 우리는 좀 더 세밀하게 이 부분에 대해 연구해야 한다. 역사는 사실과 사실을 기록한 자료가 진실한 것인지를 끊임없이 살펴야 한다. 그래야만 사실을 규명할 수 있기 때문이다.

6. 나가는 말

평양대부흥운동에 대한 상이한 평가가 있기는 하지만 이 운동이 훗날 한국교회에 끼친 영향은 절대적이다.[124] 따라서 평양대부흥운동에 대한 연구는 필수적이다. 무엇보다도 한국교회의 신앙 양태

---

122) 노대준, 「1907년 개신교 대부흥운동의 역사적 성격」, 韓國基督教史研究 제15·16호, 14.

123) 최형묵, 백찬홍, 김진호, 『오른쪽 예수』, 서울: 평사리, 2007, 15~24.

124) 탁지일은 그의 논문 「1907년 대부흥운동과 조선예수교장로회총회의 설립」에서 평양대부흥운동에 대해 이러한 평가를 내리고 있다. 첫째는 회개운동이었다. 둘째는 교회성장운동이었다. 셋째는 교회연합운동이었다. 넷째는 교회개혁운동이었다. 다섯째는 선교운동이었다.
탁지일, 「1907년 대부흥운동과 조선예수교장로회총회의 설립」, 부산장신논총 6집, 165~183.

(信仰樣態)를 결정한 운동이기에 우리는 이 운동에서 장점은 철저하게 이어받고, 약점은 타산지석의 교훈으로 삼아야 한다. 평양대부흥운동의 가장 큰 유산은 성경공부와 기도가 신앙인들에게 얼마나 중요한가를 가르쳐 주었다. 요사이 많은 교회들이 성경공부와 기도보다는 시대의 흐름에 따라 프로그램 위주로 이끌어지고 있는데 본질에 충실해야 할 것이다. 그리고 평양대부흥운동 이후 이전의 한국교회와는 달리 민족의 문제에 소극적이었다는 점은 반성해야 한다. 3·1운동을 제외하면 한국교회 전체가 민족의 문제에 적극적으로 동참한 예를 찾아보기 힘들다. 제2차 바티칸 공의회 이후 한국천주교회가 백성들의 사랑을 받고 있다는 점을 인식한다면 우리는 민족의 문제를 외면해서는 안 된다. 이러한 차원에서 옥성득의 주장은 우리의 각성을 촉구하고 있다.

> "21세기에도 여러 도시의 소외층에서 교회의 세속화와 기구화에 대한 대안으로 부흥 운동이 일어나 교회와 사회와 세계의 지형을 바꿀 것으로 기대된다. 한국교회도 세속성과 기구성을 극복하는 대안으로서 부흥이 몰고 올 영성, 성결성, 체험성, 평등성, 종말성, 세계성 회복을 대망할 때이다. 동시에 부흥 운동의 현세 도피적 열광성, 도덕적 환원주의, 비정치성 등은 경계할 요소다."[125]

---

125) 옥성득, 「1906~1909년 아주사 스트리트 부흥 운동－그 특성과 한국 대부흥 운동과의 비교」(『20세기 개신교 신앙 부흥과 평양 대각성 운동』, 2006), 180.

참고문헌

1. 박용규, 『**평양대부흥운동**』, 서울: 생명의말씀사, 2000.
2. 서원모 편집, 『**20세기 개신교 신앙 부흥과 평양 대각성 운동**』, 서울: 장로회신학대학교, 2006.
3. 장로회신학대학교 대외협력처, 『**한국교회 대부흥운동** - 1903~1908』, 서울: 장로회신학대학교, 2007.
4. 류대영, 『**개화기 조선과 미국 선교사: 제국주의 침략, 개화자강, 그리고 미국 선교사**』, 서울: 한국기독교역사연구소, 2004.
5. 閔庚培, 『韓國民族敎會形成史論』, 서울: 延世大學校出版部, 1974.
6. 서정민, 『**한국교회사회운동사**』, 서울: 이레서원, 1995.
7. 김진형, 『**사진으로 보는 한국 초기선교 90장면 감리교편**』, 서울: 진흥, 2006.
8. 최형묵, 백찬홍, 김진호, 『**오른쪽 예수**』, 서울: 평사리, 2007.
9. 채재건 편, 『**근현대 부흥운동사**』, 서울: CLC, 2007.

3·1운동과
교회[126]

1. 들어가는 말

2007년 삼일절을 앞두고 예년처럼 언론에서는 독립을 위해 헌신했던 사람들의 후손들이 고통을 당하고 있다는 사실을 앞다퉈 보도했다. 그중의 한 사람이 청주 출신의 곽재기(郭在驥, 1893~1952)이다. 곽재기는 의열단이라는 독립단체에 가담하여 의열단의 제1차 암살·파괴 활동을 벌이기도 했다.[127] 곽재기는 1893년 2월 7일 충청

---

126) 3·1운동은 1919년 3월 1일 서울의 파고다 공원과 태화관, 그리고 전국 9개 지역에서 '독립선언서'를 선포하면서 시작하여, 그 뒤 1년여에 걸쳐 우리나라 안과 만주·연해주 등 해외에까지 확산된 거족적인 항일민족독립운동을 말하는 것이다.
이만열, 「3·1운동과 기독교」, 한국기독교와 역사 제7호, 8.

127) 의열단에 대해서는 다음의 글을 참고하라.
김영범, 『한국 근대민족운동과 의열단』, 서울: 창작과비평사, 1997.
박선경, 『의열단에 가담했던 기독교인들의 신앙관 연구』, 대구: 계명대학교 대학원, 2005.

북도 청주군 강외면 상봉리에서 태어났다. 본관은 현풍(玄風), 자(字)는 곽경(郭敬), 활동 중에 사용한 변명으로는 김광삼(金光三)·김재만(金在萬) 등이 있다. 곽재기는 한말 서울에 유학하여 경신학교를 다녔다. 이때 대동청년당에 가입하였고, 또 그로부터 독립운동에 투신했다. 대동청년당은 신채호 등의 지도로 애국 청년들이 중심이 되어 조직한 국권회복운동 단체였는데, 선생은 1909년부터 이 단체에 가입하여 활동한 것이다. 이후 선생은 경신학교를 졸업한 뒤 귀향하여 청주 청남학교의 교사로 봉직하면서 민족교육에 종사하였다. 그러던 중 1919년 3·1운동이 일어나자 만세시위운동에 참가하였다가 중국 만주로 망명하였다. 그는 의열단에 가입하여 독립운동을 벌이다 일경에 의해 구속되기도 하였고, 많은 고통을 당했으나 일관되게 독립운동에 헌신하다 해방 후에 귀국했다. 이런 독립운동가(獨立運動家)들의 후손이 이 땅에서 고통의 삶을 살고 있다는 내용이었다. 그러면 오늘은 삼일운동과 교회의 관계를 살펴보자.

2. 3·1운동의 역사적 배경[128)]

2.1. 국제정세의 사상적 배경

일본이 우리나라를 강점한 후 1914년에 제1차 세계대전이 발발

---

128) 삼일운동의 일반적 배경에 대해서는 다음의 글을 주로 참고했다.
　　강만길, 『20세기 우리 역사』, 서울: 창작과비평사, 1999, 44~54.

했다. 이 전쟁으로 인해 세계에는 두 가지 큰 변화가 일어났다. 하나는 전쟁 중에 러시아 혁명이 일어나 인류역사상 최초로 사회주의 정권이 성립한 일이다. 또 하나는 전쟁이 유럽을 중심으로 일어났기 때문에 그 피해가 컸다. 더욱이 이 전쟁으로 인해 세계경제를 주도해 오던 영국의 위치가 약해지고, 미국이 세계경제를 주도하는 위치로 부상하게 되었다. 미국은 중립적인 입장을 취하면서 막대한 경제적인 이익을 얻었던 것이다.

러시아 제국은 1917년 10월 러시아 혁명 이전에 연합국의 하나로 영국이나 프랑스보다 더 많은 군대를 전쟁에 동원했었는데, 전쟁 후 독일·오스트리아와 단독으로 강화를 맺어 전선에서 이탈했고, 혁명정부가 약소민족의 해방을 원조할 태세를 갖춤으로써 제국주의 세계체제에 큰 위협을 주었다. 러시아 혁명을 주도하고 소련의 집권자가 된 레닌은 식민지 문제의 해결을 통해 세계 사회주의 혁명을 달성하고자 우선 제정 러시아 치하에 있던 100여 피압박민족에 대해 민족자결주의 원칙을 선언했다. 이것이 아시아의 여러 피압박민족에 강렬한 영향을 주었다. 만주에서 독립운동을 하던 의열단이 소련의 독립자금을 받은 것도 이런 맥락에서 이해해야 한다. 한편 제1차 세계대전 후 국제질서를 결정하는 파리 강화회의(1919년 1월)에서 미국 대통령인 윌슨이 14개조를 발표했는데 그 중에는 각 민족이 각각의 운명을 스스로 결정할 권리를 가진다는 내용이 포함되어 있었다. 레닌과 윌슨이 주창한 민족자결주의는 근본적으로 다른 내용임에도 피압박민족들에게는 큰 자극이 되었다. 우리나라도 여기에 자극을 받았지만 당시 피압박민족들과는 차이가 있었다. 다른 나라들의 경우 대부분 패전국의 지배하에 있었지만 우리나라는 승전국인 일본의 지배를 받고 있었다. 삼일운동을 통해 민족해방을 부르짖었던 민족대표들이나 청년 학생들은 이러한 국제적 사상의 영향을 받았다.

당시 미국 샌프란시스코에서는 안창호가 주축이 되어 조직한 '대한국민협회'가 활동하고 있었고, 필라델피아에서는 한경, 김규식 등이 주축이 되어 조직한 '대한국민회'가 활동하고 있었다. 한편 뉴욕에서는 정한경이 주축이 되어 '신한협회'를 조직했다. 뿐만 아니라 만주에서는 이시영, 지청천 등이, 러시아에서는 이상설, 이갑, 정재관, 이동휘 등이, 중국에서는 박은식, 신채호, 조성환, 여운형 등이 독립운동을 전개하고 있었다. 이들이 얼마나 위협적이었는지 1911년 경무총감을 지낸 아까이시(明石元二廊, 1864～1919)는 이런 말을 남겼다.

> "조선을 다스리려면 상해, 블라디보스토크, 하와이, 샌프란시스코 등 네 지역을 다스릴 수 있어야 한다."

2.2. 무단통치에 대한 저항운동

삼일운동은 일본이 한반도를 강점하고 가혹한 무단통치를 강행한 지 9년 만에 폭발한 거족적인 항일운동이었다. 물론 삼일운동 이전에도 부분적으로는 항거운동이 있었다. 예를 들어 1913년에 조직된 '독립의군부(獨立義軍部)'가 있다. 독립의군부는 1912년 9월 고종의 밀명을 받은 임병찬(林炳瓚)이 독립의군부 전라남도 순무대장(巡撫大將)의 이름으로 비밀리에 조직한 독립운동단체이다.

일본정부와 조선 총독 및 주요관리에게 일제의 한반도 강점의 부당성을 지적하고 국권반환을 촉구하는 요구서를 보내는 한편, 일제를 몰아내기 위한 의병전투를 준비하는 것을 활동목표로 하였다.

임병찬은 아들 임응철(林應喆)을 통해 이인순(李寅淳)·곽한일(郭漢一)·전용규(田瑢圭) 등과 협의한 뒤 1912년 12월 호남지방의 의병과 유생을 규합하여 의군부조직을 전라남북도로 확대하였다. 1913년 2월 임병찬은 고종으로부터 다시 전라남북도 순무총장 겸 사령장관에 임명되었다. 1914년 본거지를 서울로 옮기고 전국적인 조직으로 확대하는 한편, 명칭을 '대한독립의군부'로 고쳤다. 총사령에 추대된 임병찬은 조직을 개편하여, 중앙원수부(中央元帥府) 밑에 병마도총장(兵馬都總長)과 참모총약장(參謀總約長)을 두고, 서울, 강화, 수원, 개성, 광주에 오영(五營)을 설치하였다. 그리고 각 도·군 단위의 조직을 완성하고 그 대표를 선정함으로써 조직을 전국적으로 확대하였다. 1914년 5월 국권반환요구서를 전국의 조직을 통해 일제히 발송하고 360여 개 처에서 일제히 국권반환과 일본군 철병을 요구하는 전화를 하기로 하였다. 그러나 5월 23일 단원 김창식(金昌植)이 붙잡힘으로써 조직이 발각되었으며, 주요 임원과 임병찬이 일본경찰에 잡히고 대한독립의군부는 해체되었다.

그리고 대한광복회 활동도 빼놓을 수 없다. 1910년대 초 신해혁명과 제1차 세계대전의 발발 등 국제정세의 변화에 즈음하여 1913년 경상북도 풍기(豊基)에서 광복단이, 1915년 초 대구에서 조선국권회복단이 조직되었다. 광복단은 의병과 관련이 깊은 인물들이, 조선국권회복단은 계몽주의적 인물들이 독립군을 지원하기 위하여 참가하였다. 1915년 7월 대구에서 광복단과 조선국권회복단의 일부 인사가 통합하여 대한광복회를 결성하였다. 국권 회복과 공화제 실현을 목적으로 ① 부호의 의연(義捐) 및 일본인이 불법 징수하는 세금을 압수하여 무장을 준비한다. ② 만주에 사관학교를 설치하여 독립전사를 양성한다. ③ 중국·러시아 등에 의뢰하여 무기를 구입한다. ④ 무력이 준비되는 대로 일본인 섬멸전을 단행하여 최후 목적을 달성한다는 강령을 내세웠다.

의병장 허위(許蔿)의 문하인 박상진(朴尙鎭)을 주축으로 경상도 지역에서 조직되었으며, 1916년부터 충청도, 경기도, 강원도, 황해도 등으로 확대되었다. 대구의 상덕태상회(尙德泰商會), 영주의 대동상회(大同商會)를 비롯하여 광주, 삼척, 예산, 인천, 용천, 서울, 해주 및 만주의 안동, 장춘에 설립된 곡물상과 잡화상을 연락거점으로 하여 군자금을 모았고, 친일부호의 처단, 독립군 양성 등의 활동을 전개하였다. 1918년 초 전국의 조직망이 발각되어 주요 인물이 검거, 사형당해 조직이 파괴되었다. 그러나 조직원 가운데 일부는 1920년 만주에서 암살단·의열단(義烈團)에 가담하여 독립운동을 계속했다.

그 외에도 평양에서 일어난 조선국민회(1915년), 혈성단, 혜성단과 같은 독립단체들도 있었다. 이들 구성원들 중에는 물론 기독교인들도 있었다. 이처럼 삼일운동 이전에도 민족의 해방을 위해 헌신했던 독립단체들이 있었다. 그러나 이들은 일제의 감시를 피해 활동해야 했기 때문에 그 조직이 미약할 수밖에 없었다.

이 시기에 또 하나 기억해야 할 것은 학교에도 이러한 흐름이 있었다는 점이다. 영흥의 문명학교, 대성학교, 숭실학교 등에서는 학생들의 비밀조직이 있었다. 뿐만 아니라 만주지방으로 망명해 간

사람들에 의해 명동학교, 신흥학교 등이 설립되었다는 사실이다. 이러한 학교에서는 민족교육이 강조되었기 때문에 삼일운동에도 동참할 수 있었고, 그 이후에도 독립운동가들과 연계되는 결과를 낳았다.

2.3. 무단통치하에서의 생활고

일본이 한반도를 완전히 강점한 지 불과 9년 만에 3·1운동이 일어난 것은 일본의 강점지배가 농민과 노동자들은 물론이고 지식인과 중소지주층과 상인 등 자산계급에 이르기까지 조선사람 각계각층의 실제생활에 그만큼 타격을 주었기 때문이다. 자본가층은 '화폐정리사업'과 회사령 등으로 큰 피해를 입었고, '토지조사사업'을 통해 특히 중소지주층과 자작농에 종사하던 사람들이 심한 타격을 입었다. 노동자들도 예외가 아니었다. 이들은 낮은 임금과 긴 노동시간, 비인간적 대우, 민족적 차별 때문에 이미 1910년대에도 노동쟁의가 자주 일어났다. 이러한 이유도 3·1운동의 한 원인이 되었다.

3. 3·1운동의 전개와 기독교의 활동

우리나라에 기독교가 들어올 당시의 상황은 암울 그 자체였다.

조선이라는 나라가 존재하고 있기는 했지만 이미 일본의 강탈이 시작되고 있어서 선교사들은 이 땅의 백성들을 사랑하지 않을 수 없었다. 결국 이 땅의 백성들이 받아들인 복음의 성격은 구원의 복음과 더불어 나라를 사랑하는 복음이었다. 예배당에 태극기를 게양한 것이나 찬송가에 황제송이나 애국가가 들어 있는 이유가 여기에 있다. 3·1운동에 교회가 동참한 것도 이러한 이유에서이다. 1901년 이후 선교사들의 다수가 종교와 신앙은 구별되어야 한다는 자국 정부의 입장을 따르고 있었기 때문에 3·1운동이 발발했을 때 선교사들의 다수는 침묵했다. 엄밀하게 말하면 일제 편이었다고 해도 과언이 아니다.129) 복음을 처음 전해 줄 당시와는 사뭇 다른 모습이다. 그러므로 3·1운동에 교회가 참여한 것은 선교사들과는 별 상관이 없는 일로 보아야 한다. 이성삼은 그의 논문 「삼일운동과 기독교」(기독교사상 1974년 3월호, 92~104)에서 헐버트(H. B. Hulbert, 1863~1949), 노블(W. A. Noble, 1866~1945), 무어(J. Z. Moore, 1874~1963), 마펫(S. A. Moffett, 1864~1959), 맥큔(G. S. McCune), 모우리(E. M. Mowry), 로버츠(S. L. Roberts) 등이 삼일운동에 크게 활동했다고 하였으나 당시 우리나라에 들어와 있던 선교사들의 수가 400여 명이었던 것을 감안하면 극히 미미한 숫자라고 할 수 있다. 그러면 여기에서 독립선언서에 서명한 33인의 면면을 살펴보자.

1. 이필주(정동제일교회 목사, 서울)

---

129) 閔庚培, 『日帝下의 韓國基督敎 民族·信仰運動史』, 서울: 대한기독교서회, 1991, 146~147.

2. 신홍식(평양 남산현교회 목사, 청주)

3. 최성모(해주 남본정교회 목사, 서울)

4. 정춘수(원산 상리교회 목사, 청주)

5. 신석구(서울 수표교교회 목사, 청주)

6. 오화영(서울 종교교회 목사, 평산)

7. 박동완(정동제일교회 전도사, 양평)

8. 김창준(서울 종로교회 전도사, 평양)

9. 박희도(서울 종로교회 전도사, 해주)

10. 이갑성(세브란스병원 약사, 대구)

11. 이승훈(정주교회 장로, 정주)

12. 양전백(장로회 총회장, 의주)

13. 길선주(평양 장대현교회 목사, 정주)

14. 이명룡(덕흥교회 장로, 철산)

15. 김병조(문서활동, 목사, 정주)

16. 유여대(의주동교회 목사, 의주)

17. 손병희

18. 이종훈

19. 이종일

20. 권동진

21. 양한묵

22. 나용환

23. 오세창

24. 최린

25. 임예환

26. 홍기조

27. 박준승

28. 권병덕

29. 홍병기

30. 나인협

31. 김완규

32. 한용운

33. 백용성

이 중에서 1～10은 감리교, 11～16은 장로교, 17～31은 천도교,
32～33은 불교계를 대표한 사람들이다. 엄밀하게 말하면 3·1운동

을 처음으로 계획하고 주도한 층은 천도교인들이다. 그러나 천도교인들은 전국적인 조직망을 갖고 있지 않았기 때문에 자신들만의 힘으로는 독립운동을 할 수 없다는 사실을 너무나 잘 알고 있었다. 그리하여 기독교계와 힘을 합치게 되었다. 그 결과 기독교는 그 어떤 종교보다 큰 역할을 감당하게 되었다.[130] 우리가 여기에서 간과하지 말아야 할 것은 3 · 1운동은 기독교인들만의 운동이 아니었고, 기독교가 주축이었다고 말해서도 안 된다는 사실이다. 그러나 당시 교회처럼 전국적인 조직망을 갖춘 종교계나 독립단체가 없었기 때문에 교회의 역할을 무시해서도 안 된다. 그러면 3 · 1운동 당시 기독교의 역할을 도표로 살펴보자.

<각 지역별 3 · 1운동과 종교와의 관계(1919년 6월, 헌병대장 경무부장 보고)>

지역	기독교	천도교	불교	기타
경기도	연합시위	연합시위	연합시위	연합시위
충청북도	피검: 15	피검: 12		종교 비주도
충청남도	사법처분: 118 일시피검: 14	사법처분: 38	사법처분: 1	비종교인 주도 사법처분: 3,682 일시피검: 212
전라북도	사법처분: 112 주도	사법처분: 77 협력	사법처분: 23 협력	사법처분 총 477 무종교: 265
전라남도	주동시위: 약 5할	주모 비교적 약		
경상북도	주동 사법처분: 489	시위가담: 6	사법처분: 33	사법처분 총 1,785
경상남도	시위가담: 3,493 피검: 99 (송치95)	시위가담: 598 피검: 35(송치11)	시위가담: 601 피검: 72(송치71)	기독교 주도 불, 천도교 협력

---

130) 여기에서는 김승태의 논문을 중심으로 개략적으로 소개하려고 한다.
　　김승태, 「종교인의 3 · 1운동 참여와 기독교의 역할」, 한국기독교사연구 제25호, 1989, 17～24.

지역	기독교	천도교	불교	기타
황해도	중심 주동 신도: 32,000명	주동 신도: 8,000명		
평안남도	주동	주동		학생 주동
평안북도	주동 33인 중 5인	3월 중순 이후 적극화 (교주 체포로)		
강원도	송치: 51 즉결: 10 피검: 30	주동 송치: 210 즉결: 39 피검: 70	송치: 1 즉결: 1	무종교송치: 568 무종교즉결: 779 무종교피검: 49 무종교훈방: 184 학생송치: 33
함경남도	사법처분: 158	사법처분: 320		무종교 사법처분: 550
함경북도	신자: 2,694 주동 사법처분: 102 피검: 37	신자: 1,406 사법처분: 64 피검: 102		기독교 주도 천도교 협력
계 종교별 대비	피검, 사법처분: 1,235 이상 52.9%	피검, 사법처분: 967 이상 41.5%	피검, 사법처분: 131 이상 5.6%	종교인 피검 법처분 계: 2,333 이상
1919년 말 피검교역자	244 49.(%	125 25.6%	120 24.5%	489
주동종교가 알려진 시위 지역 대비	단독: 78 연합: 42 계: 120 53.2%	단독: 66 연합: 42 계: 108 46.8%		계: 186

　위의 자료에 의하면 3·1운동에 기독교의 역할이 얼마나 중요했는가를 알 수 있다. 지금도 이 땅에서 가장 많은 종교인을 거느리고 있는 종교는 불교다. 그러나 불교인들의 참여는 미미하다. 개신교보다 100년 먼저 이 땅에 전래된 천주교의 참여는 통계 자체가 없다. 이것만 보더라도 3·1운동에 있어서 기독교가 어떤 역할을 감당했는지를 알 수 있다.

<3 · 1운동 입감자 종교별 상황(1919년 5월 말, 조선총독부 통계보고)>

종교별	남	여	소계	계
천도교 시천교	1,361 5	2	1,363 5	1,368(15.1%)
불교	105	1	106	106(1.2%)
유교	55		55	55(0.6%)
감리교 장로교 조합교회 기타	401 1,322 7 81	37 119 16	438 1,441 7 97	2,036(22.5%)
천주교	45	8	53	
기타	7		7	7(0.1%)
무종교	5,455	31	5,486	5,486(60.6%)
미상	1		1	1
합계	8,845	214	9,059	9,059

3 · 1운동에 참여했다가 감옥에 간 종교인들의 비교에서도 기독교와 천도교가 주를 이루고 있다. 천주교의 경우 0.5% 정도를 차지하고 있다. 그것도 3 · 1운동에 천주교가 적극적으로 참여한 것이 아니라 천주교인들 중에서 개별적으로 참여한 것이다. 당시 조선천주교는 3 · 1운동에 참여하는 것을 적극적으로 반대했다.

> "조선 교구장 뮈텔 주교는 '교회를 지키기 위해' 정치에 대한 관심을 지독하게도 싫어했습니다. 교도권으로서의 그의 가르침은 시종일관 정치 불간섭주의, 정교분리였습니다. …… 교회 당국은 천주교인들더러 다른 사람들보다 열심히 앞서서 일제에 순명하라고 촉구하고 있습니다."[131]

이에 반해 개신교는 비록 다수의 선교사들이 정교분리를 외치고, 일제에 순응할 것을 가르치기는 했지만 민족 문제와 신앙 문제를

---

131) 문규현, 위의 책, 122.

구분하지 아니하고 적극적으로 3·1운동에 동참했다.

그러나 3·1운동의 참여에는 한계점도 보여 주었다. 기독교인들은 비폭력 저항운동으로 일관했기 때문에 적극적인 독립운동이라고 보기 어렵다. 이러한 투쟁방식으로는 독립을 쟁취할 수 없었다. 물론 일부에서는 과격한 방법으로 투쟁해야 한다고 주장하고, 실제로 그렇게 투쟁한 기독교인들이 있었다. 그중에서도 대표적인 기독교인들은 의열단에 가담하여 독립운동을 전개한 이들이다.132) 의열단은 우리나라가 일본에 의해 강제적으로 망했을 때 나라의 독립을 위해 설립된 독립단체이다.133) 의열단은 1919년 11월 9일 중국 길림성에서 창단되었다. '의열단(義烈團)'이라는 명칭은 正義의 '義'와 猛烈의 '烈'에서 따온 것이다. 명칭만 보아도 이들의 활동 방향을 엿볼 수 있다. 이들은 창단 초기부터 분명한 활동 방향을 설정했다. 하나는 폭탄을 사용하여 국내 대일항쟁을 고무하고 추동(推動)한다는 것이고, 다른 하나는 대일 거사를 전담할 결사적 조직체를 결성한다는 것이다.134) 이들은 의열단을 창단하면서 公約十條를 결정했는데 그 내용은 다음과 같다.

一. 天下의 正義의 事를 猛烈히 實行하기로 함.
二. 朝鮮의 獨立과 世界의 平等을 爲하여 身命을 犧牲하기로 함.

132) 의열단에 가담하여 독립운동에 헌신한 기독교인들에 대해서는 필자의 논문을 참고하라. 필자는 이 논문에서 하나님 나라의 신앙관으로 적극적으로 독립운동을 전개한 기독교인들에 대해 기술하고 있다. 여기에서 말하는 '하나님의 나라' 신앙관은 공의의 하나님을 본받아 불의한 방법으로 조선을 침략한 일본을 악으로 규정하고 저들에게 적극적으로 대항했던 기독교인들의 신앙관을 말한다.
박선경, 「의열단에 가담했던 기독교인들의 신앙관 연구」, 대구: 계명대학교 대학원, 2005.

133) 朴泰遠, 『若山과 義烈團』, 서울: 白楊堂, 1947, 26.

134) 김영범, 『한국 근대민족운동과 의열단』, 서울: 창작과 비평사, 1997, 45.

三. 忠義의 氣魄과 犧牲의 情神이 確固한 者라야 團員이 됨.

四. 團義에 先히 하고, 團員의 義에 急히 함.

五. 義伯 一人을 選出하여 團體를 代表함.

六. 何時何地에서나 每月 一次式 事情을 報告함.

七. 何時何地에서나 超會에 必應함.

八. 被死치 아니하여 團義에 盡함.

九. 一이 九를 爲하여, 九가 一을 爲하여 獻身함.

十. 團義에 返背한 者는 處殺함.[135]

　　의열단의 활동 방향이나 公約十條를 보면 기독교인들로서는 도저히 가담할 수 없는 단체처럼 보이기도 한다. 아무리 민족의 독립을 위해 조직된 단체라고 해도 團義에 返背한 사람은 죽인다는 것은 기독교 신앙인으로서는 받아들이기 어려운 것처럼 보인다. 더욱이 경상도 지역에 전파된 기독교 복음의 성향이 보수적이었다는 것을 생각하면 더욱 그렇다.[136] 그러나 기독교인들 중에는 의열단에 가담한 성도들이 있었다. 이들의 대부분은 의열단 활동 초기에 목숨을 잃었다. 의열단원으로 밀양경찰서 폭파사건을 단독으로 실행한 최수봉(1894~1921)은 기독교인이었다.[137] 그는 부산경찰서를 단독으로 폭파하려고 했던 같은 의열단원 박재혁처럼 혼자 이 일을 결행했다. 일본 경찰들이 지켜보고 있는 가운데서도 '안락의 은

---

135) 朴泰遠, op. cit., 26~27.

136) 밀양은 경남에 위치하고 있어서인지 매우 보수적인 신앙의 모습을 보이고 있다. 밀양은 신사참배에 끝까지 반대했던 한상동(밀양 마산교회) 목사와 이인재 전도사를 배출한 고장이다. 여기에 대해서는 다음의 책을 참고하라.
박선경, 『**밀양지역 기독교100년사**』, 밀양, 밀양교회사연구소, 2003, 213~246; 271~286.

137) 민경배는 "1920년 12월 27일 밀양(密陽) 경찰서에 폭탄을 던진 사람들 가운데 고인덕(高仁德)은 기독교인이었다."(민경배, 『日帝下의 韓國基督教 民族·信仰運動史』, 서울: 대한기독교서회, 1991. 213~214.)고 하였다. 고인덕이 이 사건에 가담한 것은 사실이지만 폭탄 투척은 최수봉 혼자 결행했다. 이에 대해서는 나중에 좀 더 자세하게 다루게 될 것이다.

苦楚에 있다'는 강연을 강행하였다가 결국에는 감옥에서 죽은 고인덕도 기독교인이었다. 밀양에서 가장 치밀하고도 강력하게 3·1운동을 주동했던 김성수도 기독교인이었다. 최수봉에 대해서는 많은 기록이 남아 있지 않다. 고인덕은 그의 아버지 고삼종이 밀양교회를 설립했을 뿐만 아니라 만석꾼으로 불릴 정도로 부자였기 때문에 독립운동에 나서지만 않았다면 고생을 하지 않아도 되었다. 김성수의 경우도 마찬가지다. 그의 할머니 최경수는 밀양지역 최초의 교회인 춘화교회 설립자다. 그의 집안도 춘기리 일대에 집성촌을 이루고 남부럽지 않게 살았다. 따라서 독립운동에 나서지만 않았다면 남부럽지 않게 살 수 있었다.[138]

그렇다면 이들은 왜 의열단에 가담한 것일까? 이들이 의열단에 가담한 이유는 단순히 사상적인 이유만에서일까? 지금까지의 의열단 연구는 역사학자들에 의해 이들이 독립운동가라는 것과 사회학자들에 의해 사회사적 의미에서만 연구하다 보니 의열단에 가담했던 기독교인들의 신앙관에 대해서는 전혀 연구하지 못했다. 의열단에 가담했던 기독교인들의 경우 의열단 초기에 목숨을 잃었다. 그러다 보니 이들에 대한 연구는 더욱 소외될 수밖에 없었다. 그러나 기독교인들의 경우 성경이 우리의 삶을 규정하는 동인(動因)이된다. 그러므로 의열단에 가담했던 기독교인들의 신앙관을 연구한다는 것은 매우 의미 있는 일이다. 이러한 작업을 통해 예수 그리스도가 이 땅에 오셔서 우리와 함께하였듯이 이 땅에 세워진 교회도 지역과 함께해야 한다는 사명감을 일깨워 줄 수 있을 것이다.

---

138) 의열단은 밀양 출신들이 주축이 되어 만들어진 단체이기 때문에 의열단에 가담했던 기독교인들 중에는 밀양 출신들이 많다. 그러나 김상옥처럼 서울 출신도 있다.

하나님을 사랑하는 사람이라면 당연히 나라도 사랑해야 한다는 교회의 가르침이 있었기에 이들은 죽음의 위협을 각오하고 독립운동에 헌신한 것이다. 독립운동을 연구하는 역사학자들은 의도적인 것은 아니라고 할지라도 기독교 신앙을 무시하는 경향이 있다. 사회학자들도 마찬가지여서 독립운동가들의 사상을 연구하면서 기독교인들이 독립운동에 동참한 것은 당시 민족의 독립을 갈망했기 때문이지 신앙 때문이라고 말하는 학자들은 거의 보지 못했다.[139] 물론 한 사람의 일생을 평가하면서 신앙과 사상을 분별한다는 것은 쉽지 않다. 그러나 사상보다 신앙이 앞선다는 것은 역사가 증명하고 있다.[140] 그러면 이제 마지막으로 3·1운동에 참여했던 기독교인들에 대해 평가해 보자.

첫 번째로 이들의 독립운동은 '비폭력 저항운동'이었다. 여기에는 무엇보다도 선교사들의 영향이 컸다. 당시 한국교회 안에는 이미 정교분리의 가르침이 팽배해 있었다. 1901년 이후 선교사들은 자국정부의 지시를 받아 한국교회 성도들로 하여금 기독교인들은 정치에 관여해서는 안 된다고 가르쳤다. 국가에 순종하는 것이 성

---

139) 윤선자, 『한국근대사와 종교』, 서울: 국학자료원, 2002. 윤선자는 이 책에서 그동안 독립운동에 대한 연구에서 기독교인들의 신앙이 도외시되었다고 주장한다. 특히 그는 천주교인답게 천주교가 개신교와는 달리 독립운동에 소극적이었다는 비판을 반대하면서 안중근처럼 천주 신앙을 가지고 독립운동에 적극적이었던 신앙인들도 있다고 하였다. 윤선자는 지금까지의 독립운동 연구에서 기독교인들의 독립운동에 대해서는 침묵하였음을 지적하면서 이 분야의 연구를 촉구하고 있다.

140) 마태복음 26장 51~54. 예수의 제자였던 가룟 유다가 예수를 배반하고 팔자 베드로는 검을 빼어 대제사장의 종을 쳐 귀를 떨어뜨렸다. 이 행동에 대해 예수는 이렇게 말했다. "네 검을 도로 집에 꽂으라. 검을 가지는 자는 다 검으로 망하느니라. 너는 내가 내 아버지께 구하여 지금 열두 영 더 되는 천사를 보내시게 할 수 없는 줄로 아느냐." 베드로는 예수의 제자가 되었음에도 당시의 상황이 급박해서인지 검을 차고 다녔다. 하지만 예수는 자신이 원하는 세상은 검(사상)으로 이루어 가는 세상이 아니라 신앙으로 이루어 가는 세상임을 보여 주었다.

도의 의무라고 가르친 것이다. 여기에서는 자세히 다루지 못하지만 기독교인들에게 있어서 국가관은 매우 중요하다. 기독교인들이 나라를 사랑하는 것은 당연한 일이지만 국가의 권력이 하나님의 뜻을 반했을 때는 경우가 다르다. 예를 들어 1930년대 한국 기독교인들에게 있어서 국가는 일본이었다. 그러므로 한국교회의 입장에서는 일본을 사랑할 수 없었다.[141]

두 번째로 3·1운동은 1920~1930년대 한국교회의 방향성을 제시한 중요한 계기가 되었다. 3·1운동이 실패로 끝난 후 한국교회 안에는 두 가지 양태로 나타났다. 하나는 초월적 신비주의 신앙이다. 길선주, 김익두 목사가 대표적이다. 이들의 신앙관이 한국교회에 끼친 영향은 실로 대단하다. 그 결과 교회가 사회참여에 소극적이 되고 내세 지향적 신앙을 추구하게 되었다. 제2바티칸 공의회 이후 한국천주교회가 이전과는 달리 사회참여를 적극적으로 실시함으로써 백성들의 사랑을 받게 되었는데 한국 개신교는 병원과 학교로 대표되는 사회참여의 길을 포기하고 내세 지향적 신앙관을 절대화함으로써 백성들에게서 멀어지는 결과를 초래하고 말았다. 둘째는 현실적 계몽주의 신앙형태이다. 농촌계몽운동, 문맹퇴치운동, 주일학교 진흥운동, 절제운동 등이 여기에 해당된다.

세 번째로 3·1운동은 기독교인들로 하여금 역사 현실에 참여하는 것이 신앙과 괴리된 것이 아니라는 사실을 가르쳐주었다. 이스라엘의 역사를 보면 하나님을 믿는 이들은 민족의 문제에 무관심

---

141) 이 분야에 대해서는 다음의 책을 참고하라.
　　박용권, 『국가주의에 굴복한 1930년대 조선예수교 장로회의 역사』, 서울: 그리심, 2008.

하지 않았다. 이들은 자신들의 조국인 이스라엘이 적의 침략을 받았을 때 적극적으로 대항했다. 3·1운동은 기독교인들로 하여금 민족의 문제에 적극적으로 동참하는 것이 하나님을 사랑하는 것임을 보여 준 사건이었다.

네 번째로 3·1운동은 종교 간의 연합이 가능함을 보여 주었다. 3·1운동을 처음으로 계획한 사람들은 천도교인들이지만 이들에게는 전국적인 조직망이 없다는 약점이 있기 때문에 기독교의 도움을 청했고, 기독교는 이들의 청을 거절하지 않았다. 이 시대에 종교 간의 갈등이 심화되어 서로 교류하는 일이 거의 없다. 그러나 3·1운동은 종교 간에 협력해야 할 필요가 있음을 보여 주었다. 우리나라에서 불교하면 '호국종교'라는 말이 떠오른다. 그래서 백성들의 사랑을 받았다. 그러므로 기독교도 나라를 사랑하는 종교의 모습을 견지해야 한다. 일본 경찰의 통계에 의하면 3·1운동 당시 이 땅의 기독교 인구는 1.5%였다. 그런데도 독립선언서에 서명한 지도자 중 16명이 기독교인이었다. 체포된 사람의 25%가 기독교인이었고, 그중의 18%가 장로교인이었다.

참고문헌

1. 김영범, 『한국 근대민족운동과 의열단』, 서울: 창작과비평사, 1997.
2. 박선경, 『의열단에 가담했던 기독교인들의 신앙관 연구』, 대구: 계명 대학교 대학원, 2005.
3. 閔庚培, 『日帝下의 韓國基督敎 民族·信仰運動史』, 서울: 대한기 독교서회, 1991.
4. 윤선자, 『한국근대사와 종교』, 서울: 국학자료원, 2002.
5. 朴泰遠, 『若山과 義烈團』, 서울: 白楊堂, 1947.
6. 김승태, 「종교인의 3·1운동 참여와 기독교의 역할」, 한국기독교사 연구 제25호, 1989.
7. 강만길, 『20세기 우리 역사』, 서울: 창작과비평사, 1999.

1920년대의 한국교회

제 9 강 의

1. 들어가는 말

3·1운동이 실패한 운동이냐 아니냐는 시각에 따라 평가가 다를 수 있다. 그러나 독립운동이라는 차원에서만 보면 실패한 것이다. 민족의 독립을 달성하지 못했기 때문이다. 3·1운동이 소기의 목적을 달성하지 못하고 끝난 이후 적어도 일제의 통치에는 변화가 일어났다. 저들은 종래의 '무단정치'를 포기하고(?) 소위 '문화정치'를 표방했다. 1919년 8월 4일, 조선총독이었던 하세가와(長谷好道)가 경질되고 사이토(齊藤實)가 새로 조선총독으로 임명되었다. 그는 헌병제를 폐지하고 보통경찰제의 실시, 일반관리의 패검(佩劍) 금지, 한국인 관리 임명 및 급여규정의 변경, 한글로 된 신문의 허가 등, 표면적으로는 한국인들에 대한 차별을 폐지하고 대우를 개

선하는 정책을 펼쳤다. 그러나 이는 말뿐이었다. 교회를 향한 정책도 마찬가지였다. 교묘하게 더욱 감시와 억압정책을 계속했다. 교회에 대해서도 마찬가지다. 당시 선교사들과의 관계만 신중을 기했을 뿐이다. 왜냐하면 자칫하면 외교문제로 비화될 수 있기 때문이었다.[142] 사이토는 총독부에 종교과를 설치하여 종교행정 및 선교사들과의 연락을 담당하게 하였다. 이제 교회는 구심점이 없었다. 초기와는 달리 선교사들도 이 땅에 복음을 전해야 한다는 미명하에 자신들을 파견한 나라의 정책에 동조했기에 한국교회의 아픔에 동참하지 못했다. 1920년대를 학자들은 '전환과 모색'의 시기로 설명하고 있다. 그만큼 우리의 현실은 암울한 것이었다. 어디로 가야할지 전혀 방향을 잡지 못하고 있었다. 3·1운동 이후 백성들을 인도할 구심점이 완전히 사라지고 말았다. 이제 나라도 없고, 그동안 그래도 백성들이 신뢰할 수 있었던 교회도 사명을 제대로 감당하지 못하고 있었다. 민경배는 1920년대를 이렇게 설명하고 있다.

> "1920년대부터 교회는 밖에서 닥쳐 밀려오는 지적인 분위기의 변화, 반미적 경향, 경제적 시련, 그리고 민족 말살을 획책하는 일제의 탄압 등 여러 가지 엉킨 정황 때문에 역사상 처음 심각한 자기반성의 시기를 겪게 된다."[143]

한편 서정민은 1920년대를 이렇게 설명하고 있다.

> "하나의 신앙이든 신념체계이든 …… 어떤 경향성으로 지향해 가는 방향을 잡으면, 상당 정도 관성을 발휘하는 것이 다수의 역사적 전례이다.

---

142) 한국기독교사연구회, 『한국 기독교의 역사Ⅱ』, 서울: 기독교문사, 1990, 42~43.
143) 閔庚培, 『韓國基督敎會 史 新改訂版』, 서울: 延世大學校 出版部, 1993, 370.

..... 한국기독교는 1907년 이후, 특히 1919년 3·1운동이 현실적인 성과를 얻지 못한 채 마감되면서 더욱 가속화되었다. 한국교회는 이제 그 다수나 주류에 있어서 민족적 현실이나 구체적인 비전을 제시하는 '이 세상'의 자리에서 떠나, 이른바 신앙적으로 승화된 '저 세상'의 목표에 몰입되어 가는 모습을 보였다. 역사적으로 볼 때 기독교회가 지나치게 현실적이고, 사변적이거나 정치사회적인 환경에 접속되어 있는 것도 큰 문제지만, 그 반대로 이른바 '몰역사적' 방향을 잡는 것도 또한 더 큰 문제가 아닐 수 없었다. 이미 1910~1920년대 한국교회사에 이러한 조짐이 농후했다."[144]

민경배와 서정민의 지적처럼 1920년대는 '전환과 모색'의 시기였다. 여기에서 말하는 '전환'은 이런 것이다. 우리나라에 복음이 전래되었을 때 기독교는 나름대로 이 땅의 백성들에게 희망을 주기에 충분했다. 위정자들은 물론이고, 백성들도 교회를 의지할 수 있었다. 그러나 1901년 선교사들이 정교분리를 강조하면서부터 교회는 서서히 백성들에게서 멀어지기 시작했다. 1907년과 1919년 백성들에게 교회가 어느 정도 사랑을 받는 것처럼 보이기도 했지만 3·1운동 이후 백성들은 급격하게 교회를 등지게 되었다. 특히 3·1운동에 참여했던 기독교인들이 보여 준 독립운동에 대한 시각이 백성들에게 원성을 사기에 충분했다. 일제에 대항하는 자세가 너무 평화적이고, 외교론에 의지하는 현상이 강했는데 이미 미국을 비롯한 서구 제국들은 일제의 편을 들고 있었기 때문이다. 이러한 상황에서 교회를 의지했던 식자층들이 급격하게 교회를 등지는 현상이 나타났다. 이광수는 이런 교회를 향해 일갈(一喝)하고 있다.

"원래 하나님의 일과 세상의 일이 구별이 있을 리가 없다. 인류의 복리를

---

144) 서정민, 『한국교회의 역사』, 서울: 살림, 2003, 27~28.

위한 사업은 다 '하나님의 일'일 것이다. 목사·전도사만이 하나님의 일을 하는 것이 아니라 제반 하나님의 일을 각각 분담하는 것이니, 목사·전도사도 실은 하나님의 일 일부를 담당하는 것이요, 상공업자나 학자나 기술자도 다 일부를 담당하는 것이다. 우리는 결코 일요일에 교회당에 가서 찬송하고 기도하는 것만이 하나님께 봉사하는 것이 아니라 다른 육일간에 인류의 복리를 위하여 하는 사업이 온통 하나님께 봉사하는 일이 된다. 차라리 육 일간 봉사하다가 일요일에 안식한다 함이 더욱 지당할 것이다. 농상공업이 어느 것이 하나님의 일이 아니겠는가."[145)]

1920년대에 들었을 때 교회를 향한 백성들의 시각이 어떠했는가를 극명하게 보여 주는 글이다. 그러면 여기에서 1920년대의 한국교회 모습을 몇 가지로 정리해 보자.

2. 사회주의자들의 비판

1920년대 교회는 일부 지식인들과 사회주의자들로부터 배척을 당하기 시작한 시기였다. 물론 이전에도 교회를 향한 비판이 있기는 했지만 이제는 노골적으로 비판하기 시작했다. 당시 민족의 독립에 대한 강한 열망을 가졌던 이들의 입장에서 보면 교회가 3·1운동에서 보여 준 태도에 대해 비판적이었다. 3·1운동이 전국적 규모의 거족적 투쟁이었고, 전 세계 피압박민족 항쟁사에 빛나는 운동이었지만 강도 일본의 총검과 군화에 짓밟혀 단시일 내에 물거품이 되었다. 3·1운동 당시 선포한 『獨立宣言文』의 '공약 3장'에는

---

145) 이광수, 「금일 조선예수교의 결점」, 청년 1917년 11월호에서. 서정민, 위의 책 29에서 재인용.

이런 대목이 있다.

> "일체의 행동은 가장 질서를 존중하여, 오인의 주장과 태도로 하여금 어디까지든지 광명정대하게 하라."

이러한 공약은 기독교정신을 반영한 것이라고 할 수 있는데 이러한 자세로는 일제에 대응할 수 없다는 판단으로 교회를 비판하기 시작한 것이다.[146] 저들은 교회가 민족의 독립에 힘이 되어 줄 것으로 기대하고 교회에 들어왔거나 우호적이었는데 이러한 기대가 무너지자 비판적인 자세를 취한 것이다. 동아일보에는 이런 기사까지 실릴 정도였다.

> "어찌하여 현대의 경찰이 종교는 비상(非常)히 옹호하면서 그를 반대하려는 회합은 금(禁)케 되었는가. …… 이제 확실히 증명되었다. 종교는 현대의 경찰과 동일한 처지와 입장에 있다는 것이다."[147]

이들은 교회를 얼마나 부정적으로 보았는지 교회를 일본 경찰과 동일하게 볼 정도였다. 1925년 12월 25일을 '반기독데이'로 정하는가 하면, 김익두 목사와 같은 부흥사들을 '고등무당'이라고 비난하기도 했다. 저들의 태도가 옳다고 말할 수 없지만 우리는 여기에서도 교회는 민족과 더불어 가야 함을 알 수 있다.

---

146) 3·1운동에 대한 당시 독립운동가들의 비판적인 시각에 대해서는 필자의 학위논문을 참고하라.
박선경, 「의열단에 가담했던 기독교인들의 신앙관 연구」, 대구: 계명대학교 대학원, 2005, 109~114.
147) 동아일보 1925. 10. 25.
한국기독교사연구회, 『한국 기독교의 역사Ⅱ』, 서울: 기독교문사, 1990, 49에서 재인용.

3. 성육신적인 교회 포기

 1920년대 한국교회는 성육신적 교회의 위치를 포기하고 만 시기였다. 그동안 한국교회는 한국의 근대화에 지대한 공헌을 했다. 사장되었던 백성들의 글인 '한글'을 되살린 것은 교회의 큰 공헌이었다. 개신교는 물론이고 천주교도 성경은 물론이고, 교리서를 번역할 때 식자층들이 사용하던 한문 대신 한글을 채용했다. 한국 기독교는 출발부터 백성들과 함께하는 모습을 견지했다. 이로 말미암아 다수의 백성들이 글을 읽고 쓸 수 있게 되었다. 그리고 교회는 인간의 존엄성을 가르쳐 주었다. 특히 여성도 인간임을 가르쳐 주는 등 인간의 존엄성을 각인시켜 주었다. 조선시대는 특정한 계급의 사람들만 인정받는 사회였다. 여성들은 인간대우를 받을 수 없었다. 심지어 이름도 가질 수 없었다. 남성들 중에도 양반계급에 들지 못하면 사람대우를 받지 못했다. 아무리 나이가 많아도 양반이 아니면 양반 자제에게도 경어를 사용해야 했다. 그러나 교회는 이러한 신분차별의 문화를 타파했다. 남학교만 설립한 것이 아니라 여학교도 설립했다. 여성들도 병원에 올 수 있도록 배려했다.

 김제 금산교회의 경우 주인인 조덕삼과 마부인 이자익이 함께 신앙생활을 하고 있었는데 선교사가 인도 하는 공동의회에서 마부인 이자익이 주인인 조덕삼을 제치고 초대 장로로 피택되었다. 그럼에도 조덕삼은 자신의 마부인 이자익을 장로로 정성을 다해 모셨다.[148] 이러한 모습은 개신교보다 먼저 전래된 천주교 안에도 있

---

148) 금산교회에 대해서는 다음의 자료를 참고하라.

었다. 그러나 1920년대에는 교회가 이러한 모습을 상실하고 말았다. 앞에서도 언급한 것처럼 서정민의 지적은 우리가 다시 한 번 진지하게 생각해 보아야 할 대목이다.

> "한국교회는 이제 그 다수나 주류에 있어서 민족적 현실이나 구체적인 비전을 제시하는 '이 세상'의 자리에서 떠나, 이른바 신앙적으로 승화된 '저 세상'의 목표에 몰입되어 가는 모습을 보였다. 역사적으로 볼 때 기독교회가 지나치게 현실적이고, 사변적이거나 정치사회적인 환경에 접속되어 있는 것도 큰 문제지만, 그 반대로 이른바 '몰역사적' 방향을 잡는 것도 또한 더 큰 문제가 아닐 수 없었다. 이미 1910~1920년대 한국교회사에 이러한 조짐이 농후했다."[149]

이제 교회는 더 이상 백성들과 더불어 가는 공동체가 아니었다. 성육신적 교회의 모습을 상실하고 만 것이다. 교회가 보편성을 상실해서도 안 되지만 지역과 더불어 가는 모습을 상실해서는 더욱 안 된다.

4. 신비주의 교회로의 변이

내세주의, 기적주의, 신비주의가 한국교회 안에 자리 잡게 되었다. 1920년대 한국교회는 급속도로 종말론적인 공동체로 변하기 시작했다. 길선주, 김익두, 이용도 등이 대표적이다. 길선주는 1907년 이후 한국교회를 대표하는 지도자가 되었다. 그는 3·1운동 당

김수진, 『金山教會 이야기』, 김제: 금산교회문화재보존위원회, 1999.
149) 서정민, 『한국교회의 역사』, 서울: 살림, 2003, 27~28.

시에는 33인 대표 중의 한 사람이었다. 천도교에서 3·1운동 계획하면서 교회 지도자들과 손잡은 이유가 여기에 있다. 전국적인 조직을 가지고 있는 교회와 손잡지 않고는 소기의 목적을 달성할 수 없다는 판단에서 그동안 비판하던 교회와 손잡았던 것이다. 길선주는 교회지도자인 동시에 민족의 지도자이기도 했다. 그러나 그는 이제 민족의 지도자가 될 수 없었다. 단지 교회의 지도자 자리에 머물렀기 때문이다. 길선주의 사상은 종말론으로 요약할 수 있다.[150] 그는 요한계시록을 다독한 것으로 유명한데 그래서인지 그의 메시지에는 임박한 종말론을 선포하는 경우가 많았다. 그는 유명한 부흥사여서 자신이 섬기는 교회보다는 부흥회를 인도 하는 일에 더 열심이었다. 1922년 이후 길선주는 장대현교회 담임목사이면서도 부흥사로 전국을 순회했다. 그래서인지 1926년 박윤근을 비롯한 사회주의 사상에 물든 청년들이 주동이 되어 길선주와 당회의 죄목을 열거한 유인물을 뿌린 사건이 있었다. 결국 길선주를 추종하는 성도들이 1927년 신현리교회를 장대현교회에서 분립하여 새로 설립하기에 이르렀다.[151] 그는 임박한 종말을 강조했다. 교회가 교회 안에만 머물게 되는 일에 일조한 것이다.

　김익두도 마찬가지다. 그는 한국교회의 부흥회를 대표하는 사람

---

150) 한국기독교사회문제연구원의 조사보고에 의하면 내세가 있음을 믿는 목회자가 98.3%, 평신도는 91.5%이다. 축자영감설을 믿는 목회자는 84.9%, 평신도는 91.3%이다. 이 것만 보더라도 한국교회의 신앙은 보수적이라고 할 수 있다. 이러한 신앙의 유형이 반드시 길선주의 영향이라고 말할 수 없을지라도 그의 영향이 지대했다고 말할 수 있을 것이다.
　　한국기독교사회문제연구원, 『한국교회100년 종합조사연구』, 서울: 한국기독교사회문제연구원, 1982, 56~57.

151) 기독교대백과사전편찬위원회, 『기독교대백과사전 제3권』, 서울: 기독교문사, 1981, 152~153.

이다. 김익두는 불같은 성령의 임재, 기적의 신유를 가져오는 부흥목사로 유명했다. 1919년 12월 경북 달성군 현풍교회에서 열렸던 사경회에서 아래턱이 떨어져 늘어진 박수진이라고 하는 사람을 기도로 고친 일이 있었다. 1920년 경산 사월교회에서는 혈루증으로 고생하고 있던 박달옥이라는 사람을 고친 일도 있었다. 이러한 일들이 얼마나 많았는지 『이적증명』이라는 서적이 발간될 정도였다.152) 여기에서는 다루지 못하지만 1930년대의 이용도도 마찬가지다. 이들은 임박한 종말론 신앙을 가지고 있었기 때문에 한곳에라도 더, 한 사람에게라도 더 복음을 전해야 했다. 이러한 신앙의 모습은 언더우드를 비롯한 초기 선교사들에게서도 발견되는 모습이다.

결국 이들에게 '민족성'이나 '역사성'이라는 것은 발견하기가 힘들다. 한국교회사를 공부하고 있는 필자의 일관된 관심은 교회가 민족과 더불어 가야 한다는 것이다. 기독교가 보편적인 종교인 것은 사실이지만 교회가 설립된 그 나라나 지역과 함께해야 한다. 물론 이것이 상충될 경우에는 신앙의 진리를 따라야 하겠지만 평상시에는 민족과 더불어 가는 공동체가 되어야 한다. 우리나라에 복음이 처음 들어올 때 백성들에게 사랑을 받았던 이유도 여기에 있다. 적어도 선교 초기에는 이 땅에서 교회는 의지의 대상이었다. 1965년 이후 한국천주교회가 백성들의 사랑을 받을 수 있었던 이유도 여기에 있다. 교회의 존재 목적이 백성들의 사랑을 받기 위함은 아니다. 복음을 증거하여 이 땅에 하나님의 나라를 전파하는 것이 교회의 목적이다.153)

---

152) 김익두의 이적에 대해서는 민경배의 책을 참고하라.
　　閔庚培, 『韓國基督敎會 史 新改正版』, 서울: 延世大學校出版部, 1993, 398~401.

한국교회에 깊이 자리 잡고 있는 기적종교의 모습은 이때부터 시작되었다고 말할 수 없을지라도 본격화되었다고 말할 수 있다. 김홍수는 한국교회의 기복적인 신앙의 모습을 한국전쟁과 연결하여 해석하고 있지만[154] 한국인들의 심성에는 이미 기복적인 요소가 있다고 보아야 하고, 한국교회의 역사 속에서만 고찰하더라도 1901년 선교사들에 의해 정교분리의 가르침이 교회 안에 퍼지면서 역사적 참여보다는 개인구원에 더욱 관심을 기울이게 되었고, 1907년 이후에도 이러한 모습이 더욱 확산되었다고 보는 것이 옳다는 것이 필자의 판단이다. 특히 3·1운동 이후에는 이러한 현상이 더욱 가속화되었다고 보아야 한다.

5. 소종파 신앙운동의 대두

1920년대 한국교회 안에는 소그룹 신앙운동이 대두되기 시작했다. 이러한 모습은 1930년대도 마찬가지다. 한국교회가 몰역사적 신앙현상을 띠게 되자 일제는 이를 은연중에 환영했다. 1901년 이후 정교분리를 외치던 선교사들의 목적이 달성된 것이다. 미국정부는 장로교 선교부를 통해 한국에 나가 있는 선교사들로 하여금 한국교회 성도들로 하여금 일제에 대항하지 말도록 가르치라고 요구한

---

153) 대한예수교장로회 신앙고백서에 보면 교회에 대해 이런 고백을 하고 있다.
    "교회는 하나님의 뜻이 이 땅에서 실현되기 위하여 투쟁을 계속해야 한다."
154) 김홍수, 『한국전쟁과 기복신앙확산연구』, 서울: 한국기독교역사연구소, 1999. 이 책은 저자가 서울대학교 대학원에 제출했던 박사학위 논문이기도 하다.

바 있다. 이에 한국에 파송되어 있던 선교사들의 다수는 자국의 이익과 이 땅에 복음을 전하는 일에 장애가 된다는 이유로 정교분리의 원칙을 가르쳤던 것이다. 결국 이 땅의 성도들로 하여금 민족의 문제에 침묵하도록 요구한 것이다. 이 땅에 복음을 전해 준 선교사들의 공을 잊어서는 안 되지만 저들은 어디까지나 자신들을 파송한 나라의 백성이었다. 이들은 선교 초기의 열정을 망각하고 많은 선교사들이 일제에 순응하는 자세를 취했다. 한 걸음 더 나아가 철저하게 친일적이기도 했다.155) 여기서는 기일(奇一, James S. Gale, 1863~1937)을 중심으로 개략적으로 일제치하에서 선교사들이 얼마나 친일적이었는가를 소개하려고 한다. 기일 선교사는 당시 한국에 있던 어떤 선교사보다 우리말을 잘했고, 한국에 대한 이해도 높았다.156) 한규무는 이런 기일의 모습을 다음과 같이 정의하고 있다.

---

155) 민경배는 당시 우리나라에 파송되어 있던 선교사들의 고충을 '선교사들의 어려운 위상: 한·일 사이에서'라는 주제로 다루고 있다. 무엇보다도 선교사들의 생활양식과 주택생활의 사치성, 한인교역자와 비교할 수 없을 정도로 극심한 수입의 차이 등 주종관계와도 같은 상황에서 선교사에 대해 감정이 좋지 않았음을 지적하고 있다. 민경배, 위의 책, 387.

156) 필자는 학위논문에서 기일의 신앙관을 이렇게 요약한 바 있다. 첫째는 토착화신앙이요, 둘째는 호국신앙이라고 했다. 그는 연동교회를 섬기기도 했는데 그가 시무할 당시 나라를 사랑하는 많은 젊은이들이 연동교회로 몰려들기도 했다. 이갑성, 김정식, 이상재, 이원긍 등 이름만 들어도 알 수 있는 많은 이들이 연동교회를 출석했다. 거기에 기일 선교사가 있었기 때문이다. 기일 선교사는 감옥에 들어가 있던 사람들에게 전도했는데 이들은 훗날 민족의 지도자가 되었던 것이다. 3·1운동 당시 파고다 공원에서 독립선언문을 낭독한 정재용도 연동교회를 출석하던 청년이었다. 그런 선교사였음에도 정교분리의 원칙에는 충실했던 것이다. 이 시대에 우리나라는 미국에 이어 선교사를 두 번째로 많이 파송한 나라가 되었다. 우리의 선교사들은 이러한 과오를 범해서는 안 된다. 그리하기 위해서는 전문적인 훈련을 받은 후 선교지로 나가야 한다. 분당샘물교회 청년들이 아프가니스탄에서 보여 주는 것처럼 열정만으로는 안 된다.

"그는 한국에 대한 넓은 지식과 깊은 애정을 갖고 많은 저술을 남겼으며, 한국인과 한국 문화의 우수성에 대해서는 극찬을 아끼지 않았다. 그러나 한국 사회와 정치에 대해서는 매우 비판적이었고, 한국의 멸망을 필연적인 것으로 보았다. 서양 제국의 이권 침탈이나 일본의 주권 침해의 책임역시 한국 측에 있다고 생각했다. 또한 대부분의 선교사들과 마찬가지로 철저한 정치 문제 불간섭의 입장을 취했다. …… 결국 게일은 이 땅의 지식층 교인들로 하여금 정교분리의 원칙에 충실하게, 일본의 침략에 대해서도 직접적인 저항을 하지 않도록 만들었던 것이다."[157]

1920년대 우리의 신앙을 지도하던 선교사들의 모습이 이러했다. 이러한 상황에서 성도들이 취할 수 있는 태도는 결국 둘 중의 하나였다. 선교사들의 가르침에 순응하여 종말론적인 신앙관을 가지고 신앙생활을 계속하는 것이 하나요, 일부 식자층과 사회주의 사상에 몰입하여 교회를 비판하거나 교회를 떠나는 경우가 또 다른 하나이다. 여기에서는 다루지 못했는데 왜 1920년대 이후에 많은 젊은이들이 사회주의로 갈 수밖에 없었는지를 교회는 진지하게 고찰해야 한다. 이때 등장하는 하나의 신앙운동이 소위 '조선적 기독교' 운동 그룹이다.[158] 1910년대부터 '자유교회'를 부르짖었던 최중진이 있었고, 그 이후로 김장호, 이만집, 변성옥 등이 있었다. 이들은 '반선교사' 운동을 전개하기는 했으나 일제의 정책적 지원을 받거나 친밀을 유지했다. 그러나 김교신은 달랐다. 그도 '반선교사' 적 입장을 취하면서도 '항일'하였다. 민족의 문제에 침묵하지 않았다. 필자의 일관된 관심은 이것이다. 교회는 민족과 더불어 가야 한다는 것이다. 지역과 함께하지 않는 교회라면 그 지역에 위치할

---

157) 한규무, 「게일(James S. Gale)의 한국 인식과 한국 교회에 끼친 영향 – 1898~1910년을 중심으로 – 」, 한국기독교와 역사 제4호, 1995, 175~176.

158) 서정민, 『한국교회의 역사』, 서울: 살림, 2003, 34.

이유가 없다. 교회는 지역과 더불어 가는 공동체가 되어야 한다.

　이들은 『聖書朝鮮』이라는 신앙잡지를 발행하기도 했는데 이들은 모두 '무교회운동 그룹'에 속한 사람들이다. 이들은 선교사들의 가르침에서 독립적인 자세를 견지했다. 사상적으로도 일제에 반기를 들고 민족기독교론을 견지했다. 그러면 여기에서 성서조선에 대해 좀 더 살펴보기로 하자. 『聖書朝鮮』은 1927년 7월에 발간된 기독교 계간지다. 김교신, 함석헌 등이 주축이 되어 발간했는데 이들은 일본의 우찌무라(內村鑑三)의 영향을 받은 사람들이다. 이들의 사상은 성서조선 창간사에 잘 나타나 있다.

> "『聖書朝鮮』아 너는 所謂 基督信者보다도 朝鮮魂을 所持한 朝鮮사람에게 가라. 시골로 가라. 山村으로 가라. …… 基督敎의 敵은 누구인가? 基督敎의 敵은 儒敎인가? 아니다. 天道敎인가? 아니다. 無神論인가? 아니다. 唯物史觀인가? 아니다. 社會主義인가? 아니다. 虛無主義인가? 아니다. 汎神論인가? 아니다. 이도 아니요 저도 아니다. 그러면 누구인가. 敎會 그 자체다. 基督信者라 하는 자 그 自身이다. 이를 引導하는 敎職者들이다."[159]

　창간사를 보면 이들이 추구하는 것이 무엇인지를 알 수 있다. 이들에게는 철저한 민족주의 정신이 가득하다. 그리고 기성교회에 대한 비판적 시각이 가득하다. 성서조선에는 애국신앙을 교육하는 글이 실렸다. 그리고 성서를 연구하는 글도 실렸다. 그리고 동인(同人)들의 글이 실렸다. 성서조선은 송두용, 정상훈, 김교신, 양인성, 함석헌, 유석동 등 여섯 명이 함께 만들기 시작했다. 처음에는

---

159) 『聖書朝鮮』 창간사 중에서. 聖書朝鮮 創刊號 1927년, 2〜3. 필자는 1988년 12월 두레성서연구모임(김진홍)에서 복간한 글에서 인용함. 독자를 위해 현대어 표기로 바꾸었다.

계간지로 일제의 검열을 피하기 위하여 일본에 머물고 있는 사람들의 이름과 일본 내 발행처의 주소로 발간했다. 그러나 1930년 5월호(제16호)부터는 여러 가지 사정으로 김교신 혼자 이 잡지를 발행하기 시작했다. 1942년 3월호로 폐간될 때까지 이 잡지는 계속되었다. 이승훈 같은 신실한 기독교 독자도 있었지만 당시 분위기로 기성교회 성도들 중에는 독자가 별로 없었다. 지도자들이 이를 막았기 때문이다.

사실 한국교회가 바른길을 가려고 했다면 이들의 소리에 귀를 기울여야 했다. 역사의 주관자는 하나님이시지만 하나님께서는 스스로 역사를 이끌어 가시는 것이 아니라 사람들을 통해 역사하신다. 그런데 역사를 이끌어 가는 지도자들이 때로는 하나님을 두려워할 줄 모르고 자신들의 명예와 이익을 추구하는 경향이 있다. 다음 장에서 살펴보겠지만 신사참배 문제만 해도 그렇다. 지금 생각해 보면 당연히 신사참배를 거부했어야 했는데 당시 지도자들 중에는 일제의 회유와 위협을 견디지 못하고 신사참배를 허용하고 말았다. 이러한 모습은 천주교도 예외가 아니었다. 이들도 나름대로는 교회를 지키기 위해 최선을 다했다고 하지만 진리의 길을 걸어가지 못했다. 1920년대를 특징지었던 이들의 새로운 소그룹 신앙운동이 한국교회의 주류를 이루지는 못했지만 이 시기 한국교회사를 이해하는 중요한 요소가 되었다.[160] 이들의 외침은 교회를 부정했다기보다는 교회가 교회다워야 한다는 절규였다.

---

160) 서정민, 위의 책, 35.

6. 계몽적 사회운동의 대두

1920년대에 주류는 아니지만 계몽적 사회운동에 나선 이들이 있었다. 1920년대 한국교회의 주류는 보수적 근본주의가 주류였다. 이들은 부흥회적 신앙운동에 함몰되어 개인구원에 치중했다. 이런 흐름에 반기를 들고 일부이기는 하지만 소그룹 운동을 벌인 이들이 있었다. 3·1운동이 실패로 끝나고 난 이후 한국교회는 사회적 관심을 거의 기울이지 못했다. 사회주의자들이 당시의 역사를 주도할 수 있었던 배경에는 교회가 제 역할을 감당하지 못했음을 알아야 한다. 그러나 일각에서는 적극적으로 사회에 참여하는 그룹이 있었다. 농촌운동에 참여한 이들이 대표적이다.[161] 일제의 수탈은 거의 모든 영역에서 이루어졌지만 특히 농촌에서 심각했다. YMCA는 물론이고 장로교 총회에서는 농촌부를 신설하여 농촌운동을 전개하기도 했다.

이들은 생산성 향상과 소득증대, 새로운 농사법 보급 그리고 계몽적 차원의 농촌교육이나 의식개혁 운동 등이 전개되었고, 문맹퇴치 등 이른바 '상록수 운동'도 교회지도자들의 사명감을 고취시켰다. 그 밖에도 금주·금연·절제운동 이 각 교회를 운동지회로 하여 활발히 전개되었다.[162] 그러나 교회의 사회운동은 일정한 한계를 지니고 있었다. 농촌운동만 하더라도 아무리 식량을 증식한다고 해도 결국 그것은 일제에 수탈되었기 때문이다. 3·1운동이 동기

---

161) 한규무, 『일제하 한국기독교 농촌운동』, 서울: 한국기독교역사연구소, 1987. 105~150.
162) 서정민, 위의 책, 36.

는 좋았지만 민족의 독립에 큰 영향을 끼치지 못한 것처럼 사회참
여 노력이 민족적 저항이나 식민지 수탈에 대항하는 데까지는 이
르지 못했다. 물론 이 시대에 교회의 사회참여가 큰 힘을 발휘하
지 못했다고 해서 무가치한 것으로 평가해서는 안 된다. 경북 영
주의 내매교회의 경우 향약을 만들어 마을을 복음화했을 뿐만 아
니라 교회가 마을을 이끌어 가는 역할을 충실히 감당했다.[163] 일생
을 농촌운동에 헌신했던 유재기가 농촌운동에 헌신할 수 있었던
배경에도 내매교회가 자리 잡고 있다. 유재기의 고향교회인 용상교
회가 내매교회에서 분립된 교회이기 때문이다.[164] 내매교회는
1910년부터 성경학교를 열었을 만큼 영주지역의 지도자 역할을 감
당했다.[165] 이러한 운동을 전개했던 이들도 주류를 이루지는 못했
지만 교회가 가야 할 방향을 제시한 신앙인들이었다.

7. 해외 선교 활동

1920년대는 해외 선교 활동이 극대화된 시기이다.[166] 장로교의
경우 독노회가 시작된 1907년에 최초로 7명의 목사를 배출하면서
이기풍을 제주도 선교사로 파송한 바 있다. 그 이후로 총회와 여

---

163) 강창기, 『내매교회 100년사』, 서울: 에덴아트컴, 2007, 143~145.

164) 유신호, 『용상교회 80년사』, 미상: 서림출판사, 2002, 185~186.

165) H. A. Rhodes, "History of the Korea Mission Presbyterian Church U. S. A
    1884~1934", Seoul: Chosen Mission Presbyterian Church, 1934, 357.

166) 이 시기의 해외 선교와 해외한인선교에 대해서는 다음의 책을 참고하라.
    한국기독교역사연구회, 『한국 기독교의 역사Ⅱ』, 서울: 기독교문사, 1990, 99~146.

전도 회원들의 적극적인 노력으로 중국과 일본 등지에 선교사를 파송한 바 있다. 일본에 유학을 가 있는 젊은이들을 위해 선교사를 파송했고, 내몽골과 시베리아 중앙아시아에까지 선교사를 파송했다. 1920년대 들어와서는 해외 선교에 더욱 박차를 가했다. 한국교회의 해외 선교는 근대 이후 여러 가지 이유로 해외로 이주한 한국 이민자들을 위한 선교 프로그램과 순수하게 이웃의 다른 민족들에게 자신들이 수용한 복음진리를 전파해야 한다는 선교적 사명감에 의한 것으로 양분된다. 상해와 북경 그리고 용정 등지의 교회들은 독립운동가들에게 피난처의 역할을 충실히 감당했다. 여기에서는 간략하게 해외 선교사를 파송한 지역과 한인교회 상황을 소개하려고 한다.

1) 미주지역 선교: 하와이 및 북미지역
2) 멕시코 선교
3) 일본 선교
4) 만주 및 시베리아 선교
5) 산동 선교
6) 상해와 남경의 한인선교

1920년대가 '전환과 모색'의 시기였지만 이러한 가운데서도 해외 선교에 힘썼다는 것은 한국교회가 아직은 꺼지지 않은 등불이었다는 것을 증명하는 것이다. 복음에는 생명력이 있어 인간의 부족함에도 하나님께서는 역사하시는 법이다. 지금 힘들다고 낙심할 일은 아니다. 그분께 맡기고 전진해야 한다.

참고문헌

1. 서정민, 『**한국교회의 역사**』, 서울: 살림, 2003.
2. 한규무, 『**일제하 한국기독교 농촌운동**』, 서울: 한국기독교역사연구소, 1987.
3. 한국기독교사회문제연구원, 『**한국교회100년 종합조사연구**』, 서울: 한국기독교 사회 문제연구원, 1982.

신사참배와
한국교회

제
10
강
의

1. 들어가는 말

   신사참배는 한국교회의 아킬레스건과 같아서 쉽게 다룰 수 있는
분야가 아니다. 그럼에도 우리는 신사참배 문제를 다루어야 한다.
신사참배에 대한 분명한 청산이 이루어지지 않았다고 주장하며 한
국교회의 일치에 걸림돌이 되고 있기 때문이다. 일제하 신사참배
문제에 대해서는 이미 많은 학자들이 연구한 바 있다.167) 천주교
측에서는 한국천주교회가 신사참배를 하게 된 이유가 교황청과 주
일교황 사절에 의해 이루어진 타의적인 것이라고 주장하고 있다.

---

167) 일제하 신사참배 문제를 연구한 천주교 측의 연구에 대해서는 다음의 책을 참고하라.
     정동훈, 「일제 강점기하의 한국천주교회와 신사참배에 관한 고찰」, 『敎會史 硏究
     제11집』, 1996, 한국교회사연구소, 59∼107.
     윤선자, 『**일본 군국주의 종교정책과 조선 천주교회의 신사참배**』, 서울: 한국사연구,
     1997.

물론 문규현처럼 교황청의 결정이 있기 전부터 한국천주교회는 이미 신사참배를 실시했다고 주장하는 이도 있지만 이러한 주장은 천주교 안에서는 아직 소수의 의견으로 남아 있다. 이 장에서는 주로 개신교 측의 문제를 다룰 것이기 때문에 천주교 측의 신사참배에 대해서는 참고문헌을 참고하여 연구할 수 있기를 바란다.

2006년 4월 18일 대한예수교장로회 평양노회는 '한국교회의 신사참배결의와 주기철 목사의 순교와 관련하여 하나님께 드리는 평양노회의 참회예배'를 드렸다. 이 예배는 대한예수교장로회 평양노회 주기철 목사 복권추진 및 참회고백 특별위원회의 주관으로 드렸다.[168] 주기철 목사는 한국교회가 존경하는 목사이지만 신사참배를 가결한 노회의 결정을 따르지 않았다는 이유로 1939년 12월 19일 평양 남문 밖 교회에서 열린 평양노회 임시노회에서 목사직 파면을 당했다. 평양노회는 하나님을 신실하게 섬겼던 종을 파면했으면서도 해방 이후에도 진지하게 참회하거나 그의 복권을 추진하지 않다가 이제야 참회예배를 드린 것이다. 이것만 보더라도 신사참배 문제는 아직도 진행형이라고 할 수 있다. 21세기를 살아가고 있는 우리에게 신사참배는 아직도 해결되지 않은 문제로 남아 있다. 하나가 되라는 성경의 가르침을 따라 교회가 연합해야 함에도 신사참배를 거론하며 이에 대한 철저한 청산이 없는 한, 교회의 하나 됨은 불가능하다고 말하는 사람들이 있기 때문이다. 뿐만 아니라 신사참배는 해방 후 한국교회 특히 장로교회의 분열의 중요

---

168) 여기에 대한 좀 더 자세한 내용은 아래의 자료를 참고하라.
대한예수교장로회 평양노회 주기철 목사 복권추진 및 참회고백 특별위원회, 「한국교회의 신사참배결의와 주기철목사의 순교와 관련하여 하나님께 드리는 평양노회의 참회예배」, 서울: 평양노회, 2006.

한 요인이기도 했다. 그러므로 1930년대 한국교회의 역사를 살펴 보려면 반드시 신사참배의 역사를 다루어야 한다. 이 글에서는 신 사참배의 역사 모두를 다 살펴볼 수 없기 때문에 신사(神社)의 본 질과 교회와의 관련성 부분만 살펴보려고 한다.

2. 神社의 성격

　신사(神社)는 일본 고유의 종교인 신도(神道)의 신전을 일컫는 말이다.[169] 신도의 기원은 고대 일본인의 '가미(神)'에 대한 신앙과 이에 대한 제사의식에서 찾아볼 수 있다. 여기에서 '가미'라는 말 은 신격(神格) 혹은 영적인 존재를 가리키는 일본의 고유어로 대단 히 포괄적인 의미를 가지고 있어 자연현상, 경이적인 자연물, 신화 적인 인물, 역사적 위인, 조상들의 영, 절대적인 권력을 가진 자들 을 일본인들은 '가미'로 숭배하였고 이것들을 총칭하여 8십만 신, 혹은 8백만 신이라고 하였다. 따라서 이 '가미'라는 말은 고대인들 의 공통 신앙 형태였던 자연숭배와 조상숭배에서 나온 다신교적 개념이다. 이러한 가미에 대한 신앙이 고대 일본의 천황권의 강화 와 함께 천왕의 조상신으로 여겨졌던 천조대신(天照大神)을 중심 으로 한 신화적 인물이나 영웅들을 신사에 봉제하여 숭배하는 신앙 의 형태로 굳어지게 되었다. 따라서 이러한 신도는 고래(古來)로 일

---

169) '神道'란 일본에서 발생한 전통적인 종교적 관습들로서 이러한 관습들을 뒷받침해 　　　주는 삶의 태도 및 이데올로기를 말한다.

본의 정치권력 내지는 황실과 밀접한 관련을 가지고 발달하였다.[170)

그러나 신도는 교리나 경전보다는 고대로부터의 관습적 의례에 치중하였기 때문에 근대 이전에는 고등종교인 불교에 눌려 그 종속적인 위치에 머물러 있었다. 이렇게 사상적 열세와 천황권의 약화로 막부체계하에서 민간신앙의 차원을 넘어서지 못하던 신도가 17, 18세기 일본의 유학자들에 의해 다시 주목을 받게 되었다. 결국 막부(幕府)[171) 말기에 신도사상에 입각한 배외적 국수주의와 왕정복고를 주장하는 학자들이 많이 나와 메이지유신의 사상적 기반을 제공하였다.

참고로 우리나라에 세워진 최초의 신사는 부산에 위치한 용두산 신사였다. 용두산 신사는 1675년 3월 금도비라신사(金刀比羅神社)로 시작되었다. 일본인들이 부산에 상주하게 되면서 항해의 안전을 기원하는 금도비라신(金刀比羅神)을 모신 신사를 부산진에 세웠는데 1678년 왜관을 용두산 기슭으로 옮기면서 쓰시마 번주(宗義眞)가 금도비라신사를 용두산에 건립하였다. 이 신사가 1894년에는 거류지 신사로 개칭되었다.[172)

---

170) 한국기독교사연구회, 『한국 기독교의 역사Ⅱ』, 서울: 교문사, 1990, 285.

171) 막부는 1192년에서 1868년까지 일본을 통치한 쇼군의 정부를 말한다. 천황은 상징적인 존재가 되고 쇼군이 실질적인 통치권을 가졌다. 1192년에 미나모토 요리토모(源賴朝)가 가마쿠라(鎌倉)에 최초의 막부를 설치하였다.

172) 이상규, 「용두산 신사는 누가 불태웠는가?」, 부경교회사연구 제6호, 2007, 59~60.

3. 조선총독부의 종교정책

① 1915년 3월 개정한 '개정사립학교규칙'은 기독교 학교에서 성경과목을 가르치거나 예배를 드리지 못하게 하고, 교수 용어도 일본어를 사용하게 함.

② 1915년 8월 16일 '포교규칙(조선총독부령 제83호)' 공포. 각 교파가 포교를 하고자 하는 경우와 예배당 등의 종교시설을 설립하고자 하는 경우에는 조선총독의 허가를 받도록 하고 포교의 방법 및 포교관리자가 부적당하다고 인정될 경우에는 그 변경을 명할 수 있도록 규정하고 있다.

③ 1917년 9월 3일 조선예수교장로회 총회에서 내무부장관 우사미(宇佐美勝夫)는 연설을 통해 "우리나라의 역사를 돌아보더라도 또 제국헌법의 조항을 참고하더라도 국가로서 종교의 자유를 확실히 보장하는 것은 우리나라 종래의 국시입니다. …… 종교로서 참으로 인민은 법을 지키고 충성하는 사람이 되게 하며 국민적 진보를 돕는 것밖에 다른 어떠한 목적을 가지지 않는 경우에는 본디부터 이를 환영하는 데 인색하지 않는 바입니다."[173]

④ 1921년 조선총독부 학무국에서 발행한 「조선통치와 기독교」라는 자료에서 '제3총독부 제도 개선과 기독교'에서 일제는 구체적인 유화책으로 조선총독부 학무국에 종교과를 신설하여 종교행정

---

[173] 김승태 편역, 『일제감정기 종교정책사 자료집 — 기독교편·1910 ~ 1945』, 서울: 기독교문사, 1990, 109~114에서 재인용. 이 책에서 김승태는 일제강점기 종교정책의 역사를 다음과 같이 나누고 있다. 첫째 1910년대 종교탄압정책기, 둘째 1920년대 종교회유분열책동기, 셋째 1930년대 종교억압정책기, 넷째 1940년대 종교말살정책기.

에 관한 사무를 처리하게 하였고, '특히 종교를 이해하는 사람을 얻는 데 주력하여 과원 가운데 두 사람의 기독교인을 배치하였다. 그리하여 이 기독교 신자인 직원은 영어에 능통한 촉탁으로서 주로 외국인과의 연락 기관으로서 친히 외국인과 사귀며 상호의사를 소통함으로써 총독부 정치의 철저를 기하기에 힘썼다.'

⑤ 1938년 2월 조선총독부는 「基督教에 對한 指導對策」이라는 자료를 통해 한국교회에 대한 적절한 탄압과 회유를 통해 일제에 순응하는 기독교를 만들고자 하였다.

⑥ 1940년 '基督教에 對한 指導方針'을 통해 한국교회에 대한 통제와 탄압을 더욱 강화했다. 이들이 '지도의 근본 방침'으로 내세운 것은 '물심양면에 걸친 조선 기독교의 구미 의존관계를 근절하여 일본적 기독교로 순화 갱생하게 하는 것'이다. 그 내용은 다음과 같다.

> 1. 물질적 방면에 대한 지도
> 1) 외국인 선교사회가 경영하는 교육기관 기타 각종 사회사업을 점차 접수할 것.
> 2) 외지 전도국에 대한 재정적 의존관계를 차단하고 내선 기독교에 의한 재정의 자립을 촉진시킬 것.
> 2. 정신적 방면에 대한 지도
> 1) 교역자 양성기관에 대한 학무국 지도 감독에 대하여 적극적으로 원조할 것.
> 2) 각파에 상설적 집행기관을 설치하게 하여 감독 지도의 철저를 기할 것.
> 3) 성서 찬송가에 대하여 재검토를 가할 것. 아울러 일요학교 교과서 기타 각파의 출판물에 대하여 엄중하게 단속을 할 것.
> 4) 각파의 교헌(教憲), 교규(教規)를 재검토하여 적정한 개혁을 하게 할 것.
> 5) 현재 경영 중인 각파의 기관지에 대하여 그 편집 내용에 적극적인 지도를 가하여 국체관념의 함양과 시국인식을 철저하게 하도록 개선하고 널리 각 교도에게 구독하게 할 것.

6) 신사참배의 철저

① 일반 민중의 신사참배에는 교도를 반드시 참배하게 할 것.

② 기독교계 경영학교 직원 생도는 일반학교와 마찬가지로 신사에 참배하게 할 것.

7) 교도는 각 집에 국기를 구입하여 갖춤과 동시에 교회당은 국기게양탑을 설치하고 축제일 기타 이유가 있는 경우에는 게양하게 할 것.

8) 집회 시에는 반드시 다음의 행사를 실시하게 할 것.

① 4대절 기타 이유가 있는 의식을 거행할 때에 국가의 봉창.

② 궁성요배

③ 황국신민의 서사 제창

9) 국체와 아울러 시국인식의 철저를 위하여 강연회, 좌담회 등을 개최할 것.

10) 각파를 국민정신총동원연맹에 가맹하게 할 것.

11) 교도는 될 수 있는 한 청년단, 반공단 또한 애국부인회, 국방부인회, 애국여자단 등에 가입하게 할 것.

12) 조선숭배(祖先崇拜) 관념의 양성을 조장하고 기독교의 조선숭배 배격의 잘못을 깨닫게 할 것.

13) 국체에 순응하는 기독교 재건의 자가에 기초한 운동에 대하여 이를 견제 또는 저해하는 것 같은 장애를 제거할 것.

14) 외국 선교사에 대한 지도 단속을 강화할 것.[174]

⑦ 1940년부터 시행된 '종교단체법'은 당시의 전시상황을 빌미로 하여 종교에 대한 강력한 통제를 실시하려는 일제의 의도가 나타나 있다. 여기에서는 몇 개의 조항만 살펴보자.

제16조: 종교단체 또는 종교교사의 행하는 종교교의(宗敎敎義) 선포 또는 의식집행 혹은 종교상 행사가 안녕질서를 방해하며 또는 신민(臣民)된 의무에 배치될 때는 주무대신이 이를 제한 또는 금지하며 교사의 업무를 정지하고 혹은 종교단체의 설립인가를 취소할 수 있다.

제17조: 종교단체 또는 그 기관의 재직자가 …… 기타 공익을 해할 만한 행위를 행한 때는 주무대신이 이를 취소하고 정지 또는 금지하며 또 기관에 재직자의 개임(改任)을 명할 수 있다.

---

174) 김승태 편역, 『일제감정기 종교정책사 자료집 - 기독교편·1910~1945』, 서울: 기독교문사, 1990, 126~127에서 재인용.

제18조: 주무대신은 종교단체에 대하여 감독상 필요할 경우에는 보고를 징수(徵收)하여 실황을 조사할 수 있다.[175]

결국 '종교단체법'은 종교단체의 존폐를 조선총독부가 장악하려는 음모에서 비롯된 것임을 알 수 있다. 한국교회사에서 다룰 분야가 아니어서 깊이 다루지는 못하지만 당시 일본교회는 일제의 이러한 만행에 침묵하거나 당연한 것으로 여겼다.

    "우리는 성서가 가르치는 바에 의하여 모든 권위는 神이 세우신 것으로 믿으며 일본제국에 군림하시는 만세일계의 천황을 봉헌하고 국헌을 존중하며 국법에 순종한다."[176]

우리는 일본교회의 이러한 태도에서 교회가 지향해야만 하는 길을 보게 된다. 교회가 추구하는 진리는 보편성을 견지해야 한다. 그러면서도 자신이 속한 민족을 사랑해야 한다. 만약 이 둘이 상치될 때는 우리는 보편성을 먼저 추구해야 한다.

4. 천주교회의 신사참배

개신교인들 중에는 장로교회와 달리 한국천주교회는 처음부터 신사참배를 한 것으로 아는 사람들이 많다. 그러나 한국천주교 안

---

175) 戶村政博 編, 『神社問題と キリスト教』, 東京: 新教出版社, 1976, 400~405. 김승태의 위의 책, 307~314에서 재인용.
176) 土肥昭夫, 『日本プロテスタント·キリスト教史論』, 東京: 教文館, 1987, 159. 구라타 마사히코, 『일제의 기독교 탄압사』, 서울: 기독교문사, 1991, 38에서 재인용.

에도 신사참배를 반대했던 역사가 있다. 천주교회는 로마 교황청의 입장을 따를 수밖에 없다. 그런데 교황청은 유교와 신도의 명확한 구별을 하지 못했다. 1922년 조선천주교회는 「서울교구지도서」 (Directorium Missionis de Seoul)를 통해서 신사참배에 대한 입장을 표명하였다. 여기에 의하면 천황의 사진에 절하는 것은 미신적 행위가 아니다. 그러나 신사참배를 하거나 신사에서 거행하는 예식에는 어떤 지향적이든지 참석해서는 안 된다고 하였다.[177] 따라서 조선천주교회는 공식적으로 신사참배를 할 수 없었다.

1924년 10월 강경공립보통학교에서 강경신사 예제일(例祭日)에 기독교 신자 학생들 중에서 26명이 결석하고 40여 명이 신사참배를 거부하는 일이 있었다. 이들 중에는 다수가 개신교인이었지만 천주교를 신봉하는 학생도 있었다.[178] 당시 강경은 나바위 본당 관할이었으며 카다스(Cadars) 신부가 사목하고 있었다. 이 일로 20명의 천주교를 신봉하던 학생이 퇴학처분을 받았다. 1925년 6월 서울교구 성서활판소에서 발간한 『天主敎要理』에 의하면 신사참배는 이단이라고 하였다. 단지 천황에게 절하는 것은 허용했다. 이처럼 조선천주교회가 처음부터 신사참배를 행한 것은 아니다.

그러나 1932년 『天主敎要理』 제2판을 발행하면서 신사참배를 허용한다고 수정했다.

    "신사참배는 비록 그 시작은 종교적이라 할지라도 지금은 일반의 인정과

---

177) 「서울교구지도서」(Directorium Missionis de Seoul) 22항.

178) 윤선자, 「일본군국주의 종교정책과 조선천주교회의 신사참배」, 『한국사연구 제98집』, 1997, 146. 신사참배를 거부한 이유를 묻는 교장에게 천주교를 신봉하던 학생은 신부의 가르침 때문이라고 대답했다.

관계 당국의 성명에 의하여 국가의 예식으로 되었기 때문에 종교적인 것과 혼동할 것이 아니다. 즉 국민의 한 사람으로 마땅히 예를 행해야 하며 또한 일월일단(一月元旦) 같은 날에도 시메나와 등의 장식을 할 수 있다."[179]

물론 이것은 조선천주교회 주교들의 의견을 모아 간행한 것은 아니었다. 서울교구장 뮈텔과 서울교구 선교사들에 의해 간행되었다고 보인다. 그러면 왜 1932년을 기점으로 조선천주교회의 입장이 바뀌었을까? 사실 이때만 해도 조선천주교회 대부분의 입장은 신사참배를 반대하는 것이었다. 서울교구를 제외한 메리놀회 평양교구 선교사, 대구교구 선교사, 연길교구 선교사들은 공개적으로 신사참배를 반대했었다. 그러나 천주교 측에서는 서서히 신사참배를 허용하는 입장으로 선회하고 있었다. 1932년 파리외방전교회 게브리앙(Guebriant) 주교가 조선천주교회를 방문하여 파리외방전교회와 협력과 일치를 강조했다. 이때 일본 히로시마 교구장(대목구장) 로스 몬시뇰은 「신사참배에 관하여」(De Communication in Jinda Sampai)라는 보고서를 통해서 신사참배를 신학적으로 용인할 수 있다고 하였다.[180] 1933년 1월 주일교황사절 무늬는 평양교구에서 활동하던 메리놀회 선교사들이 신사참배를 반대하자(평양교구장 모리스, 중화본당 콜만, 스위니 신부 등) "그것은 단지 애국심과 천황에 대한 충성을 나타내는 것뿐이다."라고 하였다.[181] 1933년 3월 6일부터 16일까지 서울에서 개최된 주교회의에서 신사참배 문제를 다루었는데 개별적으로 신사참배 문제에 직면했을 경우 주일

179) 최창근, 『천주교요리 제2판』, 1932, 275.
180) 정동훈, 「일제 강점기하의 한국천주교회와 신사참배에 관한 고찰」, 『교회사연구 제11집』, 1996, 78.
181) 위의 논문 83~84를 참고하라.

교황 사정 무늬의 견해를 조선에서도 용인한다고 표명했다. 그러나 공식적인 신사참배는 교황청의 결정이 내려질 때까지 보류한다고 하였다. 결국 조선천주교회는 1936년 5월 26일 교황청 포교성의 훈령에 의해 신사참배를 허용하게 되었다.

> "가톨릭 신앙에 반대되는 행위들에 큰 편견을 지니지 말아야 하며, 또한 동시에 국가에 대한 사랑의 표현으로서 이해될 수 있는 그런 행위들과는 진지하게 협력해야 한다."[182]

결국 한국천주교 신도들은 신사참배에 참가할 수밖에 없었다. 종교와 정치가 야합할 때 어떻게 되는가를 보여 주는 대목이다. 교회는 세상 속에 위치하면서도 세상에 매몰되지 않고 빛과 소금이 되어야 한다.

5. 신사참배 강요에 대한 한국교회의 자세

일제의 신사참배 강요는 1930년에 본격화되었는데 이 시기 최초의 신사참배 거부사건은 1932년 9월 평양에서 발생했다.[183] 이 행사는 1931년부터 시작된 만주사변에서 죽은 전몰장병들을 위한 위령제를 겸하고 있었는데 기독교학교에서는 교리상의 이유로 이 제례에 참석할 수 없다고 거부하였다. 이에 일제는 제례가 끝난 후

---

182) Pluries Instanterque, 위에 언급한 정동훈의 논문, 101에서 재인용.

183) 참고로 우리나라에서 최초의 신사참배 반대운동은 강경에서 있었다. 여기에 대해서는 이미 앞에서 언급한 바 있다. 강경에서의 신사참배 반대운동은 1924년의 일이다.

국민의례에만 참석하는 것으로 타협안을 제시했다. 그러나 그 후 전국의 각 학교에 신사참배여행명령(神社參拜勵行命令)을 지시함으로써 이 문제는 기독교와 선교회를 심각한 논쟁으로 몰고 갔다.[184] 조선예수교장로회총회는 1932년 제21회 총회에서 이 문제를 본격적으로 거론하였다. 그 후 매년 이 문제를 다루었지만 신사참배 거부 의사를 표명했다. 그러나 일제의 강압을 이기지 못하고 1938년 9월 제27회 총회에서 신사참배를 결의했다. 감리교의 경우에는 1936년 6월 당시 감리교 총리사였던 양주삼이 조선총독부 초청 좌담회에서 일제의 뜻을 따르기로 하였다. 또한 시기에는 각각 차이가 있지만 성결교, 구세군, 성공회, 안식교, 천주교도 장로교보다 앞서 신사참배를 결의했다. 일제는 식민지 교육의 근본적인 목적을 천황제 이데올로기에 입각한 동화정책에 두었고 이를 실현하기 위한 방법으로 교육기관을 통한 신사참배를 강요하게 되었다.

> "朝鮮이 日本帝國의 一部요, 우리 帝國은 萬世一系의 天皇이 그것을 統治하고, 朝鮮人이 世界一等國民의 백성이 되고 행복한 生活을 영위하는 것은 모두 皇室의 은택에 의한 것."[185]

이와 같은 목적을 가지고 있던 일제는 1930년대 들어 이전의 소극적인 자세를 버리고 적극적인 자세로 돌아섰다. 1932년 9월 9일 평안남도 도 당국은 공사립 중등학교 교장을 소집해 만주사변 1주년을 기념하는 전몰자 초혼제 및 위령제에 학생들을 참가시키라고

---

184) 이진구, 「神社參拜에 대한 朝鮮基督敎界의 對應樣相 硏究」, 『한국기독교와 신사참배문제』, 서울: 한국기독교역사연구소, 1991, 331.

185) 김승태, 위의 책, 217~218.

통첩했다. 그러나 숭실전문학교를 비롯한 10개의 기독교 학교가 이에 불응했다. 1933년에는 평양을 비롯하여 원산의 진성여자보통학교, 함흥 영생학교 등에서도 유사한 일이 발생했다. 그러나 일제의 기독교 학교에 대한 탄압의 혹독한 탄압은 1935년에 발생했다. 1935년 11월에 발생한 소위 '평양 기독교계 사립학교 교장의 신사참배 거부사건'이 계기가 되었다. 결국 1937년부터 1939년에 걸쳐 대부분의 기독교계 학교들은 폐교하거나 인퇴(人退) 처분하였다.

신사참배 강요는 학교에서 시작되었는데 이어 교회에도 그 압력이 가해지기 시작했다. 이에 신사참배 거부운동은 크게 두 가지 방향으로 전개되었다. 첫째는 일제 당국이나 일제의 영향력 있는 기관 또는 인사들에게 신사참배를 강요하지 말 것을 청원하는 '신사참배 강요 금지 청원운동'이요, 둘째는 일제의 강요에 끝까지 저항하여 신앙과 교회를 지키고자 한 '신사참배 거부 권유운동'이었다.[186] 신사참배 반대운동자들을 도표화하면 다음과 같다.[187]

교파	지역	신사참배 반대운동자
장로교	평북	고흥봉 목사, 김기성 전도사, 김승룡 집사, 김영락 전도사, 김의홍 전도사, 김인희 전도사, 김창인 전도사, 김화준 전도사, 박신근 집사, 서정환 전도사, 심을철 전도사, 안이숙 선생, 양대록 집사, 오영은 집사, 이광록 집사, 이기선 목사, 이병회 집사, 장두회 집사
	평남	김의창 목사, 박관준 장로(출옥 후 사망), 방계성 전도사, 오윤성 전도사, 오정모 집사(주기철 목사 부인), 이약신 목사, 이주원 전도사, 주기철 목사(옥사), 채정민 목사, 김선두 목사(만주로 이거)
	황해	박경구 목사, 이종근 목사
	함남	신의균, 신필균, 안승주, 위병언, 이계실 목사, 이창수, 한복현, 한상몽, 한윤몽, 한치상, 홍종선, 홍종현

---

186) 한국기독교역사연구소, 『한국 기독교의 역사 Ⅱ』, 서울: 기독교문사, 1990, 331~332.
187) 위의 책, 336~337.

교파	지역	신사참배 반대운동자
장로교	경남	강문서 장로, 강창주 집사, 김두석, 김묘년 집사, 김야모, 김여원 집사, 김영숙, 김점룡 전도사, 박경애 전도사, 박성근 목사, 손명복 전도사, 염애나, 이봉은 권사, 이술연, 이찬수 전도사, 이현속 전도사, 조경우 강도사, 조수옥 전도사, 조용학 영수(취조 후 사망), 주남선 목사(일명 주남고), 최덕지 전도사(일명 김덕지), 최상림 목사(옥사), 한상동 목사, 한영원 전도사
	충북	송용회 목사, 허성도 목사(옥사, 일명 허원훈)
	전북	김가전 목사, 배은회 목사, 최양서
	전남	강순명 목사, 구피덕 목사, 김남수 장로, 김상두 목사, 김순배 목사, 김영갑 전도사, 김용하 목사, 김원식 장로, 김정복 목사, 김창옥 장로(출옥 사망), 김형모 목사, 김형재 목사, 나덕환 모사, 나옥매 전도사, 바동환 전도사, 박병근 전도사, 박연세 목사(옥사), 박용회 목사, 박창귀 장로, 박팽동 장로, 배은덕 장로, 백영흠 목사, 선재연 목사, 선춘근 장로, 손양원 목사, 양용근 목사(옥사), 오동옥 목사, 오동환 장로, 오석주 목사, 오정환 장로, 유재학 집사, 이남규 목사, 이용선 전도사, 장현경 전도사, 정인세, 조상학 목사, 조용택 전도사, 황두현 장로
	만주	계성수, 김성심, 김순복 전도사, 김양순 전도사, 김윤섭 전도사(옥사), 김응필 전도사, 김택영 집사, 김형락 전도사, 박명순 집사, 박의흠 전도사(옥사), 박인지 집사, 신옥녀 전도사, 전봉성 전도사, 전준덕 전도사, 전최선 전도사(옥사), 정치호 전도사, 최용삼, 한수환 전도사
감리교		강종근 목사(옥사), 권원호 전도사(옥사), 신석구 목사, 이영한 목사(옥사), 최인규 전도사(옥사), 이진우 목사, 최한호
성결교		김연 목사(취조 중 사망), 박봉진 목사(출옥 후 사망)
동아 기독교		김영관 목사, 김용해 목사, 김재형 목사, 노재천 목사, 박기양 목사, 박성도 목사, 백남조 목사, 신성균 목사, 이종근 목사, 이종덕 목사, 장석천 목사, 전치규 목사(원산, 옥사)
안식교		최봉현 목사(출옥 후 사망)

이렇게 신사참배 거부로 인해 투옥된 이는 대략 2천여 명에 달하고 2백여 교회가 폐쇄되었으며 50여 명이 순교하였다. 그러나 아직 이 분야의 연구가 부족하여 그 전모를 밝히지 못하고 있다. 이러한 신사참배 거부운동은 우상숭배를 거부하고 신앙의 순수성을 지켰으며, 당시 교회의 변질을 경고하였다는 점에서 교회사적으로 중요한 의미를 지닐 뿐 아니라 일본적 체제를 부정하고 민족말살 정책에 대한 저항적인 성격을 지녔다는 점에서 그 민족사적 의

미 또한 큰 것이다.

그러면 이제 신사참배에 굴복한 아픔의 역사를 살펴보기로 하자. 미국 북장로교 선교부의 경우 신사문제에 비타협적 입장을 고수한 선교사들이 있었다. 숭실학교 교장이었던 매큔(G. S. McCune)과 홀드크로프트(J. G. Holdcroft) 등이 대표적이다. 이에 반해 언더우드(H. H. Underwood)와 쿤스(E. W. Koons) 등은 현실론에 입각하여 타협적인 입장을 취했다. 미국 남장로교 및 호주장로교 선교부는 신사참배에 거부하는 입장을 취했다. 1937년 2월 내한한 미국 선교본부 해외 선교부 실행위원회 총무 풀턴(C. D. Fulton)이 남장로교 선교사 총회를 소집하여 '학생들과 교직원들에게 신사참배를 시키기보다는 차라리 학교를 폐쇄할 것'임을 밝히는 '한국 학교에 대한 정책'을 발표함으로써 신사참배 문제에 대해 타협하지 않을 것임을 분명히 하였다. 일제가 신사참배를 본격적으로 강요하자 1937년 9월 선교부에서 운영하는 학교 10곳의 폐교를 결정했다.

한편 호주장로교 선교부는 자신들의 선교지역인 경남지역에서 신사참배가 문제되자 1936년 2월 7일 마산에서 선교부 임시회의를 열고 "우리는 창조주이시며 우주의 지배자이시며 인류의 아버지로서 계시되시는 유일하신 하나님을 예배하기 때문에, 그리고 다른 영들에게 바쳐지고 그곳에서 일반적으로 예배행위가 행해지는 신사에 참배하도록 하는 명령에 순응하는 것은 하나님의 명백한 명령에 불순종하는 것이 될 것이기 때문에 우리는 그러므로 우리 자신이 그러한 불순종을 하거나 우리 학생들에게 그렇게 하도록 가르칠 수 없다."고 결의했다.[188] 그러나 호주장로교 선교부는 남장

---

188) Edith A. Kerr, George Andrew, "The Australian Presbyterian Mission in

로교 선교부처럼 강하게 대항하지 못하고 신사에 참배하되 헌물을 바치거나 기도는 하지 않는다는 타협안을 제시하며 학교운영을 계속하려고 하였다. 그러나 일제가 이를 거부하자 신사참배를 거부하고 1939년 진주학교를 폐쇄하였다.[189]

캐나다연합교회 선교부는 자신들의 선교지역인 함경도 지역에서 처음에는 신사참배를 거부하였으나 타협적인 자세로 돌아섰고, 1938년에는 일제의 '신사비종교론(神社非宗敎論)'을 수용하여 신사참배를 하는 단계에까지 이르게 되었다. 감리교 선교부는 신사참배 문제에 대하여 전체적으로 수용하는 입장을 취하였다.

6. 나가는 말

신사참배는 한국교회 역사에서 가장 치욕적인 사건이었다. 니케아 콘스탄티노플 신조의 증언처럼 교회는 하나이고, 거룩하고, 보편적이고, 사도적이어야 한다. 성령이 거해야 할 교회가 신사참배를 했다는 것은 교회의 거룩성을 상실한 엄청난 사건이었다. 그리고 신사참배는 민족과 더불어 가야 할 교회가 민족을 포기한 사건이기도 했다. 그러나 더욱 심각한 문제는 다음의 장에서 살펴보게 되겠지만 한국장로교회의 분열로 이어지는 사건이었다. 회개는 철저해야 한다. 입으로만 회개하는 것은 그리 큰 의미가 없다. 삶으

Korea 1889~1941", Sydney: Australian Presbyterian Board of Mission, 1970, 57.
189) 사와 마사히코(澤正彦), 「일제하 '신사문제'와 기독교주의 학교」, 『한국기독교와 신사참배문제』, 서울: 한국기독교역사연구소, 1991, 420.

로 회개해야 한다.

1992년 6월 18일 한경직 목사가 한국교회의 발전에 기여한 공로를 인정받아 종교인의 노벨상으로 불리는 탬플턴상(Templeton prize)을 받았다. 그 식장에서 한경직 목사는 "나는 신사에 참배한 죄인으로 이 상을 받을 자격이 없습니다. 다만 이 상은 영락교회와 한국교회에 주는 것으로 알고 받겠습니다."라는 발언을 했다. 솔직한 고백에 많은 사람들이 충격을 받았다. 한경직 목사는 한국교회가 존경하는 인물이었는데 그도 신사참배의 문제에서는 자유롭지 못했다. 그만큼 신사참배 문제는 이 시대에도 반드시 해결해야 할 문제이다. 아직도 철저하게 회개하지 못했다고 주장하며 연합운동을 거부하는 이들이 있기 때문이다. 독선이어서도 안 되지만 이제는 일제하에서 신사참배를 행한 죄를 철저하게 회개하고 연합으로 나가야 한다.

참고문헌

1. 김남식, 『신사참배와 한국교회』, 서울: 새순출판사, 1990.
2. 김인수, 『일제의 한국교회 박해사』, 서울: 대한기독교서회, 2006.
3. 구라타 마사히코, 『일제의 한국기독교 탄압사』, 서울: 기독교문사, 1991.
4. 김승태, 『한국기독교의 역사적 반성』, 서울: 다산글방, 1994.
5. 김승태 편역, 『일제강점기 종교정책사 자료집』, 서울: 한국기독교역사연구소, 1996.
6. 김승태 엮음, 『한국기독교와 신사참배문제』, 서울: 한국기독교역사연

구소, 1991.

7. 김승태 엮음, 『**신사참배 거부 항쟁자들의 증언**』, 서울: 다산글방, 1993.

8. 김승태, 『**한말 · 일제강점기 선교사 연구**』, 서울: 한국기독교역사연구소, 2006.

9. 한석희, 『**일제의 종교침략사**』, 서울: 기독교문사, 1990.

10. 최덕성, 『**한국교회 친일파 전통**』, 서울: 본문과 현장 사이, 2000.

해방 직후
한국교회

해방은 감격 그 자체였다. 그러나 냉철하게 보면 해방은 우리에게 상처와 함께 많은 과제를 안겨주었다. 38선이 그어져 조국이 남한과 북한으로 양분되었고, 교회 안에서도 과거를 청산하고, 하나님께서 원하시는 교회를 만들어 가지 못하고 분열로 치닫는 죄를 범하고 말았기 때문이다. 해방 직후 한국교회의 역사를 다루려면 이 시대의 북한교회도 다루어야 하지만 여기에서는 남한교회의 동향을 중심으로 살펴보고자 한다.

1. 해방 후 민족적 과제

해방 직후 서울의 모습을 강원용은 이렇게 기술하고 있다.

"가족이고 친구고 친지고 다 이북에 놔두고 혈혈단신 월남한 나는 처음에 어리둥절한 채로 낯설기만 한 환경에 적응을 하느라고 신경을 써야 했다. …… 우선 나를 놀라게 한 것은 종로 화신백화점 곁에 당당하게 휘날리던 커다란 붉은 깃발과 서울의 온 거리에 잔뜩 붙어 있는 붉은 대자보들이었다. 전부 공산당이 만들어 붙인 대자보들이었으니, 공산주의가 싫어 서울로 내려온 내가 그것을 보고 충격을 받지 않을 수 없었다. …… 또 하나 나에게 충격을 주고 울분을 참지 못하게 한 것은 친일파들의 건재였다. 이북에서는 일본사람들을 '야뽄스키'라며 총으로 다 죽이고 친일파는 잡아다가 그 죄상을 심판했는데, 이남에서는 일본인들이 버젓이 활개를 치고 다닐 뿐만 아니라 친일파 인사들 역시 마음대로 거리를 돌아다니고 있었으니 나는 '도대체 어떻게 이럴 수 있을까?' 하고 의분을 참지 못했다."[190]

강원용의 말처럼 해방 직후 서울의 모습은 혼돈 그 자체였다. 무엇보다도 과거를 철저하게 청산하지 못하고 만 것이다. 집을 지으려면 반석 위에 지어야 하는데 반석을 마련하지 못하는 과오를 범하고 말았다. 해방 직후 민족적 과제는 다음과 같다.

첫째, 일제청산이다. 강원용의 글에도 나오는 것처럼 북한에서는 일제청산이 이루어졌는데 남한에서는 이루어지지 못했다. 여기에는 미국의 지지를 받고 있었던 이승만 세력이 자신들의 열세한 위치를 만회하고, 정권을 잡으려는 목적에서 친일파 세력과 손잡았기 때문이다.

둘째, 민주화 운동이다. 우리나라는 서구의 나라들처럼 자연스럽게 근대국가를 형성할 수 있는 기회를 갖지 못했다. 조선의 국운이 기울면서 동시에 외세의 침탈을 받았기 때문에 더욱 그리했다. 특히 36년 동안 일제의 지배를 받았기 때문에 민주국가를 건설한

---

190) 姜元龍, 『빈들에서 - 선구자의 땅에서 해방의 혼돈까지』, 서울: 열린문화, 1993, 153 ~154.

다는 것은 불가능했다. 따라서 해방 후 겉으로는 민주국가를 건설한 것 같았지만 실제로는 그러지를 못했다. 따라서 자유, 민주, 복지국가를 건설해야 할 과제를 안고 있었다.

셋째, 민족통일의 과제가 있었다. 1945년 8월 15일 해방이 되었지만 이미 남북으로 분단되어 있었기 때문에 민족통일의 과제가 있었다. 남한은 미국이 지배하고 있었고, 북한은 소련이 지배하고 있었기 때문에 외세의 힘을 빌리지 않고 통일국가를 건설하기는 거의 불가능해 보였다.

2. 해방 후 남한교회의 재건과 분열

2.1. 해방 직후 친일 교역자들의 태도[191]

해방이 한국인 모두에게 '복음'이었던 것은 아니다. 친일파에게 있어 해방은 오히려 절망이었다. 교회도 예외는 아니어서 친일행위를 한 사람들에게는 해방되었다는 사실을 마냥 기뻐할 수만은 없었다. 그러나 북한과는 달리 남한에서는 친일파가 별다른 처벌을 받지 않았다. 행정공백을 우려한 미군정과 그들의 힘을 빌리고 있었던 이승만 때문이었다. 교회 안에도 마찬가지여서 신사참배를 행했거나 친일행위를 한 사람들이 크게 처벌받지 않았다. 심지어 당

---

191) 한규무, 「해방 직후 남한교회의 동향」, 서울: 한국기독교와역사 제2호, 기독교문사, 1992, 40. 이 장에서는 주로 한규무의 글을 토대로 작성하려고 한다.

당하게 나오는 사람도 있었다.

"獄中에서 苦生한 사람이나 敎會를 지키기 爲하여 苦生한 사람이나, 그 苦生은 마찬가지였고 敎會를 버리고 海外로 逃避生活을 했거나 或은 隱退生活을 한 사람의 수고보다는 敎會를 등에 지고 日帝의 强制에 할 수 없이 屈한 사람의 노고가 더 높이 評價되어야 한다고 主張하는 것이 었다. 그리고 神社參拜에 대한 悔改와 責罰은 하나님과의 直接關係에서 解決될 性質의 것이라고 主張하는 것이었다."[192]

신사참배를 결의한 조선예수교장로회 27회 총회의 총회장 홍택 기 목사가 해방 직후 한 말이다. 신앙양심도 없고, 상식에도 맞지 않는 이러한 논리가 당시 친일행위를 했던 기독교인들에게도 가득 했음을 극명하게 보여 주는 대목이다. 이런 사람들이 교회의 지도 자로 다시 나섰던 것을 생각하면 안타깝기 짝이 없다. 역사를 공 부하는 이유 중의 하나가 여기에 있다. 일시적으로는 마음 아프기 도 하고, 죄스럽기도 하지만 죄의 문제는 즉시 해결해야지 뒤로 미룰 성질의 것이 아니라는 사실을 배우게 된다.

2.2. 남부대회의 조직과 교단의 환원

해방 이후 나타난 최초의 개신교 연합정치기구는 '남부대회'였 다. 남부대회는 본래 1945년 7월 19∼20일에 결성되었다. 일제의 강력한 종교통합정책에 의해 '일본기독교조선교단'이라는 이름으로 결성되었다.[193] 해방을 한 달 앞두고 결성되었으니 이들은 앞날을

---

192) 金良善, 『韓國基督教解放十年史』, 서울: 大韓예수교長老會總會 宗教教育部, 1956, 46.

전혀 내다보지 못했다.[194] 해방이 되었을 때 유일한 유형적 교회 조직이었다. 이들은 갑자기 바뀐 상황 속에서도 통합된 교단 형태로 교회의 정체를 존속시키려고 하였다. 이들이 내세운 논리는 두 가지였다. 첫째는 비록 일제의 강압에 의해 이루어진 것이기는 하지만 교파를 초월한 단일교단이 이루어진 만큼 그것을 존속시키는 것이 한국교회의 장래를 위해 도움이 될 것이라는 논리다. 둘째는 교회 외적인 정치적 상황의 변화에서 근거를 찾고 있다.

> "將來 建國의 主導權을 가질 李承晩 博士 金九 先生 金圭植 博士 等이 모두 基督信者이었기 때문에 教會는 그들에게 建國理念을 提供하며, 그들을 積極 支援해야 할 義務가 있다고 생각하였으며, 그 義務를 遂行하기 爲하여는 自教派로 還元하여 分散하는 것보다는 各 教派의 統合體인 教團이 그대로 存續되어 强力한 勢力을 構成하는 것이 더 좋을 것으로 생각되었다."[195]

그러나 이러한 이유보다도 더욱 중요한 이유는 정치적 욕망과 함께 각 교파로 환원될 경우 자신들을 향해 쏟아질 비난을 우려했기 때문이다. 이에 일본기독교조선교단의 통리였던 김관식 목사를 비롯하여 장로교 측에서는 김영주, 송창근 및 김종대, 함태영 등이, 감리교 측에서는 강태희, 김영섭, 심명섭 등 목사들이 주축이 되어 '일본기독교조선교단'이라는 이름을 '조선기독교단'으로 바꾸고 그

---

193) 이덕주, 「남부대회의 조직과 소멸」, 韓國基督教史研究 제30호, 1990, 23.
194) 서정민, 「일제말 '일본기독교조선교단' 형성과정」, 한국기독교와 역사 제16호, 2002, 71~100.
　　이 논문에 보면 해방을 앞두고 왜 '일본기독교조선교단'이 형성되었는지, 중심적인 인물은 누구이며, 어떤 과정을 거쳐 형성되었는지를 시기별로 고찰하고 있다.
195) 金良善, 『韓國基督教解放十年史』, 서울: 大韓예수교長老會總會 宗教教育部, 1956, 50.

해 9월 8일 새문안교회에서 남부대회를 소집했다. 그러나 대회는 시작부터 순탄하지 않았다. 변홍규, 이규갑 목사 등을 비롯한 수십 명의 감리교 대표들이 감리교의 재건을 선언하고 퇴장해 버렸기 때문이다. 그래도 이 대회를 존속시키려고 노력하는 사람들이 그해 11월 27~30일 정동제일교회에서 '조선기독교남부대회'를 열었다. 이때 대회장에는 김관식, 부대회장에는 김영섭 목사가 선출되었다. 여기에서 다음과 같은 사업을 하기로 결의했다.

1) 조선독립 촉성(促成)을 위하여 3일간 금식 기도키로
2) 대한민국 임시정부를 절대 지지키로
3) 대회장 방미(訪美) 시는 물심양면으로 협조키로
4) 선교사 내한 환영의 편지 발송키로
5) 38도 문제와 조선 완전 자주 독립키 위하여 미국교인에게 여론을 환기할 것과 트루먼 대통령에게 진정키로
6) 제주 한림교회 구제키 위하야 성탄 시 연보키로
7) 1946년 1월 제1차 주일을 출판부주일로
8) 1946년 2월 제1차 주일을 청년부주일로
9) 1946년 3월 제1차 주일을 신학교주일로
10) 폐쇄되었던 교회를 속히 문을 열기로
11) 기관지 발행키로
12) 유년 및 장년공과 발행키로
13) 각 교구회마다 종교교유강습회 개최키로
14) 전도목사 2인 채용하되 예산은 감사연보 2할을 수입(收入)키로
15) 찬송가 합편 발행키로
16) 성서공회 및 기독교서회와 연락키로
17) 종전 기독교 계통의 학교는 기독교계로 환원할 것이며 성경을 정과(正課)로 편입토록 교섭키로
18) 중앙방송국에 교섭하야 일요강화(日曜講話)키로
19) 형무소에 목사를 파견 전도키로[196]

---

196) 基督敎公報 1946년 1월 17일자 「朝鮮基督敎南部大會」

여기에 보면 반성하는 자세가 전혀 나타나 있지 않다. 이들에게
는 자신들의 지위를 유지하는 일에만 급급하고 있음을 알 수 있다.
그러니 오래갈 수 없었다. 앞에서 언급한 것처럼 1945년 9월 8일
새문안교회에서 모였을 때 일부 감리교회 지도자들이 감리교의 재
건을 외치며 퇴장한 바 있다. 이들을 중심으로 같은 해 12월 17일
'감리교유지위원회'를 결성하고, 감리교의 재건을 선언했다. 그리고
1945년 11월 3일 주남선 목사가 출옥하자 그를 노회장으로 하여
경남노회가 재건되었고, 12월 5일에는 배은희 목사를 노회장으로
하여 전북노회가 재건되었다. 무엇보다도 해방 직후 월남한 이북
출신 교역자들도 독자적인 남한교회만의 총회 구성을 반대하고 있
었으므로 남부대회는 남한의 친일교단 잔존세력의 모임이라는 의
심을 받기에 이르렀다. 결국 1946년 4월 30일부터 5월 2일에 정동
제일교회에서 제2차 조선기독교 남부대회가 열려 배은희 목사를
대회장으로 선출하기도 했지만 이미 규모가 축소되었고, '본 대회
성격을 재토정(再討定), 각 교파는 각자 성격대로 활동키로' 결정
함으로써 사실상 남부대회의 해체를 선언하기에 이르렀다.

조선기독교 남부대회는 출발부터 신앙적이지 않았다. 교회연합
이나 하나 됨은 성령 안에서 하나님의 주도하에 이루어지는 것이
지 인간의 인위적인 노력으로 되는 것이 아니다. 특히 친일행위를
했으면서도 이에 대한 철저한 회개를 포기하고, 새롭게 자신들의
기득권을 추구하는 사람들이 주도한 이 대회는 그리 역사가 길 수
없었다.

3. 이승만 정권하 남한교회의 동향

3.1. 이승만 정권과 교회의 관계

해방 후 이승만 정권이 성립되자 교회는 환영하는 분위기였다. 그가 기독교인이라는 이유에서였다. 미군정하에서 '기독교 국가'로의 희망을 갖고 있던 기독교인들은 동일한 종교를 갖고 있는 이승만 정권이 들어서자 환영하지 않을 수 없었다. 1948년 5월 31일 초대국회가 열릴 때 국회의장 이승만은 이윤영 목사로 하여금 먼저 하나님께 기도를 드리도록 했다. 이에 의원들이 모두 기립한 채 이윤영은 다음과 같은 내용의 기도를 드렸다.

> "오랜 시일에 걸쳐 괴로움에 잠겨 있던 이 민족을 보호하여 주시고 인간의 역사를 승리로 이끄시는 하나님께서 감격의 이날을 맞게 하여 주시니 감사합니다. 원컨대 우리 민족과 함께 앞으로 길이 독립을 주시고 평화를 세계에 펴게 하시와 자손만대에 빛나는 역사를 전하는 자리가 되게 하여 주소서."

당시 198명의 국회의원 중 약 20%에 해당되는 40여 명이 기독교인이었다. 이들은 '기독교의원구락부'까지 만들어 친목과 함께 기독교적 입장에서 행동을 통일하려고 하였다. 그렇다고 당시 교회가 이승만 정부와 갈등이 없었던 것은 아니다. 1948년 5월 9일 총선거가 주일로 정해지자 교회가 격렬한 반대운동을 펼쳤다. 이에 정부는 5월 10일로 날짜를 변경했다. 그리고 1949년에는 기독교 학생들이 국기배례를 거부하자 교사에게 구타를 당해 항의하는 일도 있었다. 물론 이러한 일들로 이승만 정권과 교회가 심각한 갈등의 단계까지 나가지 않았지만 일정한 긴장관계였음은 분명하다.

3.2. 반민특위 활동과 교회

1948년 9월 공포된 '반민족행위 처벌법'을 시행하기 위해 설치된 '반민족행위 특별조사위원회(반민특위)'는 친일부역자를 처벌함으로써 일제의 잔재를 청산하고 민족정기를 되살린다는 뜻을 가지고 있었다. 이때 반민족행위자로 분류된 사람은 682명이었는데 그중에는 김길창 목사를 비롯하여 김동만, 김인선, 박희도, 양주삼, 전필순, 정인과, 정춘수 목사도 포함되어 있었다. 이에 교계는 이들의 선처를 호소하는 진정서를 제출하기도 했다. 반민특위의 활동은 대다수 국민들의 지지를 받았음에도 친일파를 중심으로 한 반대세력을 이기지 못하고 역사 속으로 사라지고 말았다. 이승만도 이들의 활동에 부정적이었고, 친일파를 등용한 상황에서 이들의 활동을 기대한다는 것 자체가 무리였다. 세상이 이러했다고 해도 교회는 철저하게 과거를 회개하고 청산해야 했는데 오히려 그들의 뒤를 따르고 말았다.

4. 장로교 분열의 역사

1884년 미국 북장로교 알렌(Horace N. Allen)이 선교사로 내한하여 의료선교활동을 시작한 이후 1885년에는 언더우드와 아펜젤러가 내한하였고, 1889년에는 호주장로교, 1892년에는 미국 남장로교, 1898년에는 캐나다 장로교가 한국선교를 시작했다. 이러한 상황에서 선교사들은 서로 합력해야 할 필요성을 느껴 1893년 장로교선교공의회를 조직했고 이 조직이 1907년 독노회 출범의 밑거름이 된 것이다. 1901년에는 평양신학교를 설립했다. 1907년에는 미국 북장로교, 미국 남장로교, 호주 장로교, 캐나다 장로교 선교사들이 모여 독노회(獨老會)를 조직했다. 독노회는 하나의 노회라는 말이기도 하지만 실질적으로는 선교사들이 속해 있던 노회에서 독립된 노회라는 말이다. 당시 선교사들은 신학교를 설립하고 신학생을 양성하고 있었는데 이들이 신학교를 졸업하고 목사가 되려면 노회에서 목사안수를 받아야 했다. 그러면 선교사들이 속해 있는 노회에서 안수를 받아야 하는데 여기에는 많은 무리가 따르기 때문에 독립된 노회를 설립해야 할 필요성을 느꼈던 것이다. 그리하여 선교사들이 속해 있는 노회에서 독립된 노회를 설립했던 것이다.

비록 이 땅에 들어와 선교한 선교사들은 교파가 달랐지만 하나의 장로교회를 이 땅에 심고 있었다. 따라서 한국장로교회는 적어도 해방을 맞이하기까지는 사도신경과 웨스트민스터 신앙고백, 12신조 등 같은 내용의 신앙을 고백하고 있었다. 그러나 해방 이후 상황이 급변하기 시작했다. 한국장로교회가 분열하게 된 배경에는 신사참배 문제와 신학사상 문제가 가장 컸다. 물론 통합 측과 합동 측의 분열이 보여 준 것처럼 분열의 정당성을 확보하지 못한 채 감정대립(?)에 의한 분열도 있었다. 통합 측과 합동 측의 분열에 대해서는 별도로 살펴볼 것이기 때문에 여기에서는 1959년 이

전의 장로교 분열에 대해서만 간략하게 다루려고 한다.

4.1. 대한예수교장로회 재건(재건교회)

재건교회가 공식적으로 시작된 것은 1948년 2월 18일이다. 그날 경남 기장 대변에서 30여 교회 대표들이 모여 임시중앙위원회를 소집하고, '예수교 장로교 재건교회'를 조직했기 때문이다.[197) 이듬해인 1949년 2월 진해에서 모인 중앙위원회가 재건운동은 장로교에만 국한된 것도 아니고 장로교 외의 재건운동자들도 있을 수 있으므로 장로교라는 특정 교파명을 부기하지 않고 '예수교재건교회'로 명칭을 변경했다. 이 당시 재건교회에 가담한 교회 수는 경남 지방의 30개 처를 포함하여 전국적으로 100여 개 교회였다.[198) 재건교회가 기존의 장로교회에서 분열하면서 내세운 이유는 다음과 같다.

> 1) 한국교회의 구체적인 범죄
>   신사참배를 이행하기로 하고 일제에 충성을 맹세한 범죄는 다음과 같다.
> (1) 비행기 헌납: 영, 미 출신 목사들이 침략 전쟁에 자진금품 모집해 바침, 평화의 종교를 깨뜨림.
> (2) 예수님의 도성인신을 부인: 기독교 근본진리의 부인이고 신인합일의 부정.
> (3) 천조대신의 미소기 세례: 한국기독교 대표 30여 명이 한강에서 일본 우상신에 굴복함.
> (4) 예배당 종 헌납: 참된 영을 일깨우는 성종을 군함과 대포 만드는 데 내어 줌.

197) 이상규, 「한국교회사에서 본 재건교회의 과제」, 부·경 교회사 연구 제16호, 2008, 25.
198) 최훈, 『한국재건교회사』, 서울: 성광문화사, 1989, 124.

(5) 성일을 작업일로 만듦: 하나님께 예배하는 성일을 봉사 작업일로 만듦.

(6) 성전축소: 하나님의 거룩한 예배당을 병기 제조공장, 군인환송 대합실로 만듦.

(7) 만왕의 왕설 부인: 예수는 만왕의 왕으로서 재림함을 부인토록 찬송가, 성경 고침.

(8) 신사참배 거부 성도 고발: 목사가 진리를 지키는 순진한 양들을 일본 관헌에 고발, 구속함.

(9) 영, 미 격멸기도: 해방되는 아침까지 신사참배는 계속되고 영, 미 격멸을 위해 기도함.

(10) 시국인식 순회강연: 진리를 선포하고 복음을 전할 목사가 시국인식 선전만 함.199)

재건교회는 일제치하에서 일제에 굴복하여 우상을 숭배하고도 이에 대한 철저한 회개를 하지 않는 이들과는 함께할 수 없다고 재건교회를 설립하게 된 것이다.200)

재건교회, 그 역사의 시작은 일제 말기로 거슬러 올라간다. 당시 조선총독부는 한국의 식민지화 – 내선일치정책에서 가장 걸림돌인 한국교회의 말살을 위해서 회유와 강압 등의 정책을 펼쳐 나갔다. 특히 강압정책으로는 신사참배, 동방요배 등을 들 수 있다. 신사참배는 1936년부터 해방 직전까지 강요된 정책으로 한국교회의 강력한 반발을 불러일으켰다. 일제의 탄압이 그 수위를 더해 갈수록 순교자가 나오는 반면에, 또한 배교자가 속출하기 시작했다. 해방 전에는 장로교파도, 감리교파도, 성결교파도 하나였다. 가톨릭이 가장 먼저 신사참배를 공식으로 승인하였고, 그 이후 여러 개신교 교파들이 차례로 굴복을 해 나갔으나, 조선예수교장로회는 끝까지 반대투쟁을 벌여 나갔다. 그러나 1938년 9월 9일 평양 서문 밖 교회에서, 일본순경 97명의 삼엄한 감시하에 개최된 조선예수교장로회 제27차 총회(총대: 27개 노회, 총대: 목사 219명, 장로 89명, 선교사 35명

---

199) 편집위원회, 『마산재건교회 창립50년사』, 마산: 마산재건교회, 1996, 51～52.

200) 객관적인 판단은 독자들에게 돌리기 위해 재건교회의 주장을 그대로 인용한다. 여기에서는 마산재건교회의 홈페이지에서 인용했다. 이들 교단의 공식명칭은 대한예수교장로회(재건)이다.
http://msjaegun.or.kr/

중 4명 결석, 339명 참석)는 한국장로교회역사상 가장 치욕적인 오점을 남겼다.

"아등(我等)은, 신사는 종교가 아니고 기독교의 교리에 위배되지 않는 본의(本意)를 이해하고, 신사참배가 애국적 국가의식임을 자각하고, 이에 신사참배를 솔선 이행하고 추(追)이 국민정신 총동원에 참가하여 비상시 국하에서 **총후(銃後)**황국신민으로서 정성을 다하기로 기함"(제27차 총회 회의록)

장로교회가 공적으로 일본 우상 앞에 굴종하자 전국의 소수의 신실한 무리들은 순교를 각오하고 신사참배반대운동에 나서게 되었고, 그들은 잡혀가서 혹독한 고문과 매질을 당했고, 순교자가 나오고, 더러는 환란을 피해 산중으로 피신하기도 했다. 그런 역사적 상황을 배경으로, 재건교회가 이 땅에 태동케 된 것이다. "오직 하나님께 영광을"(사42:8)이란 표어 하에, "여호와께만 충성하자. 철두철미 회개하자. 깨끗한 성전을 지어 바치자."라는 3대주의를 붙들고, 일본의 우상 앞에 우상숭배 죄악으로 무너진 한국교회를 다시 재건하자는 취지하에서 재건교회가 이 땅에 세워진 것이다. 교파는 대한예수교장로회에 속한다.

그 이후 재건교회는 한국교회의 재건과 갱신을 위하여, '순교신앙, 경건신앙, 그리고 한 손엔 복음/다른 한 손엔 빵' 정신으로 오늘에 이르고 있다. 중도에서 지나친 율법주의, 정죄주의, 편협한 교단적 성향으로 인하여 교회사적으로 부정적인 비평과 오해를 받았음은 사실이나, 그러나 분명한 것은 갈멜산 상의 엘리야처럼, 다니엘처럼 일본의 우상 앞에 순교를 각오하고 신앙의 절개를 지킨 믿음의 선진들로 구성된 교회이고, 칠흑 같은 어둠의 시대에 한국교회에 소망을 준 교회라는 사실이다.

재건운동이란? 일제치하 종교 말살 정책과 황국 신민화 정책의 일환으로 일본의 신사에 절을 하고 동방요배, 묵도, 국기배례, 국민서사를 요구해 왔다. 이에 대해 한국교회가 총회 차원에 이것을 받아들이면서 하나님만 예배하고 우상을 섬기지 말라는 하나님의 계명을 어기면서 타락의 길에 들어서게 되었다. 이뿐 아니라 해방 이후에도 계속해서 그 죄를 자복하고 회개하지 않는 한국교회를 바라보면서 한국교회 갱신과 재건을 주장한 것이 재건운동이다. 일부에서는 아직까지도 재건운동, 재건교회에 대한 편견을 가지고 있는 분들이 많이 있다. 이는 당시 한국교회가 겪고 있는 상황을 바르게 이해하지 못하고 오늘날의 가치관이나 기준에 맞추어 그 재건운동, 재건교회를 평가하기 때문이다. 이제는 이 재건운동이 새롭게 평가되어야 하고, 또한 오늘날 한국교회에 다시 한 번 재건운동을 일으켜야 할 때가 되었다. 때문에 재건운동의 기본적인 취지가 무엇인지 아는 것은 한국교회 갱신에 토대를 쌓는 일이 될 것이다.

1) 재건운동은 예배회복(부흥)운동이었다

1938년 9월 10일 제27회 예수교 장로회 총회는 성경을 모독하고 진리를 배도하는 신사참배를 시행할 것을 결의하는 성명서를 발표하였다. 1943년에 한국기독교는 어느 교파를 막론하고 그 명칭이 해체되고 '일본 기독교단 조선지부'라는 단체를 만들었다. 이리하여 한국교회는 하나님의 영이 떠나고 '가마다나'로 대신하고, 하나님의 영광을 찬송하던 찬송이 '가미가요(일본국가)'로서 우상을 찬양하고 하나님께 예배하던 예배가 동방요배로 바뀌어지고, 하나님께 우리의 소원을 간구하던 기도는 800만 잡신을 묵념하게 되었다. 이에 항거하던 양심적인 목회자들인 주기철(옥중 순교) 목사를 위시하여 경남에서는 최상림 목사, 최덕지, 김영숙, 염애나 등 여전도사, 한상동 목사, 주남고 목사, 등이 구속되었다. 여기서 재건운동의 두 가지 특색이 나타났는데 옥중에서 투쟁과 밖에서의 기도이다. 특히 이 두 가지는 다 예배를 중심한 재건운동이었다. 이들은 성경의 '다니엘'이 하루 세 번 예배한 것을 기초로 하여 오전 11시와 오후 3시 그리고 새벽과 밤 예배를 합쳐 하루 4차 정식 예배를 드리게 되었다. 그들 중 최덕지 목사는 옥중에 있으면서도 이 예배의 시간을 빼앗기지 않으려고 투쟁하였던, 그리고 지켜 냈던 유일한 인물이었다.

2) 재건운동은 회개운동이었다

해방의 종소리와 함께 평양 형무소에서 출감하신 최덕지 전도사는 1945년 12월 월남하여 허물어진 제단과 속화된 한국 기독교를 재건하기 위하여 신앙 재건 진리 운동을 전개하였다. 이 집회가 열리는 방방곡곡에서는 회개와 통곡의 눈물이 홍수처럼 치밀고 재건의 봉화가 삼천리강산에 불붙기 시작했다. 이러한 회개 운동은 한국교회 재건의 다섯 가지 원칙에서 잘 드러나 있다. 한국교회 재건의 다섯 가지 원칙은

첫째, 교회의 지도자들은 모두 신사참배를 하였으니 권징의 길을 취하여 통회 정화한 후 교역에 나갈 것.

둘째, 권징은 자책 혹은 자숙의 방법으로 하되 목사는 최소한 2개월간 휴직하고 통회 자복할 것.

셋째, 목사와 장로의 휴직 중에는 집사나 혹은 평신도가 예배를 인도할 것.

넷째, 교회 재건의 기본원칙을 전국 각 노회 또는 지교회에 전달하여 일제히 이를 실행할 것.

다섯째, 교역자 양성을 위한 신학교를 복구, 재건할 것.

필자는 여기에서 재건교회에 대한 평가를 유보하려고 한다. 이미 한국교

회가 평가를 내렸다고 여겨지기 때문이다. 당시 이들의 요구는 무리한 것이 아니었다. 이들이 자신들만 의인처럼 행세하고, 편협한 자세를 유지한 것은 유감이라고 할지라도 이들의 주장은 당연한 것이었다. 이제라도 한국장로교회는 이들의 목소리에 겸허하게 응답해야 한다. 그래야만 하나됨을 향해 나갈 수 있는 좀 더 나은 조건이 조성될 것이기 때문이다. 아울러 재건교회도 이제는 너무 교리만 앞세우지 말고, 과거에 얽매이지 말고 서로 사랑하라는 성경의 말씀에 순종하여 용서하는 자세를 가져야 한다.

4.2. 대한예수교장로회 고신(고신파)[201]

미북장로교 선교사 H. N. Allen 의사가 입국하여 의료선교로 복음전도의 길을 열고 1885. 4. 5 H. G Underwood 선교사의 입국으로 장로교 선교는 활발히 시작되었다. 1893. 1 장로회 선교사 공의회가 조직되고 1901. 5. 15 평양 장로회 신학교 개교, 1907. 9. 17 조선예수교장로회 독노회가 조직되어 장로교 교회 확장은 잘 되었으나 1932년부터 일기 시작한 신사참배 강요로 기독교 학교가 어려움을 겪고 1938. 9. 10 제27회 총회는 신사참배하기로 가결하니 진리를 수호하는 주의 신실한 종들은 신사참배 반대운동을 전개하였다. 평양 장로회 신학교가 문을 닫고 주기철, 한상동, 주남선 목사 등은 검속되어 평양형무소에서 옥고를 치르다가 주기철 목사 등 많은 분들이 순교하고 한상동, 주남선 목사, 손명복, 조수옥 전도사 등은 평양형무소에서, 손양원 목사는 청주 감옥에서 1945. 8. 15 해방을 맞아 출옥하였다. 이들은 한국교회 재건의 주역이 되었고, 순수한 개혁주의 보수신학교를 세우기로 하고 1946. 6. 23 진해에서 하기신학강좌를 개최하고 9. 20에 고려신학교를 개교하였다. 1948. 4. 제34회 총회는 고려신학교 학생 추천문제를 "고려신학교는 총회와 아무런 관계가 없기 때문에 노회가 천서를 줄 수 없다." 하여 문제가 제기되고 이때부터 총회 내엔 출옥성도들이 중심된 고려신학교를 거세하려는 움직임이 일기 시작하고 장로교 분열의 움직임이 보이기 시작하였다.
① 1950년 4월: 경남노회는 출옥성도들을 거북스럽게 여기는 친일목사들

---

201) 여기에서 객관적인 판단은 독자들에게 돌리기 위해 고신 측의 주장을 그대로 인용한다. 여기에서는 고신 측 총회 홈페이지에서 인용했다. 이들 교단의 공식 명칭은 대한예수교장로회(고신)이다.
http://new.kosin.org/

의 세력이 점차 확산되고 고려신학교 천서 문제를 반대하여 오다가 경남 노회는 5개가 되었다.

② 1950년 4월 21일: 제36회 총회는 경남노회 총대문제로 개회벽두부터 소란이 일다가 급기야는 경찰이 동원되어 진압이 되고 총회는 유회가 되었다. 그리고 2개월 후 6·25전쟁이 터졌다.

③ 1951년 5월: 제36회 총회 시 고려신학교를 지지하는 경남(법통)노회 총대가 받아들여지지 않고 경남(법통)노회는 총회와 관계없는 것으로 선포가 되었다.

④ 1952년 4월 29일: 제37회 총회는 고려신학교와 그 관계자들(경남 법통노회)은 총회와 하등의 관계가 없다는 총회 측의 재언명과 경남(법통)노회의 엄주신 장로의 고별선언을 최후로 고려학교를 중심한 경남(법통)노회는 총회와 결별이 되었다.

⑤ 1952년 9월 11일: 경남 진주 성남교회당에서 제1회 총노회가 조직되고 총노회 조직의 취지와 목적을 발표하였다.

취지: 현 대한예수교장로회 총회는 본 장로회 정신을 떠나서 이교파적으로 흐르므로 이를 바로잡아 참된 예수교장로회 총회를 계승하기 위하여 총노회를 조직한다.

목적: 정통적인 대한예수교장로회 정신을 지지하는 전국교회를 규합하여 통합하며 개혁주의 신앙 운동을 하며, 법통총회를 장차 계승키로 한다.

⑥ 1952년 9월 22일: 신사참배한 일에 대하여 목사, 장로, 남녀 전도사의 자숙기간을 3주간 정하고 공인 죄와 자인 죄를 통회·자복하다.

노치준의 지적처럼 고신 측의 분열에는 어느 정도 신학적인 타당성이 있다. 소위 '출옥성도'들의 주장처럼 하나님 앞에 죄를 범했으면 당연히 회개해야 한다. 이들의 이러한 주장을 한국교회가 받아들이지 않았다는 것은 그 어떤 이유로도 정당화될 수 없다. 이들은 '출옥성도'들의 요구대로 최소한 2개월간 휴식하고 통회·자복하는 시간을 갖는다면 자신들의 지위가 흔들릴 것을 염려하고 이들의 주장을 거부했다.[202] 그러나 이들은 너무 편협적으로 흐르는 신학적 경향을 고수하느라 함께 가려고 하는 자세를 포기함으로써 결국 분열의 길을 걸을 수밖에 없었다.

1951년 5월 24일 속개된 장로교총회는 '고신파'를 정죄하였고, 이에 '고신파'는 이른바 '경남법통노회'를 별도로 조직하였다. 이 분립노회는 1954년 3월에 총회를 조직하여 별도의 조직을 갖추어 나갔다. 신사참배 문제를 바르게 해결하려는 시도는 좋았지만 그러한 이유로 서로를 정죄하고 교회의 하나 됨을 깨뜨리는 또 다른 죄를 저지르게 되었다. 그러면

---

202) 노치준, 『한국의 교회조직』, 서울: 민영사, 1995, 318.

이 시대에 고신 측 사람들은 자신들이 걸어온 길을 어떻게 평가하고 있을까? 여기에 대해 객관적으로 살펴본다는 것은 불가능한 일이지만 고신 측 교단에 몸담고 있으며 저명한 학자이기도 한 이만열의 글을 통해 살펴보도록 하자.[203] 이만열은 그동안 고신 측 교회가 옳은 길을 걷지 못했음을 다음과 이유에서 지적하고 있다.

첫째, 칼빈의 하나님 절대주권을 말하면서, 청교도정신을 말하면서도 정작 그들이 추구했던 사회개혁에는 침묵했다고 말한다.

"서울에 있으면 제가 고신파 사람이라는 것을 나타낼 때 가장 먼저 물어보는 질문이 있습니다. 그것은 고신이 해방 후에는 그렇게도 교회와 사회의 정화를 위해서 노력을 많이 했는데, 지금은 왜 그렇게 못하느냐는 질문입니다. …… 고신은 좋은 명분과 초기의 실천력을 가지고 한국교회와 사회개혁에 기여해야만 했었는데, 그리고 일정하게 기여한 면도 있었는데, 지금은 왜 그렇게 맥이 빠져 버리고 말았는가 하는 그런 질문이 되겠습니다."[204]

둘째, 잘못된 정교분리의 적용을 지적한다. 이만열은 고신 측이 유신정권의 앞잡이가 되었던 것을 지적하면서 교회에 유익할 때는 정교분리의 원칙에 대해 침묵하고, 교회에 불리하면 정교분리의 적용을 외쳤다고 하면서 정부가 요구할 때마다 응했으면서도 정작 정권이 잘못해서 비판해야 할 때는 침묵했다고 한다.

셋째, 사회참여 신학부재를 지적한다. 결국 이만열은 고신 측이 출발은 교회와 사회의 개혁을 위한 좋은 출발을 보였지만 그 후로는 교회로서의 올바른 길을 가지 못했다는 지적이다.

4.3. 한국기독교장로회(기장 측)[205]

한국기독교장로회는 1953년에 발족한 장로 교단이다. 우리 교단의 출범

---

203) 이만열, 「고신교단과 한국사회」, 『장로교회와 역사』, 2008, 46~74. 이 논문은 1996년 10월 29일 고려신학대학원 개교 50주년을 기념하여 행한 강연을 정리한 것이다.

204) 위의 책, 55.

205) 여기에서 객관적인 판단은 독자들에게 돌리기 위해 기장 측의 주장을 그대로 인용한다. 여기에서는 기장 측 경동교회 홈페이지에서 인용했다. 이 교단의 공식명칭은 한국기독교장로회이다. 그러나 필자는 보편적으로 사용되고 있는 '기장 측'이라는 용어를 사용하려고 한다.
http://www.kdchurch.or.kr/info/hkj.php

은 국내외적으로 아주 복합적인 시대 상황의 산물이기 때문에 거시안적으로 이해해야만 그 배경을 바로 파악할 수 있다. 우리교단의 출범은 '교회는 항상 개혁되어야 한다'는 개혁 정신의 표출이었다고 말할 수 있다. 출범 당시의 호헌사가 천명한 대로 '전적인 그리스도를 인간 생활의 전 부문에 증거하기 위하여' 시작된 교단이다.

① 우리는 온갖 형태의 바리새주의를 배격하고 오직 살아 계신 그리스도를 믿으므로 구원을 얻는 복음의 자유를 확보한다.

② 우리는 전 세계 장로교회의 테두리 안에서 건전한 교리를 수립함과 동시에 신앙양심의 자유를 확보한다.

③ 우리는 노예적인 의존 사상을 배격하고 자립 자조의 정신을 함양한다.

④ 그러나 우리는 편협한 고립주의를 경계하고 전 세계 성도들과 협력 병진하려는 세계 교회 정신에 철저하려 한다.

이는 당시 한국교회의 독선적인 교권주의와 외국으로부터의 선교적 간섭을 배격한 것이며, 신학의 학문적 자유와 신앙 양심의 자유를 위한 '항의'의 표현이었다. 그리고 '개혁교회 전통'과 '에큐메니칼 정신'에 충실하겠다는 교회의 입장을 재천명한 행위의 결과로 새 교단이 형성된 것이다. 이렇게 탄생한 우리 교단은 한국교회와 세계 교회를 위해서 이런 과제를 담당해야 할 역사적 소임을 부여받은 것이다. 한국기독교장로회는 맡겨진 시대적 사명을 감당하면서 새 역사를 창조해 갈 자세를 분명하게 지니며 동시에 개혁 교회 전통에 투철한 '항상 개혁하는 교회'의 자세를 가지고 성령의 인도 하심을 따라 스스로를 개혁해 갈 때 하나님께서는 우리를 부르신 목적을 위해서 계속 써 주실 것을 확신한다.

5. 나가는 말

해방 직후 한국교회는 두 가지 면에서 큰 과오를 범했다. 첫째는 과거를 철저하게 청산하지 못한 것이다. 신사참배 문제를 비롯하여 일제의 탄압 속에서 교회로서의 사명을 제대로 감당하지 못했음을 하나님과 백성들 앞에 솔직하게 고백하고 용서를 빌어야 했다. 그러나 교회는 반민특위 활동이 맥없이 끝나는 것을 보면서 우리의 죄 문제도 그렇게 마무리하고 말았다. 진정한 회개가 없는 곳에 어떻게 하나님의 역사가 일어날 수 있겠는가. 아무리 생각해도 안타까운 대목이다. 이제라도 일제강점기를 청산하는 자세를 취해야 한다. 둘째는 과거를 청산하지 못하는 가운데 교회가 분열되었다는 사실이다. 니케아 – 콘스탄티노플 신조가 보여 주는 것처럼 교회는 하나이다. 한 하나님을 섬기는 지체들이 어떻게 나뉠 수 있겠는가. 과거를 청산해야 함은 당연한 일이다. 그렇다고 교회를 분열시키는 것은 정당화될 수 없다. 싸우더라도 그 안에서 싸워 하나를 만들어 내야 한다. 재건교회나 고신 측의 약점이 여기에 있다. 성경은 교회를 한 몸으로 비유하고 있다(고전12:27). 그러므로 힘들더라도 교회는 하나 됨을 유지해야 한다. 여기에서는 좀 더 세밀하게 다루지 못했지만 기장 측의 분열 바탕에는 신학사상의 차이가 있었기 때문에 여기에 대한 연구도 반드시 수행해야 한다.[206] 이 시대의 신학계에서 기장 측의 신학이 잘못되었다고 말하는 학자들은 별로 없다. 교회는 언제나 다양성 속에서 일치를 추구해야 할 책임이 있다.

---

206) 한국신학사상의 흐름에 대해서는 다음의 책을 참고하라.
　　　宋吉燮, 『韓國神學思想史』, 서울: 大韓基督敎出版社, 1987.
　　　한승홍, 『한국신학사상의 흐름 상·하』, 서울: 장로회신학대학교출판부, 1996.

추천도서

1. 金良善, 『韓國基督敎解放十年史』, 서울: 大韓예수敎長老會總會 宗 敎敎育部, 1956.
2. 강인철, 『한국기독교회와 국가·시민사회 1945~1960』, 서울: 한국 기독교역사연구소, 1996.
3. 姜元龍, 『빈들에서 – 선구자의 땅에서 해방의 혼돈까지』, 서울: 열린 문화, 1993.
4. 이덕주, 「남부대회의 조직과 소멸」, 韓國基督敎史硏究 제30호, 1990.
5. 서정민, 「일제말 '일본기독교조선교단' 형성과정」, 한국기독교와 역 사 제16호, 2002.
6. 노치준, 『한국의 교회조직』, 서울: 민영사, 1995.
7. 편집위원회, 『마산재건교회 창립50년사』, 마산: 마산재건교회, 1996.
8. 최훈, 『한국재건교회사』, 서울: 성광문화사, 1989.

한국전쟁과
한국교회

제
12
강
의

1. 들어가는 말

1950년 6월 25일, 이 땅에서 일어났던 전쟁은 아직 용어도 확정되지 않았을 정도로 진행형이다.[207] 뿐만 아니라 한국전쟁에 대한 평가도 극과 극을 달리고 있다. 김인수의 주장을 살펴보자.

> "공산주의자들은 한국전쟁을 일으켜 남한을 공산화할 계획을 치밀하게 진행하고 있었다. …… 1950년 6월 25일 주일 새벽, 보병 10개 사단, 전차 242대, 항공기 211대의 정예부대로 탱크를 앞세운 인민군들이 38선을 넘어 밀물처럼 남한으로 진격해 왔다."[208]

---

207) 강만길은 '6·25동란', '6·25사변', '한국전쟁(Korea War)' 등 어떤 용어를 사용하더라도 적당한 명칭이 아니라고 하면서 자신은 '6·25전쟁'으로 부르겠다고 말한다. 참고로 북한에서는 이 전쟁을 '조국해방전쟁'으로 부르고 있다. 필자가 '한국전쟁'이라는 용어를 택한 이유는 국제적으로 그렇게 부르고 있기 때문이다. 강만길, 『20세기 우리 역사』, 서울: 창작과비평사, 1999, 246~247.

김인수의 주장처럼 한국전쟁은 남한을 공산화할 목적에서 북한이 사전에 치밀하게 준비하여 일으킨 전쟁이다. 그러나 이러한 주장과 다른 주장을 하는 학자들도 있다.

> "6·25전쟁을 얘기할 때 지금까지는 흔히 이 전쟁을 누가 먼저 일으켰는가란 문제가 초점이 되었습니다. 이 문제를 두고 학계에서는 흔히 전통주의적 관점이나 수정주의적 관점이니 하는 용어를 사용해 그에 대한 입장을 나누곤 하지요.
> 쉽게 말해서 전통주의적 관점이란 소련의 공산주의 세력 확대정책과 김일성 정권의 적화통일정책이 전쟁의 원인이라 보고, 북쪽 인민군의 남침이 전쟁의 발단이라고 주장하는 것입니다.
> 수정주의적 관점이란 이 같은 전통주의적 관점을 수정한 것으로서, 미국에 의한 남쪽의 단독정부 수립 자체가 혁명적 민족주의운동 및 통일민족국가 수립운동을 방해한 것이며, 미국이 북쪽 정권을 붕괴시키기 위해 전쟁을 유발했다고 보는 것입니다. ……
> 지금까지 6·25전쟁사 연구는 대체로 이 전쟁을 침략전쟁이라고 규정하고, 남침이냐 북침이냐를 밝히는 문제에 치중해 왔습니다. 그러나 이 전쟁은 남과 북 어느 쪽 처지에서 봐도 단순한 침략전쟁이라기보다 민족통일전쟁이었다고 봐야 할 것입니다."[209]

강만길은 한국전쟁을 민족통일전쟁으로 보고 있다. 김인수의 주장과는 정반대라고 할 수 있다. 필자는 강만길의 이러한 주장에 반대한다. 이것만 보더라도 한국전쟁에 대한 평가는 아직도 완성되지 않았다고 할 수 있다. 지금도 남북한은 휴전선을 중심으로 대치하고 있으며, 언제 다시 전쟁이 재발되지 않는다는 보장도 없다. 대한민국 헌법은 '한반도와 그 부속도서'를 대한민국의 영토라고 규정하고 있지만 북한영토에는 마음대로 들어가지도 못한다. 만일

---

208) 김인수, 『한국 기독교회의 역사』, 서울: 장로회신학대학교출판부, 1997, 595~597.
209) 강만길, 『20세기 우리 역사』, 서울: 창작과비평사, 1999, 246~247.

정부의 허락 없이 북한영토에 들어갔다가는 처벌을 받게 된다. 우리나라 사람이 우리나라의 영토에도 마음대로 가지 못하는 현실이고 보면 한국전쟁은 아직 끝났다고 볼 수 없다. 필자의 가정은 이산가정인데 고향이 그리워도 갈 수 없다. 가족이 그리워도 갈 수 없고, 소식도 전할 수 없다는 것은 비극 중의 비극이다. 이 글에서는 한국전쟁과 한국전쟁을 계기로 한국교회에 나타난 현상을 중심으로 살펴보려고 한다.

2. 한국전쟁 이후 한국교회의 특징

2.1. 기복적인 교회로의 변모

한국교회는 한국전쟁을 계기로 더욱 기복적인 교회로 변모되었다.[210] 김홍수는 한국교회가 한국전쟁 이후 더욱 기복적인 종교로 변화했다고 말한다. 그는 그의 저서 『한국전쟁과 기복신앙확산 연구』제5장에서 전쟁과 사회불안이 기독교 신앙체계에 미친 영향을 분석하고 있다. 그는 한국인들의 심성에 오래전부터 기복적 성격이 있었지만 한국전쟁 이후 두드러졌다고 말한다. 그는 이런 주장을 하면서 몇 가지 이유를 대고 있다. 첫째, 한국전쟁은 인명과 재산의 손상은 물론 사회질서와 전통적인 규범, 퍼스낼리티 등 모든

---

210) 이 글에서는 아래에 소개되는 김홍수의 책을 중심으로 소개하려고 한다.
   김홍수, 『**한국전쟁과 기복신앙확산연구**』, 서울: 한국기독교역사연구소, 1999.

것을 변형시키거나 붕괴시킴으로써 한국사회를 총체적 파국상태에 빠뜨린 대재난이었다고 하였다. 따라서 전후의 한국사회는 장기간의 복구와 재건을 필요로 하는 파국의 시대였으며 그 시대를 살아가는 사람들에게는 생존 자체가 문제가 되는 시대였다. 특히 1950년대의 사회혼란은 극심하였다. 전쟁 당시 500만 명에 달하는 인명 살상과 공포, 가족의 이산, 주택과 각종 산업시설의 파괴에다 1950년대에는 거의 해마다 계속된 가뭄과 홍수(1954, 1956, 1957), 태풍(1952, 1957, 1959) 같은 재난, 결핵, 나병, 뇌염 등 전염병의 만연, 그리고 빈곤은 사회불안을 더욱 심화시켰을 뿐만 아니라 모든 민족 구성원들을 그들의 사회적 기반에 관계없이 실존적인 상황에 내팽개쳐진 개인으로 만들었다. 따라서 전후의 한국사회는 강력한 도움을 필요로 하는 사회였지만, 국가나 사회로부터 실질적인 도움을 얻지 못하는 사람들은 무엇보다도 그들의 생존을 위한 노력을 중시할 수밖에 없었다.

1950년대 초반 이후 10여 년 동안의 한국사회는 전쟁에다가 전염병, 기근, 혁명 등이 중첩된 대재난의 시기였으며 따라서 대다수의 국민들이 생존 문제에 매달려야 하는 극심한 시련의 시기였다. 전쟁과 같은 재난으로 인하여 생기는 사회적 위기는 광범위한 사회문화적인 변동뿐만 아니라 사회 구성원들의 심리 및 행동의 변화를 포함한다. 전후의 한국사회도 마찬가지였다. 전쟁과 그 여파는 사회현상의 세 가지 측면인 사회질서와 규범, 퍼스낼리티를 변형시키거나 손상시켰고 그 영향은 한국사회의 여러 부문에서 오랫동안 지속될 수밖에 없었을 만큼 충격적이었다. 이러한 상황에서 성도들은 복을 추구할 수밖에 없었다. 신앙의 본질을 추구하기보다는 생존 자체가 문제였기 때문이다.

　김흥수의 주장에 의하면 이러한 상황에서 목회자의 기복적인 설교가 기복신앙의 확산에 큰 역할을 감당했다고 말한다. 전쟁 시기에 또는 휴전 직후에 행해진 설교들은 한편으로는 참상을 당한 교인들을 위로하면서 남은 자로서의 사명을 가지고 살 것을 격려하고, 다른 한편으로는 전쟁을 민족의 죄에 대한 하나님의 심판으로 보면서 회개를 촉구하는 내용들이 주류를 이루었다고 분석하고 있다. 그는 기도원의 은사운동과 부흥회, 그리고 오순절운동도 기복적 신앙이 확산되고, 체계를 형성하는 주요 세력이었다고 진단하고 있다. 결국 김흥수의 주장에 의하면 한국전쟁은 한국교회 안에 기복신앙이 자리 잡는 기폭제가 되었다는 것이다.

2.2. 이단들의 발흥

　한국전쟁 이후 많은 이단들이 발흥하게 되었다. 사회적 혼란기에는 전통적인 기성교회의 종교행위에 만족하지 못하고 신비하고 초자연적인, 피부에 구체적으로 와 닿는 종교현상을 통해 불안감을 해소하고자 하는 것이 일반적 현상이다. 한국전쟁 이후 민족의 환란기에 수많은 이단, 사이비 운동들이 발흥하게 되었다. 여기에서는 대표적인 것만 소개하려고 한다.

2.2.1. 나운몽의 용문산 기도원

　나운몽은 1914년 평북 박천에서 출생했다. 그는 오산 중학을 다니다 2년 만에 중퇴한 후 젊은 시절 인생의 근본적인 문제로 번민한 것으로 알려져 있다. 한때 불교에 귀의하기도 했으나 득도하지 못하자 기독교로 개종했다. 1940년 6월에 용문산 일부를 매입하여 애향숙이라는 사설학원을 세우고 계몽운동을 전개하다 일제의 간섭으로 폐쇄하였다. 그 후 서울로 올라와 수표감리교회에서 장로로 장립을 받았으나 해방 후 다시 애향숙을 개원할 목적으로 1947년 용문산에 들어가 기도원을 세웠다. 학자들은 이것이 한국 기도원의 모체라고 말한다. 그러나 이러한 주장은 좀 더 세밀한 연구를 요한다. 강원도 철원에서는 이미 1940년에 조선수도원(현재 대한수도원)이라는 이름으로 기도원 운동이 일어났기 때문이다. 그는 이곳에서 성령의 체험을 하고(?) 입신, 방언 등의 신비체험을 하였다. 그는 곧 전도운동에 박차를 가해 전도서 4장 12절에 나오는 '삼겹줄'을 토대로 기도전도, 부흥전도, 문서전도 운동을 전개했다. 그러나 기성교회는 나운몽의 기도원을 이단시했다. 그 이유는 애향숙의 수련방법이 비성서적이고, 그들이 경영하는 기드온성경학교, 기드온신학교의 성경해석이 동양적 특수 신령철학을 제창하여 주역으로 성경을 해석하기 때문이었다. 나운몽의 『구국설교집』 제5집에 다음과 같은 내용이 들어 있다.

1) 공자, 석가도 신이 보낸 동방의 선지자요 이방의 선지자다.
2) 복음이 전파되기 전세대인은 유·불교를 통해서 구원받은 사람들이 있다.
3) 유불교가 기독교 안에서 조화된 것이 천국이다.
4) 진리는 형에 있지 않고 질에 있으니 진리라면 유교, 불교, 기독교가 하나다.[211]

---

211) 金成俊, 『韓國基督教史』, 서울: 韓國敎會敎育硏究所, 1980, 268.

이러한 것만 보아도 나운몽에 의해 이끌어지고 있는 용문산 기도원은 이단임이 분명하다. 이에 경북노회는 그를 규탄하기에 이르렀다.[212] 1956년 9월 20일 새문안교회에서 열린 대한예수교장로회 제41회 총회는 용문산기도원에 대해 다음과 같이 결의했다.

> "나운몽에 관하여는 거년 총회 시에 결정한 바 있거니와 본 장로교회 강단에 세우는 것은 물론 엄금할 것이요 기타 장소에서 개최하는 집회에도 교인들의 참석함을 금지할 일이오며"[213]

이후로 다른 교단에서도 비슷한 결정을 하여 나운몽 집단은 한국교회에서 이단집단으로 낙인찍히게 되었다. 예전에 비해 세력이 많이 약해지기는 했지만 지금도 존속하고 있다. 뿐만 아니라 한국의 많은 기도원들이 용문산 기도원 출신들에 의해 시작되었음을 생각한다면 아직도 그들의 영향력은 계속되고 있다고 하겠다.[214]

2.2.2. 박태선 전도관

박태선에 의해 시작된 이 집단은 처음에는 전도관이라 부르다가 후에 천부교로 개칭되었다. 박태선은 1915년 평북 영변의 가난한 가정에서 태어났다. 그는 어려서 부모를 잃고 고아가 되어 평남 덕천의 친척집에서 자랐다. 그는 일본으로 건너가 고학하면서 공고

---

212) 위의 책.

213) 「대한예수교장로회 총회 제41회 회의록」, 48.

214) 탁명환에 의하면 용문산기도원은 용문산을 본원으로 하고 전국에 각 분원, 분실, 연락소의 조직을 갖추고 있는데 분원만 26개소에 이르고 각 분원의 원장은 용문산 기드온신학교 출신들이 맡고 있다고 한다. 탁명환, 「용문산기도원」, 『基督敎大百科事典』 제12권, 1984, 191.

를 졸업하고 한 공업사에서 일하는 가운데 기독교 신앙을 접하게 되었다. 해방이 되자 귀국하여 서대문 근처에서 정밀기계 공장을 경영하며 남대문교회에 출석했다. 그러다가 남대문교회를 시무하던 김치선 목사가 창동교회(현 한양교회)로 옮기자 박태선도 그 교회로 옮겼다. 그리고 여기서 장로로 임직을 받았다.

1955년 1월 서울 무학교회에서 부흥집회를 인도한 것이 계기가 되어 서울, 대구, 부산, 안동 등 전국 각지를 다니면서, 전후 도탄에 빠져 있는 성도들에게 호소력 있는 말씀을 외쳤다. 특히 1955년 3월 남산에서의 집회는 그를 전후 최대의 부흥사로 만드는 계기가 되었다. 이 집회에서 주 강사는 스완슨(Swanson) 목사였고, 박태선은 보조강사였는데 남산의 옛 신궁터에서 모였다. 이때 전국에서 많은 사람들이 몰려왔다. 그중에는 질병으로 고통당하는 사람들이 많았다. 오전과 저녁에는 스완슨 목사가 말씀을 증거하였고, 새벽과 오후 집회는 박태선이 인도했는데 박수 치고, 찬송하면서 병고치는 은사집회였다. 그는 모든 사람들이 지금 죄를 회개하지 않으면 지옥에 떨어질 것이라고 강대상을 내리치며 공감, 협박을 하면서 회개를 촉구했다. 모여들었던 많은 성도들이 그의 말에 응했다. 사흘째 되던 저녁에는 주최자 측 목사들이 은혜를 막고 있으니, 목사들이 안찰기도를 받아 죄를 소멸해야 은혜의 집회가 될 것이라며 안찰기도 받기를 권하자 전 총회장 권연호 목사 등 100여 명의 목사들이 장로에게 안찰기도를 받는 현상도 벌어지기도 했다.

계속된 집회에서 박태선은 구국기도관을 짓는다며 교인들의 금반지, 시계, 현금 등을 거두어 갔다. 물론 이 돈은 다 박태선이 착

복했다. 결국 1955년 11월 신당중앙교회에서 모인 제65회 장로회 경기노회와 1956년 3월 승동교회에서 모인 임시노회에서 박태선 소속의 창동교회로 하여금 그를 장로직에서 제명 처리하도록 명하였다. 박태선이 주장한 교리 중에는 '피가름'의 교리가 있는데, 이는 자기가 주의 보혈을 받았고, 자기 몸에서 이루어졌고, 남에게 분배해 준다고 하면서, 뱀으로 타락한 천사장 미가엘과 하와가 간음죄를 지었기 때문에 뱀의 피가 가인을 위시한 인류의 원죄가 되었다고 하였다. 그러므로 은혜를 받고 성화된 자기와 성교를 하면 그 피가 성화되고 피가름 받은 자가 또 다른 이와 성교하면 그도 성화된다는 혼음교리로 성도들의 정신적 단결을 도모하였던 것이다. 또한 그는 자기를 이사야 41장에 나오는 '동방의 의인 곧 동방의 감람나무'요, 하나님이 한국을 구원하시기 위해 북방에서 보내신 자라 지칭하였다. 뿐만 아니라 자기의 손을 담근 물은 성수(聖水)이기 때문에 그 물을 마시면 모든 병이 낫는다 하여 손 씻은 물을 팔았고 나중에는 발 씻은 물까지 파는 작태도 연출하기도 하였다.[215] 1956년 대한예수교장로회 총회에서 이런 결정을 내렸다.

> "박태선 씨는 그 가르치는 바가 비성서적이요 본 장로교 교리와 신조에 위반됨이 많을 뿐 아니라 교회를 크게 소란케 하므로 이단으로 규정함이 가한 일이오며 기타 사설 집단체나 개인이 주최하는 집회에 본 장로회 교인이 참석하는 일에 반대하려는 총회 또는 노회가 승인이 없는 한 금하는 것이 가한 줄 아오며"[216]

1957년 7월 한국기독교연합회 역시 이 전도관을 사이비 단체로

---

215) 김인수 위의 책 618~619.
216) 「대한예수교장로회 총회 제41회 회의록」, 46.

규정하였다. 그 후 박태선은 소위 천년성(千年城)을 이룬다고 하여 경기도 소사, 덕소 등지에 신앙촌을 형성하여 계시록에 나오는 14만 4천의 선민이 되어야만 천국에 간다고 감언이설로 순진한 성도들을 유혹하였다. 성도들은 모든 재산과 가정을 정리하고 그곳으로 들어가 공장에서 혹사당하면서 신앙촌 제품을 만들었다. 이들은 몇 번의 분규가 있었으나 박태선은 결국 스스로 하나님이 되어 천부교를 만들었다. 우리는 분명히 기억해야 한다. 신앙은 절대로 혼자 영위하는 것이 아니다. 교회를 통해 함께 영위해야 한다. 그러므로 목회자들은 복음적인 신앙도 견지해야 하지만 신학에도 전문가가 되어야 한다. 총회장을 지낸 어른들 중에도 박태선을 분별하지 못하고, 그를 초청하여 집회를 열기도 하였다. 신학이 없으면 무엇이 옳고 그른지를 분별하기가 어렵다. 또한 성도들 중에는 여러 가지 이유로 영적 갈급함을 채우지 못해 방황하는 이들도 있음을 직시하고 이들을 신앙으로 권면하는 노력도 기울여야 하겠다. 그러면 여기에서 왜 천부교가 이단인지 그들의 교리의 일부를 살펴보자.

구원 얻기 위한 조건[217]

1) 자유율법을 지켜야
구원 얻을 첫째 조건은 죄짓지 않는 것입니다. 죄짓지 않는다는 것은 자유율법을 지키는 것을 말합니다. 자유율법은 양심의 법으로서, 이것을 지킨다는 것은 눈으로도 마음으로도 생각으로도 범법하지 않는 것을 말합니다. 세상 사람들은 아무리 탐나는 물건이 있어도 실제로 훔치기 전에는 죄라고 말하지 않습니다. 그러나 도적질하고 싶은 마음이 생길 때 이미

---

217) 아래에 소개하는 천부교의 홈페이지에서 인용했다.
http://www.chunbukyo.or.kr/front/intro/doctrine/doctrine03.html

자유율법에는 어긋나 죄를 짓는 것입니다. 또 세상 사람들은 아무리 미운 사람이 있어도 그 사람을 해치기 전에는 죄라고 말하지 않습니다. 그러나 해치고 싶은 마음이 생길 때 이미 자유율법에는 어긋나 죄를 짓는 것입니다. 성경에 "너희는 말에나 행실에나 장차 자유율법대로 심판을 받을 자로 알고 행하라."(야보보서 2:12) 하였듯이, 자유율법을 지켜야지만 구원을 얻을 수 있습니다. 자유율법대로 행하는 것이 쉬운 일은 아니지만 하나님의 은혜를 받아 마음이 성결해지면 지킬 수 있습니다.[218]

2) 성신의 구성체로 바뀌어야

자유율법을 지키는 것이 구원 얻을 첫째 조건이지만, 구원 얻는 데 있어서 빼놓을 수 없는 중요한 조건이 또 하나 있습니다. 흙이 있고 공기가 있는 이 땅은 마귀로 구성된 곳이며, 이 땅에 사는 인간 또한 마귀의 구성체, 곧 죄의 구성체입니다. 따라서 이 땅에 사는 인간은 늙고 병들고 죽을 수밖에 없는 것입니다. 그러나 흙이나 공기가 없고 이슬성신이 충만한 천국은 전체가 성신으로 구성된 곳이며, 천국의 존재는 성신의 구성체이기 때문에 영원히 살 수 있는 것입니다. 모든 환경이 마귀로 구성된 이 세상에서는 마귀의 구성체로 살 수밖에 없지만, 천국에 가기 위해서는 마귀의 구성체가 성신의 구성체로 바뀌어야만 합니다. 흔히 사람들은 착하게 살면 죽어서 천국에 가는 것이라고 생각하지만, 구원을 얻는다는 것은 그런 추상적인 개념이 아닙니다. 마귀의 구성체인 인간이 성신의 구성체로 화하여 성신으로 구성된 천국에서 영원히 살게 되는 것이 바로 구원인 것입니다. 마귀의 구성체인 인간을 성신의 구성체로 바꾸어 주실 분은 하나님이십니다. 1차 천국에서 죄지은 인간들을 마귀의 구성체로 빚어 이 땅에 보내신 하나님께서, 이슬성신으로 인간의 죄를 씻어 성신의 구성체로 바꾸어 주셔야만 구원을 얻을 수 있는 것입니다. 하나님께서 아무리 죄를 씻어 주셔도 자꾸만 죄를 지으면 소용이 없습니다. 그러나 우리가 자유율법을 지켜 더 이상 죄를 짓지 않으려고 노력하면 하나님께서 우리의 죄를 씻어 주심으로써 구원을 얻을 수 있는 것입니다.

천부교에서 말하는 구원관을 보면 자력구원임을 알 수 있다. 그리고 이들에게는 이 세상을 악의 지배를 받고 있는 세상으로만 보고 있다. 하나님께서는 이 세상을 아름답게 창조하셨고, 이 세상을 구원하시기 위하여 독

---

218) 이들의 성경해석이 얼마나 자의적인가를 알 수 있다. 야고보서 2장 12절은 이들의 주장처럼 자유율법을 행해야 구원을 받을 수 있다는 말씀이 아니라 당시 교회 안에도 차별이 있음을 직시하고 하나님의 자녀라면 자유율법을 지켜야 한다는 질책의 말씀이다.

F. 무쓰너, 『야고보서』, 서울: 한국신학연구소, 1987, 214, 232.

생자를 십자가에 내어 주셨다. 따라서 이들의 교리는 성경의 가르침과는 전혀 상관없는 것임을 알 수 있다.

2.2.3. 문선명의 세계평화통일가정연합(통일교회)

문선명은 1920년 평북 정주군 덕언면에서 문경유의 차남으로 출생했다. 그의 막내 조부가 목사로서 독립운동에 투신하여 가산을 독립자금으로 써 버리는 바람에 그는 빈한한 가정에서 자랐다. 그가 15세 되었을 때 그의 형과 누나의 중병치료가 동기가 되어 전 가족이 장로교 신자가 되었다. 서울에 와서 경성상공실무학교에서 수학하던 중 교회에 출석하기 시작했다. 통일교회가 발간한 『통일교회사』에 의하면 문선명이 16세 되던 해 부활절에 기도 중 홀연히 예수께서 나타나시어 엄중한 당부로 인류 구원사업에 대한 소명을 공식 하명하였다고 기록하고 있다.[219]

서울에서 학교를 마치고 1941년 일본 동경으로 건너가 그곳 와세다(早稻田)대학 부속고등공업학교에서 수학하던 중 해방을 맞았다. 해방이 되자 김백문이 세운 이스라엘 수도원에서 4개월간 체류하면서 원리교리를 배웠고, 그 후에 다시 월북했다. 평양으로 가서 광해교회에 출석했는데 이 교회는 독립교회로 예배 시 박수 치고 춤추며 발을 구르며 우는 광신자들이 주로 모이는 교회였다. 1946년 8월 문선명은 유부녀인 김종화와 강제 결혼식을 거행하다가 그 남편의 고발로 1947년 5월 북한법정에서 사회문란 죄로 5년형을, 여자는 10월형을 선고받아 흥남노무자 특별수용소(흥남감옥)로 갔다. 한국전쟁이 발발하고 유엔군이 북진하자 그는 1950년 10

---

219) 김인수, 위의 책, 620.

월 교도소에서 출감하고 1·4후퇴 때 월남하였다. 그는 부산에서 작은 공장을 경영했으나 실패한 이후 교회운동을 시작했다. 1953 년 12월 동향 출신인 유효원을 자기 교회에 출석하도록 권유했다. 유효원은 오산중학을 마치고 경성제대 의학부를 다니다가 병으로 중퇴한 사람이었다. 통일교의 『원리강론』은 그가 문선명의 가르침 의 원리를 정리한 것이다. 문선명은 1954년 5월 유효원 등과 함께 서울 성동구 북학동의 교회에서 통일교회를 정식으로 발족시켰 다.[220] 그가 통일교회를 시작하면서 내세운 이유는 다음과 같다.

> "기독교를 비롯한 모든 종교가 갈라질 대로 갈라졌고, 기진할 대로 기진 하여서 진퇴유곡의 막다른 골목에 이르고 …… 성서 한 권은 궁경(窮境) 에 도달하고 …… 예수님은 말씀도 밝히지 못하고 돌아가셨고 …… 십 자가로서는 원죄를 벗어날 수 없어 …… 어떠한 종교라도 포섭할 수 있 는 깊이와 넓이를 가진 원리."[221]

통일교의 주요 교리는 『원리강론』에 나타나는데 창조론, 타락론, 복귀섭리론 등이다. 그중에서도 가장 문제가 되는 것은 타락론이 다. 타락한 천사장 루시퍼가 뱀으로 나타나 하와를 감언이설로 속 여 성관계를 가졌다고 한다. 그 후 하와는 아담과 성관계를 맺게 되었는데 하나님이 나타나셨을 때 부끄러워 하체를 가렸다는 것이 다. 따라서 인류는 이 사탄의 사악한 피를 갖게 되었다는 내용이 다. 결국 『원리강론』은 동양의 주역과 음양오행설 그리고 현대과 학의 제 이론을 성경과 결합하여 만든 일종의 혼합주의이다. 이

---

220) 박정화 외 2인, 『野錄 統一敎會史』, 서울: 큰샘출판사, 1996, 89.
221) 세계기독교통일신령협회, 『原理解說 제4판』, 서울: 세계기독교통일신령협회, 1962, 1, 2, 6, 10, 73. 김인수, 위의 책 621에서 재인용.

교리는 반기독교적 내용으로 가득하다. 예수 그리스도의 십자가 죽음이 실패로 끝났다고 말하는 것이 그 절정이라고 하겠다. 십자가로는 원죄를 벗어날 수 없어, 어떠한 종교라도 전부 포섭할 수 있는 깊이와 넓이를 가진 원리를 가지고 세계 종교를 통일하는 한 종교를 세우는 것을 목표로 한다고 하였다. 그러나 문선명은 1955년 혼음사건으로 구속된 것을 비롯하여 1960년에는 18세의 여고생과 네 번째 결혼을 감행하는 등 탈선을 계속했다. 1979년 한국기독교교회협의회는 통일교는 기독교가 아니라고 선언했다. 그러나 통일교는 지금까지 그 세력을 더욱 확산하면서 정치, 경제, 문화, 교육 분야에서 그 영향력을 넓혀 가고 있다. 그러므로 이 시대의 교회는 이단들에 대해 가르쳐야 한다.

"근신하라. 깨어라. 너희 대적 마귀가 우는 사자같이 두루 다니며 삼킬 자를 찾나니."(베드로전서 5장 8절)

지금까지 한국전쟁 후 나타난 나운몽의 용문산 기도원 운동, 박태선의 천부교, 문선명의 세계평화통일가정연합(통일교회)에 대해 살펴보았다. 한국전쟁 직후 아무리 세상이 혼란했다고 해도 이러한 이단들이 그렇게도 극성을 부릴 수 있었던 배경에는 교회가 교회의 역할을 제대로 감당하지 못했기 때문이다. 우리는 21세기를 살아가고 있다. 이 시대에 교회를 주도하고 있는 신앙의 흐름은 무엇인가? 아직도 기복적인 흐름이 강하다. 뿐만 아니라 아직도 맹목적으로 광신적인 신앙을 따라가는 성도들이 있다. 이제라도 한국교회는 말씀에 충실할 필요가 있다. 복음서에 의하면 주님은 병자를 고쳐 주시고는 그들에게 소문을 내지 말라고 하셨다. 기도하실 때도 한적한 곳에 가셔서 조용히 기도하셨다. 주님은 시대를 초월해서 모든 기독교인들의 사표(師表)가 되신다. 그분을 따라가야 함을 1950년대 한국교회가 이 시대를 살아가고 있는 우리에게 타산지석의 교훈을 주고 있다.

3. 한국교회와 반공주의

우리는 앞에(제11강의)서 한국교회가 미국과 가까워진 계기에 대해 살펴보았다. 해방 직후 남한에서는 친일청산 문제로 시끄러울 때가 있었다. 이때만 해도 이승만은 백성들의 지지를 그리 많이 받지 못했다. 여운형을 비롯한 중국에서 독립운동에 헌신했던 인물들이 사상적 경향을 초월하여 백성들의 지지를 받고 있었다. 그러나 미국이 주목한 인물이 이승만이었고, 그를 지도자로 내세우기 위해 친일파를 등용하게 하면서 교회도 이승만이 기독교인이라는 이유만으로 그를 지지하기 시작했다. 특히 친일행위에 앞장섰던 인물들은 자신들을 구원해 준(?) 이승만을 절대적으로 지지할 수밖에 없었다. 이때부터 한국교회 안에는 미국을 기독교 국가로 인식하고 미국과 우호적인 관계를 유지하려는 분위기가 팽배해졌다. 무엇보다도 한국전쟁 당시 미국이 남한을 돕자 미국을 우방국으로 인정하지 않을 수 없었다. 뿐만 아니라 북한에서 월남한 기독교인들은 소련을 공산주의로 인식한 것처럼 미국은 반공주의라고 인식하게 되었다. 필자의 가정도 이산가족이다. 아버지가 1·4후퇴 당시 단신 월남했다. 이들이 정든 고향을 등지고 남한으로 내려온 것은 공산주의 세상에서는 사람답게 산다는 것이 불가능하다고 판단했기 때문이다. 김일성 정권은 친일파를 청산한다는 미명하에 지주들의 재산을 강제적으로 탈취했을 뿐만 아니라 기독교인들의 신앙생활도 금지했다. 이러한 것을 전제로 여기에서는 한국교회가 반공주의를 지지하는 가운데 간과한 실수만 다루려고 한다.[222]

첫째, 반공주의에 내재된 비이성성이나 폭력성을 간과했다. 전쟁 전후에 벌어진 보도연맹원을 비롯하여 수십만 명에 이르는 양민학살에 대해 한국교회는 방관하거나 당연시했고, 좌우익 간의 폭력적 갈등에 한국교회 신자 다수가 연루되면서 그중 일부는 제주도나 황해도 신천 등지에서 잔인한 학살극에 동참했다. '좌익' 혹은 '빨갱이'는 '하나님의 형상'이나 인권을 지닌 사람으로 여기기보다는 '악마'나 '악마의 하수인'으로 간주되었다. 둘째, 국제무대에서의 고립을 자초하게 되었다. 1950년대 후반에 세계교회협의회(World Council of Church: WCC)의 평화공존 노선을 '용공(容共)', '친공(親共)'이라고 공격하면서 한국교회의 다수가 WCC와의 관계를 단절하고 말았다. 합동 측과 성결교회 등이 대표적이다. 셋째, 한국교회가 분단지향적인 세력 가운데 하나가 되었다. 공산주의자들과의 대화나 접촉을 금기시하는 '종교적 반공주의'는 한국교회로 하

---

222) 한국교회와 반공주의 관계에 대해서는 다음의 책을 참고하라. 여기에서는 강인철의 글을 중심으로 개략적으로 소개한다.
강인철, 『한국의 개신교와 반공주의』, 서울: 중심, 2007.
강인철, 「해방 이후 4·19까지의 한국교회와 과거 청산 문제」, 한국기독교역사학회·한국기독교역사연구소 학술 심포지엄 자료집, 2005.

여금 민족분단을 '불가피한 차선책'으로 수용하도록 유도했으며, 한국전쟁 중의 휴전반대운동과 1950년대 말의 재일교포 북송(北送)반대운동에서 보듯이 한국교회를 남한사회 안에서 남북화해에 가장 극단적으로 반대하는 세력 중 하나로 만들었다.[223]

뿐만 아니라 한국교회는 한국전쟁 이후 친미주의와 종교적으로도 미국에 종속되는 과오를 범하고 말았다. 이렇게 된 데는 전쟁 당시 미국과 미국교회의 막대한 원조품을 제공받은 것도 한 원인이 되었다.[224] 해방 직후 미군정과 한국전쟁 과정에서 한국인들에게 주어진 미국의 부와 풍요, 강력함에 대한 경험은 증대된 근대화의 열망과 결합하여, 전후의 한국에서 미국을 (일본을 대신하는) 새로운 '모델사회(model society)'의 지위로 올려놓았고, 특히 도시의 문화는 영어학습 열기와 영어의 범람, 미국영화 등 미국 대중문화의 인기 등을 매개로 '미국화'가 속도감 있게 진행되었다.[225]

4. 나가는 말

지금까지 한국전쟁과 1950년대의 한국교회에 나타난 현상에 대해 살펴보았다. 이스라엘 백성들이 이집트에서 출애굽 한 이후 광

---

223) 강인철, 「해방 이후 4·19까지의 한국교회와 과거 청산 문제」, 한국기독교역사학회·한국기독교역사연구소 학술 심포지엄 자료집, 2005, 55~56.

224) 한국전쟁 당시 한국교회가 받은 미국교회의 원조에 대해서는 다음의 논문을 참고하라. 김흥수, 「한국전쟁 시기 기독교 외원단체의 구호활동」, 한국기독교와 역사 제23호, 2005, 97~124.

225) 강인철, 「해방 이후 4·19까지의 한국교회와 과거 청산 문제」, 『한국기독교의 과거 청산 문제』, 한국기독교역사학회·한국기독교역사연구소, 2005, 56~57.

야를 행진할 때만 해도 이들은 모세를 통해 신앙훈련을 받을 수 있었으나 요단강을 건너 가나안으로 진격한 이후부터는 정복전쟁에만 심혈을 기울이느라 백성들의 신앙에는 깊이 관심을 기울이지 못했던 것처럼 한국교회도 한국전쟁과 전쟁 직후 복구에 심혈을 기울이느라 교회다운 교회를 건설하는 일에는 크게 관심을 기울이지 못했다. 그 결과 한국교회 안에는 기복적인 요소가 가득하게 되었고, 한편으로는 많은 이단들이 발흥하게 되었다. 또한 미국을 우방국으로 여기는 것까지는 좋았는데 맹목적으로 미국을 추종하는 가운데 반공주의 이데올로기에 빠지는 과오를 범하기도 했다. 그 결과 요즘처럼 특정 정당의 후보자가 기독교인이라는 이유만으로 맹목적으로 추종하는 과오를 범하기도 했다. 어느 시대이건 교회는 교회다워야 한다. 1950년대의 한국교회도 선교 초기에 보여 주었던 교회다운 교회의 모습을 상실했다고 말할 수 있겠다.

2007년 여름 한국인들의 마음을 아프게 한 사건이 있었다. 아프가니스탄에 의료봉사를 떠났던 분당 샘물교회 의료봉사단원 23명이 피랍되는 사고가 있었다. 이들을 납치했던 탈레반의 요구 중 하나는 한국군대의 철수다. 한국군대가 왜 아프가니스탄에 가 있는가? 미국 정부의 강력한 요구 때문이다. 그러면 미국 군대는 왜 아프가니스탄에 가 있는가? 자국의 이익을 추구하기 위해서다. 그런데도 미국정부는 피랍된 젊은이들의 귀환에 매우 소극적인 자세를 취하고 있다. 한국의 젊은이들보다 자국의 이익이 우선하기 때문이다. 3·1운동 이후 더욱 급격하게 우리의 편에 서 있던 선교사들이 자국의 이익을 대변하기 위하여 일제 편에 섰던 것을 우리는 기억해야 한다. 한국교회가 일방적으로 미국 편을 들거나 반공주의에 빠져서는 안 된다는 사실을 우리는 이번에 벌어진 아프가니스탄 사건에서도 알 수 있다. 기독교는 보편적인 사랑을 가르치고 있다. 따라서 우리는 미국도 사랑해야 한다. 그러나 아프가니스탄도 사랑해야 한다. 우리에게 필요한 것은 신앙이지, 신념이나 이데올로기가 아니다. 미국은 반공주의이고, 미국은 하나님을 믿는 나라이기에 선이라는 도식의 생각은 버려야 한다. 하나님께서 친히 택한 이스라엘도 우상을 섬기는 죄를 범했던 것을 우리는 기억해야 한다. 다른 나라들보다 미국이 우리나라를 도와준 것은 사실이지만 미국은 곧 진리라는 생각은 버려야 한다.

참고문헌

1. 강만길, 『20세기 우리 역사』, 서울: 창작과비평사, 1999.
2. 강인철, 『한국의 개신교와 반공주의』, 서울: 중심, 2007.
3. 박정화 외 2인, 『野錄 統一敎會史』, 서울: 큰샘출판사, 1996.
4. 金成俊, 『韓國基督敎史』, 서울: 韓國敎會敎育硏究所, 1980.
5. 김흥수, 『한국전쟁과 기복신앙확산연구』, 서울: 한국기독교역사연구소, 1999.
6. 노치준, 「한국기독교와 기복신앙」, 전통과 현대 제6호, 1998.
7. 한신대학교학술원신학연구소 엮음, 『한국개신교가 한국 근현대의 사회·문화적 변동에 끼친 영향 연구』, 서울: 한국신학연구소, 2005.
8. 정성한, 『한국 기독교 통일 운동사』, 서울: 그리심, 2003.

통합 측과 합동 측의
분열사 연구

제
13
강
의

1. 들어가는 말

　해방 이후 한국장로교회는 이미 두 번이나 분열하는 아픔을 맛
보았다. 1951년 고신파가 분열했으며, 1953년에는 기장 측이 분열
했다. 여기에 대해서는 이미 앞에서 개략적으로 다룬 바 있다. 하
나님께서 원하시는 교회는 하나 됨을 추구하는 교회이다. 니케아-
콘스탄티노플 신조가 말하는 것처럼 교회는 하나요, 거룩하고, 보
편적이고, 사도성을 지녀야 한다. 중세 이후 로마 가톨릭교회가 하
나 됨을 포기하고 독단적인 교회를 만든 이후 교회는 계속해서 분
열의 역사를 되풀이했다. 초대교회 이후 교회가 일관되게 추구한
것 중의 하나는 하나 됨을 유지하는 일이었다. 예루살렘, 안디옥,
콘스탄티노플, 알렉산드리아, 로마교구가 비록 각자의 특성이 있었

지만 한 하나님의 자녀답게 하나 됨을 유지하고 있었다. 그러나 로마교구가 커지면서 이들은 다른 교구에게 자신들의 우선권을 인정하라고 하더니 결국 1054년에 동방교회와 서방교회가 분열하게 되었다. 분열의 실마리는 서방교회가 제공했다. 그러므로 아무리 로마 가톨릭이 베드로를 1대 교황이라고 하면서 사도성을 주장한다고 해도 역사는 이를 허락하지 않는다. 교회 최초의 분열은 로마 가톨릭의 책임이다. 그리고 개신교는 다시 로마 가톨릭에서 분열하는 아픔을 겪었다. 전자의 분열이 교만에 따른 분열이었다면 후자의 분열은 신앙적인 이유에서의 분열이라고 말할 수 있다. 무엇보다도 중세교회는 구원관을 상실하고 있었다. 따라서 종교개혁 자체는 죄가 아니었다. 그럼에도 하나 됨을 깨뜨린 것을 정당화해서는 안 된다. 종교개혁 이후 개신교는 하나 됨을 추구했어야 했는데 오히려 반대의 길을 걸어가 이제 개신교는 교파를 헤아리기 어려울 정도로 분열의 분열을 거듭했다.

우리나라 장로교회만 해도 예외는 아니어서 1993년 현재 '대한예수교장로회'라는 간판을 걸고 있는 교단이 조사된 것만도 69개였다.[226] 고신파의 분열은 그래도 신앙적인 차이에서 분열되었고, 기장 측의 분열은 신학노선의 차이로 분열되었다고 해도 통합 측과 합동 측의 분열은 그 정당성을 찾기가 매우 어렵다.[227] 그러면 이제 왜 한국장로교회의 양대 산맥을 이루고 있는 통합 측과 합동 측이 분열하게 되었는지 살펴보도록 하자.

---

226) 편집부, 『基督敎大年鑑』, 서울: 基督敎文社, 1993, 35~36.
227) 김광수는 한국 기독교의 분열사를 다루면서 고신 측의 분열과 기장 측의 분열은 물론이고 통합 측과 합동 측의 분열도 신앙노선의 차이에서 분열되었다고 주장한다. 金光洙, 「韓國 基督敎 分裂史」, 基督敎思想 201호, 1975, 2, 108~112.

2. 분열의 원인

2.1. 신학교 부지에 따른 3천만 환 사건

1953년 8월 장로회신학교 교장으로 취임하여 신학교 부지를 물색하던 박형용은 김창준(회계)의 소개로 토지 브로커 박호근을 만나게 된다. 휴전이 되어 대구에 있던 신학교가 서울로 상경하게 되자 일부는 대구에서 강의를 계속했지만 남산 조선신궁이 있던 자리에서 수업을 계속하게 되었다. 그러나 학생들의 수에 비해 너무 열악한 조건이었기 때문에 새로운 신학교 부지를 물색하게 되었다. 처음에는 무악재 방면에 적당한 장소를 만났지만 대지가 너무 커 신학교 단독으로 사용하기에는 어려워 서울여자대학 측과 교섭하여 함께 사용하자고 제의했으나 서울여자대학교 측에서 반대하여 결국 당시 사용하고 있던 남산의 그 자리를 불하받도록 정부와 교섭하자는 결정을 내렸다. 이러한 때 박호근이라는 인물을 만나게 된 것이다. 그는 자신이 이재학 국회부의장과 인태식 재무장관을 잘 알고 있다고 말했을 뿐만 아니라 숭의학교 교장이었던 이신덕 여사가 남산에 있는 숭의학교터를 불하받을 때 힘써 준 사람이라고 하자 그를 신뢰하게 되었다. 그는 불과 두 달 만에 교통비, 통신비, 접대비, 교섭비 등의 명목으로 3,000만 환이 넘는 돈을 써 버리고 말았다.[228]

---

[228] 정확한 액수는 30,162,172환이었다.
김인수, 『장로회신학대학교 100년사』, 서울: 장로회신학대학교출판부, 2002, 364.

이 사건은 의도적인 것은 아니었다고 해도 교장이었던 박형용의 결재를 받고 지불되었기 때문에 도의적인 책임이라도 져야만 했다. 무엇보다도 신학교 부지를 구입하려면 이사회의 승인하에 일이 진행되어야 했고, 재정이 지출되어야 했는데 이러한 절차를 무시하고 박형용이 진행한 일이기에 도의적인 책임을 져야 했다. 이즈음 박호근은 자기가 이 일로 제소당하지 않기 위해 박형용 교장이 미국에서 1만 달러를 암시장에서 교환한 것을 꼬투리 잡아 먼저 고소하고 말았다. 결국 박형용은 법정에 불려 나가 심문당하고 망신당할 것이 두려웠는지 박호근에 대한 문제는 고소를 취하하는 조건으로 적당히 얼버무리려 하였다. 이때 정규오, 박찬목, 조동진, 이환수 같은 이들은 교장이 돈을 쓴 것도 아니요 아랫사람들이 잘못해서 그렇게 된 것이니 교장은 책임이 없다고 하면서 교장직 사임이나 사택의 매각은 필요 없다고 주장했다. 하지만 이사회는 박형용에게 사임을 권고했다. 1958년 3월 7일 대전에서 열린 이사회는 박형용의 사표를 수리했다. 그리고 당시 총회장이었던 노진현으로 하여금 교장직을 1년간 대행하도록 결정했다.

이 사건에 대해 합동 측에서는 분열의 원인은 이것이 아니라 용공단체로 규정한 WCC 가입 및 탈퇴에 대한 입장 차이와 에큐메니즘에 대한 논쟁이 분열의 원인이라고 주장한다. 통합 측에서는 NAE(National Association of Evangelicals, 복음주의협회) 측이 박형용을 교장직에 유임시키고 WCC를 용공단체로 비난함으로써 박형용의 삼천만 환 사건에 대한 초점을 흐리게 하고, 그들의 교권을 유지하려던 행위로 간주하고 그러한 상황이 분열의 시작이었다고 주장한다.229)

2.2. WCC(World Council of Church) 탈퇴 문제

통합 측과 합동 측 분열의 두 번째 원인은 WCC의 탈퇴 문제로 야기되었다. 박형용의 인책문제가 엉뚱한 방향으로 선회한 것이다. 박형용의 실수는 누가 봐도 명백한 것이었으므로 도의적인 책임을 져야 했는데, 그렇게 되면 보수주의 신학의 후퇴라는 논리를 펴면서 자유주의 신학을 추종하는 사람들에게 패배해서는 안 된다는 논리로 에큐메니칼 문제를 들고 나온 것이다. 당시 박형용을 지지하는 인물들은 대부분 에큐메니칼 운동을 반대하였고, 박형용의 인책을 주장하는 사람들의 대부분은 에큐메니칼 운동을 지지하는 입장임을 악용하여 이들을 자유주의자들 내지는 용공주의자들로 몰아간 것이다.

한국교회가 에큐메니칼 운동의 구심체인 WCC와 관계를 맺기 시작한 것은 1948년 암스테르담에서 모인 창립총회에 김관식 목사를 대표로 파송한 때부터이다. 1954년 제2차 총회가 미국 시카고

---

229) 복음주의협회는 1942년 포괄적인 신학이 아니라 복음적인 신학만을 기초로 하여 교파 간의 친교와 협력을 증진하기 위해 조직된 미국 개신교의 초교파운동이다. 이 협회의 회원으로는 38개 교단과 많은 개교회와 기관들이 동참했다. 이들은 1943년 시카고에서 다음과 같은 교리적 선언을 채택했다. "우리는 성서가 영감으로 쓰인 것과 그것이 단 하나의 무오한 그리고 권위 있는 하나님의 말씀이심을 믿는다. 우리는 하나님은 단 한 분이시며, 성부와 성자와 성령의 3위로 영원히 존재하는 분이심을 믿는다. 우리는 우리 주 예수 그리스도의 신성과, 동정녀 탄생과 죄 없으심과 기적과, 보혈을 통한 대속적이며 죄사하시는 죽음과, 육체로 부활하심과, 하늘에 올라 하나님 우편에 앉으심과 권능과 영광 중에 몸소 재림하실 것임을 믿는다. 또한 우리는 타락하고 죄지은 자의 근원을 위해서는 성령을 통한 중생이 본질적임을 믿는다. 우리는 성령의 현재적 사역을 믿는다. 즉 성령의 내주하심에 의하여 기독교인들이 신실한 생활을 할 수 있음을 믿는다. 우리는 구원받은 자나 타락한 자 모두의 부활을 믿는다. 그리하여 구원받은 자의 부활은 생명에 이르고 타락한 자의 부활은 저주에 이르게 됨을 믿는다. 우리는 믿는 자들이 우리 주 예수 그리스도 안에서 영적으로 하나 됨을 믿는다."
편집부, 「복음주의협회, 미국」, 『기독교대백과사전』 제7권, 1982, 1019~1010.

북쪽에 위치한 에반스톤에서 모였을 때는 김현정, 명신홍, 유호준 목사를 대표로 보냈다. 장로교 39회 총회(1954년, 안동교회)가 열렸을 때 WCC의 신학적인 입장이 본 총회와 다르면 WCC에서 탈퇴한다는 조건으로 이들 3인을 파송한 것이다. 그런데 이들의 보고가 달랐다.

> "WCC에서 지향하는 에큐메니칼에 대하여 우리는 Union과 Unity를 혼동하지 아니하여야겠습니다. WCC는 Unity를 의미하는 교회연합운동입니다. Union, 교회 합동을 의미하는 것이 아니라는 것을 분별하여야겠습니다."(김현정)[230]
> "WCC가 교리적으로 혼합주의적이며 용공주의적일 뿐 아니라 음주와 주초에도 분명하지 못하다."(명신홍)

이러한 상반된 보고에 대해 총회는 1955년 제40회 총회(새문안교회)에서 에큐메니칼 연구위원회를 설치하고 다음 해 총회에서 우리의 입장을 정리하기로 했다.

> "친선과 협조를 위한 에큐메니칼 운동은 과거에나 현재에나 참가하고 있으니 앞으로도 계속 참가하기로 하며 단일교회를 지향하는 운동에 대하여는 반대하기로 한다."[231]

연구위원들의 이러한 보고는 논쟁을 가열시켰다. 1957년 제42회 총회가 지나자 에큐메니칼에 대한 찬반논란이 더해졌고, 연구위원들의 견해차는 더욱 심해졌다. 결국 연구위원회는 무기정회에 들어갈 수밖에 없었다. 이러한 상황에서 박형용의 삼천만 환 사건이

---

230) 이영헌, 『한국기독교사』, 서울: 컨콜디아사, 1978, 323~324.
231) 이영헌, 위의 책, 325.

발생했는데 이 사건에 대해 박형용을 지지하는 사람들은 결국 합동 측으로 가게 되었고, 박형용에게 도의적인 책임이라도 져야 한다고 주장하던 사람들은 WCC를 찬성하는 입장을 취했을 뿐만 아니라 대부분 통합 측으로 가게 되었다. 1958년 제43회 총회에서 에큐메니칼 운동을 반대하는 이들은 총대회원들의 연서를 받아 '에큐메니칼 운동 반대 탈퇴건의서'를 제출했다. 이들은 WCC가 지향하는 방향이 개신교의 한계를 넘어 가톨릭과 유니테리안을 포함한 신앙과 교회제도의 보편화를 통하여 단일교회를 목적으로 한다고 하였다.[232] 또한 정교회와 가톨릭과 삼위일체 신관을 부인하는 유니테리안까지를 포함하여 연합을 추구하고 있는 것은 단순한 친선과 협력의 한계를 넘어 '신앙과 교회제도' 자체에 대한 재검토를 의미하며, 결국 장로교 기본교리에 대한 중대한 위협일 뿐만 아니라 WCC 운동이 '신앙과 예배의 통일을 지향하는 단일교회' 운동임을 말해 주는 것이라는 내용이었다. 그러나 이 탈퇴 건의서는 총회서기가 접수만 하고 본회의에는 상정되지 않아 백지가 되었다.[233]

1959년 1월에 우제라는 이름으로 유호준 목사의 반박성명서가 인쇄물로 교계에 널리 유포되자, 1959년 2월 조동진 목사가 정제라는 익명으로 '우제의 답변서에 답함'이라는 반박성명서를 발표하

---

232) 유니테리언교회는 1600년경에 시작된 한 종파로 이들은 삼위일체 하나님 교리를 부인하고 신성의 단일인격을 강조하는 이단이다. 유럽에서 시작된 이 교회는 17세기에는 미국에도 유입되었는데 이들은 교회들이 고백하는 신앙고백을 부정하고 자신들만의 '신앙적인 맹약'을 만들어 사랑의 공동체를 추구하였으나 정통적인 교회에서는 이들을 이단으로 규정했다.
   J. E. Carpenter, 「유니테리안주의」, 『기독교대백과사전』 제12권, 1984, 493~502.
233) 박용규, 「장로교 합동과 통합분열의 역사적 배경」, 신학지남 2003년 여름호, 147.

면서 에큐메니칼 논쟁은 더욱 뜨겁게 가열되었다. 조동진 목사는 WCC의 신학적 개방화, 공산주의와의 관련성, 신학과 교파를 넘어 교회의 일치를 추구하려는 움직임에 대한 우려를 하였던 것이다. 이러한 입장에 서 있는 사람들의 편에서 보면 박형용 박사의 퇴진은 보수주의 신학의 후퇴이자 자유와 진보의 등장을 의미하는 것이기에 WCC에 참여를 주장하는 사람들은 자유주의자들 내지는 용공적 사람들로 몰아간 것이다. 박형용은 처음에 에큐메니칼 운동에 대하여 중도노선에 가까웠다. 신학적으로 진보성향을 가진 교회들도 가입해 있으므로 조심스럽게 접근하여 취할 것은 취하고 거부할 것은 거부한다는 신중한 태도였다.[234]

WCC에 강경한 입장을 취한 사람들은 문재구 목사(순천노회)와 그의 사위가 되는 정규오 목사 등이다. 이들 NAE 측은 박형용의 3천만 환 사건 이후 에큐메니칼 세력을 견제하고자 하는 강한 열망을 갖고 있었기에 1959년 총회를 앞두고 에큐메니칼 측의 득세와 잠재우기 위해 WCC의 용공성을 부각시켰다.[235]

2.3. 경기노회 총대선거 부정사건

통합 측과 합동 측의 분열은 삼천만 환 사건과 에큐메니칼(WCC)을 지지하는 사람들과 NAE계 사람들의 신앙대립에서 시작되었으

---

234) 박형용, 「에큐메니칼 운동의 교리와 목적」, 신학지남 1958년 6월호, 333∼334.
235) 양낙홍, 「1959년 한국 장로교의 분열과정」, 한국기독교와 역사 제23호, 2005, 144.
　　　문재구, 「우리교단의 나아갈 길」, 『文菊堂 行蹟』, 발행년 미상, 프린트.
　　　서고덕, 「에큐메니칼 운동」, 순천: 순천 매산신학교, 1957, 프린트.

나 양 진영이 분열하게 된 결정적인 원인은 경기노회 총대 부정사
건이다. 1958년 5월 14일 경기노회 총대 선출 시 검표과정의 부정
을 둘러싸고 일어난 시비로 인한 분열이다.[236)

2.3.1. 경기노회 제72회 정기총회 및 승동교회에서의 임시노회

1959년 5월 14일 서울 승동교회에서 경기노회 제72회 정기노회
가 열렸다. 총회에 파송할 총대를 선출하는 가운데 목사와 장로
총대 28명이 선출되었다. 결과는 에큐메니칼 측이 10명, NAE 측
이 18명이었다. 그런데 총회 전도부 총무였던 황금천 목사가 탈락
하자 폐회된 후에 임원들에게 득표결과에 의문을 제기했다. 노회가
파한 시점이었으나 임원진이 재검토한 결과 80표를 득표하여 당연
히 당선되었어야 할 황금천 목사가 선출자 명단에서 누락된 것을
발견하게 되었다. 이에 에큐메니칼 운동을 지지하는 이들은 재투표
를 강하게 요구했다. 결국 임원회에서는 임시노회를 열기로 결정했
다. 1959년 6월 29일 승동교회에서 NAE 측이 불참하고, 에큐메니
칼을 지지하는 80여 명만 참석한 가운데 경기노회 임시노회를 열
어 새로운 총대를 선출한 결과 26명이 에큐메니칼 측 사람들이 선
출되었다. 결국 44회 총회에 두 개의 총대 명단이 제출됐다.

2.3.2. 제44회 대전총회 파행과 분열

1959년 9월 24일 제44회 총회가 대전 중앙교회에서 시작되었으
나 경기노회 총대문제로 파행되었다. 총회는 경기노회 총대권 문제

---

236) 서정민, 『하룻밤에 읽는 한국교회사 이야기 하』, 서울: 말씀과 만남, 2002, 294.

를 놓고, 어느 쪽을 정당한 것으로 인정할 것인지에 대해 투표로 결정하기로 합의했다. 결과는 경기노회 명부 지지 119표, 임시노회 명부 지지 124표, 기권 5표로 에큐메니칼 측의 승리였다. 그러나 양측의 대립은 더욱 심화되었고, 결국 총회는 해산되었다. 에큐메니칼 측은 기차를 이용하여 서울로 상경하여 연동교회에서 총회를 속개했다. NAE 측은 11월 승동교회에서 총회를 속개하여 WCC를 영구 탈퇴하기로 가결했다.[237]

3. 분열의 배경

3.1. 1947년 조선신학교 학생 51명의 서명사건

조선신학교 교수였던 김재준은 자유주의적 신학사상을 가졌다는 평가 때문에 평양신학교에서 발을 붙일 수 없었다. 1946년 조선신학교가 총회(남부총회)에서 총회 직영신학교로 인정되었고, 이 학교 교수였던 김재준은 고등비평을 성서해석에 도입했다. 이에 학생들이 반발하기 시작했다. 이러한 분위기에서 이일선이라는 학생이 『이상촌』이라는 책을 써서 학생들에게 배부했는데, 김재준 교수가 추천서를 써 주었다. 이 책에는 이런 내용이 들어 있었다. 농번기에는 새벽과 밤에 예배를 드리고 낮에는 일을 하게 하자는 것이다.

---

237) 金應虎, 『明暗 韓國敎會 1959年 9月』, 서울: 牧羊社, 1991. 김응호는 통합 측과 합동 측이 분열되는 현장에서 이 모습을 사진에 담아 증언하고 있다.

이에 분개한 학생들이 추천서를 써 준 김재준 교수에게 항의했다. 1947년 조선신학교 학생 51명이 김재준 교수와 송창근 교수의 가르침에 불만을 품고 이들의 강의내용을 근거로 제33회 총회에 진정했다. 이에 총회는 8인의 심사위원을 선정했다. 이들의 요구에 의하여 김재준 교수는 진술서를 제출했다. 진술서에는 다음과 같은 내용이 들어 있다.

김재준 교수의 진술서[238]

1. 성경관: 신약성서는 神言이니 신앙과 본분에 대하여 정확무오한 법칙이니라(신조 1). 이것은 나의 신앙이다.

(1) 신구약성경의 권위를 인정치 않는다는 소언(訴言)은 성경의 神言으로서의 권위를 부인한다는 뜻일 터인데 이것은 오해 혹은 무고(誣告)일 것이다. 구약 39권은 동일한 저자도 아니요 동시대의 저서도 아닌데 누가? 어디서? 언제? 어떻게 기록하였으며 이것이 언제, 어떻게 성전(聖典)으로 되었느냐 하는 것은 성경학자들의 간단없는 과학적 역사적 탐구와 고증으로 말미암아 전통적인 소론(所論)이 변경된 것도 있는 것이다. …… 성경은 하나님께서 구속의 경륜을 수행하신 역사적 계시이다.
(2) 성경에 오류(誤謬)가 있다고 가르쳤다는 점 …… 내가 노아의 홍수, 바벨탑 기사 등의 역사성을 부인했다는 것은 무언(誣言)이다. 다만 그 온 천하라는 것이 지금 우리가 아는 전 세계였다고 단언하기는 어려우니 그것은 그때 사람들의 온 천하라는 것이 그들이 아는 범위만을 이름이며 대체로 비상한 대홍수가 있었을 것은 역사적 사실이나 그 사실의 여자적(如字的) 기술로 인함을 능사로 할 것이 아니라.

2. 교리문제:

(1) 새사람誌에 정통을 공격했다는 것은 (새사람) 11호를 정독하시면 그

---

238) 金良善, 『韓國基督敎解放十年史』, 서울: 종교교육부, 1956, 223~225. 본문에 이해할 수 있는 한문만 한글로 표기함.

것이 참 정통을 공격한 것인지 소위 정통의 가면을 쓰고 교회를 난(亂)하
는 실제적 이단자를 배격함인지를 아실 것이다.

(2) 신약성경은 교리교재로 쓰인 것이 아니요, 하나님의 역사적 계시의
기록이란 것은 누구나 다 아는 사실이다. 자기 교리를 변증하기 위하여
성경의 역사적 사실을 곡해할까 두렵다는 것을 지적한 것이다.

(3) 내가 사도신경의 한 구절 장로교신조의 하나하나를 다 나의 신앙양심
에 비추어 이를 무의신봉(無疑信奉)한다는 것은 하나님이 증거하실 것이
다. 그리고 내가 알메니안 신학에 서지 않고 칼빈주의 신학을 계승한 것
을 무한의 영광으로 감사하는 것은 나의 조직신학 강의개요를 보시면 다
알 것이다. 그러나 '예정신앙'의 감격 없이 예정론을 논리의 유희로 취급
하는 자는 경계해야 한다고 말한 일이 있다. 이 말을 이해 못 한 몇 학생
이 오전(誤傳)한 것으로 보인다.

총회의 8인 심사위원들은 김재준 교수의 진술서를 검토하고 난
후 김재준 교수로 하여금 자신의 입장을 발표하게 하였다. 이에
김재준은 자신의 성경관에 대한 성명서를 발표하였으나 박형용이
반박했다.

> "성서가 문자적으로 잘못이 있을 뿐 아니라 성서의 교훈 자체에 잘못이
> 있다든지 신화적인 교훈이라고 본다면 성서 자체가 파괴되고 마는 것이
> 아니냐."

이렇게 분규가 계속되던 중 장로회신학교를 재건하려는 이인식,
이재명, 이정호 등 원로목사를 중심한 사람들은 1948년 3월 15일
대전 제일교회에서 신학교 건립을 위한 전국대회를 소집했다. 그러
나 장로회신학교 개교안은 보류되었고 그 대신 조선신학교의 이사
와 교수진을 모두 퇴진시키자는 개혁안은 1948년 제34회 총회에서
통과시키기로 하였다. 그러나 총회에서는 신학교 이사 다수가 김재
준 교수를 1년 동안 미주에 유학시키고 박형용, 심문태, 김진홍 등

을 보강한 새로운 교수진을 구성하려는 절충안을 통과시켰다.

3.2. 에큐메니즘에 대한 비판

김의환은 NAE 측이 WCC를 배도의 모임으로 규정한 이유를 세 가지로 정리했다. 첫째, WCC운동은 모든 신학사상을 다 포괄한다고 역설함으로써 자유주의 신학뿐만 아니라 이단적인 급진주의 신학까지 포함하는 신학적 자유주의 및 종교적 혼합주의라는 것이다. 둘째, WCC는 교회가 해야 하는 구령의 영적 사명보다 사회참여를 강조하면서 기독교를 값싼 사회개혁 운동으로 전락시켰으며, 심지어는 공산세계의 교회 대표까지 회원으로 받아들이는 용공단체라는 것이다. 셋째, 교회통일을 교회적인 통일에 앞서 성례전적인 통일을 통한 외적인 조직의 통일을 꾀함으로써 제도적인 하나의 세계교회 형성을 추구한다는 것이다.[239]

4. 나가는 말

교회는 순결(Purity)과 연합(Unity)의 긴장 속에서 발전되어 왔는데 통합 측과 합동 측의 분열은 양자의 조화를 이루어 내지 못했다. 나름대로 분열할 수밖에 없는 이유를 댈 수 있겠지만 양측의

---

239) 김의환, 「보수교단의 연합운동의 한계성은?」, 신학지남 1970년 제37권 봄호, 87~88.

분열은 고신 측과 기장 측의 분열 때처럼 신앙적인, 신학적인 차이가 있었던 것도 아니다. 오히려 감정적인 이유가 앞섰다고 해도 과언이 아니다. 성경은 이렇게 말씀하고 있다.

> "그는 우리의 화평이신지라. 둘로 하나를 만드사 원수 된 것 곧 중간에 막힌 담을 자기 육체로 허시고 법조문으로 된 계명의 율법을 폐하셨으니 이는 이 둘로 자기 안에서 한 새사람을 지어 화평하게 하시고 또 십자가로 이 둘을 한 몸으로 하나님과 화목하게 하려 하심이라. 원수 된 것을 십자가로 소멸하시고 또 오셔서 먼 데 있는 너희에게 평안을 전하시고 가까운 데 있는 자들에게 평안을 전하셨으니 이는 그로 말미암아 우리 둘이 한 성령 안에서 아버지께 나아감을 얻게 하려 하심이라. 그러므로 이제부터 너희는 외인도 아니요 나그네도 아니요 오직 성도들과 동일한 시민이요 하나님의 권속이라. 너희는 사도들과 선지자들의 터 위에 세우심을 입은 자라. 그리스도 예수께서 친히 모퉁잇돌이 되셨느니라. 그의 안에서 건물마다 서로 연결하여 주 안에서 성전이 되어 가고 너희도 성령 안에서 하나님이 거하실 처소가 되기 위하여 그리스도 예수 안에서 함께 지어져 가느니라."(에베소서 2장 14절~22절)

총회의 분열은 신학교의 분열로 이어지기 마련이다. 통합 측과 합동 측의 분열은 장로회신학대학교와 총신대학교의 분열로 이어졌다. 1960년대 이후 양측의 통합노력이 없었던 것은 아니지만 아직도 두 교단은 하나 되지 못하고 있다. 최근에 양교의 총장들이 서로 강단교류를 하기도 하고, 개교기념 행사 중 일부를 신학생들이 함께 실시하기도 하지만 통합에 이르기까지는 아직 멀었다고 하겠다. 그래도 하나 됨을 향해 나가려는 노력을 게을리해서는 안 된다.

참고문헌

1. 김인수, 『**장로회신학대학교 100년사**』, 서울: 장로회신학대학교출판부, 2002.
2. 金光洙, 「韓國 基督敎 分裂史」, 基督敎思想 201호, 1975, 2.
3. 金應虎, 『明暗 韓國敎會 1959年 9月』, 서울: 牧羊社, 1991.
4. 양낙홍, 「1959년 한국 장로교의 분열과정」, 한국기독교와 역사 제23호, 2005.
5. 문재구, 「우리교단의 나아갈 길」, 『文菊堂 行蹟』, 발행년 미상, 프린트.
6. 서고덕, 「에큐메니칼 운동」, 순천 매산신학교, 1957, 프린트.

한국교회
순교사(殉敎史)240)

1. 들어가는 말

  한국교회 안에는 아직 '순교(殉敎)'에 대한 이론이 정립되지 않았다. 필자가 2005년 8월 전남 구례를 여행하는 가운데 구례읍 교회를 들렀던 적이 있다. 그 교회 담임목사는 두 분의 순교자를 배출한 교회라고 자신이 섬기고 있는 교회를 소개했다. 그중의 한 사람은 양용근 목사다. 양용근 목사는 일제강점기 때 신사참배를 끝까지 거부하다 결국 광주형무소에서 1943년 12월 5일 생을 마쳤다. 신앙을 포기하고 우상 앞에 절하라는 저들의 요구를 끝까지

---

240) 필자는 이 강의록을 집필하는 가운데 몇몇 학자들의 글을 많이 인용했다. 아직 한국 신학계에서는 '순교'에 대한 많은 논의 자체가 없었을뿐더러 이 분야에 대한 연구도 미진하기 때문이다. 따라서 필자의 의견을 제시하겠지만 훌륭한 학자들의 글을 인용하면서 한국교회의 순교사를 살펴보려고 한다.

거절하는 가운데 고문 후유증으로 생을 마감한 것이다. 또 한 사람은 이용선(李用善) 목사다. 순천노회사에 의하면 이용선 목사는 1950년 12월 9일 순천노회에 참석하고 귀가하던 중 지리산에 숨어 있던 공비들에게 피살되었다.[241] 양용근 목사는 신앙의 절개를 끝까지 굽히지 않는 가운데 생명을 마쳤고, 이용선 목사는 신앙 때문에 핍박을 당하지 않는 가운데 사고로 생명을 마쳤다. 구례읍 교회는 두 분 모두를 순교자라고 말한다. 우리는 두 사람 모두를 순교자라고 불러도 좋을까. 그러면 먼저 순교에 대한 정의부터 내려 보기로 하자.

2. 순교에 대한 정의

국어사전에 의하면 순교는 "어떤 억압이나 박해도 참아 가며 자신의 종교를 위하여 목숨을 바침. 넓은 뜻으로는 주의(主義)·사상을 위하여 죽는 경우에도 쓰이는 말임."[242]으로 정의하고 있다. 기독교대백과사전은 "그리스도를 위하여 피를 흘림으로써 그리스도를 증거함."이라고 정의하고 있다.[243] 이 용어에 대한 보다 정확한 이해와 '순교자' 칭호의 바른 수여를 위해서는 '순교'의 개념이나 용례에 대한 신학적 이해와 교회사적 용례에 대해 정리하는 일이 필요하다.[244]

---

241) 순천노회 사료편찬위원회, 『**순천노회사**』, 순천: 순천문화인쇄사, 1992, 85.
242) 신기철·신용철, 『**새 우리말 큰사전 상**』, 서울: 삼성이데아, 1989, 2011.
243) 한영제, 『**基督敎大百科事典 제9권**』, 서울: 기독교문사, 1982, 839.

2.1. 어원적 고찰

우리가 말하는 순교(殉教)는 라틴어 '마르티리움(martyrium)'에서 왔고, '마르티리움'에 해당하는 헬라어 '말투리온(μαρτύριον)'은 흔히 '순교'로 번역되지만 본래의 의미는 '증언' 또는 '증거'였다. 다시 말하면 신약에서 '순교'라는 개념은 따로 없었고, '증언'이란 말이 후에 순교라는 의미를 지니게 된 것이다. 그래서 '말투리온' 은 '증거', 혹은 '증인'을 의미하는 동시에 '순교'를 의미하는 것으로 이해되어 왔다.[245] 또 헬라어 '말투스(μάρτυς)'는 흔히 '순교자' 로 번역하지만, 본래는 '증인'이라는 의미였다. 사도들은 예수 그리스도에 대한 신앙을 고백하고 이를 증거하다가 죽은 이들을 '증인 (μάρτυρός)'이라고 표현했다(행22:20, 딤전6:13, 계17:6). 그래서 '말투리온'은 '증거',와 '순교'를, '말투스'는 '증인'이라는 의미와 '순교자'라는 의미를 동시에 지니는 것으로 이해하고 있다. 그 이유는 순교자들이 다 증거자들이었기 때문이다. 즉 '순교'라는 죽음은 '증거'라는 행위의 결과였다는 점에서 이런 이해를 했다고 해석할 수 있다. 그래서 교회사적으로 살펴볼 때, '마르트리온'이나 '말투스'라는 단어는 신약성경에서 '증거', '증인'이라는 의미로 사용되었으나 후에 '순교', '순교자'라는 의미로 어의 변화가 일어난 것

---

244) 이 부분은 이상규 교수의 논문을 거의 그대로 인용했다. 아직 한국 신학계에서 순교에 대한 정의가 제대로 정립되지 않은 상태에서 이상규 교수의 연구가 탁월하다고 여겨지기 때문이다.
이상규, 「증언과 순교: 교회사에서 본 순교」, 40~52. 이 논문은 '한국교회와 순교이야기, 그리고 순교신학'이라는 주제로 2008년 5월 29일 호남신학대학교에서 발표되었다.

245) μαρτ - 에서 파생된 용어의 용례에 대한 자세한 기록은 Gerhard Kittel, Garhard Friedrich, ed., *Theological Dictionary of the New Testament*, vol.4 (Eerdmans, 1974), 474~508 을 참고할 것.

임을 알 수 있다.[246] 이런 변화를 추적하기 위해서는 정경 이후의 초기 교부들의 문헌을 고찰하는 일이 필요할 것이다.

2.2. 신약에서의 용례

칠십인역(LXX)에서는 'μάρτυς'라는 단어가 60여 회 나오지만 주로 히브리어 '에드'의 번역어로서 고소행위에 대한 증언(민5:13), 거짓 증언에 대한 처벌(신19:16)의 의미로 나타난다. 그러나 순교란 의미의 '마르트리온'에 해당하는 단어는 구약에는 없다. 신약에서는 'μαρτύριον'이라는 단어가 다양하게 사용되었는데, 특히 누가복음, 요한복음, 그리고 사도행전에서 가장 빈번하게 사용되었다. 이 용어는 본래 법적 개념으로서 재판장에서 '증언'을 뜻하는 법률 용어였다. 성경에서 그리스도를 '증거(witness)'한다는 것은 예수 그리스도에 대해서 결정을 내려야 하는 청중들 앞에서 그리스도에 관해 '있는 그대로의 사실'을 객관적으로 진술하는 행위를 의미했다. 증거하는 사람, 곧 증인은 사실이나 진실을 눈으로 보거나 귀로 들은 사람을 일컫는다. 그러므로 증거한다는 의미는 실제 사실에 근거하여 있는 그대로의 사실 혹은 진실을 선언하는 행위를 의미한다.

신약성경에서 'μάρτυς'는 기본적으로 십자가와 부활을 증거하는

---

246) μαρτυς는 '기억하고 어떤 아는 것에 관하여 증언할 수 있는 사람(one who remembers, who has knowledge of something by recollection, and who can thus tell about it)'을 의미한다면, 동사 μαρτυρειν은 '증거하다(to bear witness to something)' 혹은 '증인이 되다(to come forward as a witness)'는 뜻이며, μαρτυρία는 '증거를 행함', μαρτύριον는 '증거, 증언'을 가리킨다.

사도들에게 적용되었다. 신약성경에서는 믿음 때문에 목숨을 잃은 자들에게 어떤 특수한 존칭을 부여하지 않았다. 단지 그들을 '증인'이라고 표현하고 있을 따름이다. 이들이 그리스도의 진리의 말씀을 증언했기 때문에 죽었지, 죽었기 때문에 이들을 증인이라고 말하지 않는다는 점이다. 즉 증인은 복음을 위해 목숨을 빼앗긴 이들에게 붙여진 특수한 칭호가 아니었다.

그런데 신약의 후기 문서인 요한계시록에서는 약간 다른 의미로 변화되는 조짐을 발견할 수 있다. 'μάρτυς'라는 단어는 요한계시록에도 나오지만 단순한 '목격함'에서 '고난받음'이라는 의미로의 어의 변화를 보이고 있다. 계시록 1장 5절, 혹은 3장 14절에 보면, 예수님에 대하여 '말투스'라는 용어를 사용하여, '충성된 증인'이라고 말하고 있는데, 특히 계시록 1장 5절에서는 예수를 '충성된 증인'으로 말한 다음, 그는 "우리를 사랑하사 그의 피로 우리 죄에서 우리를 해방하시고 ……"라고 말하고 있다. 고난 당하신 예수를 충성된 증인으로 말하고 있다는 점이다. 베드로전서 5장 1절에서 베드로는 자신을 '그리스도의 고난의 증인'으로 말한 바 있는데, 특히 계시록에서는 고난받음이 더욱 강조되고 있다. 계시록 2장 13절에서는 믿음을 버리지 않고 죽임을 당한 안디바를 '나의 충성된 증인'이라고 말하고 있다. 계시록 2장 10절에서는 '죽도록(죽기까지) 충성하라'고 하여 구체적인 순사적(殉死的) 증인이 되라고 말하고 있다. 계시록 17장 6절에서는, 로마를 상징하는 바벨론에 대해 말하면서 "이 여자가 성도들의 피와 예수 증인들의 피에 취한지라."라고 하여 증인의 증거를 피 흘림과 관련하여 말하고 있다는 점이다. 신약의 후기문서가 아닌 사도행전에서 바울은 스데반에 대해 말하면서 "당신의 '증인' 스데반이 피를 흘렸다."(행 22:20)는 표현이 있는데, 그리스도를 증거하기 위해 죽음을 불사한 경우를 말하고 있다. 이런 사례들은 '말투스'라는 단어가 피 흘림의 증거, 곧 '순교'의 의미로 발전해 가는 징후를 보여 주고 있다.

3. 순교에 대한 교회사적 이해

3.1. 교부문서에 나타난 순교의 개념

앞에서 '말투스' 혹은 '마르트리온'이라는 단어는 신약성경에서 '증거', '증인'이라는 의미로 사용되었으나 후에 피 흘림의 증거, 곧 '순교', '순교자'라는 의미로 어의 변화의 조짐을 보여 주는데, 이 점은 2세기 중엽부터 보다 구체화된다. 이런 변화를 보여 주는 최초의 문서가 「폴리갑의 순교기」이다.[247] 2세기의 대표적인 성자이자 순교자로 알려진 서머나의 폴리갑은 156년경 순교했는데, 그의 순교기에는 어간 μαρτ – 가 빈번히 사용되고 있다. 특히 2장 2절에서 'μάρτυς'가 '피의 증인', 곧 순교자라는 의미로 사용되었다.[248]

---

247) 폴리갑의 순교기는 폴리갑이 사망한 뒤 서머나교회 공동체가 프르기아 지방의 필로 멜리움 공동체에 보낸 편지형식의 기록인데, 기록연대를 정확하게 알 수 없다. 그러나 폴리갑이 순교한 뒤 1년 이내에 기록된 것으로 간주하고 있다. 이 기록은 최초의 순교기라고 할 수 있는데, 기독교에 대한 변증적 의도와 함께 그리스도인들에게 순교자들을 기리며 순교자를 본받도록 하기 위한 의도에서 기록되었다. 폴리갑의 순교기, *The Martyrdom of Saint Polycarp, Bishop of Smyrna as told in the Letter of the Church of Philomelium*는 LCC vol.1, *Early Christian Fathers*, 149~157에 수록되어 있다.

"하느님의 뜻을 따라 일어난 모든 순교는 복되고 고결합니다. 그러므로 우리는 더 경건해야 하고 모든 것에 대한 권능을 하느님께 돌려야 합니다. 누가 순교자들의 고결함과 인내, 주님께 대한 사랑에 경탄하지 않을 수 있겠습니까? 그들 가운데 몇 명은 육체의 조직이 채찍질로 갈기갈기 찢겨 몸속의 정맥과 동맥까지 드러나 보이는 고통을 견디어 냈고, 구경꾼들마저도 그들을 불쌍히 여겨 탄식하였습니다."[249]

이 문맥에서 μαρτυρία는 피 흘림의 증거, 곧 순교의 의미로 기술되었다. 신약정경 외에 가장 오래된 기독교 문서로 알려진 96년경 기록된 로마의 클레멘트 서신(*Epistula ad Corinthios*)은 65개 장으로 구성되어 있는데, 5장에서는 베드로와 바울이 로마에서 행한 μάρτυς에 대해 언급하고 있다. 여기서 μάρτυς를 죽음과 연결하여 말하고 있으나 여전히 '말-증언'의 의미로 사용되고 있고, 아직 순교라는 의미로 발전한 것으로 해석할 수 없다. 클레멘트 서신보다 후기인 130~40년경 로마에서 기록된 것으로 추정되는 헤르마스의 『목자』(*Pastor Hermae*)에서는 순교자라는 말 대신 '고난 받는 자들(παθόντες)'이란 용어를 사용하고 있다. 이그나티우스(Ignatius of Antioch, 35~117?)는 죽음을 증거의 완성단계로 보는 경향을 드러내고 있고, 그리스도를 위한 고난과 순교를 '그리스도를 본받음'의 최고의 이상으로 여겼다.[250] 그러나 이 같은 죽음에 대하여 μάρτυς라는 단어를 사용하지 않았다.[251] 이런 점을 고려해 볼 때

---

248) 폴리카루푸스(하성주 역주), 『편지와 순교록』, 분도출판사, 2000, 118.

249) 위의 책, 129.

250) Ignatius, *Letter to the Romans, 2 in Ante-Nicene Fathers*(이하 *ANF*) ed. Alexander Roberts and James Donaldson(Peabody: Hendrickson Pub., 1999), 1:74; *Letter to the Romans*, 3 in *ANF*, 1:74; Tripp York, *The Purple Crrown: The Politics of Martyrdom*(Herold Press, 2007). 27.

251) Craic J. Slane, *Bonhoeffer as Martyr*(Brazos Press, 2004), 44.

140년대까지도 로마에서 순교자라는 칭호가 사용되지 않은 것으로 보인다.252) 그래서 바우마이스터는 '순교자'라는 칭호는 폴리갑의 순교기가 기술되기 수십 년 사이에 소아시아에서 사용되기 시작하여 타 지역으로 발전된 용어였을 가능성이 높다고 추정하고 있다.253) 다시 말하면 2세기 중엽부터 μάρτυς가 '증거자'라는 의미보다는 죽음 자체를 중시하는 '순교자'라는 의미로 발전된 것으로 보인다.

결국 순교는 말(증거)과 행위의 일치를 의미하는 것으로서 개념화되었다. 그런데 이 순교는 익나티우스의 편지나 폴리갑의 순교기에서 보여 주는 바처럼 '제자(μαθητής)' 개념과 '본받음(μίμησις)'의 개념을 결합한 것으로 이해되었다. 이 점을 보여 주는 한 가지 예가 폴리갑의 순교기 17장 3항이다. 즉 "우리는 …… 주님의 제자들이며, 본받는 사람들인 순교자들을 진실로 사랑합니다. 우리도 그들의 (순교에) 동참하고 동료 제자가 될 수 있기를 바랍니다."가 그것이다. 즉 순교는 그리스도의 참된 제자의 길이며, 그리스도를 본받는 행위라는 점이다. 이런 변화와 함께 '증거자'라는 의미보다는 순사라고 하는 죽음 자체를 존중하게 되었다. 이상에서 논의한 바를 정리하면 μάρτυς(μαρτυρία, 혹은 μαρτύριον)라는 용어는 본래는 증거(자)를 의미했으나 140년경을 거쳐 가면서 피의 증거(자), 곧 순교(자)를 의미하는 어의변화를 가져온 것이다. 즉 순교(자)는 신앙을 고백하고 그 신앙의 증거 때문에 목숨을 바친 이들에 대한 칭호였다. 이들 순교자들은 그리스도의 제자로서 그리스

---

252) 폴리카루푸스, 119.
253) Theodore Baumeister, *Die Anfänge*, 259.

도를 본받는 자들로 간주되었다.

이상에서 증거자에게 있어서 죽음의 의미가 강조되었음을 지적했는데, 그렇다면 죽지는 않았으나 박해하에서도 끝까지 신앙을 지키며 그리스도에 대한 믿음을 증거한 이들은 어떻게 불렀을까? 그것이 '고백자(告白者, confessor)'라는 용어였다.[254] 고백자(ὁμολόγος)란 그리스도에 대한 신앙과 증거 때문에 체포되어 고문과 형벌을 받았으나 목숨을 잃지 않고 풀려난 이들에 대한 칭호였다. 이것은 실제로 목숨을 잃은 피의 증거자(μάρτυς, μάρτυρες) 곧 순교자들과 구별하기 위한 것이었다.[255] '고백자'라는 용어는 2세기 중엽부터 사용되기 시작했는데, 당시 로마황제의 기독교 정책과 관련이 있다. '순교자'를 만들기보다는 '배교자'를 만들어 기독교 공동체를 낙담시키고자 했던 정치적 상황에서 비록 죽지는 않았으나 끝까지 신앙을 지키는 이들이 생겨났던 것이다. 말씀을 증언하고도 죽지 못한 자들을 고백자로, 피로서 증언한 자들을 순교자를 구분했다는 사실은 한 가지 중요한 암시를 주고 있는데, 그것은 '죽음' 그 자체가 특수한 의미를 가지기 시작했다는 점이다. 동시에 죽지

---

254) '고백자'라는 용어는 특히 3세기 중반에 크게 대두되는데, 그것은 당시의 기독교 박해와 밀접한 관계를 지닌다. 249년 황제가 된 데시우스(Decius)는 250년부터 기독교에 대한 혹독하게 박해했다. 그가 재임하는 기간(249~251) 동안 이전 시기와는 다른 기독교에 대한 박해가 있었다. 기독교가 별로 전파되지 않았던 다뉴부(Danube) 유역 출신이었던 데시우스 황제는 제국의 번영은 옛 종교의 회복이라고 믿고 제국의 전 지역에서 기독교를 탄압했다. 그는 이교신전에서 희생제물을 드린 자에게는 증명서(libelli)를 발부하고, 이 증명서가 없는 이들을 박해했다. 이 당시는 기독교 신자를 처형시키는 것이 목적이 아니었으므로 실제 순교자는 많지 않았으나, 끝까지 신앙을 지킨 자들은 '고백자'로 불리게 된 것이다. '고백자'의 상대적 개념으로 고문이나 탄압에 못 이겨 신앙을 버린 이들을 '배교자(apostat, lapsed)'라고 불렀다. 후일 이 배교자 처리 문제가 노바티안(Novatian) 분파운동의 원인이 되었다. 초기 기독교 공동체에서는 '배교자'와는 달리 '고백자'들도 상당한 존경을 받았다.

255) Eusebius, *Ecclesiastical History* 5.2.2~5.

는 않았으나 박해자들 앞에서도 신앙을 지킨 이들을 변절자들과 구별하려는 의도도 있었음을 알 수 있다.

3.2. 초기 기독교회의 순교 이해

초기 기독교는 교부들의 순교 개념을 계승하게 되지만 2세기 이후의 상황에서 순교가 무엇인가를 보다 선명하게 제시하였다. 4세기 이전까지의 고대교회 순교자 수는 최대 1만 명으로 최소 수백 명으로 추산되는데,[256] 초기 기독교에서 순교자 혹은 고백자들은 상당한 영광을 누렸으므로 순교에 대한 열망이 있었고, 익나티우스의 경우에서 보는 바처럼 순교는 '그리스도를 본받음(imitatio Christi)'의 절정으로 묘사되기도 했다. 교회 공동체의 순교에 대한 지나친 열망은 신앙적 자살로 비쳐지기까지 했다. 그래서 교회지도자들은 자발적으로 순교당하고자 하는 이들을 경계하기도 했다. 광신적인 몬타니스트들은 순교를 자청하는 일까지 있었다. 이런 점에 유념하여 시카고학파로 대표되는 일꾼의 학자들은 죽음 앞에서 담대함과 고문을 이기는 용기는 심리적 이상 현상, 곧 마조히즘(masochism)에 근거한 것으로 해석하기도 했다.[257] 도날드 리들(Donald W. Riddle)은 이들 순교자들은 고통을 사랑했고, 고문과 같은 고통을

---

256) 요시아끼 사투는 독일학자 L. Hertling와 J. Vogt의 견해를 인용하면서 고대교회 순교자 수는 최대 1만 명에 이른다고 추정한다(佐藤吉昭, 『キリスト教における殉教研究』, 創文社, 2004, 38). 그러나 W. H. C. Frend와 R. Stark는 수백 명, 곧 1천 명 이하에 지나지 않는다고 추산한다. 이상규, 『헬라로마적 상황에서의 기독교』, 한들출판사, 2006, 172~5.

257) 이런 해석을 하는 대표적인 학자는 Donald W. Riddle, Karl Menninger, Theodore Reik, E. R. Dodds, Arthur D. Nock 등이다.

통해 성적 희열을 느끼고 심지어는 죽음을 동경(libido moriendi)했다고 해석했다.[258] 즉 리들은 '죽음에의 동경'이 기독교 공동체에 풍미했다고까지 말한 바 있다.

순교자들은 성인시되었고, 그들에 대한 경외심은 후일 숭배로 발전하였다.[259] 이런 풍조 때문에 순교자들에 대한 기록은 윤색되거나 과장되어 사실(fact)과 허구(fiction)를 구별하기 어렵게 만드는 경우가 없지 않았다.[260] 이런 현실에서 누가 순교자이며, 순교자라는 칭호를 얻기 위해서는 어떤 조건을 갖추어야 하는가 하는 순교자 개념정리가 요구되었다. 이런 고민의 흔적이 『폴리갑의 순교기』제4장에 나타나 있는데, 이것은 당시 교회의 일반적 인식을 반영한 것으로 볼 수 있다. 『폴리갑의 순교기』에서는 '순교자'를 다음의 3가지 조건으로 규정하고 있다.[261]

1. 단지 '말 증인'이 아니라, 자신들의 증언으로 고통을 감수한 '행위 증인'만이 진정한 순교자이다.
2. 순교는 하나님의 뜻에 부합해야 한다. 즉 하나님의 뜻이 순교를 정당화해야 하며, 하나님의 뜻과 자신의 뜻은 구분되어야 한다. 진정한 순교자는 주님의 뜻에 따라 모든 것을 주님께 맡기는 자이다.

---

258) Donald W. Riddle, *The Martyrs: A Study in Social Control*(1931), 64.

259) 202년 3월 7일 6, 7명의 그리스도인들이 카르타고의 경기장에서 처형되었는데, 그중 Perpetua와 Felicitas는 대표적인 인물이었다. 이들의 순교기 *Acts of Perpetua and Felicitas*는 광범위하게 읽혔는데, 북아프리카에서도 이 두 젊은 여신도의 순교에 대한 기록은 상당한 인기를 누렸다. 어거스틴은 이 순교기가 정경이라도 되듯이 성경보다 더 많이 읽히는 점에 대해 우려를 표명한 바 있다. Cf. *Augustine's Treatise on the Soul*, 1. Tripp York, *The Purple Crown*, 49에서 중인. 일반적으로 폴리갑의 순교기 *Martyrdom of Polycarp*은 순교자의 유해(혹은 유품)를 보존하고자 했던 당시 교회의 관행에 대한 가장 오래된 기록을 남겨 주고 있는데, 이것은 순교자 숭배사상과 관련된다. Tripp York, 61.

260) Craic J. Slane, 36.

261) 폴리카르푸스, 121~2.

3. 순교를 피하는 것은 원칙적으로 가능하며 허용된다. 그러나 진정한 순교자는 자발적으로 순교하려 나서지도 않으며, 그렇다고 순교를 적극적으로 피하지도 않는다.

초기 기독교는 박해의 체험을 통해 순교의 의미를 보편화했는데, 순교는 특히 두 가지 요건을 충족해야 하는 것으로 이해했다. 첫째는 그리스도에 대한 공적 증거 혹은 증언이고, 다른 하나는 그 증거를 확증하기 위해 임의로 받아들이는 죽음이다. 말하자면 순교는 무엇을 위해 생명을 버리는가와 관련된 것이다. 이상의 논의를 종합하여 볼 때 초기 교회가 이해했던 순교자의 조건은 다음과 같았다.

> 첫째, 순교는 육체적 생명이 끊어지고 참으로 죽어야 한다.
> 둘째, 그 죽음은 그리스도인의 생활과 증거하는 진리에 대한 박해에 기인한 것이어야 한다.
> 셋째, 그 죽음을 기꺼이 받아들여야(voluntary acceptance of death) 한다.

즉 순교는 진리를 증거하기 위해 세상에 오시고 십자가에 죽기까지 순종하신 그리스도의 모범을 따라 그리스도에 대한 공적인 증거를 행하고, 이를 확증하기 위해 주어진 죽음을 기꺼이 받아들이는 행위라고 할 수 있다. 이처럼 목숨을 바쳐 주님을 증거하는 행위로서의 순교 개념이 서양 기독교전통에서 수용되어 왔던 가장 분명한 순교의 개념이었다. 여기서 중시되는 점은 피 흘림, 곧 '죽음'의 증거라는 점이다. 다시 말하면 순교라고 말할 때 그것은 반드시 '육체적' 죽음으로 증거되어야 한다는 점이다. 이것을 개념적으로 '육체적 순교(physical martyrdom)'라고 할 수 있는데, 기독교에 대한 정치적 박해가 종식된 이후에 나타나는 '백색 순교' 개념에 대한 대칭으로 '적색 순교'라고 할 수 있다.

3.3. 3세기 이후 중세시대까지: 순교 개념의 확대

처음에는 '피 흘림의 증거'를 '순교'로 간주했으나 점차 순교 개념은 확대되기 시작한다. 분명한 변화는 로마제국에서 기독교 박해가 종식되는 4세기 이후의 일이지만 그 시원은 3세기 초부터였던 것으로 판단된다. 알렉산드리아의 클레멘트(c.150~c.220)는 그리스도인들이 자신의 생활을 통해 그리스도를 증거하는 삶을 산다면 그것은 순교와 동일한 것이라는 말속에 이런 암시가 나타나 있다. 오리겐(c.182~254)은 "말과 행위로 그리고 어떠한 방법으로든지 진리를 증거하는 이는 순교자라고 불릴 수 있다."며, 이를 '영적 순교(spiritual martyrdom)'라고 불렀다. 250년경 키프리아누스는 "한순간에 고통을 당하는 이는 오직 한 번 승리한다. 그러나 언제나 고통 중에 머물고 끊임없이 고통과 투쟁하는 이는 매일 새로운 순교의 관을 쓴다."고 했다.[262] 말하자면 3세기를 거쳐 가면서 순교자는 피 흘림의 증거자일 뿐 아니라, 복음적 삶 곧, 청빈, 순종, 정절 등 세상과 구별된 삶을 통해 그리스도를 증거하는 행위도 순교로 간주하는 영적 순교 개념이 대두된다. 이것은 그리스도를 위해 살고자 하는 의지(willingness to live for Christ)는 그리스도를 위해 기꺼이 죽고자 하는 의지(willingness to die for Him)만큼이나 중요하다고 여겼기 때문이다.

---

262) Cyprian, *Epistle*, 37. 1.

이런 순교 개념의 확대는 4세기를 거쳐 가면서 분명하게 나타난다. 박해의 시대가 종결되고 기독교의 자유가 주어지자 피 흘림의 순교는 그 가능성이 상대적으로 소멸되자 이런 경향이 나타난 것으로 해석할 수 있다. 그래서 3세기 『사도전승』(Traitio apostolica)을 썼던 로마의 히폴리투스(Hippolytus, d. 236)와 3세기 중엽의 로마의 주교였던 코르넬리우스(Cornelius, d. 252)는 실제로 순교하지 않았으나 '순교자'로 불렸다(顯揚).

이런 경우는 예외적인 경우였으므로 일반화된 경향은 아니었으나 후에는 순교자 칭호가 수도사들에게까지 확대되기도 했다. 은자적 금욕적 삶이나 수도자적 고행은 그리스도를 따르는 모범으로 영적 완성이라 하여 소위 '백색 순교(white martyrdom)'라고 불렸다. 이런 경향이 수덕주의(修德主義, asceticism)의 전개에 영향을 주었다는 점은 분명하다. 이제 '피 흘림의 증거'만이 순교가 아니라, '피 흘림 없는 순교' 개념이 대두하게 된 것이다. 이제 신앙 고백적 죽음만이 아니라 신앙 고백적 삶도 중요시된 것이다.

이것은 기독교가 제국의 종교로 변모되고, 신앙고백에 대한 정치적 탄압이 사라진 중세적 상황에서 자연스럽게 대두된 개념이었다. 중세는 기독교가 주도적인, 그리고 유일한 공인된 종교였으므로 신앙 고백적 행위에 대한 박해는 존재하지 않았다. 따라서 4세기 이전의 교회가 직면했던 바와 같은 박해는 존재하지 않았다. 단지 반교권적, 반교황적, 혹은 반(중세적)교회적인 이유에서 이단으로 정죄되어 처형된 이들이 있었을 따름이다. 그러나 당시 교회는 이들을 순교자로 간주한 것이 아니라 하나님의 교회를 허무는 사악한 이단자에 지나지 않았다. 이들이 순교자로 인정된 것은 종교개혁 이후 개신교회에 의해서였다. 연원적으로 말하면 16세기 독일의 역사가 프라치우스 일리리쿠스(Flacius Illyricus, 1520∼1575)에 의해 새로운 평가를 받기 시작했지만 반로마교적 역사가에 의해 초대교회에서 정치적인 이유에서 피 흘렸던 이들과 동일한 순교자로 간주되었던 것은 종교개혁 이후였다. 다시 말하면 국가교회 형태를 띤 중세교회시대에는 피 흘림이 없는 순교 개념('백색순교')이 피 흘림의 순교('적색순교')를 대치했다.

그럼에도 불구하고 개신교 전통에서 엄격한 의미에서 순교자는 항상 세 가지 요건, 곧 그리스도의 복음에 대한 공적인 증거와 그 증거로 인한 불가피한 죽음을 인정받아야 했다. 그 불가피한 죽음이란 자연사나 사고사와는 구분되는 복음에 대한 적대적인 개인이나 집단에 의한 강요된 죽음이어야 한다는 점이었다.[263] 이상의 세 가지 조건은 그 이후의 교회사에서도 자연스럽게 받아들여졌고, 오늘에 이르기까지 가장 보편적 순교 개념으로 수용되어 왔다. 정리한다면 서양기독교 전통에서, 복음에 대한 공적 증거와 이로 인한 불가피한 죽음이라는 초기 기독교의 순교 개념과 함께 다소 변형된 포괄적 순교 개념이 동시에 제시되었다는 점이다.

3.4. 현대 서구교회에서의 순교 개념

포괄적인 혹은 광의의 순교 개념은 20세기 개신교계에서도 강하게 대두되었는데, 그 대표적인 경우가 본회퍼의 죽음이었다. 2차

---

263) '불가피한 죽음'에 대해서는 상반된 견해가 상존해 왔다. 사고나 자연재해에 의한 죽음도 순교로 간주할 것인가의 문제와 관련되기 때문이다.

대전의 종식과 함께 본회퍼(D. Bonhoeffer, 1906~1945)는 현대의 서구교회에서 순교와 관련한 논쟁거리를 제공했다. 이런 논의는 종전 후 전쟁기의 역사적 상황을 반영하는 것이었다. 본회퍼를 순교자로 볼 수 있는가? 그의 행위는 신앙 고백적 증거였는가? 혹은 그의 신앙고백과 죽음에의 상관성은 서양기독교 전통의 고전적 순교 개념에 부합하는가 아닌가와 관련하여 격한 논쟁이 전개되었다. 그와 관련된 논저에서 가장 현저한 주요어가 '순교'였다는 점은 이 점을 반영한다.[264] 20세기적 상황에서 어떤 행위를 순교적 행위로 간주하며, 무엇을 가지고 어떤 이를 순교자로 볼 것인가 하는 문제가 단순하지 않다는 점을 시사해 준 대표적인 인물은 20세기의 순교자들의 전기를 쓴 James와 Marti Hefley였다.[265]

그 복합성을 본회퍼에 대한 토론에서 읽을 수 있다. 주지하는 바이지만 본회퍼는 1939년 뉴욕을 떠나 독일로 돌아온 이후 독일 정부에 대항하는 다양한 활동을 전개하며, 반나치 정보기구인 아프베르(Abwehr)의 회원이 되어 히틀러 암살음모에 참여하게 된다(1939~1943). 독일 국방군 최고사령부의 방첩국은 후일 나치 정권에 반대한 독일 레지스탕스운동의 중심지가 되었다. 이런 활동으로 체포되어 2년 동안 감금되어 있던 그는 1945년 4월 9일 플로센뷔르크 강제수용소에서 게쉬타포에 의해 처형되었다. 그의 공식적인 죽음의 이유는 '반역죄'였다. 표면적으로 이 사건에서 본회퍼의 기독교적 신앙은 그의 처형의 직접적인 적합성을 지니지 못했

---

264) Craig J. Slane, 29.

265) James Hefley and Marti Hefley, *By Their Blood: Christian Martyrs of the Twentieth Century* (Milford, Mich.: Mott Media, 1979) 참고.

다는 점이 거듭 지적되었다. 바로 이 점이 토론의 핵심이었다. 신앙 고백적 행위와 죽음의 상관성을 둘러싼 토론에서 본회퍼를 순교자로 볼 것인가 아닌가에 대해서는 여전히 이견을 보이고 있지만 순교 개념을 보다 포괄적으로 보려는 이들이 많아지고 있다는 점은 분명하다.

본회퍼가 히틀러의 암살음모에 가담한 일로 처형되었다는 사실이 알려진 후 그가 속했던 Berlin – Brandenburg 교회에서조차도 그를 순교자로 인정하지 않았다.266) 암살음모가 실패로 돌아간 지 1주년이 되었을 때 독일의 교회는, 나치의 설교금지령을 거부하여 수용소에서 수년간 고문을 받고 1939년 7월 18일 독살된 루터파의 Paul Schneider는 순교자로 인정했으나 본회퍼에게는 그런 영예를 부여하지 않았다. 이것은 본회퍼 개인에 대한 반대이자 그의 행위에 대한 거부였다.267) 이것은 당시 교회가 순교를 어떻게 이해했던가를 보여 주는 것이었다.

전쟁의 상흔이 가시게 되자 본회퍼를 순교자로 간주해야 한다는 주장이 제기되었는데, 그 첫 인물은 라인홀드 니버(Reinhold Niebuhr)였다. 그는 본회퍼의 행위는 '현대의 사도적 행위(the modern acts of Apostles)'라고 보았다.268) 본회퍼의 친구이기도 했던 치세스터의 조지 벨(George Bell of Chichester)도 니버의 견해에 동의했다. 로마 가톨릭은 자신들의 교회 밖의 인물에 대해 순교자라는 칭호를 주는 일을 극도로 제한하고 있지만 1982년 교황 요한 바울 2세는

---

266) Eberhard Bethge, *Dietrich Bonhoeffer: A Biography*(Fortress, 2000), 931~2.

267) Craig J. Slane, 30.

268) R. Niebuhr, "The Death of a Martyr", *Christianity and Crisis* vol.5, no.11(25, June 1945), 6~7.

Maximilian Kolbe, Janani Luwum, Maria Skobtsora, Oscar Romero와 더불어 본회퍼를 순교자로 지칭하였다. 어떻든 1945년 이후 다양한 종교적 환경에서 본회퍼를 순교자로 인정하려는 경향이 점진적으로 대두되었고, 1998년 7월 9일 본회퍼는 웨스트민스터 사원(Westminster Abbey)에 다른 9명의 인물들과 함께 순교자라는 이름의 조각상이 제막되었다.[269]

물론 이런 경향에 대한 반대 또한 찬성만큼이나 강하지만 분명한 사실은 순교 개념에 대한 포괄적 이해가 대두되었다는 사실이다. James와 Marti Hefley가 지적한 바처럼 순교자는 반드시 엄격하게 '그리스도를 위한 증거로 말미암은 죽음'이어야 한다는 개념은 지나치게 단순화된 것이라는 견해가 대두 된 것이다. 여전히 피 흘림은 강조되었지만 그 죽음이 신앙 고백적 행위였는가를 중시하기 시작했다.[270] 이것은 순교는 전통적 개념인 죽음의 불가피성보다는 고백적 행위에 의한 자유의사에 의한 죽음으로, 혹은 정치적 악에 대한 응답적 행위도 포함하는 순교 개념을 보여 주는 것이다. 이 점 또한 신교의 자유가 주어진 오늘의 현실을 반영하는 것이라고 볼 수 있다.

---

269) 본회퍼를 포함한 10명의 인물은 다음과 같다. 러시아의 Grand Duchess Elizabeth, 남아공의 Manche Masemola, 파푸아 뉴기니의 Licuinan Tapeidi, 폴란드의 Maximillian Kolbe, 파키스탄의 Esther John, 미국의 Martin Luthe King, 중국의 Wang Zhiming, 우간다의 Janani Luwum, 엘살바도르의 Oscar Romero였다.

270) 즉 순교를 이렇게 정의하였다. "A Christian Martyr is a person whose death is ascertainably connected to and precipitated by Christian confession." Craig J. Slane, 54.

4. 한국천주교 殉教史

4.1. 한국천주교의 순교에 대한 정의

우리는 앞에서 '순교'에 대한 정의와 '순교'에 대한 개념이 어떻게 변천되었는가를 살펴보았다. 그러면 여기에서는 천주교에서는 '순교'를 어떻게 정의하고 있으며, 한국천주교의 殉教史에 대해 살펴보기로 하자.[271] 이동호는 '순교의 조건'에 대해 이렇게 말하고 있다.

> 첫째, 육체적 생명이 희생되어 참으로 죽음을 당해야 한다. 그러나 그리스도를 위해 간절히 죽기를 바라거나, 죽음에 상응하는 고통을 겪었거나 또는 죽을 뻔하였거나, 죽음에 이르는 원인이 직접이 아닌 간접 또는 원인으로 작용한 경우에는 엄밀히 말해 순교가 아니다.
> 둘째, 그리스도인의 생활과 진리에 대한 증오 때문에 죽음이 부과된 경우이어야 한다. 질병 때문에 또는 그리스도를 위해 선택한 생활의 방법에서 나오는 예정된 위험의 결과, 또는 과학적 탐구나 국가나 어떤 사상을 위한 투신 때문에, 다른 어떤 지고한 동기로 죽는 경우도 순교는 아니다. 더구나 자살이나 실수로 죽는 경우는 더욱 해당되지 않는다.
> 셋째, 그리스도와 그분의 진리를 지키려고 기꺼이 죽은 경우이어야 한다. 그래서 나이나 정신 이상 등으로 이성을 사용할 수 없었거나 선택의 여지없이 살해된 경우는 해당되지 않는다.[272]

천주교회의 경우 '순교'의 정의가 매우 엄격하다는 것을 알 수

---

271) 이동호, '순교', 『한국가톨릭대사전 제8권』, 서울: 한국교회사연구소, 2001, 5156~5160 참고.
272) 이동호, 위의 글, 5156~5157.

있다. 천주교회에서는 그리스도를 공개적으로 증언하다가 당한 육체적 죽음, 이러한 증언행위에 대한 적대 세력의 증오와 박해의 결과로 오는 죽음, 그 죽음의 상황을 피하지 않고 기꺼이 받아들이는 죽음으로 규정하고 있다. 문규현은 핍박을 받아 죽은 천주교인이 10,000명에 이른다고 말한다.[273] 한국천주교회가 박해를 받은 이유는 크게 세 가지다. 첫째는 무군무부(無君無父)의 종교라는 오해를 받았기 때문이다. 조상제사를 금한 천주교의 가르침이 조정에는 무군무부의 종교라는 오해를 일으켰다. 둘째는 수구세력에 의해 전통세력을 위협하는 집단이라는 오해를 받았기 때문이다. 셋째는 황사영 백서가 보여 주듯이 반민족적·반국가적 입장을 보였기 때문이다. 이러한 이유로 죽임을 당한 것이 순교인가 하는 점은 좀 더 진지하게 살펴보아야 한다.

한국천주교회가 순교자에 대한 현양(顯揚)에 관심을 기울이기 시작한 것은 그리 오래되지 않았다. 한국천주교회는 1784년을 기원으로 삼고 있다. 그러나 출발부터 박해를 받았기 때문에 순교자에 대한 현양사업을 기울일 수 없었다. 그러다가 1939년 기해박해 100주년이 되는 해에 순교 100주년을 기념하기 위해 『경향잡지』는 1937년 말부터 순교비 건립의 필요성을 호소하기 시작했다. 순교비 건립의 애초 의도는 국체명징화(國體明徵化) 일환의 하나로 각 집마다 강요되는 '신붕(神棚) 모시기'가 이 추세대로 나간다면 언젠가 성당 안에도 봉안하라는 요구가 있겠다는 우려와, 지금부터라도 '순교정신'으로써 교우들의 사상을 무장시키자는 것이었

---

273) 문규현, 『민족과 함께쓰는 한국천주교회사 I』, 서울: 빛두레, 1994, 31.

다.[274) 그러나 일제치하에서 이러한 사업을 계속 진행하는 것이 어렵게 되어 주춤할 수밖에 없었다. 그 후 1946년 해방 후 일제 때 중단되었던 순교자 현양사업은 다시 시작되었고, 같은 해 4월에 한국복자수녀회가 창설되었다. 한국복자수녀회는 순교자들의 유물과 서적 등을 모아 보존하는 일과 천안에 복자여고를 설립하는 등 순교자들의 거룩한 정신을 드러내는 일에 큰 역할을 하게 되었다.[275) 1968년 10월 6일 로마에서 한국의 24명의 순교자가 시복되었다. 이로써 1925년에 시복된 79위 복자와 함께 모두 103위의 복자를 모시게 되었다.[276)

5. 한국 개신교 殉敎史

5.1. 한국개신교의 순교에 대한 정의

한국 개신교 안에는 아직 '순교'에 대한 정의가 제대로 내려지지 않았다. 이러한 가운데 2007년 2월 27일 영락교회당에서 '누가 순교자인가?'라는 주제로 순교학술세미나가 개최되었다. 이 모임에서 장로교, 감리교, 성결교의 순교에 대한 주제발표가 있었다. 여기에서는 그 내용을 중심으로 소개하려고 한다. 장로교를 대표하여 김

---

274) 위의 책, 227.
275) 문규현, 『민족과 함께쓰는 한국천주교회사Ⅱ』, 서울: 빛두레, 1994, 17~18.
276) 위의 책, 24.

인수는 순교의 유형을 다음과 같이 정리하고 있다.

1) 전도(선교) 중 살해당한 경우 - 토마스(Robert Thomas), 한경희
2) 목회 도중 혹은 신자로 살해당한 경우 - 박경구, 유계준, 백인숙
3) 신앙의 절개로 순교 - 주기철
4) 선교사역 중 병사한 경우 - 데이비스(J. h. Davies), 헤론(J. W. Heron)
5) 납북의 경우 - 송창근, 남궁혁, 김예진, 김영주[277]

앞에서 살펴본 대로 천주교회에서는 순교자로 인정받으려면 육체적으로 죽어야 하고, 그 죽음이 기꺼이, 자발적이어야 한다. 천주교회에서는 현재 추진 중이기는 하지만 김대건 신부의 신학교 동기인 최양업 신부를 순교자라고 말하지 않는다. 그는 김대건 신부와는 달리 오랫동안 조선 천주교회를 돌보다 병을 얻어 죽었다. 그런데도 박해로 인한 죽음이라고 보지 않기 때문에 순교자로 인정하지 않는 것이다. 그런데 김인수는 선교사역 중 병사한 경우에도 순교로 분류하고 있다. 필자는 이러한 견해에 반대한다.

이덕주는 감리교를 대표하여 분단 직후 한국전쟁 시기(1945~1953)를 중심으로 발표했다. 그는 감리교에도 아직 순교에 대한 정의가 내려져 있지 않았으나 최근에 이를 해소하기 위한 모임이 일어나고 있다고 하면서 한국전쟁으로 인한 희생자들에게 적용할 때 '순교자'에 대한 정리를 다음과 같이 하고 있다.

기독교에 적대적 감정을 가진 공산주의 세력에 의하여 체포 혹은 연행되어, 기독교 신앙을 버리고 공산주의 혁명에 참여 혹은 협력하라는 요구를 거부하고, 공산주의 세력에 의해 희생된 신앙인[278]

---

277) 김인수, 「장로교회의 입장에서 본 순교」, <순교보>, 2007, 25~39.

이덕주는 다른 논문에서는 '순교자'의 칭호를 받으려면 적어도 다음 세 가지 조건을 갖추어야 한다고 말한다.

> 첫째, 그 죽음이 복음 증거로 인한 것이어야 한다. 신약성경에서 '순교'로 번역되는 헬라어 '마르튀스(martys)'는 본래 '증언', '증거'란 뜻을 담고 있었다. 초대교회 박해시절 복음 증거가 곧 죽음으로 연결되었기 때문에 '마르튀스'는 곧 순교를 의미하게 되었다. 따라서 순교는 그리스도 복음을 전하다 그 때문에 죽는 것을 의미한다. 자연사는 순교가 아니다. 둘째, 그 죽음이 복음을 적대시하는 세력에 의한 것이어야 한다. '당하는' 죽음이어야 한다는 말이다. 그리스도를 증언하는 일로 적대 세력에 미움과 박해를 받다가 결국 죽임을 당하는 것이다. 따라서 자살은 순교가 아니다. 셋째, 그 죽음이 '자발적인' 것이어야 한다. 배교하거나 타협하면서 살 수 있었음에도 그것을 거부하고 기꺼이 죽음을 택하였다는 말이다.279)

결국 이덕주의 주장에 의하면 순교는 복음을 증거하다 복음을 적대시하는 세력에 의해 당하는, 자발적인 죽음이어야 한다. 이덕주의 순교에 대한 정의도 매우 엄격하다는 것을 알 수 있다. 박명수는 성결교를 대표하여 성결교회의 순교에 대해 이렇게 정의하고 있다. 기독교대한성결교회 총회는 2001년에 다음과 같이 순교자에 대한 정의를 내렸다고 한다.

1) 기독교신앙을 견지하고 기독교복음을 전파하던 본 교단 소속 교역자로서 이단자나 적군에 의해 죽임을 당한 자.
2) 기독교신앙을 견지하던 본 교단 소속 성도로서 이단자나 적군에 의해 죽임을 당한 자.
3) 공산치하에서 기독교신앙을 견지하고 성직자의 의무를 수행하던 중 납북당하여 생사를 확인할 수 없는 자로서 90세를 넘긴 자.280)

---

278) 이덕주, 「한국 감리교회 순교자 · 수난자 정리 작업」, <순교보>, 2007, 48.

279) 이덕주, 「아름다운 한국 감리교회 순교 전통」, 이 논문은 2007년 6월 24일 제1회 감리교 순교자주일 자료집에 실려 있다.

지금까지 개략적이기는 하지만 장로교와 감리교, 성결교의 순교에 대한 정의를 살펴보았다. 교단마다 정의가 다 다르다는 것을 알 수 있다. 그러면 이제 이만열의 논문을 의지하여 한국 개신교회의 순교사를 살펴보기로 하자.[281]

한국 개신교도 '순교자'를 많이 낸 자랑스러운 전통을 갖고 있다. 가톨릭교도의 '순교'와 희생이 한국 개신교의 수용과 성장발전에 적지 않은 영향을 미쳤다고 한다면 그 순교적 전통도 계승되었을 것으로 생각되지만, 한국 개신교의 경우 일제강점기의 혹독한 핍박은 많은 '순교자'를 낸 것으로 인구에 회자되고 있다. 한국 개신교도 수용과정에서부터 적지 않은 핍박을 받은 것이 사실이다. 비록 외국인이긴 하지만 1866년 영국 선교사 토마스는 소위 '제너럴셔먼호 사건'으로 희생되었다. 한국 개신교 일부에서는 그의 희생 1주기에 해당되던 1926년에 그에 대한 현양사업을 추진하면서 그의 희생을 한국 개신교 최초의 '순교'로 보려는 강한 의지를 보였고 실제로 그렇게 인지해 온 것도 사실이다. 수용과정에서 나타난 핍박은 한국인의 경우, 여러 가지 형태로 나타났다. 핍박의 원인은 주로 성리학적 질서와의 갈등 문제로 나타난 것으로, 그리스도 교인이 되면 '폐제분주(廢除奔走)'하여 '無父無君'의 인간으로 전락된다는 것이었다. 그리하여 그리스도 교인이 되면 혹독한 신체적인 위해를 가하거나 가문에서 퇴출시켜 버리기도 했다. 그러나 이런 핍박으로 죽음에 이르렀다거나 하는 사례들을 기록으로 확인하는 것은 쉽지 않다.

---

280) 박명수, 「한국성결교회와 순교자, 그리고 순교기념사업」, <순교보>, 2007, 69.
281) 지금부터는 이만열의 위의 논문을 거의 그대로 인용했음을 밝혀 둔다.

5.2. 3·1독립운동 희생자

그리스도 교인으로 희생된 자들을 기록으로 확인할 수 있는 것은 우선 1919년 3·1운동과 관련해서 엿볼 수 있다. 그러나 3·1운동 당시 이 운동에 참가하여 희생된 한국인으로서 '그리스도인'이라는 이유 하나만으로 독립만세운동에 나섰고 또 그 이유 하나만으로 희생되었다고 보는 것은 확인하기 힘들다고 본다. 그렇지만 개념이나 기준을 정하는 데에 참고사항으로 정리한다면,[282] 3월 3일 평안남도 강서군 모락장교회 학살사건으로 일본 헌병에게 53명이 피살되었고, 3월 9일 서울에서 일본 군인들이 기독교인 남녀 수십 명을 결박하여 일본인 교회 안에 감금해 두었다가 십자가를 만들어 포박한 남녀를 십자가 위에서 타살 혹은 총살시켰으며, 3월 31일 定州교회 만세시위로 50여 명이 일경에 피살되었고, 4월 15일 제암리교회에서 12명의 기독교인과 11명의 천도교인이 피살당했다. 이 밖에도 대구교회, 곽산교회 등 각지의 많은 기독교인들이 만세시위에 참여하여 희생당했다고 하는데, 위의 사실을 표로 정리하면 다음과 같다.

---

282) 김광수, 『韓國基督敎受難史』, 기독교문사, 1982 참고.

일시	장소	내용	출처
1919.3.3	평남 강서군 모락장(沙川市)교회	강서군 만세시위로 6명이 총살당하고 수십 명이 총상 입자, 격분한 군중들이 헌병과 보조원 타살. 이 사건으로 사망자 43명, 중상자 60여 명 중 치료받다가 20여 명 사망(기독인의 순교라고는 보기 어려움)	한국기독교수난사. pp.105～109
1919.3.9	서울	일본 군인들이 기독교인 남녀 수십 명을 결박하여 일본인 교회 안에 감금해 두었다가 십자가를 만들어 포박한 남녀를 십자가 위에서 타살 혹은 총살	위의책, p.111
1919.3.31	평북 정주교회	만세시위로 정주교회 목사를 비롯하여, 제 직원 대다수가 거사 이전에 체포되어 심하게 난타. 일경이 정주교회와 오산학교 전소시킴	위의책, p.109
1919.4.15	경기도 수원 제암리교회	일본 군대가 제암리 동민들에게 교회당에 모이라 하고, 창과 문을 잠그고 일제히 사격하고 불 지름. 기독교인 12명, 천도교인 11명 사망	이덕주, 「3・1운동과 제암리사건」, 『한국기독교와 역사』7, 1997. p.65
1920.10.12		유관순 옥사	

5.3. 만주지역 등에서 공산주의자들에 의한 희생자

1920년대에 들어서서 한국인들이 남부여대(男負女戴)하고 만주와 시베리아로 유랑하여 거기서 터 잡게 되자, 한국 선교의 영역이 확대되었다. 이때 만주, 시베리아 지역 선교 활동을 하다가 희생된 자들이 있는데 이 중에는 공산주의자들에 의한 희생도 있다. 이를 교단별로 보면 다음과 같다.

* 동아기독교(침례교): 孫相烈은 1921년 목사안수를 받고 평북 자성, 중강, 만주 임강현 방면으로 파송되어 전도활동을 전개했다. 일본관헌은 그를 한국독립단의 밀정으로 생각하고 자성교회에 있던 그를 경찰서로 연행하던 도중 오수덕 산록에서 총살했는데, 시체는 2년 뒤에 발견되었다. 이때를 거의 같이하여 만주 길림일대

에 파송되어 전도하던 김상준, 안성찬, 윤학영, 이창화 등 6명의 전도사도 공산당에 의해 살해당했다. 1932년 10월 간도 연길현 종성교회 김영국 장로와 김영진 목사 형제가 동네를 습격한 공산당원에 의해 예배당에서 살해되었다.[283]

 * 감리교: 1911년 남감리교회 전도사로 시작한 김영학은 1914년 9월에 목사안수를 받고, 1922년 9월 감리교 최초의 러시아 시베리아 해삼위 선교사로 임명받아 파송됐다. 그는 시베리아 블라디보스토크 신한촌에서 1930년까지 9년간 봉사했으나, 1930년 2월 반동분자라는 죄목으로 붙들려 1931년 3월 10년 형을 언도받고 복역하던 중, 1932년 11월 중노동을 하다가 얼음이 갈라져 빠져 죽었다. 그는 옥중에서도 전도에 열심이었고, 공판정에서도 재판관에게 회개하고 믿어야 멸망을 면한다고 간절히 권하기도 했다.[284]

 * 장로교: 1933년 장로회 총회에서 한경희 목사를 만주에 파송했다. 그는 1935년 1월 1일, 교인 4명과 함께 북만주 호림현 지방 교회를 순행하기 위해 전도의 길을 떠났으나, 1월 4일 오소리 강변을 지나다 공산당 비적을 만났다. 처음에 돈을 빼앗으려고 했던 공산당 비적들은 그가 그리스도인임을 알자 총살했다. 동행했던 세 사람도 자취를 모르고, 그중 한 사람이 탈출하여 이 소식을 전해서 이들의 희생을 알게 되었다.[285] 위의 사실을 도표화하면 다음과 같다.

---

283) 김춘배, 『韓國基督敎受難史話』, 성문학사, 1969, 85~88.
284) 김춘배, 위의 책, 76~79.
285) 김춘배, 위의 책, 80.

일시	교단	인물	내용	출처
1921	동아기독교 (침례교)	손상열	1921년 목사안수를 받고 평북 자성, 중강, 만주 임강현 방면으로 파송되어 전도활동. 일본관헌이 한국 독립단의 밀정으로 생각하고 자성교회에 있던 그를 경찰서로 연행하던 도중 오수덕 산록에서 총살, 시체는 2년 뒤에 발견됨.	『한국기독교수난사화』, p.85
1921이후	동아기독교	김상준 안성찬 윤학영 이창화	만주 길림 일대에 파송되어 전도하던 김상준, 안성찬, 윤학영, 이창화 등 6명의 전도사 공산당에 살해당함.	위의 책, p.86
1932.10	동아기독교	김영국 김영진	김영진 목사(1919 목사안수)와 그 형 김영국 장로는 간도 연길현에 있는 종성동에서 교회를 받들었는데, 1932년 약 30명의 공산당원이 습격해 동민들과 교인들을 예배당에 몰아넣고 믿는 사람과 믿지 않는 사람을 갈라놓고 지금이라도 공산주의를 따르면 살리고 예수를 믿겠다면 죽이겠다고 위협. 김목사 형제가 "나는 예수 믿습니다." 대답하자 그 자리에서 살해당함.	위의 책, p.86
1932.11	감리교	김영학	1911 남감리교회 전도사. 1914. 9 목사안수. 1922. 9 감리교회에서 최초로 러시아, 시베리아, 해삼위 선교사로 임명받고 파송되어, 시베리아 블라디보스토크 신한촌에서 1930년까지 9년간 봉사. 1930. 2 반동분자라는 죄목으로 붙들려 1931. 3 10년 형 언도받고 복역하던 중, 1932. 11 중노동하다가 얼음이 갈라져 빠져 죽음. 옥중에서도 전도에 열심, 공판정에서 재판관에게 회개하고 믿어야 멸망을 면한다고 간절히 권하기도 함.	위의 책, pp.76~79
1935.1.4	장로교	한경희	1933년 장로회 총회에서 만주에 한경희 목사 파송. 1935. 1. 1 교인 4명과 함께 북만주 호림현 지방 교회 순행과 전도의 길을 떠난 한경희 목사는 1월 4일 오소리 강변을 지나다 공산당 비적을 만났는데, 처음엔 돈을 빼앗으려고 하다가 그리스도인임을 알자 총살함. 세 사람은 자취를 모르고, 한 사람이 탈출하여 이 소식을 전함.	위의 책, p.80

5.4. 신사참배에 거부 항쟁하다가 희생된 자

한국교회는 일제강점기를 맞아 신앙적인 핍박을 세차게 받았다. 그중 1930년대 일제가 전시체제를 강화하면서 신사참배를 강요하

자 이에 대한 거부항쟁이 표면화하게 되었고 희생자 또한 불가피
하게 되었다. 이 중의 일부는 한국교회에 의해 '순교자'로 회자되
고 있는데, 신사참배 거부항쟁자 중 '순교자(25명)'로 알려진 이들
은 다음과 같다.286)

① 장로교
박관준 장로 / 평남 / 출옥 후 1945. 3. 13 사망
주기철 목사 / 평남 평양 산정현교회/1944. 4. 21 옥중 사망
이병규 / 평북 / 1945. 8. 3 사망
최봉석(권능) / 함남 / 출옥 후 1944 사망
조용학 영수 / 경남 / 취조 후 1940. 8. 14 사망
최상림 목사 / 경남 / 1945. 5. 6 옥사
허성도 목사(일명 허원훈) / 충북 / 1944 옥사
정태희 / 충남 / 1943 옥사
김창옥 장로 / 전남 목포 연동교회 / 출옥 사망
박연세 목사 / 전남 목포 양동교회 / 1944. 2 옥사
양용근 목사 / 전남 / 1943. 12. 5 옥사
이기풍 목사 / 전남 / 1942. 6. 20 병보석 사망
이우식 / 전남 / 1943 사망
김윤섭 전도사 / 만주 / 1943. 5. 3 옥사
박희흠 전도사 / 만주 / 옥사
김이준 / 만주 / 1945. 8 사망

---

286) 김숭태, 『한국기독교의 역사적 반성』, 다산글방, 1994, 185~186 참조. 신사참배 거
부로 인해 투옥된 이는 대략 2천여 명에 달하고 2백여 교회가 폐쇄되었으며 50여
명이 순교하였다. 그러나 아직 그 명단조차 제대로 밝혀지지 않고 있다.

② 감리교

강종근 목사 / 철원제일교회 / 1943. 6. 3 옥사

권원호 전도사 / 원산 회양읍교회 / 1944. 4. 13 서대문에서 옥사

이영한 목사 / 옥사

최인규 전도사 / 1942. 12. 1 대전에서 옥사

양국주 전도사 / 1944 옥사(유동식 책의 연표에 있음)

③ 성결교

김연 목사 / 함흥 동부교회 / 취조 중 사망

김지봉 집사

김하석 목사 / 1939. 10. 6 사망

박봉진 목사 / 출옥 후 1944. 8. 15 사망

④ 동아기독교

전치규 목사 / 원산 / 1944. 2. 13 옥사

⑤ 안식교

최태현 목사 / 출옥 후 사망

위의 사실을 도표화하면 다음과 같다.

교단	지역	이름	내용
장로교	평북	이병규	1945. 8. 3 사망
	평남	박관준 장로	출옥 후 1945. 3. 13 사망
		주기철 목사	평양 산정현교회/1944. 4. 21 옥중 사망
	함남	최봉석(권능)	출옥 후 1944 사망
	경남	조용학 영수	취조 후 1940. 8. 14 사망
		최상림 목사	1945. 5. 6 옥사
	충북	허성도 목사	(일명 허원훈)/1944 옥사
	충남	정태희	1943 옥사
	전남	김창옥 장로	전남 목포 연동교회/출옥 사망
		박연세 목사	전남 목포 양동교회/1944. 2 옥사
		양용근 목사	1940. 11 순천노회 교직자들 전부 검거, 1943. 12. 5 옥사
		이기풍 목사	1942. 6. 20 병보석 사망
		이우식	1943 사망
	만주	김윤섭 전도사	1943. 5. 3 옥사
	만주	박희흠 전도사	옥사
	만주	김이준	1945. 8 사망
감리교	철원제일교회	강종근 목사	1943. 6. 3 옥사
	원산회양읍교회	권원호 전도사	1944. 4. 13 서대문에서 옥사
		이영한 목사	옥사
	삼척군 천곡교회	최인규 전도사	1942. 12. 1 대전에서 옥사
		양국주 전도사	1944 옥사
성결교	함흥동부교회	김연 목사	취조 중 사망
		김지봉 집사	
		김하석 목사	1939. 10. 6 사망
		박봉진 목사	출옥 후 1944. 8. 15 사망
동아기독교	원산	전치규 목사	3년간 함흥감옥에서 심한 고문, 1944. 2. 13 옥사
안식교		최태현 목사	출옥 후 사망

5.5. 한국(6·25)전란 때의 희생자[287]

해방 후 한국의 분단과 그 후의 한국전쟁은 한국 그리스도 교인들에게 많은 희생을 안겨주었다. 북한에서는 한국전쟁 전에 이미 그리스도교 지도자들을 비롯한 많은 신자들을 희생시켰다. 한국전쟁은, 김은국의 『순교자』에서 보이는 바와 같이, 남북한 교회에 큰 희생을 강요했다. 아직도 한국교회는 이들 희생들에 대한 명단은 물론이고 납북자 명단조차 제대로 정리하지 못하고 있다. 그런 상황이기 때문에 희생자들에 대한 전체 통계를 낸다는 것이 쉽지 않으며 행방불명자와 희생자의 구분이 불분명하다. 지금까지 알려진 것만 정리하면 대강 다음과 같다.

① 장로교 - 북한지역

인물	지역 및 교회	내용	출처
강광범 목사	평남 중화군 성현교회	1950 체포되어 중화경찰서에서 고문받다가 옥사	한국교회순교자, p.83
김석창 목사	평북 곽산교회	1950 공산군에 총살당함	위의 책, p.93
조희렴 목사	원산 남부교회	해방되자 원산시장에 추대되었으나 공산정권 하에서 일할 수 없어 남부교회 설립 시무. 1950. 10. 9 원산형무소에서 총살당함	『한국기독교수난사화』, pp.264~266
권의봉 목사	원산 석우동교회	공산정권하에서 교회 청년, 집사, 장로들이 비밀결사 조직. 1949 발각되어 검거. 1950 유엔군에 패주하자 함흥감옥 수감자들 광산에서 생매장당함	위의 책, pp.266~268
이정심 목사	함북 청진항 중앙교회	민주당 함북도당위원장. 소련군정 협력제안 거절. 1947. 12. 2 심방 가다가 소련군에 잡혀가 고문당하고 돌아와 12. 8 사망	위의 책, pp.268~271

---

287) 김춘배, 위의 책, 106 이하; 이형근, 『한국교회 순교자』(이하 순교자), 대한예수교장로회총회 순교자기념선교회, 1992 참조.

인물	지역 및 교회	내용	출처
박경구 목사	장연읍 서부교회	1945. 4. 6 정방산비밀결사 사건혐의로 체포되었다가 해방 후 8. 17 석방, 장연읍서부교회 부임, 기독교도연맹 가입·협조 거절하자 검속되어 해주감옥 이송. 얼마 안 되어 시신으로 인도됨	위의 책, pp.271~274
김진수 목사	선천 동교회	북한5도노회연합회 회장, 1949. 11 주일선거 반대하자 검거되어 함남 흥남시 본궁공장에서 중노동, 1950 국군진주시 총살당함	위의 책, pp.278~279
김화식 목사	장대현교회	이북5도연합노회 임원, 창당준비 중 1947. 11. 18 체포되어 7년 징역형 선고받았으나 사형당함	『순교자』, p.64
홍석황 장로	용암포제일교회	1945 공산당이 교회를 습격하여 교회당을 파괴하고 살해함	위의 책, p.79
김병은 장로	평남 안주	기독교자유당 활동. 공산당에 체포되어 1950. 10 총살당함	위의 책, p.90
김현석 장로	신광교회	장대현교회에서 반탁강연 후 감시받다가 1947. 7. 10 내무서원에 체포되어 복역 중 1950 총살당함	위의 책, p.102
유계준 장로	산정현교회	1950 6·25 전쟁 전에 평양형무소에 투옥되었다가 총살당함	위의 책, p.119
조만식 장로	평남	평남 건국준비위원장. 민주당 당수. 신탁통치 문제로 소련군정당국과 충돌한 후 고려호텔에 감금되었다가 1950. 10 총살당함	『한국기독교수난사화』, pp.279~282
김경순 전도사(여)	함흥	여전도사로 일제시기 로스 선교사와 각 교회 순회전도. 1950 반공산주의자와 그리스도교인 예비검속 시 검속되어 국군이 북한에 진주할 때 함흥감옥에서 살해됨. 우물 속에서 발견	위의 책, pp.282~283; 『순교자』, p.88
김순호 전도사(여)	신의주	평양신학교 교수, 신의주제2교회 전도사. 1950 새벽에 납치되어 순교	위의 책, p.284; 『순교자』, p.94
백인숙 전도사(여)	산정현교회	1950 공산당에 끌려가 산채로 매장당함	『순교자』, p.107
한의정 복음사(여)	평양예수교회	1949 검속되어 1950 옥중에서 죽임을 당함	위의 책, p.285; 『순교자』, p.144
김의근	평양 신리교회	기독교연맹 가입하지 않고 공민증도 거부. 1950 정치보위부원에게 검거되어 대동강변에서 시신 발견	위의 책, pp.311~312
김익두 목사	황해도 신천읍 서부교회	1950. 10. 14 공산군이 예배당으로 들어와 총살	위의 책, pp.317~319; 『순교자』, p.97
김영윤 목사	황해도 안악읍교회	1950 보위부원에게 납치되어 해주교화소로 잡혀감. 공산군이 패주하면서 불 질러 학살	위의 책, pp.320~321; 『순교자』, p.95

인물	지역 및 교회	내용	출처
박영근 목사	평북 철산군	1950 회의장소를 내놓으라는 공산당의 요구를 거절하자 아들과 함께 끌려가 철산강변에서 총살당함	『순교자』, p.104
서경연 목사	황해도 송화	송화군에서 목회하다가 1950 반동으로 공산당에 체포되어 총살당함	위의 책, p.108
서용문 목사	평양 보령교회	1950 6·25직전 내무서원에게 끌려간 뒤 대동강 하류에서 총상당한 시신으로 발견	위의 책, p.109
석옥린 목사	평남 평원	기독교자유당 창당에 참여했다가, 검거되어 5년 형 받고 함흥형무소에 수감되었다가 총살당함	위의 책, p.111
김용구 영수	평원교회	1950 후퇴하던 공산군이 전선줄로 묶어 "예수를 믿을 건가 안 믿을 건가, 안 믿는다면 풀어 주겠다." 는 위협에 거절하자 뒷산에서 총살	위의 책, p.96
송영길 목사	진남포 비석리 교회	월남권고를 거절하고 목회하다가, 정치보위부원에 연행되어 평양형무소에 투옥, 운산금광에서 총살당함	위의 책, p.113
원성덕 목사	구성 신시교회, 의주 영산교회	김일성이 애국자로 표창하여 협력하라고 했으나 거절. 1950 공산군에 체포되어 피살당함	위의 책, p.116
이성휘 목사	평양신학교	평양신학교 교장에서 쫓겨나 반동분자라는 죄목으로 정치보위부에 끌려가 고문받고 총살당함	위의 책, p.123
이창실 목사	사리원 남부교회	1949 부활주일 예배 후 내무서원에 연행되어 1950 총살당함	위의 책, p.125
임성근 전도사	신천서부교회	1950. 10. 14 새벽예배 후 공산군에 의해 피살당함	위의 책, p.127
임영묵 목사	자산교회	1950 평양형무소에 수감 중 10. 19 공산군에 의해 총살당함	위의 책, p.128
정용현 목사	황해노회 온천교회	1947. 7 주일선거와 기독교도연맹 가입반대하다 체포되어, 평양형무소에 수감 중 1950 총살당함	위의 책, p.131
정일선 목사	산정현교회	1950 체포되어 평양형무소에 수감 중 공산군의 방화로 피살당함	위의 책, p.132
조석훈 목사	황해노회	1950 피난 거절하고 교회 지키다 1950. 10. 15 연행되어 총살당함	위의 책, p.135
지형순 목사	빙장리, 기림리 교회	부흥사로 목회하다, 1948. 1. 20 장대현교회 부흥집회 후 구속되어 평북 재동탄광에서 강제노동. 1950. 10. 20 총살당함	위의 책, p.139
진학철 목사	황해노회	1950 공산당에 총살당함	위의 책, p.140
최감은 목사	동평양, 구동창교회	기독교도연맹 가입 거부, 1950 체포되어 평양 부근 미림강변에서 총살당함	위의 책, p.141
이성주 목사	신천 가물남교회	기독교도연맹 가입 거부, 1948 체포되어 강제노동수용소에 있다가 1950. 11 백현동 광산에서 총살당함	위의 책, p.150

장로교 - 남한지역

김계수 장로	목포 연 동교회	1900. 4. 6 전남 장흥 출생. 1940 장로 임직. 1950 공산군에 의해 최후기도 올리고 대한독립만세 부르고 총살당함	의의 책, pp.106~ ·09
최명길 목사	목포 연 동교회	1950 김계수 장로와 같이 총살당함	위의 책
손양원 목사	여수 애 양원교회	1902 경남 함안 출생. 신사참배 반대로 검속되어 1945. 8. 15 출옥. 1948. 8 여순사건 때 두 아들(동인, 동신) 좌익계 학생에게 살해당함. 1950. 9. 13 애양 원에서 공산군에 잡혀 여수경찰서에서 9. 28 총살당함	위의 책, pp.159~ 161; 사랑의 원자탄
이도종 목사	제주 북 부지방	1926. 1 목사안수로 제주도 1대 목사가 됨. 1948. 4. 3 당시 심방 중에 공비를 만나 "예수 믿고 바른길을 가라."고 훈계하고 생매장당하면서 그들의 용서를 빌 었다고 함(공비의 자백)(57세)	위의 책, pp.167~ 170
배영석 목사	전남 강 진읍교회	조선신학원 2회 졸업. 1950. 8. 6 강진읍장터에서 인 민재판 후 총살. 죄목 - 1. 그리스도교의 목사라는 것, 2. 미국선교사와 같이 일하였다는 것, 3. 국민회 회장 노 릇을 하였다는 것. /예수 믿고 회개하라고 외치고 사망	위의 책, pp.170~ 172
최지한 장로	영동지방 전도인	지방 유지, 장관(최순주 재무장관, 국회부의장)의 아버 지, 교회 장로라는 이유로 80에 가까운 나이로 1950 유치장에 들어갔다가 쇠약해져 출옥 후 사망	위의 책, pp.179~ 180
곽경한 목사	충북 청 주형무소 목회	고향인 청원군 남일면에서 공산군에 잡혀 청주내무서 유치장에 수감되어 이용신과 성경토론과 기도에 힘쓰면 서 시국이 불리하니 천국 갈 준비하자고 격려. 1950 퇴각하는 공산군에 의해 청주 무심천변에서 총살당함	위의 책, pp.180~ 181
김상천, 김현 경 장로	전북 완 주군 제 내리교회	1950. 9 패주하는 공산군에 살해당함	위의 책, pp.185~ 186
김병구 목사	전북	완주군 봉동교회, 익산군 여산교회, 신태인교회 목회. 6·25발생하자 연정리로 피신했다가 붙잡혀 총살당함	위의 책, pp.187~ 188
김주현 목사	원산, 함 흥, 전북	해방 후 월남하여 전북노회 삼례교회 담임. 6·25로 공산군이 점령하자 잡혀 전주 내무서에 이송되었다가 총살당함	위의 책, pp.188; 『순교자』, p.100
김두병 장로 김용준 안수 집사	전주 중 앙교회	1950. 9 퇴각하는 공산군에 잡혀 인민재판 - 마지막 소원을 1. 늙은 어머니보다 먼저 죽는 것이 한이요, 2. 그리운 교우들과 고별예배를 드리지 못하고 죽는 것이 한 이라고 말하고, 기도하고 타살됨/김용준도 붙들려 죽음	위의 책, pp.189~ 190

이용선 목사	전남 구례읍교회	조선신학교 1회 졸업. 함북 온성교회, 전남 구례읍교회 교역. 1950. 12. 9 순천노회 참석 후 돌아오다 빨치산에 잡혀 총살당함	위의 책, pp.190~191
김예진 목사	서울	1950 공산군이 서울 침입 후 경기도 광주로 피신했다가 공산군에 잡혀 살해당함(52세)	위의 책, pp.193~194
김윤실 목사	서울	서울 노량진교회 전도사, 경기노회 안수 후 북창동 공동교회 설립. 1950. 8. 11 교회 지키다 공산군에 잡혀 서대문감옥에 갇혔다가 9. 22 패주하는 공산군에 총살당함	위의 책, pp.194~195
전이선 목사	서울	1950 공산군에 잡혀 서대문감옥에 수감 중 병사	위의 책, p.195
김응락 장로	서울 영락교회	1950 서울이 수복되자 영락교회에 가다가 남아 있던 공산군에 총살당함(45세)	위의 책, p.196
조경의 장로	서울 동막교회	1950 서울이 공산치하가 되었는데도 전도하다가 8. 4 서대문감옥에 잡혀 있다가 병사	위의 책, pp.197~198
박만익 장로	경북영덕 삼사교회	1949. 12. 18 공산폭도의 습격으로 장남과 함께 끌려가 살해됨	『순교자』, p.65
	전남	1950 영암읍교회 24명은 최후에 기도를 올리고 찬송가를 부르고 회개를 외치며 피살됨(1951 순교비 건립)	위의 책, pp.164~167
	전북 옥구군	1950. 9. 26 후퇴하는 공산군이 전북 옥구군 원당리 교회 홍산식 영수, 홍옥성·이순엽·신옥례 집사 등 20명을 창으로 찌른 후 생매장함	위의 책, pp.172~173
	전남 영광군	퇴각하는 공산군이 1950 전남 영광군 봉남리교회 73명을 결박하여 바다에 수장하거나 생매장 - 김방호 목사 가족 8인, 장로 노병제와 가족 13인, 허장로 내외 등 학살당함	위의 책, pp.184~185

납북자-김경종 목사, 김동원 장로, 김두석 목사, 김영주 목사(새문안교회), 김예진 목사, 김태주 목사, 남궁혁 목사, 박상건 목사, 박영희 장로, 송창근 목사(한국신학대학장), 안길선 목사, 정치호 목사, 주재명 목사, 주채원 목사, 최상은 목사, 허은 목사, 김인희 전도사 등288)

---

288) 이형근, 위의 책, 155~186.

② 감리교

가. 6 · 25 전란 시 희생된 자

인물	지역 및 교회	내용	출처
강은영 목사	온정리교회, 삼화읍교회	기독교도연맹 가입 거부하다가 1950 공산군 세포위원장에게 끌려가 총살당함	『순교자』, p.85
김석원 목사	사리원지방	1937 만주지방 선교사로 파송. 1948 귀국해 사리원지방 감리사로 활동. 1950 영변 피성골에 은거하다 공산군에 체포되어 영변 북문에서 총살당함	위의 책, p.92
신석구 목사	진남포지방	교우들의 월남권유를 물리치고 교회 지키다 1949. 4. 19 반공비밀결사고문이라는 죄목으로 검거, '하나님을 부인하고 생명을 아낄 줄 모르는 공산당은 하나님의 엄한 심판을 받을 것이라 경고', 평양감옥에서 복역 중 1950. 10(11?) 공산당에 총살당함(76세)	『한국기독교수난사화』, pp.261~264
김익주 전도사 가정	진남포 증산교회	1948 증산교회 전도사로 파송. 1950. 9 정치보위부원에게 반동분자로 검거되어, 혹심한 고문하며 배도하면 석방하겠다고 하자 "예수를 배반하라고 권하지 말고 너희들이 회개하고 예수를 믿으라."고 전도. 공산당원들이 코와 귀를 자른 후 학살/그의 어머니는 아들 면회 갔다가 그 자리에서 폭행당하고 사망, 아우도 검거되어 죽음	위의 책, pp.287~288
한사연 목사	철원지역	1950. 3 철원 장흥리교회 청년이 주동이 된 비밀결사 사건에 연루되어 공산당에게 체포. 6 · 25사변 중 원산에 압송되어 1950. 10 후퇴하던 공산당에게 살해	『기독교대백과사전』 16; 『수난사화』, pp.297~298
한병옥 의사	철원지역	부-한사연 목사. 아버지의 뜻을 따라 월남 않고 이북에서 환자 돌보다 1950 반동의사라고 검거하여 협조와 배도 위협. 이에 "나의 아버지가 목사로 우리 집 식구는 다 교인이다. 내가 의사가 되어 사는 것도 다 하나님의 은혜인데 어떻게 하나님을 떠나겠는가?" 하고 전도하자 총살	『한국기독교수난사화』, pp.288~289
서기훈 목사	철원 장흥리교회	1947. 6-1950 장흥리교회 담임. 1951. 1. 1 정치보위부에 검거되어 1. 8 총살당함(70세)	위의 책, pp.289~291
강승남 목사	원산 석왕사교회	1950 패주하는 공산군에게 총살당함	위의 책, pp.295~296
이도영 전도사	경기도 연천읍교회	1949. 8. 30 기독교교역자이므로 반동괴수라는 지목을 받고 연행되어 원산으로 끌려가 1950. 10. 10 국군진주시 학살됨	위의 책, p.298

인물	지역 및 교회	내용	출처
김대운 전도사	평양 장벽리교회	반동분자로 검거되어 배도하라고 혹독한 고문. 공산당은 멸망할 것, 회개하고 예수 믿으라고 하자 손과 혀를 잘리고 총살당함	위의 책, p.299
배덕영 목사	성화신학교	1949. 9 정치부원이 김일성의 초상화를 신학교 강당에 걸라고 하자 예수의 초상이 있으므로 다른 초상은 걸 수 없다고 거절. 12. 16 정치보위부원에 연행되어 총살당함	위의 책, pp.300~301 ; 『순교자』, p.105
김홍식 목사 가족	강서 신대교회	1950. 6. 24 부부가 함께 예비 검속되어 공산군 후퇴 시 셋째 아들 김명섭과 같이 총살당함	『수난사화』, pp.308~309
장석팔 장로 장석오 권사	충남 예산 웅·봉교회 설립	1950 서울 공산당 내무서에 조사받으러 갔다가 길가에서 시신으로 발견됨(56세) 아우 장석오(45세)도 공산당에 잡혀 피살	위의 책, pp.183~184
박순신 전도사	서울 목동교회	서울 수복 후 국군 환영 위해 태극기 만들다 공산군에 총살	위의 책, pp.199~200
박연서 목사	기독교서회	6·25 당시 병약하여 집에 있다가 8. 23 공산군 정치보위부원에 잡혀간 후 서대문감옥에 수감되었다가 피살	위의 책, pp.202~203
배영초 전도사	강서지방 문동교회	1950 평양형무소에 감금되어 있다가 유엔군 진주 시 방화로 숨짐	순교자, p.106
송정근 목사	서부연회	기독교자유당 참여. 1950 공산당원에게 연행되어 총살당함	위의 책, p.112
이응교 전도사	서부연회	1950 내무서원에 연행되었다가 피살당함(26세)	위의 책, p.124
김성찬 학생	원산	1948. 3. 17 '김일성 타도, 공산당 멸망' 전단지 뿌리다 체포되어 함흥형무소에서 복역 중 1950 총살당함	위의 책, p.146
김의근 전도사	평양 신리교회	1950 공산군에 체포되어 총살당함	위의 책, p.147
현병찬 목사	진남포지방 온정, 탄부교회	1949 '반동비밀결사사건' 조작으로 체포, 1950 총살당함	위의 책, p.151

나. 납북자(27명)[289] – 1950. 8. 23 납북

양주삼, 김유순, 박만춘, 방훈, 김희운, 조상문, 박연서, 심명섭, 서태원, 정달웅, 차경창, 황덕주, 윤성호, 김성식, 정기남, 도복일, 호병기, 백학신, 김원규, 김영만, 조윤여, 송원영, 전진규, 전효배,

---

289) 유동식, 『한국감리교회의 역사(1884~1992) Ⅱ』, 기독교대한감리회, 1994, 728.

박선제, 최종묵, 김상준, 김동철, 조상문

③ 성결교[290]

가. 일제하 순교(5인) – 앞의 신사참배 거부항쟁자 중 순교자에 3
명 포함되어 있음

이름	연령	직위	시무교회	순교일자	순교장소	순교원인	고증
박봉진	54	목사	철원	1944.8.15	철원부립병원	신사참배 불응, 1년 간 유치고문	활천, 총회록, 수난기, 자녀
김하석	57	목사	함흥, 밀양	1939.10.6	대구보인산	신사참배 불응, 함흥경찰서 고문	미망인(조영복), 자(김성철, 김성애)
김동훈	31	전도사	조치원	1928.10.16	조치원교회사택	신앙의 순절을 지키다 몰매 맞고 소천	약사, 수난기, 김창환, 김소순
김지봉		집사	신안주	일제말기	평남 신안주	신사참배 거부, 경찰고문	1회총회록, 수난기, 교회사
김은규		신학생		1947.11.20	서대문경찰서	5개월간 경찰서에서 신앙의 순절로 고문 끝에 소천	교회사

나. 북한지역 6·25 동란 시 순교자(22인)

이름	연령	직위	시무교회	순교일자	순교장소	순교원인	고증
김영범	53	목사	청진 포항동	1950.10.18	함남 이원	반동으로 체포되어 타살	수난기, 교회사 자(김명재 집사)
조한수	58	목사	함남 북청	1949.11.6	함남 북청	정치보위부에 연행되어 살해	수난기, 교회사
이정순	67	목사	함북 웅기	1950	함북 웅기	반동으로 체포되어 살해	수난기, 교회사
오덕삼	54	목사	평양 암정	1950.6	평양	반동으로 체포, 고문 살해	수난기, 교회사

---

290) 기독교대한성결교회 역사편찬위원회 엮음, 『韓國聖潔敎會史』, 기독교대한성결교회
출판부, 1992, 820~824 부록 '성결교회 순교자 수난자 명단'

이름	연령	직위	시무교회	순교일자	순교장소	순교원인	고증
전기찬		목사	함북 혜산진	1950.6	함북 혜산진	반동으로 체포, 고문 살해	수난기, 교회사
강축수	45	목사	함남 하리	1950.10	안변 신고산	지방공산당에 피살	수난기, 교회사
김인석		목사	함북 회령	1950.6	함북 회령	교회 지키다 공산당에 피살	수난기, 교회사, 월남동역자
서두성	31	목사	경기 백암	1950.8	경기 백암	교회 지키다 공산당에 의해 외사면 범안골에서 피살	교회사, 미망인, 교우들
송계순	53	장로	황해 재령	1951.1	황해 재령	재령남우리청년단 교회 시무 중 반동으로 체포되어 살해	임봉헌 목사, 자 (송태현 목사)
이기백		장로	황해 해주	1951	황해 해주	신의주교회 시무 중 해주로 이주, 교회 지키다 공산당에 살해	최헌 목사, 이창수 장로
문봉교		장로	황해 신천	1950.6	황해 신천	반동으로 공산당에 피살	수난기 p.48
김연호		장로	함남 함흥	1951	함남 함흥	반동으로 공산당에 피살	수난기 p.49, 1 회총회록, 월남 가족
문준경	59	전도사 (여)	전남 중동리	1950.10.5	중동리 해변	교회 지키다 공산당에 타살	수난기 pp.64~71, 이봉성 목사, 김동길 목사
임수열		전도사	강원 강릉	1950.9.27	강릉 부근산	피난 중 교회 돌아왔다가 패잔병내습으로 끌려가 총살	수난기 p.47, 교회사, 미망인 (함정회), 동생 (임동선)
임광우	27	전도사	전북 하리	1950.7.10	전북 황방산	교회를 공산당 사무실로 씀에 항거하다 끌려가 피살	백춘빈 장로, 백한나 권사 가족
배춘근	27	전도사	경기 소사	1951.1.20	경기 소사	붙잡힌 신자구하러 갔다가 총살	동기생 이만선 목사, 미망인 가족
김봉하	33	전도사	충남	1950.7.23	충남	반동으로 끌려가 총살	미망인(박예준 전도사), 이상흥 목사
김재은	26	전도사	경기 원삼	1950.8	경기 원삼	원삼교회 개척전도 시 공산당에 체포되어 범안굴에서 피살	신익균 장로, 심종학 장로

이름	연령	직위	시무교회	순교일자	순교장소	순교원인	고증
한피득	41	집사	경기 산곡	1951.8.13	경기 광주	반공반동분자로 밀고되어 경안내무서에 끌려가 피살	신자(백웅기), 미망인
이인석	38	집사	강원 여량	1950.8.6	춘천	여량교회 개척시무 중 체포 후 정선내무서→춘천내무서에 압송 피살	수난기 pp.92~95, 자(이원익집사)
이춘원	22	신학생	전북 금마	1950.7.25	전주	전주상관검문소 체포, 신학생이 확인되어 총살	유진항 목사, 동생(이상찬 목사)
김성회	20	청년	전북 줄포	1950.10.10	전북 줄포	부친 김창환목사 피신 대신 아들을 붙잡아 총살	수난기 p.181, 부친(김창환 목사)

다. 남한지역 6·25 전란 시 집단순교자

① 병촌교회 66인 – 1950. 9. 27~28 충남 논산군 성동면 병촌교회 성도 66인을 연행하여 농기구로 타살(1989. 6. 23 순교기념탑 건립)

성명	연령	신급	성명	연령	신급	성명	연령	신급
우봉춘	70	세례	문규님	39	구도자	김정자	8	주교생
홍성여	61	세례	김봉자	19	학습	김옥택	16	학습
정수일	31	집사	김재순	12	주교생	김화춘	10	주교생
우동식	11	주교생	김재열	8	주교생	박남규	27	세례
우남식	8	주교생	김재환	3	유아	이순길	48	세례
우이자	6	주교생	김주환	39	세례	조이구	42	세례
우성식	3	유아	정인옥	30	세례	이창옥	15	학습
우제한	34	세례	김재덕	7	주교생	이창임	11	주교생
구순히	24	세례	김재일	5	주교생	이창순	8	주교생
우현식	7	주교생	김재임	1	유아	김종현	18	구도자
우영선	2	유아	조남택	31	세례	김동숙	15	구도자
김창화	58	학습	최정순	28	세례	김선예	22	구도자
여광현	34	학습	조재연	10	주교생	무명	1	유아
김명숙	12	주교생	조용연	2	유아	윤소제	20	구도자
김충호	3	유아	강난회	45	구도자	최형예	30	세례

성명	연령	신급	성명	연령	신급	성명	연령	신급
김봉자	8	주교생	김두호	19	구도자	김재구	1	유아
김은자	6	학습	김민자	7	주교생	김재민	5	주교생
김추호	16	학습	김선호	18	학습	이광용	25	학습
김주복	20	구도자	김길호	16	학습	김영예	24	학습
김병문	76	세례	김태호	14	주교생	이경자	7	주교생
권마님	68	학습	김영자	11	주교생	이신회	2	유아
김명환	45	학습	김순금	33	세례	이신자	5	주교생

② 임자진리교회 48인 – 1950. 10. 5 새벽 전남 신안군 임자면 진리교회 이판일 장로 형제와 노모까지 13명의 가족을 백사장으로 끌어다 칼과 창으로 찔러 매장, 이 교회 신자 35명도 3개월간 배교하지 않고 신앙의 순절을 지키다가 학살당함(1990. 12. 13 순교기념탑 건립)

성명	연령	신급	성명	연령	신급	성명	연령	신급
이판일	52	장로	황필성	23	성도	박선자	14	주교생
이판성	49	집사	김득수	28	주교사	황순범	13	주교생
김소예	50	집사	김선자	26	성도	황순복	11	주교생
남경업	48	성도	한명수	16	주교생	정금순	16	주교생
임소애	68	성도	한영자	18	주교생	정미순	11	주교생
이소엽	26	주교사	한회수	18	주교생	김춘자	14	주교생
이인택	23	주교사	김종선	28	성도	이인근	14	주교생
고성녀	25	성도	김종수	22	성도	박연옥	14	주교생
이인호	22	주교사	김말수	12	주교생	박화순	11	주교생
이평제	23	주교사	김군자	15	주교생	황지서	16	주교
이선철	9	주교생	김유신	13	주교생	황지사	13	주교
이길재	7	주교생	김경용	10	주교생	김동촌	38	집사
이성재	7	주교생	김경수	8	주교생	이해철	16	
이완수	9	주교생	정우용	11	주교생	이점순	16	
박생금	35	성도	정유용	13	주교생	고부덕	30	성도
이점순	29	집사	주판예	26	성도	김차동	26	성도

③ 두암교회 23인 – 윤임례 집사(증경총 회장 김용은 목사 자당)
등 성도 23명이 교회를 지키다 붙잡혀 총과 죽창으로 학살당하고
교회는 불태워짐

성명	연령	신급	성명	연령	신급	성명	연령	신급
윤임례	55	세례	김정두	58	입교인	김오곤	1	
김용채	29	세례	양대안	53	입교인	김용술	19	세례
조선환	26	세례	김용진	32	입교인	김환두	43	입교인
김부곤	5		오복순	32	입교인	김염순	38	입교인
김의곤	3		김영례	14	주교생	김길순	8	주교생
김순곤	1		김길곤	12	주교생	김용녀	16	입교인
김성곤	4		김택곤	10	주교생	김용순	10	주교생
박호준	50	세례	김우곤	5				

라. 6 · 25 납북희생자

이름	연령	직위	시무교회	납북일자	순교장소	수난정황	고증
이건	50	목사	경성신학교 교수	1950.8.2	북한	기독교지도자 검거 연행 시 신학교에 모였다가 체포, 박북. 북한에서 교회지도자 결속 활동하다 순교	동아일보 「죽음의 세월」 62년 연재, 교회사 p.106
김유연	49	목사	경성신학교 교수	1950.8.2	북한	기독교지도자 납북 시 자택에서 연행, 북한에서 교회지도자 결속 활동하다 순교	동아일보 "죽음의 세월" 62년 연재, 교회사 p.106, 자 (김성호 목사)

마. 납북자

이름	연령	직위	시무교회	납북일자	수난장소	수난정황	고증
최석모	60	목사	아현교회	1950.8.2	북한	기독교지도자 연행 시 충정로신학교에서 납북됨	『교회사』 p.106, 사모(이정인)
박현명	47	목사	총회장 (5회)	1950.8.2	북한	기독교지도자 연행 시 충정로신학교에서 납북됨	『교회사』 p.106, 사모(이철순), 자(박상증 목사)
박형규		목사	성서학원 교수	1950.8.2	북한	기독교지도자 연행 시 충정로신학교에서 납북됨	『교회사』 p.106, 자(박종우)
유세근		목사	독립문교회	1950.8.2	북한	기독교지도자 연행 시 독립문교회 사택에서 납북됨	『교회사』 p.106

④ 구세군291)

6·25 전란 시 피살자

인물	지역 및 교회	내용	출처
강기모 참위		1950. 9. 26 공산군에 피살당함	
노영수 고등참령	경북 진주	(53세) 1949 진주영문으로 파송. 1950 진주에 공산군이 점령하면서 체포되어 협조요구를 거절하고, 9. 5 공산군에 총살. 한 손에 성경을 들고 할렐루야를 외치며 같이 죽는 학생과 죽이는 자들을 위해 기도했다는 것이 세계 구세군 사관잡지, 기관지, 주일공과 등으로 퍼지고 뒤에 〈순교자의 피〉라는 영화로 제작됨	『한국구세군사』, pp.182~184; 『한국기독교수난사화』, pp.161~164
		안종대(덕평), 서병철 가족, 안백학(청산), 김여사, 장중길(장경순 3남), 안태호, 김성진, 강학신, 부교 모친, 김부교(서대문) (이상 피살자 21명)	

---

291) 장형일, 《한국구세군사》, 구세군대한본영, 1975, 182~184.

납북자

1950. 8. 22 김삼석 고등정위 서대문 주택에서 납북

1951. 3. 8 김진하 참위 황해도 부토리에서 납북

황용우

⑤ 침례교

인물	지역 및 교회	내용	출처
이종덕 감목	충남 강경교회	제1대 감목. 1950 공산군에 잡혀 강경 큰 다리에서 피살당함	『한국기독교수난사화』. pp.191~192
전병무 목사	경북 울진	고향인 행곡에서 공산군에 잡혀 개천가에서 총살당함	

⑥ 기타교단

인물	교단	지역 및 교회	내용	출처
백남용 목사	기독교조선복음교회	복음교회2대 감독	1936. 1. 12 목사안수, 복음교회 2대 감독. 1950. 8. 내무서원에 붙잡혀 김제서에 수감되었다가, 9. 27 옥중에서 피살	『한국기독교수난사화』. pp.176~178
이태석 목사	하느님의 교회	평양 상수리 교회	1950 교회당 폐쇄와 예배금지 명령에 투쟁하다 연행되어 평촌리 야구장에서 총살당함	『순교자』. p.126

⑦ 교파 미상

인물	지역 및 교회	내용	출처
조홍식 전도사	전북 진안	1950. 8. 21 빨치산에 잡혀갔다가 인민군 후퇴 후 팔치골에서 시신 발견	『한국기독교수난사화』. p.187
박덕수 전도사	원산 신고산교회	1950. 9. 30 내무서원에 끌려가, 목사이니 예수와 같이 죽여주마 하고 두 팔을 십자형으로 벌려 놓고 두 손에 못 박고 난타하여 죽임	위의 책. pp.292~294

6. 나가는 말

지금까지 한국교회 순교사에 대해 살펴보았다. 필자의 연구라기보다는 훌륭한 학자들의 연구결과를 주로 인용했다. 앞에서도 언급했지만 아직 한국교회 안에는 '순교'에 대한 개념정리도 되어 있지 않다. 그 결과 인정에 이끌리어 무분별하게 순교자의 칭호가 사용되고 있는 현실이다. 필자의 생각으로는 천주교회의 순교자 정의를 그대로 받아들이지 않는다고 해도 한국기독교교회협의회(KNCC)나 한국기독교총연합회 등 연합기관에서 여기에 대한 정의를 내릴 필요가 있다. 그래야만 순교에 대한 정의하에 순교자에 대한 정리 작업이 가능하기 때문이다. 한국교회가 이만큼 성장하게 된 배경에는 다양한 이유가 있겠지만 그중의 하나는 순교자들의 헌신 때문이다. 그럼에도 아직 순교에 대한 명확한 정의조차 내리지 못하고 있다는 사실을 우리는 부끄러워해야 한다.

하나만 더 언급한다면 한국 개신교 안에서의 순교는 시기적으로 일제강점기와 한국전쟁 시대에 집중되어 있음을 알 수 있음을 알 수 있었다. 일제강점기는 신사참배를 강요하는 상황에서 신앙의 절개를 지키다가 순교의 길로 간 경우가 대부분이다. 그리고 한국전쟁 시대에 죽임을 당해 순교자라고 칭함을 받는 경우에는 좀 더 세밀한 고찰이 필요하다고 여겨진다. 아무리 그들의 죽음이 안타까운 죽음이었다고 해도 그것을 증명할 수 있는 명확한 자료가 부족하기 때문이다. 천주교회의 경우 그 사람이 순교했다는 심증이 가더라도 명확한 자료를 확보하기까지는 유보하는 입장을 취하고 있는데 배워야 할 점이다. 따라서 천주교회의 입장을 그대로 따르지 않는다고 해도 이덕주가 비록 '순교'의 반열에는 들지 못한다고 해도 이에 못지않은 죽음에 대해 '순직', '순국', '수난'의 개념으로 정리하고 있음을 주목할 필요가 있다.[292] 아무리 그의 죽음이 안타까운 죽음이라고 해도 인정에 이끌리거나 정치적인 이유로 순교자라고 칭하는 일은 삼가야 한다.

필자는 아직 순교에 대한 깊은 연구가 부족하여 몇몇 학자들의 글을 중심으로 한국교회의 순교사를 소개했다. 이 분야에 대한 연구가 좀 더 진행되어 한국교회 안에 순교에 대한 분명한 정의가 내려지기를 기대해 본다.

---

292) 이덕주는 그의 논문에서 '순직(殉職, dutiful death)'은 '순교'의 개념에서 '박해'를 뺀 것으로 설명하고 있다. 목회자로서 자기 직무에 충실하다가 죽은 경우와 전쟁 중 박해가 아닌 자연재앙이나 폭격과도 같은 불가피한 재해, 질병으로 죽은 경우가 이에 해당된다고 한다. '순국(殉國)'은 박해의 원인이 있다고 해도 그 죽음의 원인이 '종교적인' 것이라기보다는 '정치적인' 경우를 말한다. '수난(受難)'은 죽음이 확인되지는 않지만 종교적인 이유로 적대 세력에 의해 체포, 납치된 경우나 전쟁 중 행방불명이 된 경우를 통틀어 말한다. 이덕주는 '수난자'가 그 죽음이 박해로 인한 것이 확인되면 순교자로 분류될 수 있을 것이라고 말한다.

참고문헌

1. 김춘배, 『한국기독교수난사화』, 서울: 성문학사, 1976.
2. 장병욱, 『6.25 공산남침과 교회』, 서울: 한국교육공사, 1983.
3. 윤춘병, 『한국감리교수난백년사』, 서울: 감리교신학대학교 출판부, 2003.
4. 金九鼎, 『한국순교사화 I – VI』, 서울: 가톨릭출판사, 1975.
5. 한국교회사연구소 편, 『순교자와 증거자들』, 서울: 한국교회사연구소, 1982.
6. 아현중앙감리교회 창립50주년기념사업위원회 편, 『6.25와 한국 감리교회 순교자』, 서울: 감리교신학대학교 출판부, 2006.
7. 폴리카르푸스, 『편지와 순교록』, 왜관: 분도출판사, 2000.
8. 이상규, 『헬라로마적 상황에서의 기독교』, 서울: 한들출판사, 2006.
9. 김광수, 『韓國基督教受難史』, 서울: 기독교문사, 1982.

한국교회가 나가야 할 방향

    필자의 『한국교회사 강의록』을 마무리할 시점이 되었다. 1960년대 이후 한국교회의 역사를 다루지 못한 아쉬움이 있지만 훗날을 기약하기로 하자. 여기에서는 1960년대 이후 한국교회가 걸어온 길을 간략하게만 소개하고 한국교회가 가야 할 방향을 제시하려고 한다. 첫째로 1960년대 이후 한국교회는 나름대로 한국적 신학을 추구했다. 토착화신학, 민중신학이 그 대표적인 경우이다. 이제는 선교사들이 전해 준 신학이 아니라 이 땅을 향한 하나님의 뜻을 이 땅에 펼쳐야 한다는 것이다. 이러한 신학에도 약점이 있기는 하지만 우리의 입장에서 우리의 신학을 추구한다는 것은 높이 살 만하다. 김정준, 이장식, 안병무, 윤성범 등이 이러한 노력을 경주했다. 둘째로 1960년대 이후 한국교회는 교회의 일치를 위해 노력했다. 한국천주교회와 정교회 그리고 한국기독교회협의회(The National Council of Churches in Korea)가 비록 교리가 다르다고 해도 하나 됨을 원하시는 하나님의 뜻에 순종하여 일치를 향한 노력을 계속하고 있다.293) 한국천주교회와 개신교가 공동번역성서를 공동으로 발행한 것도 같은 맥락이다. 안타까운 것은 이러한 노력이 아직은 소수에 의해 이루어지고 있다는 점이다. 니케아 – 콘스탄티노플 신조가 분명하게 보여 주는 것처럼 교회는 하나이다. 예수 그리스도께서 교회의 머리가 됨을 인정한다면 일치를 위한 노력이 멈춰서는 안 된다. 셋째로 1960년대 이후 한국교회는 민주화운동에 많은 공헌을 했다. 군사정권이 들어서면서 오랫동안 이 땅에서는 경제논리에 의해 독재가 정당화되던 시절이 있었다. 이때 교회는 민주화운동에 매진했다. 넷째 1960년대 이후 한국교회는 통일운동에도 매진했다. 또한 북한동포 돕기 운동에도 많은 관심을 기울였다. 다섯째 1960년대 한국교회는 산업선교에도 관심을 기울였다. 독재정권이 통치하던 시절에 경제논리에 막혀 기업을 살린다는 명목으로 힘없는 노동자들은 자신들의 권익을 거의 주장하지 못했다. 이러한 상황에서 교회는 노동자들의 편에 서서 이들의 권익을 옹호했다. 여섯째 1960년대 이후 한국교회는 정의, 평화, 창조질서 보존에도 관심을 기울였다. 20세기 후반에 들어서면서부터 교회는 급변하게 변하는 세상에 적응하기 위해 많은 변화를 모색해야만 했다. 지금까지 언급한 점들은 그래도 한국교회의 긍정적인 면이었다.

그러면 이제 1960년대 이후 한국교회의 약점을 살펴보기로 하자. 첫째로 너무 성장만을 추구한 교회였다. 교회가 외적으로 성장할 수만 있다면 과정은 무시되기 일쑤였다. 우리교회가 성장할 수 있다면 이웃교회를 출석하던 성도를 데리고 와도 눈감아 줄 정도

---

293) 2008년 12월 현재 한국기독교교회협의회에 가입한 교단은 다음과 같다. 1) 대한예수교장로회 총회, 2) 기독교대한감리회, 3) 한국기독교장로회 총회, 4) 구세군대한본영, 5) 기독교대한복음교회, 6) 대한성공회, 7) 기독교대한하나님의성회, 8) 정교회한국대교구.

가 되었다. 특히 신도시의 경우 전쟁터를 방불하다고 할 정도로 목회 자체가 전투적인 모습을 많이 보여 주었다. 천주교회와 정교회에서는 볼 수 없는 모습이었다. 그동안 이 땅에서 백성들에게 그리 사랑받지 못했던 천주교회가 1965년 제2바티칸 공의회 이후 백성들의 사랑을 받는 교회로 거듭난 것과는 대조적으로 한국교회는 교회의 관심을 너무 성장과 교회 안으로만 돌린 까닭에 백성들로부터 외면당하기도 했다. 둘째로 교회가 말씀 위에 서지 못한 관계로 이단의 공격에 너무나 쉽게 무너졌다. 정부가 강제적으로 신학교를 통폐합하려고 할 정도로 신학교가 난무하게 된 것도 같은 맥락이다. 개신교회의 약점이 그대로 드러난 장면이다. 한국에 신학교가 몇 개인지 정확히 아는 학자가 없다고 해도 과언이 아닐 것이다. 물론 이제는 수준 있는 신학교들도 많아졌지만 소위 무인가 신학교들의 난립으로 많은 신학생들이 배출되었다. 이들에게 충실한 말씀교육을 기대하기는 불가능하다. 셋째로 분열하는 교회의 모습을 보여 주었다. 우리나라에 몇 개의 교파가 있는지도 모를 정도로 한국교회는 갈등이 생기면 서로 포용하지 못하고 교회와 교단을 너무 쉽게 나누었다. 이러한 모습이 선교의 문을 막기도 했다. 그렇다면 한국교회가 가야 할 바람직한 방향은 무엇일까?

첫째로, 말씀에 기초한 교회를 만들어 가야 한다. 기독교인들의 삶의 방향을 근거하는 유일한 기준은 성경이다. 따라서 말씀을 소중하게 여기고, 말씀에 기초한 교회를 만들어 가야 한다.

둘째로, 바른 신앙고백에 기초한 교회를 만들어 가야 한다. 대한예수교장로회 총회 통합 측의 헌법에 의하면 제1편 교리에 사도신경, 신조(12신조를 말함 – 필자 주), 요리문답, 웨스트민스터 신앙고백, 대한예수교장로회 신앙고백서, 21세기 대한예수교장로회신앙고백서 등 여섯 가지의 신앙고백서를 제시하고 있다. 그러나 이 신앙고백서가 교회에서는 거의 다루어지지 않고 있다. 따라서 같은 교단에 속한 교회라고 해도 목회자에 따라 신앙의 모습이 다양하다. 이 시대에는 많은 이단들이 날뛰고 있다. 그렇게 될 수 있었던 이유 중의 하나는 교회에서 바른 신앙교육을 시키지 못했기 때문이다. 따라서 바른 신앙고백서를 제시하는 교회가 되어야 한다. 아울러 교회에서 바른 신앙교육을 실시하여 이단에 능동적으로 대치할 수 있도록 해야 한다.

셋째로, 급변하는 문화에 대처할 수 있는 교회를 만들어 가야 한다. 지금까지는 이성에 근거한 문화였다면 이 시대에는 감성에 근거한 문화라고 할 수 있다. 따라서 시대에 맞게 복음을 해석하고 전할 수 있는 준비가 되어야 한다.

넷째로, 지역과 함께하는 교회를 만들어 가야 한다. 기독교신앙은 임마누엘의 신앙이다. 하나님께서 우리와 함께하시기 위해 예수 그리스도를 이 땅에 보내 주셨다는 것을 믿는 신앙이 임마누엘 신앙이다. 임마누엘 신앙인이라면 지역과 함께해야 한다. 이 시대에 많은 교회들이 비난을 받는 이유 중의 하나가 바로 이것이다. 지역과 함께함을 잃어버렸기 때문이다. 이제 필자의 『한국교회사 강의록』을 마무리한다. 이 책을 통해 한국교회사를 공부하는 신학생들에게 그분의 은총이 함께하기를 기도한다.

박선경 ——————————————————————————————————————

▌약력

장로회신학대학교(Th. B, M. Div)
샌프란시스코 신학대학원(M. A)
계명대학교 대학원(Th. D)

계명대학교 출강
대전신학대학교 한국교회사 출강
영주성서신학원 출강

▌주요논문 및 저서

『밀양지역 기독교 100년사』
『의열단에 가담했던 하나님나라의 일꾼들』
「바빙크와 몰트만의 삼위일체 비교연구」
「밀양지역 기독교 전래사 연구」
「밀양지역 기독교의 기원과 발전」
「의열단에 가담했던 기독교인들의 신앙관 연구」
「명동(明東)을 일군 김약연과 정재면」
「영주지역 초기 기독교 역사 연구」
「자신의 안일보다 민족을 먼저 생각했던 사람, 박문희」
「김응진 목사의 신앙과 삶」
「이야기 밀양 교회사 I - V」 등의 논문이 있다.

한국교회사 강의록

초판인쇄 | 2009년 2월 28일
초판발행 | 2009년 2월 28일

지은이 | 박선경
펴낸이 | 채종준
펴낸곳 | 한국학술정보㈜
주 소 | 경기도 파주시 교하읍 문발리 513-5 파주출판문화정보산업단지
전 화 | 031) 908-3181(대표)
팩 스 | 031) 908-3189
홈페이지 | http://www.kstudy.com
E-mail | 출판사업부 publish@kstudy.com

등 록 | 제일산-115호(2000. 6. 19)
가 격 | 23,000원

ISBN   978-89-534-1318-4 93230(Paper Book)
       978-89-534-1319-1 98230(e-Book)